铁路职业教育铁道运输类专业课程改革系列教材

内蒙古自治区高等学校科学研究立项项目（项目计划编号 NJZC351）

铁路行车组织

主　编　吴艳艳　　王小丰

主　审　李俊权

参　编　刘东华　　常小倩

　　　　高承芳　　茹彦虹

　　　　展晓玲

西南交通大学出版社

·成　都·

图书在版编目（CIP）数据

铁路行车组织／吴艳艳，王小丰主编. —成都：
西南交通大学出版社，2016.8（2020.1 重印）
铁路职业教育铁道运输类专业课程改革系列教材
ISBN 978-7-5643-4871-7

Ⅰ. ①铁… Ⅱ. ①吴… ②王… Ⅲ. ①铁路行车 – 行
车组织 – 高等职业教育 – 教材 Ⅳ. ①U292

中国版本图书馆 CIP 数据核字（2016）第 184901 号

铁路职业教育铁道运输类专业课程改革系列教材

铁路行车组织

主编 吴艳艳 王小丰

责 任 编 辑	周 杨
特 邀 编 辑	何 桥
封 面 设 计	何东琳设计工作室
出 版 发 行	西南交通大学出版社 （四川省成都市二环路北一段 111 号 西南交通大学创新大厦 21 楼）
发 行 部 电 话	028-87600564　028-87600533
邮 政 编 码	610031
网 址	http://www.xnjdcbs.com
印 刷	成都中永印务有限责任公司
成 品 尺 寸	185 mm × 260 mm
印 张	23.5
字 数	588 千
版 次	2016 年 8 月第 1 版
印 次	2020 年 1 月第 4 次
书 号	ISBN 978-7-5643-4871-7
定 价	52.00 元

课件咨询电话：028-81435775
图书如有印装质量问题　本社负责退换
版权所有　盗版必究　举报电话：028-87600562

前　言

随着经济社会的发展，社会与企业对于生产、建设、管理、服务第一线高素质、技术技能型人才的需求越来越迫切，这就给培养"高素质技术技能型人才"的高职教育带来了前所未有的发展机遇。

高职教育强调职业性、实用性和特色性，对理论知识坚持"专业、基础、实用"的原则，培养过程中要求理论与实践相结合。高职教育的培养目标为："毕业就能就业，上岗就能顶岗"。

作为高职院校的铁道交通运营管理专业，其人才培养目标是培养出面向生产、管理、服务一线需要的高素质技术技能型人才，面向的岗位群主要有行车、货运、客运岗位群。其中铁路行车组织是铁路运输的一项重要内容，是铁路运输过程中不可缺少的重要环节。《铁路行车组织》课程学习领域是铁道交通运营管理专业的重点学习领域，是铁道交通运营管理专业学生必修的专业核心课程。

因行车岗位群中岗位工种较多，需要学生掌握很多的操作技能，但传统的教学模式中，理论与实训分离，导致技能训练得不到及时的理论指导，理论课也没有结合生产，这样导致学生的技能掌握不到位，随着教学改革的发展，《铁路行车组织》课程也探索"项目教学"、"教、学、做"一体化的教学模式，开展——《铁路行车组织》课程"教学做一体化"教学模式探索及项目教材开发，科研课题建设，并得到内蒙古自治区高等学校科学研究立项项目（项目计划编号 NJZC351）。

在"教、学、做一体化"教学模式探索中，应重点突出实践技能环节，强化职业技能的培训，而高质量的项目化教材是高职院校培养合格人才的基本保证，是学生获取业务知识，发展能力的重要途径，因此必须高度重视教材建设。本教材是内蒙古自治区高等学校科研项目（项目计划编号 NJZC351）建设的"教学做一体化"项目配套教材。

本书掌握本专业必需的文化知识和专业知识，具有本专业较强职业技能和岗位适应能力，适应铁路、其他轨道交通运输第一线的经营管理人员岗位要求的高级应用型技术、管理人才的教材。本书主要内容包括：车站工作组织、车流组织、列车调度指挥；具体项目包括：车站工作组织、货物列车编组计划、列车运行图及区间通过能力、铁路运输生产技术计划及运输方案、铁路调度工作运输调度、高速铁路。

本课程集运输组织指挥、管理、实际操作于一体，采用以学生为主体的"教、学、做"

一体的教学模式，情景模拟、角色扮演、实例教学、任务驱动、团队合作等教学方法。在学习过程中，设置与铁路运输现场相同的行车工作环境，根据本书下达行车组织工作任务，学生根据列车调度员、车站值班员、调车长、连接员等工作完成实际的行车任务，学生边听边学，边看边学，融"教、学、做"为一体，逐步培养学生职业能力、方法能力及态度能力。

本书由包头铁道职业技术学院吴艳艳和王小丰主编，呼和浩特铁路局包头车务段李俊权主审。参加编写工作的人员有：包头铁道职业技术学院刘东华（第一篇项目一、第二篇项目一），王小丰（第一篇项目四（工作统计）、第三篇项目二），吴艳艳（第一篇项目五、第三篇项目一），常小倩（第一篇项目三、项目四（车站作业计划）），高承芳（第三篇项目三），茹彦虹（第一篇项目二），展晓玲（第二篇项目二）。

在本书的编写过程中，参考了大量书籍、期刊和资料，在此，谨向作者致以诚挚的谢意。由于编者学术水平及经验等方面的限制，书中难免有疏漏之处，恳请各位老师和广大读者批评指正。

编　者

2016 年 6 月

目 录

第一篇　车站工作组织

☞　**项目导学**

通过车站工作组织各项目学习，学生应了解铁路运输生产的过程、车站及列车的基本知识，掌握车站调车工作、货物列车及货车在站的技术作业过程，培养编制车站作业计划以及对车站工作进行统计等能力。

☞　**案例描述**

请阅读资料完成乙站车站工作组织。

（一）乙站技术特征

1. 乙站邻接方向及平面示意图

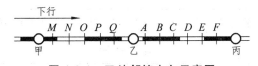

图 1.0.1　乙站邻接方向示意图

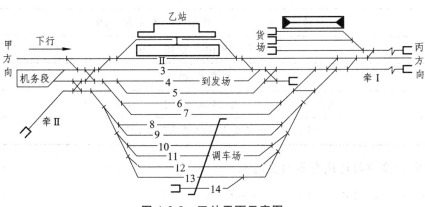

图 1.0.2　乙站平面示意图

2. 闭塞方式：单线半自动

（二）乙站技术作业过程的有关规定

1. 线路有效容车数

股　道	车　数	股　道	车　数
1	65	8	72
2	65	9	68
3	65	10	71
4	65	11	67
5		12	65
6	65	13	65
7	65	牵 Ⅰ、Ⅱ	65

2. 调车机车共 1 台，1 调

3. 各项技术作业时间标准（min）

各项技术作业时间标准/min
列车到达作业 35
列车出发作业 25
无调中转列车作业 40
解体列车 30
编组列车　区段 30、摘挂 40，坐编时解体编组 40
卸车作业 90
装车作业（包括调移配货位等）150
取送作业专用线 20、货场 30、机务段　20
交接班（19:30—20:30）30
调机整备 40
吃饭（每班一次，在 24 点前后）午饭自定　30
正线、到发线两次占用的最小间隔时间　10

4. 中时、停时及运用车保有量标准

中时 $= 2.1$　$t_无 = 1.0$　$t_有 = 3.7$　$t_货 = 6.8$　$N_保 = 260$

（三）列车运行图、列车编组计划的有关规定

1. 与乙站有关的列车编组计划

发站	到站	编组内容	列车种类	车次
乙	丙	（1）丙及其以远；（2）空车	区段	30001～30141
乙	丙	乙—丙间按站顺	摘挂	40001～40111
乙	甲	甲及其以远	区段	30002～30058
乙	甲	甲—乙间按站顺	摘挂	40002～40120

2. 乙站邻接区段内燃机车牵引定数

上下行均为 3 200 t（不分重空车 55 辆），计长均为 65.0。

（四）铁路局下达的车站（第一）班任务

1. 旅客列车到发时刻

车次	发站	到达时间	出发时刻	去向	列车种类
2532	丙	23.32	23.48	甲	
2531	甲	0.40	1.03	丙	

2. 货物列车出发时刻

方向	车次	出发时刻	方向	车次	出发时刻
甲方向	40112	18:25	丙方向	40101	19:15
	20110	19:48		30131	20:45
	30052	22:25		20109	21:25
	20112	23:00		20111	22:45
	20114	2:00		30133	0:25
	40114	2:30		40103	1:15
	30054	4:40		20113	2:25
	20116	5:50		20115	4:45
				30135	5:25

3. 列车到达车次时刻及编组内容

方向	车次	到达时刻	编组内容	乙站卸车	
				货场	机务段
甲方向	30051	18:20	丙/25 乙—丙/21 乙/10	C10	
	20109	20:35	丙/56		
	30053	21:05	丙/35 乙—丙/10 乙/10	C10	
	20111	22:00	丙/56		
	30055	1:15	丙/35 乙—丙/10 乙/10	P10	
	20113	1:45	丙/56		
	30057	3:30	丙/30 乙—丙/25		
	20115	4:00	丙/56		
丙方向	20110	18:58	甲/56		
	30138	20:10	甲/45 乙—甲/11		
	20112	22:10	甲/56		
	30140	0:20	甲/30 乙—甲/15 乙/10	C10	
	20114	1:10	甲/56		
	30142	2:10	甲/36 乙—甲/20		
	30144	4:30	甲/35 乙/20	C20	
	20116	5:05	甲/56		

4. 装卸车及排空任务

（1）18:01—6:00 装车计划：

装卸地点	甲	乙—甲	丙	乙—丙	计
货场		C9	P10 C20		39

（2）卸车：自己确定。

（3）排空任务：按编组计划排空 C20；共 20 辆。

（五）十八点结存车（毛玻璃板现在摘录）由西至东

股道	8	9	10	11	12	13	货场	机务段
现车	甲/21 （中）	乙—甲/5 （中）	丙/21 （中）	乙—丙/30 （中）		C10 （货）	丙/P10 乙—甲/C9 （18:10 装完）	C20 待卸

其中"中、作、货、专、机、关"分别表示中转车、作业车、货场、专用线、机务段、关门车。

6 道：40112 次待发，编组内容：乙—甲/43（10）。

☞ 分析项目

通过阅读资料分析该案例所需知识储备（由教师引导学生完成）。
项目一 铁路运输生产
典型工作任务 1：铁路运输生产
典型工作任务 2：车站认知
典型工作任务 3：列车认知
项目二 车站调车工作
典型工作任务 1：调车工作认知
典型工作任务 2：牵出线调车
典型工作任务 3：驼峰调车
项目三 货物列车及货车在站技术作业过程
典型工作任务 1：货物列车在站技术作业过程
典型工作任务 2：货车在技术站技术作业过程
项目四 车站作业计划及统计分析
典型工作任务 1：编制某日某班的班计划
典型工作任务 2：分阶段编制该班的阶段计划
典型工作任务 3：编制调车作业计划
典型工作任务 4：现在车统计
典型工作任务 5：装卸车统计
典型工作任务 6：货车停留时间统计
典型工作任务 7：车站工作分析

☞ 知识储备

项目一 铁路运输生产

【项目描述】

本项目主要从不同的角度对列车和车站进行分类，描述铁路运输生产的作用及过程，使学生对铁路运输生产过程有一个宏观的了解。

【教学目标】

1. 知识目标

了解铁路运输的特点、车站办理的作业与设备、列车运行图；熟悉铁路运输生产过程及产品；掌握车站的定义与分类、列车的定义与分类。

2. 能力目标

了解铁路运输的组织机构和技术站行车指挥系统；正确掌握铁路运输生产的过程，能对常见列车车次做出判定。

典型工作任务 1　铁路运输作用与生产过程

交通运输在人类社会生活中占有极为重要的地位，是国民经济活动中必不可少的重要组成部分。国民经济要求运输业运量大、速度高、成本低、质量好，并能保证运输的经常性。

我国的基本国情和客、货流特点，决定了我国应发展以铁路运输为骨干和主导，公路、水运、航空、管道协调发展的综合交通运输体系，形成各种运输方式"优势互补、相互竞争、互促共荣"的格局。

铁路行车组织是铁路运输组织的重要组成部分，是铁路综合运用各种技术设备、合理组织列车运行、实现旅客和货物运输过程的计划和组织工作。其主要内容包括：车站工作组织、列车运行图及铁路区间通过能力、车站通过能力及改编能力、技术计划及运输方案等。

本项目主要介绍铁路运输、车站、列车的基本概念和基本知识，为完成车站工作组织打下基础。

知识点 1　铁路运输的特点

铁路运输具有以下特点：

（1）点多、线长、面广，跨越省区、贯通全国；

（2）高度集中、大联动机、半军事化管理；

（3）坚持集中领导、统一指挥、逐级负责的原则；

（4）要求各工种间密切配合、协同动作，保证运输生产连续不间断地进行；

（5）制定各种规章制度和措施，以确保安全、准确、迅速、经济便利地运送旅客和货物。

铁路运输与其他运输方式相比较，具有以下优点：

（1）在现代技术条件下，受地理条件的限制较小，几乎可以在任何地区修建；

（2）运量大，能担负大量的客货运输任务；

（3）运输成本较低，投资效果较好；

（4）有较高的送达速度；

（5）受气候条件的影响小，能保证运输的准确性与经常性。

铁路运输的作业环节多而复杂，要求各单位和各工种间密切配合，协同动作，像一架庞大的联动机环环紧扣，有节奏地工作。为此，在铁路运输组织工作中必须贯彻高度集中、统一指挥的原则。铁路运输的主要任务在于适应社会主义市场经济的发展，开发有竞争力的客货运输产品，合理地组织运输生产过程，采取各种有力措施保证安全、迅速、经济、准确、便利地运送旅客和货物，以满足国家建设和人民生活的需要。

知识点2　铁路运输的产品与生产过程

铁路运输生产是利用铁路线路、站场、机车、车辆和通信信号等技术设备，将旅客或货物以列车的方式从一个地点运送至另一个地点。

铁路运输生产的产品是旅客或货物在空间的位移，产品的单位分别用人·km 和 t·km 来表示，产品的特点是不具有实物形态，不能储存。

铁路运输旅客和货物，一般要经过始发站的发送作业、运送途中的中转作业和终到站的到达作业等一系列作业过程。

铁路货物运输可以用图 1.1.1 来简单表示。由图 1.1.1 可见，在运送过程中，必须进行装车站的发送作业、途中运送以及卸车站的终到作业。为了加速货物运送和更合理地运用铁路技术设备，在运送途中可能还要进行列车的中转或改编作业。

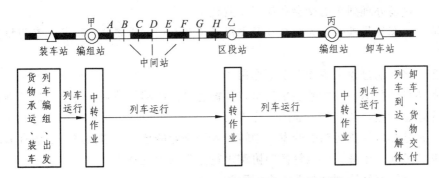

图 1.1.1　铁路整车货物运输生产过程示意图

知识点3　铁路运输组织机构

全国铁路在铁路总公司运输调度部集中领导下，设铁路局、站、段（车务段、机务段、工务段、电务段、车辆段、供电段等）。在日常运输组织指挥上实行集中领导、统一指挥、逐级负责。

全国铁路的日常运输组织指挥工作由铁路总公司运输调度部调度处、铁路局由调度所、车站由调度（室）统一指挥。

【任务实施】

根据案例内容，请写出 30131 次列车、20114 次列车运输生产过程？（学生自主完成）

典型工作任务 2　车站认知

知识点 1　车站的作用

为了完成客货运输任务，组织列车安全运行和保证必要的通过能力，铁路网上设有大量的车站。

车站是指铁路线上设有一定数量配线的分界点。分界点是指车站、线路所及自动闭塞的通过信号机，铁路线通过分界点划分成区间或闭塞分区，其作用在于保证行车安全和必要的通过能力。

车站办理的作业主要包括客运作业、货运作业和行车技术作业。

客运作业如办理客票的发售，旅客的乘降，行李和包裹的承运、装卸、中转、保管和交付，旅客的文化和生活服务等。

货运作业如办理货物的承运、装车、卸车、保管与交付，货运票据的编制与处理等。

行车技术作业如办理列车的接发作业、到达技术作业和出发技术作业，列车的解体和编组作业，车辆的摘挂和取送作业等。

此外，车站还办理列车的交会和越行（避让）等。

由此可见，车站是铁路与人民群众及国民经济各部门的重要联系环节，参与整个运输生产过程。

车站在铁路运输过程中主要有以下作用：

（1）车站是铁路运输业的基层生产单位，拥有铁路线路、站场、通信、信号等技术设备和行车、客运、货运、装卸等方面的工作人员。

（2）车站是办理客货运输的始发、中转和终到作业的地点，是铁路与运输有关的行车、客运、机务、工务、电务、供电等部门协调进行生产活动的场所。

（3）车站将铁路线路划分为若干个区段和区间。

知识点 2　车站的分类与分等

一、按业务性质分类

车站按业务性质分为营业站、非营业站。营业站又分为客运站、货运站和客货运站。

1. 客运站

专门为办理旅客运输而设的车站称为客运站。客运站通常设在政治、经济、文化中心城市或旅游胜地等有大量旅客到发的地点，主要办理旅客列车的始发、终到作业，并为旅客提供旅行服务。

2. 货运站

专门为办理货物运输而设的车站称为货运站。货运站一般设在大城市、工矿地区和港口等有大量货物装卸的地点，主要办理货物列车的始发、终到作业以及与货运有关的业务。

3. 客货运站

既办理旅客运输也办理货物运输业务的车站称为客货运站。铁路网上绝大多数的车站都属于客货运站。

二、车站按技术作业分类

车站按其承担的技术作业分为编组站、区段站、中间站。编组站和区段站统称为技术站。

1. 编组站

担当大量车流的改编作业，即大量解体和编组各种货物列车的车站称为编组站。编组站通常设在有大量车流集中或消失的地点或几条铁路线的交叉点。

2. 区段站

设于划分货物列车牵引区段的分界处或区段车流的集散地点，它主要办理货物列车的中转作业，进行机车的更换或机车乘务组换班，以及解体和编组区段列车和摘挂列车。

由于区段站和编组站拥有较多的技术设备，并主要办理货物列车和车辆的技术作业，故又统称为技术站。铁路线以技术站划分为区段。

3. 中间站

一般设在技术站之间的区段内，办理列车接发、会让和通过作业，摘挂列车的调车和装卸作业的车站，称为中间站。有些中间站还办理市郊列车的折返和列车的始发和终到作业。

三、车站分等

车站按其担负客货运量和技术作业量的大小以及在政治、经济和铁路网上所处的地位，划分为特等站和一、二、三、四、五等站。车站等级是车站设置相应机构和配备定员的依据。

此外，车站还可以按其他一些特征加以区分。例如，位于两铁路局管辖分界处的车站，称为分界站；位于海河港湾地区的车站，称为港湾站等。

知识点 3　车站办理的作业和设备

中间站、区段站、编组站在铁路网上所处的位置不同，它们所担当的作业量和配置的设备也就不同。

一、中间站

铁路线上每天运行大量的列车，但这些列车绝大多数在中间站通过，或者只进行交会或避让，因此，中间站办理的技术作业主要是接发列车作业和摘挂列车摘挂车辆的技术作业。少数中间站也办理始发列车和终到列车的技术作业。

中间站的设备视其作业内容和工作量的大小而定，一般有以下客运、货运和行车设备：

（1）站线，包括列车到发线和货物装卸线，调车作业量较大的中间站还有调车线和牵出线。

（2）客运设备，包括旅客站舍（售票房、候车室、行包房）、旅客站台。旅客到发较多的中间站还有雨棚和跨越设备（天桥、地下通道）等。

（3）货运设备，包括货物仓库、站台和货运室等。

（4）其他设备，包括信号、联锁、闭塞、通信、照明设备和装卸机具等；电气化铁道的中间站还有牵引供电设备。

二、区段站

区段站设在机车牵引区段的分界处，除办理客货运业务外，主要办理以下行车（运转）作业：

（1）接车和发车作业。区段站一般不办理货物列车通过作业。

（2）中转列车作业。这是区段站的主要行车工作。为保证列车继续运行的安全和货物的完整，货物列车要在区段站进行更换机车、检查车辆技术状态和货物装载情况等中转车作业。

（3）区段列车、摘挂列车到达、解体、编组与出发作业。

（4）向货物装卸地点取送车辆的调车作业。

区段站除有中间站的全部设备外，还有以下主要技术设备：

（1）运转设备，包括列车到发场、调车场、牵出线或简易驼峰。

（2）机务设备，包括机务段或折返段内的机车检修与整备设备、站内的机车走行线和机待线。

（3）车辆设备，包括车辆段或列车检修所、站修线和制动检修设备。

三、编组站

编组站除办理区段站的全部作业外，其主要行车工作是解体和编组列车。

编组站拥有比区段站数量更多、规模更大的列车到发场（包括到达场、出发场、到发场），有线路更多的调车场，采用驼峰调车（机械化驼峰、半自动化或自动化驼峰），一般都设有机务段和车辆段。

知识点4　车站行车组织工作的原则

车站日常行车组织工作，应确保运输生产安全，合理运用技术设备，按列车编组计划及时编组列车，按列车运行图及时接发列车，加速机车车辆周转，质量良好地完成客货运输任务。为此，在车站行车组织工作中应遵循如下基本原则：

（1）坚持安全生产的方针，严格执行《铁路技术管理规程》（以下简称《技规》）、列车编组计划、列车运行图、《车站行车工作细则》（以下简称《站细》）和其他有关规章制度，在确保安全的基础上提高效率。

（2）贯彻集中领导、统一指挥、逐级负责的原则。

（3）加强技术管理和计划管理，建立健全各项规章制度，不断采用新技术改进作业过程，提高计划编制质量，保持车站良好的生产秩序，实现列车运行安全、正点、高效、畅通。

（4）加强联劳协作，组织均衡生产，保证车站作业的协调和节奏性，合理使用劳力和设备，增强车站运输生产效能。

（5）积极采用先进技术装备，及时推广先进工作经验，充分挖掘生产潜力，降低运输成本，全面完成车站运输生产的数量和质量指标。

知识点 5　技术站行车指挥系统

技术站的行车工作由值班站长统一领导，全站的接发列车工作由车站值班员、调车工作由车站调度员统一指挥。技术站（驼峰编组站）的行车指挥系统如图1.1.2所示。

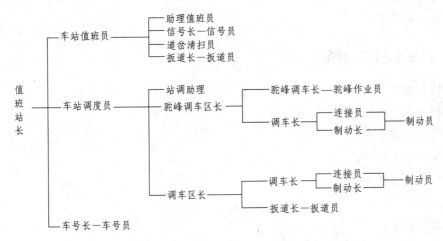

图 1.1.2　技术站（驼峰编组站）的行车指挥系统图

【任务实施】

请分析案例中的甲、乙、丙站各是哪种类型的车站，有哪些设备，主要办理何种作业？（学生自主完成）

典型工作任务 3　列车认知

知识点 1　列车的定义

列车是指按规定条件把车辆编成的车列，挂有机车及规定的列车标志。也就是说，列车必须具备三个条件：① 按有关规定编成的车列；② 挂有牵引本次列车的机车；③ 有规定的列车标志。

单机（包括单机挂车）、动车及重型轨道车虽未具备列车条件，但当指定有列车车次时，亦按列车办理。

知识点 2　列车的分类

为适应旅客和货物运输的不同需要，以市场为导向，以经济效益为中心，按照运输性质和用途的分类及运行等级顺序如下：

一、按运输性质分类

（1）旅客列车（特快、快速、普通旅客列车）；

（2）行邮行包列车（特快、快速行邮列车、行包列车）；

（3）军用列车；

（4）货物列车（五定班列、快运、重载、直达、直通、冷藏、自备车、区段、摘挂、超限及小运转列车）；

（5）路用列车。

二、列车运行等级顺序

（1）动车组列车；

（2）特快旅客列车；

（3）特快货物班列；

（4）快速旅客列车；

（5）普通旅客列车；

（6）军用列车；

（7）货物列车；

（8）路用列车。

开往事故现场救援、抢修、抢救的列车，应优先办理。特殊指定列车的等级，应在指定时确定。

货物列车分类示意图如图 1.1.3 所示。

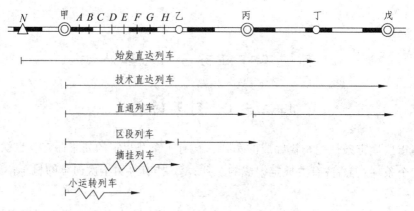

图 1.1.3　货物列车分类示意图

知识点3 列车车次的编制原则

列车运行，原则上以开往北京方向为上行，相反方向为下行。全国各线的列车运行方向，以铁路总公司的规定为准，但枢纽地区的列车运行方向，由铁路局规定；在铁路支线上，一般由连接干线的车站开往支线的方向为下行，相反方向为上行。

为了便于计划安排和具体掌握列车运行情况，以及从不同的车次辨别该次列车的种类、等级和运行情况，各类列车均应有固定车次，见表1.1.1。上行列车编为双数，下行列车编为单数。在个别区间使用直通车次时，可与上述规定方向不符。

表1.1.1　列车车次编定表

顺号	列车分类	规定车次	顺号	列车分类	规定车次
一	旅客列车		2	快运货物列车	81751～81998
1	高速动车组旅客列车	G1～G9998	3	煤炭直达列车	82001～84998
	其中：跨局	G1～G5998	4	石油直达列车	85001～85998
	管内	G6001～G9998	5	始发直达列车	86001～86998
2	城际动车组旅客列车	C1～C9998	6	空车直达列车	87001～87998
	其中：跨局	C1～C1998	7	技术直达列车	10001～19998
	管内	C2001～C9998	8	直通货物列车	20001～29998
3	普通动车组旅客列车	D1～D9998	9	区段货物列车	30001～39998
	其中：跨局	D1～D3998	10	摘挂列车	40001～44998
	管内	D4001～D9998	11、12	小运转列车	45001～49998
4	直达特快旅客列车	Z1～Z9998	13、14	超限货物列车	70001～70998
5	特快旅客列车	T1～T9998	15	万吨货物列车	71001～72998
	其中：跨局	T1～T4998	16	冷藏列车	73001～74998
	管内	T5001～T9998	17	军用列车	90001～91998
6	快速旅客列车	K1～K9998	18	自备车列车	60001～69998
	其中：跨局	K1～K6998	19	抢险救灾列车	95001～97998
	管内	K7001～K9998	四	单机和路用列车	
7	普通旅客列车	1001～7598	1	单机	50001～52998
	普通旅客快车	1001～5998		其中：客车单机	50001～50998
	其中：跨三局及其以上	1001～1998		货车单机	51001～51998
	跨两局	2001～3998		小运转单机	52001～52998
	管内	4001～5998	2	补机	53001～54998
	普通旅客慢车	6001～7598	3	试运转列车	55001～55998
	其中：跨局	6001～6198	4	轻油动车、轨道车	56001～56998
	管内	6201～7598	5	路用列车	57001～57998
8	通勤列车	7601～8998	6	救援列车	58101～58998
9	临时旅客列车	L1～L9998			

顺号	列车分类	规定车次	顺号	列车分类	规定车次
	其中：跨局	L1～L6998	13	回送图定客车底	在原车次前冠以"0"
	管内	L7001～L9998	14	因故折返旅客列车	在原车次前冠以"F"
10	旅游列车	Y1～Y998	二	行邮行包列车	
	其中：跨局	Y1～Y498	1	行邮特快专列	X1～X198
	管内	Y501～Y998	2	行包快运专列	X201～X998
11	动车组检测车	DJ5501～DJ5598	三	货物列车	
12	回送出入厂客车底列车	001～00298	1	五定班列	80001～81748

知识点 4 列车运行图简介

列车必须按照列车运行图规定的时刻运行。列车运行图部分内容的格式如图 1.1.4 所示。列车运行图是列车运行的图解。它是运用坐标原理表示各次列车在各个车站到达、出发、通过及在区间运行的图解。我国铁路列车运行图以纵轴表示列车运行距离，横轴表示运行时分。即横线表示站名线，其中粗线表示技术站或有技术作业的中间站；竖线表示时分线。上、下斜线分别表示上、下行列车运行线。各类列车的车次标记在区段两端发车站邻接区间运行线上方。

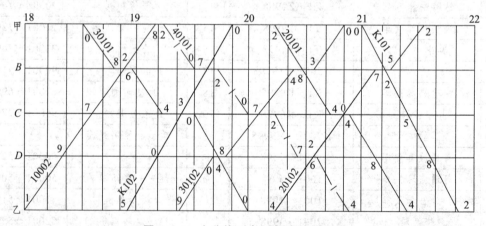

图 1.1.4 十分格列车运行图（示例）

列车运行线与站名线交点为列车到达、出发或通过车站的时刻。在十分格运行图上，只填写 10 min 以下的数字，其中到、发时刻填写在运行线与站名线相交的钝角内，通过时刻填记在出站端的钝角内。

列车运行时刻表是根据列车运行图的规定，以表格的形式表示各次列车在车站到、发或通过的时刻。按图 1.1.4 编出的列车运行时刻表，见表 1.1.2。

表 1.2　列车运行时刻表（示例）

站名	下 行				上 行			
	区段 30101	摘挂 40101	直通 20101	快速旅客 K101	直达 10002	快速旅客 K102	区段 30102	直通 20102
甲	18:30	19:12	20:12	21:00	19:08	19:50	20150	21:32
B	48	30			52	37	33	15
	56	42	28	12			24	21:07
C	19:14	20:00	44		37	23	20:07	50
	30	12	54	25				
D		27			19	19:10	48	32
	44	36	21:08	38			40	
乙	20:00	20:54	21:24	21:52	18:01	18:55	19:19	20:14

【任务实施】

请分析案例，说明 2532 次、20112 次、30053 次、40101 次列车各是什么种类的列车；根据车次如何判断其运行方向、种类、等级？（学生自主完成）

【知识与技能拓展】

一、填空题

1. 车站是铁路线上设有（　　）的分界点。

2. 车站按业务性质分为客运站、货运站、（　　）站。

3. 车站按技术作业分为（　　）站、区段站、中间站。

4. （　　）站和区段站统称为技术站。

5. 设于划分货物列车牵引区段的分界处或区段车流的集散地点，一般只改编区段到发车流，解体与编组区段、摘挂列车的车站，称为（　　）站。

6. 位于两个铁路局管辖分界处的车站，称为（　　）站。

7. 位于海河港湾地区的车站，称为（　　）站。

8. 车站按其担负客货运量和（　　）以及在政治、经济和铁路网上所处的地位，划分为特等站和一、二、三、四、五等站。

9. （　　）是中间站的主要行车工作。

10. （　　）是区段站的主要行车工作。

11. （　　）是编组站的主要行车工作。

12. 按规定条件把车辆编成的车列，并挂有机车及规定的列车标志时，称为（　　）。

13. 单机（包括单机挂车）、动车及（　　）虽未具备列车条件，当指定有列车车次时，亦按列车办理。

14. 我国铁路运行图以（　　）表示列车运行距离，（　　）表示运行时分。

15. 列车运行线与（　　）交点为列车到达、出发或通过车站的时刻。

二、判断题

1. 铁路运输生产的产品是旅客或货物在空间的位移。　　　　　　　　　　　　　（　　）

2. 铁路运输产品的特点是具有实物形态，不能储存。 （　　）

3. 车站应设有配线，并办理列车接发、会让和客货运输业务。 （　　）

4. 担当大量中转车流改编作业，编组直达、直通和其他列车的车站称为区段站。（　　）

5. 区段站通常设在大量车流集中或消失的地点或几条铁路线的交叉点。 （　　）

6. 设在相邻两技术站之间，主要办理列车接发、会让和通过作业，摘挂列车的调车和货物装卸作业的车站，称为中间站。 （　　）

7. 某些装卸作业量大或干支线衔接的中间站，还办理列车的解编调车作业。（　　）

8. 调车作业量较大的中间站设有调车线和牵出线。 （　　）

9. 未经有关部门批准，车站不准发出欠轴、超重和超长列车。 （　　）

10. 在铁路支线上，一般由连接干线的车站开往支线的方向为上行，相反方向为下行。 （　　）

11. 技术站的行车工作由车站调度员统一领导。 （　　）

12. 技术站的接发列车工作由值班站长统一指挥。 （　　）

13. 技术站的调车工作由调车长统一指挥。 （　　）

14. 列车标志的显示方式，昼间和夜间相同，但昼间不点灯。 （　　）

15. 列车运行图是运用坐标原理，表示各次列车在各个车站到达、出发或通过及在区间运行的图解。 （　　）

16. 运行图中向上、向下的斜线表示上、下行列车运行线。 （　　）

17. 列车运行图中横线表示站名线，其中粗线表示技术站或有客运作业的中间站。（　　）

18. 列车运行图中各类列车的车次标记在区段两端发车站邻接区间运行线的下方。（　　）

19. 在十分格运行图中，列车到、发时刻填写在运行线与站名线相交的锐角内。（　　）

20. 在十分格运行图中，列车通过时刻填记在进站端的钝角内。 （　　）

三、选择题

1. 由一个装车站组织经过一个及其以上（　　）不进行改编作业的货物列车，称为始发直达列车。

    A. 编组站　　　　B. 区段站　　　　C. 中间站　　　　D. 货运站

2. 在技术站编组通过一个及其以上编组站不进行改编的列车是（　　）列车。

    A. 始发直达　　　B. 技术直达　　　C. 直通　　　　　D. 区段

3. 在技术站编组通过一个及其以上区段站不进行改编的列车是（　　）列车。

    A. 始发直达　　　B. 技术直达　　　C. 直通　　　　　D. 区段

4. 运行于相邻两技术站之间，在沿途中间站不进行摘挂作业的列车是（　　）列车。

    A. 直通　　　　　B. 区段　　　　　C. 摘挂　　　　　D. 小运转

5. 运行于相邻两技术站之间，在沿途中间站进行摘挂作业的列车是（　　）列车。

    A. 直通　　　　　B. 区段　　　　　C. 摘挂　　　　　D. 小运转

6. 运行于枢纽内各站之间，并进行摘挂车作业的列车是（　　）列车。

    A. 摘挂　　　　　B. 市郊　　　　　C. 枢纽小运转　　D. 区段小运转

7. 在技术站和邻接区段规定范围内几个中间站之间开行的货物列车是（　　）列车。

    A. 枢纽小运转　　B. 区段小运转　　C. 摘挂　　　　　D. 循环直达

8. 快运货物列车是指快速运送（ ）及其他急运货物的列车。
   A. 鲜活   B. 易腐   C. 鲜活易腐   D. 保鲜

9. 中间站到发的车流，主要靠（ ）列车输送。
   A. 区段   B. 直通   C. 摘挂   D. 直达

10. 根据车次判定列车种类，K778 次是（ ）旅客列车。
    A. 直快   B. 特快   C. 快速   D. 普通

11. 根据车次判断列车的种类，Z212 次是（ ）旅客列车。
    A. 直快   B. 直通   C. 直达特快   D. 特快

12. 根据车次判定列车种类，21001 次是（ ）货物列车。
    A. 小运转   B. 摘挂   C. 区段   D. 直通

13. 根据车次判定列车种类，10001 次是（ ）货物列车。
    A. 技术直达   B. 摘挂   C. 区段   D. 直通

14. 根据车次判定列车种类，44998 次是（ ）货物列车。
    A. 技术直达   B. 摘挂   C. 区段   D. 直通

15. 根据车次判定列车种类，45001 次是（ ）货物列车。
    A. 直通   B. 区段   C. 摘挂   D. 小运转

16. 列车应根据其种类及运行的线路和（ ），在头部和尾部分别显示不同的列车标志。
    A. 间距   B. 等级   C. 方向   D. 数量

17. 列车在双线区段正方向运行时，列车尾部标志为列车尾部两个侧灯，向后显示红色灯光，向前显示（ ）灯光。
    A. 黄色   B. 红色   C. 白色   D. 蓝色

18. 货物列车在双线区段正方向运行，挂有列尾装置时，列车尾部标志为列尾装置向后显示红白相间的反射标志和一个（ ）闪光灯光。
    A. 黄色   B. 红色   C. 白色   D. 蓝色

四、简答题

1. 铁路运输一批货物要经过哪些过程？

2. 列车必须具备哪三个条件？

3. 列车是如何分等及分类的？

4. 何谓列车运行图？列车车次的单、双数如何确定？

五、技能题

（1）任务目标。

了解铁路运输生产过程，为后续铁路行车组织学习做好基础知识储备。

（2）任务实施建议。

选择你所在城市的车站或实训室，观察铁路运输生产过程相关内容：其线路站场设备、机车车辆设备、通信信号设备，货物或旅客的运输生产过程，做成 PPT 或视频成果。

（3）任务输出和评价。

各小组将完成的 PPT 或可展示的视频文件进行汇报，全班师生对成果进行评比，做出成绩评定。

项目二　车站调车工作

【项目描述】

调车工作是铁路运输生产重要组成部分，是实现列车编组计划、列车运行图，加速车辆周转，质量良好地完成运输生产任务的重要环节。通过本章学习，掌握调车工作，理解调车工作在铁路运输生产过程中的重要性，调车工作对保证铁路运输安全、提高运输效率、增强运输能力、降低运输成本、质量良好地满足国家和人民对铁路运输的需要，起着十分重要的作用。

【教学目标】

1. 知识目标

（1）调车工作认知。

（2）牵出线调车。

（3）驼峰调车。

2. 能力目标

了解调车工作的定义、分类，理解调车工作，掌握牵出线调车、驼峰调车、中间站调车；能够合理地组织调车工作，在保证安全的前提下，运用不同方法尽可能提高调车工作效率。

典型工作任务1　调车工作认知

知识点1　调车工作及与站场设计的匹配

一、调车工作

1. 定　义

在铁路运输生产过程中，除列车的到达、出发、通过及在区间运行外，凡机车车辆进行的一切有目的的移动，统称为调车。

2. 调车工作的分类

1）按设备不同分类

（1）牵出线调车，指利用牵出线进行的调车作业，由于牵出线多为无坡度的，又称为平面调车。牵出线调车比较灵活，主要进行车列的编组作业，也可进行解体、挑选车组。在站线上摘挂车辆和在货物装卸地点配对货位等作业也属于牵出线调车。

（2）驼峰调车，指机车将车列推上驼峰，在峰顶的适当地点摘钩，使车辆利用自身获得的位能溜入峰下线路的调车作业。驼峰调车分解车列速度快、效率高，因而主要用于解体车列。

2）按调车作业范围分类

调车作业按调车作业范围分为站内调车和越出站界调车。

调车作业一般是在站内（包括车站所衔接的专用线）进行的。在未设牵出线的中间站，能利用正线调车，当必须调动较多的车数时，有时需要越过进站信号机或站界标进入区间，为了保证列车运行和调车作业安全，越出站界调车必须按《技规》的有关规定办理。

3）按其作业目的不同分类

（1）解体调车，是将到达的车列，按车组（辆）去向或车种，分解到指定的线路内。

（2）编组调车，是根据列车编组计划、列车运行图和有关规章制度和特殊要求，将车辆选编成车列或车组。

（3）取送调车，是为装卸货物、检修、洗刷消毒车辆等目的，向指定地点送车或取回车辆。

（4）摘挂调车，是为列车进行补轴、减轴、换挂车组、车辆甩挂等作业。

（5）其他调车，包括车列转线、整理车场、对货位、机车转线、机车出入段等。

车站由于作业性质不同，完成各种调车工作的比重也不一样。例如，编组站要进行大量的解体和编组调车，而中间站一般只进行摘挂和取送调车。

二、调车作业种类与站场设计的匹配

1. 单向一级三场横列式编组站（见图 1.2.1）

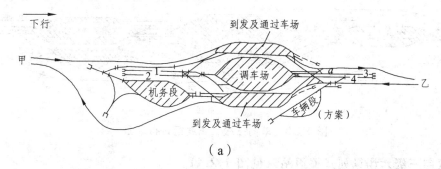

（a）

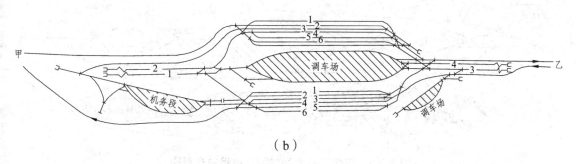

（b）

图 1.2.1　单向一级三场横列式编组站布置图

2. 单向二级四场混合式编组站（见图1.2.2）

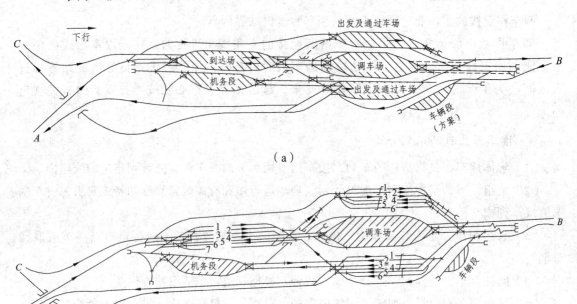

（a）

（b）

图 1.2.2　单向二级四场混合式编组站布置图

3. 单向三级三场纵列式编组站（见图1.2.3）

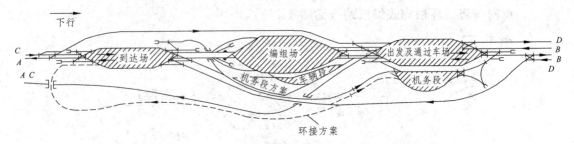

图 1.2.3　单向三级三场编组站布置图

4. 双向三级六场纵列式编组站（见图1.2.4）

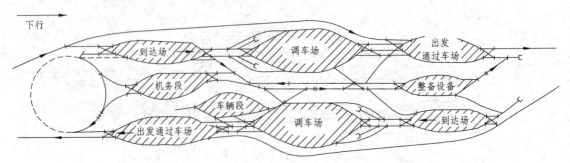

图 1.2.4　双向三级六场纵列式编组站布置图

5. 双向混合式编组站（见图 1.2.5）

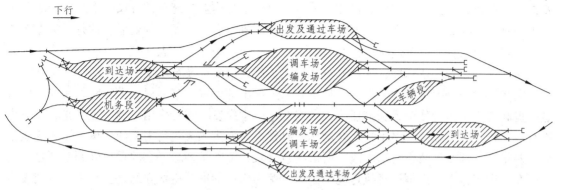

图 1.2.5　双向混合式编组站布置图

知识点 2　调车工作的基本要求

车站的调车工作应按车站技术作业过程及调车作业计划进行，并实现以下要求：

（1）及时编组、解体列车，保证按列车运行图规定的时刻发车，不影响接车。

首先要明确接发车与调车的关系，即编组要保证发车、解体不影响接车。及时编组列车，就是按规定的时间标准完成编组任务，从而保证列车按运行图规定的时刻正点发车。因此，车站的编组列车顺序及每列车编完时间，应按列车运行图规定的各次列车发车时间去安排。在不妨碍正常接车和解体的条件下，正确安排编组列车计划，不要过早地将编组完了的列车转入到发线，以免待发时间过长，影响到发线的合理运用。及时解体列车，就是到达列车完成技术作业后，即应进行解体作业。这样既可减少占用到发线时间，又可保证正常接发其他列车，并为中转车流接续和作业车的送车创造条件。调车作业除从编组解体方面保证列车接发以外，从行车组织的角度，还应严格执行在正线、到发线上作业的有关规定，保证调车作业不影响接发列车。

（2）及时取送客货作业和检修车辆。

及时取送有助于快速取送车底，保证车辆技术检查和客运整备作业所需时间，及时出入库，保证旅客列车安全正点始发；有助于货物装卸及检修作业，能缩短车辆停留时间和非生产时间，加速车辆周转。旅客列车始发量较大的车站，应从保证旅客列车正点始发的原则出发，加强与车辆及客运部门的联系，做到编组车体与出入库兼顾；货物作业量较大，取送地点较多的车站，应从节省车辆小时和加速货物送达的原则出发，合理安排取送车计划，兼顾取送作业与列车编解作业。检修车辆按需要应实行定点、定量、定时取送，以利于检修作业的正常进行。车站与专用线、段管线所属部门应签订取送车协议，明确各自的管理职责，加强专用线、段管线的管理，在《站细》中应明确规定专用线、段管线取送车办法。

（3）充分运用调车机车及一切技术设备，采用先进工作方法，用最少的时间完成调车任务。

一方面要发挥调车人员的积极性，各工种间密切配合、协同动作，不断提高劳动生产率；

另一方面要经济合理地运用调车机车及一切技术设备，采用先进工作方法，周密计划，合理安排，做到快编、快解、快取、快送，尽可能组织平行作业，充分挖掘设备潜力，压缩各种非生产时间，提高调车效率，最大限度地发挥调车机车和技术设备的效能。这是对调车工作的一项基本要求，也是衡量车站行车组织工作水平的一个重要标志。

（4）认真执行作业标准，保证调车有关人员的人身安全及行车安全。

应坚持把安全生产放在最核心、最重要、最突出的位置，牢固树立大运输、大安全的观点，提高安全工作的使命感和责任感，在安全生产中应发挥核心作用。调车工作是在动态中进行的，作业组织复杂，多工种联合动作，时常面对恶劣的天气与多变的环境，影响因素诸多。多年来，调车事故在行车事故中所占比重最大，反映了调车安全的重要性和必要性。

在调车工作中，必须认真执行规章制度，落实作业标准，遵章守纪，防止一切可能发生的事故，做到安全生产。

知识点 3 车站调车区划分和调机分工

调车机车是调车作业的主要动力。为了解编列车和取送车辆等需要，应做到合理有效地使用调车机车，充分发挥调车机车的能力。

一、调车机车需要台数的确定

$$M_{调} = \frac{\sum T_{调}}{1\,440 - t_{整}}$$

$$\sum T_{调} = \sum t_{解} + \sum t_{编} + \sum t_{检挂} + \cdots + \sum t_{其他}$$

式中　$M_{调}$——调车机车需要台数，台；

$\sum T_{调}$——一昼夜内调车工作消耗的总时间，min；

$t_{整}$—— 机车整备作业时间，min。

以上对调车机车需要台数概略地进行分析计算，在编制日计划图时加以验证确定。

调车机车的作业负荷应保持在一个合理的水平：负荷过低，调车机车得不到充分的利用，资源浪费；负荷过高，作业等待时间将明显延长，作业灵活性降低，特别是当作业不均衡时可能无法完成规定的调车任务。

二、调车场划分调车区的办法

在调车作业繁忙、配线较多的车站，配有两台及以上调车机车时，应根据车场设置特点、调车作业性质、车流特点和车站配线等情况，划分每台调车机车相对固定的作业区域，简称调车区。每个调车区一般情况下只有一台机车按固定范围作业（驼峰有预推进路者除外），可避免调车机车作业的互相干扰、抵触，便于机车乘务人员和调车人员熟悉作业区域设备特点和工作条件，建立正常的作业秩序，保证作业安全。但对于车流量大、作业繁忙的车站，设有半自动化、自动化驼峰调车场，为提高调车效率，及时完成调车任务，在同一驼峰或峰尾调车区配备两台及以上调车机车，这样的半自动化、自动化驼峰调车场，在驼峰头部设有双推设备，在峰尾设有两条及以上牵出线（平行进路），保证调车机车间平行作业，减少交叉干扰，提高效率，保证安全。

划分调车区的基本原则是：保证各调车机车在作业上互不干扰和抵触，调车机车、驼峰、牵出线及调车线负担的任务相对均衡合理；保证加速编解作业，减少重复作业，充分挖掘潜力；保证调车作业和接发列车的安全。

划分调车区的方法，应根据车站的调车任务、车流和调车线配置等情况而定，并在《站细》中规定。一般采用两种方法：

（1）对于调车作业互不干扰，设有牵出线和一定数量调车线的独立车场，可单独划区管理。在调车作业量较大的货场、交接场和专用线，在配有专用的取送调车机车时，也可以划为单独的调车区。

（2）对于两端均设有牵出线和驼峰，或一端设有牵出线、一端设有驼峰的车场，可实行横向划区或纵向划区。

① 横向划分调车区。

在调车场中部特设分界标或利用固定建筑物作为调车区的分界线，两端各为一个调车区，两调车区之间应设立不少于 20 m 安全区。为了保证重点作业和适应不同作业的需要，通常把分界线划在靠近担负编组或辅助工作的一端，尽量使担负解体或主体调车一端保证有较长的线路。有的车站由于线路短，不宜经常用固定分界线方法划分调车区，而是规定当线路上有停留车时，就以该线内停留车为分界标，两端调车作业均不准触动该分界车。只有当线路空闲时，才以固定的分界标为界。在横向划区的调车场任何一端调车时，越过分界线或触动分界车均为越区作业。越区作业时，须取得对方同意。

② 纵向划分调车区。

调车（编发）场的任何一端都有两条以上的牵出线或驼峰溜放线，且分别配有固定的调车机车，共同担负车场一端的调车工作，或调车（编发）场两端各有一台机车因设备、车流等原因分线束划区作业。一般是按照每条牵出线或驼峰溜放线直接接通的线束来划分，每个调车区分配几条线路，规定一定的工作任务，固定一台调车机车，这样便于各台调车机车平行作业。如某站调车场共有 24 股道，可将 1 ~ 12 道划分为第一调车区，13 ~ 24 道划分为第二调车区。纵向划区时，在本区管辖的线路上可以进行溜放、推送和连挂。越区作业时，应取得对方同意。

纵向划区的优点是便于掌握调车线的使用，避免同一线路两端同时作业而产生的不安全因素；其缺点是对于线路少、车流方向多的车站，将会产生线路不足，增加重复改编作业等问题。纵向划区适用于调车线较多的车站。

三、调车场两端调车机车的分工

（1）一端解体、一端编组，或以一端解体为主，一端编组为主。

适用于调车场一端设有驼峰，另一端设有牵出线的车站。由驼峰负责解体，牵出线负责编组，可以充分发挥驼峰和牵出线设备的效能。

（2）一端负责解编某一方向的列车，另一端负责解编另一方向的列车。

适用于横列式车站调车场两端设有简易驼峰或牵出线，而两个方向的改编作业量又大致相等的车站。其优点是可以充分利用调车设备，均衡两端调车机车负担，减少重复作业，便于采用解编结合的调车方法。

（3）以一端调车机车为主，另一端为辅。

适用于解编作业量不大的车站。解编作业基本上由主调车机车担当，另一端调车机车负责车辆取送、车组甩挂作业，必要时协助主调车机车进行解编作业。

四、调车场同端调车机车的分工

当在调车场的任何一端，具有一条以上的牵出线或驼峰溜放线，配属一台以上的调车机车，共同担负调车场一端的解编工作时，为使各台调车机车平行作业，互不干扰，调车场同端的调车机车的作业也应进行分工，分工方式有如下两种：

1. 固定作业区域

固定调车作业区域，就是在调车作业繁忙、配线较多、配有两台或两台以上调车机车的车站，为避免调车机车同时作业相互间的干扰，提高调车效率和保证调车作业的安全，将每台调车机车固定在一定区域之内，专门担负一定方向的列车解体或编组工作，同时有利于调车作业人员掌握设备情况，熟悉本区作业性质。这种方式有利于建立良好的作业秩序，作业计划组织比较简单，有利于提高调车效率和保证调车作业的安全。例如，调车场尾部有两条牵出线，两台机车作业时，可划分为两个调车区。但当各方向解编任务不够均衡或车流波动较大时，难免会产生忙闲不均、作业不够协调、调车机车能力不能充分利用等情况。

2. 不固定作业区域

这种分工方式不固定每台调车机车占用的牵出线或驼峰溜放线。由于不固定作业区域，相应地也就不固定担负一定方向的解编任务，而是由调车领导人根据作业计划的要求，考虑各台调车机车的作业进度，灵活掌握、机动分配每台机车的作业区域和所担负的任务。这种方式只要运用得当，能够克服前一种方式的缺陷，更好地发挥调车机车的生产效能。例如，双推单溜的驼峰，两台调机的作业就可不固定作业区域。但是，它也给调车作业增添了复杂性，要求调车工作领导人具备较高的计划组织水平，调车组人员具有比较全面熟练的生产技能。

知识点4 调车场线路固定使用

固定线路使用主要是指对调车线按列车编组计划去向的要求，车流性质和车流量大小，以及特殊用途等，结合线路的配置情况，合理安排线路的使用方案，从而达到有效地使用线路，减少重复作业，缩短调车行程，并有利于提高调车计划质量和保证安全生产。

研究调车场线路使用问题，一般需按两步进行。首先，合理分配各种用途的线路数目，然后确定每一条调车线的具体用途。

调车场内的线路主要用途：一是按照列车编组计划的规定，用于集结和编组车列（车组）；二是存放本站货物作业车、场间交换车、扣修车、倒装车和装载特种货物或超限货物的车辆等。在我国铁路车站目前调车线还不够充裕的情况下，应首先保证用于集结和编组的线路数，尽量减少停放其他车辆的线路数。

用于集结和编组的线路，尽可能按照列车编组计划的规定，每编组一个到达站的列车或车流组号，固定使用一条调车线，有利于解体照顾编组，照顾重复改编作业。若可供使用的线路数少于规定的车流组号数时，应首先满足主要车流单独集结的需要，对其余车流量较小的组号，可合并使用一条线路。

用于存放其他车辆的线路，应在保证调车安全、不大量产生重复作业量和严重交叉干扰的条件下，尽量做到一线多用。

调车场内各条线路的有效长度和平纵断面等条件不尽相同，固定其具体用途，一般应考虑以下条件：

（1）适应车流强度的需要。车流量大的编组去向分配长线，车流量小的分配短线，并尽量选择容车数大于该去向列车编组辆数的线路，以减少整理车场的调车作业。

（2）均衡牵出线的作业负担。当调车场尾部具有两条编组牵出线时，将车流量大的几个编组去向，分散固定在衔接不同牵出线的调车线上，以均衡两条牵出线的作业负担。

（3）减少调车作业的干扰。对横列式车站，应把车流量大的编组去向固定在靠近出发场的调车线上；交换车固定停放在接近邻区的线路；集结同一去向的两条调车线和合编分组列车的线路，固定在同一线束的相邻线路上；本站货物作业车固定在接近货物作业地点、便于送车的线路。

（4）照顾车辆溜行的性能。对空车和难行车比重较大的车流组号，尽可能固定在易行线上；对易行车比重较大的车流组号，固定在难行线上，以平衡车辆溜行阻力，提高解体调车的安全和效率。

（5）便于车辆检修和其他作业。站修线应拨给线间距离较宽、靠近站修所的边线；装载特种货物及超限货物的车辆，按其需要拨给偏僻、有利保安的线路等。

总之，调车场内的线路固定使用与车流性质、大小、线路的条件等有密切的关系。因此，车站应根据列车编组计划的要求及具体条件确定调车线固定使用，并纳入《站细》内。

根据我国铁路多年来的实践经验，调车场线路的使用，按照"定而不死，活而不乱"的原则，采用"固定与活用结合"的办法是最为合理有效的。尤其在调车场线路严重不足的车站，效果更为显著。这种办法也就是在一般情况下，车辆应按固定线路分解，但在必要和有利时，调车领导人可以有计划地组织借用其他线路。而当活用线路的必要性消失后，仍恢复线路的固定使用，以免影响调车场正常作业秩序。

知识点 5 排风、摘接风管及列车中车辆的摘挂

一、排　风

排风作业由放风与拉风工作组成。

放风是在车列进行调车作业前，打开车列一端车辆的折角塞门，放出车列制动主管内压缩空气的过程。

拉风是在车列进行调车作业前，拉动每个车辆的拉风杆，排出副风缸内的余风，使自动制动机缓解的作业过程。

放风与拉风不但使所有车辆缓解，更重要的是使待解的车辆或车列，在溜放调车的时候，失去风力制动作用，确保调车作业的安全。

如果在溜放调车前，不把余风放掉，在溜放过程中，一旦制动主管或软管漏风，就会因制动主管风压降低，副风缸的压缩空气进入制动缸而推动活塞运动，将通风沟的通路堵住，使制动缸和大气的通路被遮断而进行制动。这时，溜放中前行的车辆或车组就会遽然减速、停车，后行车组很容易与前行车组发生冲突，造成严重事故。

放风时，要缓缓扳动折角塞门，连续开关几次，待车列制动主管内风压降低后再大开折角塞门，以防放风过猛，造成车列紧急制动，损坏零件或缓解不良。

拉风多采用"石子拉风"方法。先用手拉动拉风杆，听到副风缸余风开始排出时，用石子（道砟）卡住拉风杆，使副风缸继续排风，此时，拉风人员即可进行下一个车辆的拉风工作。整列拉完后，再逐车检查车辆缓解状态，逐车取下石子。"石子拉风"速度快，效率高。

二、摘、接风管

风管是连接两车制动主管的软管，其端部装有连接器。将机车车辆间两个制动软管的连接器摘开或接上的作业过程，称为摘风管或接风管，如图 1.2.6 所示。

摘风管前，须先关闭风管根部的折角塞门，塞住风管的风路。接风管后，须打开折角塞门，接通风路，并检查风管有无泄漏。

图 1.2.6 摘　管

三、列车中车辆的摘挂

在机车车辆间进行抽管、提钩使之分离的作业过程，称为摘车。从列车中摘下车辆时，由于列车制动主管内存有大量压缩空气，应严格按照"一关前、二关后、三摘风管、四提钩"的程序进行，即先关闭靠机车方向的折角塞门，后关闭靠守车方向的折角塞门，切断列车制动主管内压缩空气的通路，然后摘开风管，再提开车钩。只有这样，才能保证人身安全和作业安全。

使机车车辆连挂在一起的作业过程，称为挂车。挂车前，要先调整钩位；挂车要确认车钩的连挂状态。在列车中连挂车辆时，还要连接风管，开放折角塞门，检查列车主管通风情况。

编成的列车需要确认车辆之间的连挂状态。动车组以外的列车中相互连挂的车钩中心水平线的高度差，不得超过 75 mm，如图 1.2.7 所示。这个高度差是由车钩中心线距轨面最高为 890 mm、最低为 815 mm，两者之差定出的。

为保证列车中各车辆连挂时车钩高度的一致性，75 mm 高度差是根据车钩中心线水平线距轨面的高度范围规定（815～890 mm）而定。动车组为固定编组，正常情况下不分解。车钩的高度差，主要是由于车辆的空重、弹簧的强弱、车轮踏面的圆周磨耗、心盘垫板的厚薄，以及线路的状况等原因所造成的。

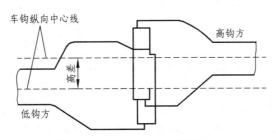

图 1.2.7　车钩中心水平高度差

当两车钩中心线的高差超过 75 mm 时，必须查明原因，进行调整。无法调整时，应将该车摘下处理。

知识点6　制动调速工具

在平面牵出线调车中以人力制动为主，辅以铁鞋制动。

一、人力制动机

1. 人力制动机制动原理

我国铁路牵出线采用溜放调车法时，对溜行车组多采用人力制动，即由制动员利用车上设的人力制动机调节车组的溜行速度，使车组间逐步形成必要的间隔（称为间隔制动），并使其溜至指定地点停车或与停留车安全连挂（称为目的制动）。

人力制动是利用人力转动车辆上的手制动轮、扳动手制动把或脚踏，通过制动装置的杠杆作用，使闸瓦与车轮踏面摩擦而产生制动力，阻止车轮滚动，从而起到制动车辆的目的。

2. 人力制动机制动方法

一般包括选闸、试闸、拧闸等过程。

1）选　闸

选闸指选择制动车辆、人力制动机类型、位置的过程。提前检查制动链、手轮轴杆、制动台等是否完好。

一般选闸原则：

（1）选前不选后（前面车辆瞭望条件好，便于确认停留车位置和前行车辆走行情况）；

（2）选重不选空（重车比空车制动力大、降速快，便于调速）；

（3）选大不选小（载重量大的车辆人力制动机性能一般比小车人力制动机性能好）；

（4）选高不选低（制动台高，站的高瞭望条件好）；

（5）选双不选单；

（6）选标不选杂。

2）试　闸

试闸指对人力制动机进行制动性能试验的过程。

试闸分为停留试闸和牵出试闸。车列停留时要按"一看、二拧、三蹬、四松"的方法检查人力制动机（一看：闸链有无开口，闸盘是否弯曲变形，闸盒是否固定，拉杆是否脱节，部件是否良好；二拧：把闸拧死，看是否有弹力；三蹬：下车蹬闸瓦，看制动缸活塞、闸链是否紧，闸瓦动不动；四松：上车把闸松开）；车列牵出时，按照"一听、二看、三感受"的方法检查人力制动机（牵出试闸的时机是在车列将动之初或在牵出线末端将要停车之时。一听：听闸瓦和车轮的摩擦声，一般手制动机良好时，拧闸时会听出"吱吱"声音；二看：看车钩伸缩的状态，如手制动机良好，被试验的车辆前端车钩呈拉伸状态，后端车钩呈压缩状态；三感受：根据手制动机的反弹力来判断，拧闸时手制动机的反弹力大的制动力强，反弹力小的制动力就弱）。

3）拧　闸

拧闸指用人力制动机对溜出的车组施行制动的过程。

拧闸方法有端闸和勒闸、脚踏。拧闸根据车组的溜放速度、走行性能、线路状况和停留车位置，正确掌握制动时机。既要防止撞车，保证安全；又要压缩天窗，提高效率。一般采用一紧一松的间歇性制动办法。这样，才能保证溜出的车组有足够的制动力，防止由于选闸不当制动力不够或未试闸等，致使人力制动机制动力不强或不制动造成事故。

根据力学原理，使用人力制动时，闸瓦紧压车轮踏面而产生制动力，该制动力与闸瓦压力的总和、闸瓦与车轮踏面间的摩擦系数成正比。制动员对车辆进行人力制动时，车辆除了受到闸瓦压力产生的制动力外，还受到各种阻力的影响。根据能量守恒定律得出，人力制动距离与车组溜行速度 v 的平方和车组总重量成正比，即在制动力一定的情况下，车组溜放速度越高、重量越大，制动距离越长。另外，制动距离与单位制动力和单位总阻力成反比，在溜放速度和车组重量一定的情况下，为了缩短制动距离，提高调车作业的安全质量和效率，可选择制动力较强的人力制动机，并采用各种先进方法提高制动效能。

二、铁鞋制动

铁鞋制动与人力制动相比，不仅可以减轻制动员的劳动强度，而且能提高作业效率，保证安全。

铁鞋制动的主要工具有铁鞋、铁鞋叉子。有的驼峰在调车场头部警冲标内方设有脱鞋器，作为调速制动时自动脱鞋之用。

铁鞋制动是使用铁鞋叉子将铁鞋放在溜行车组前进方向的钢轨上，向前滚动的车轮压上铁鞋后，轮轨之间由滚动摩擦变为滑动摩擦，如图 1.2.8、图 1.2.9 所示。据测定，滑动摩擦系数为 0.15～0.20，比滚动摩擦系数（0.02）大十几倍。铁鞋制动正是利用变滚动摩擦为滑动摩擦的原理，增大摩擦力，使溜行车组尽快减速或停车。

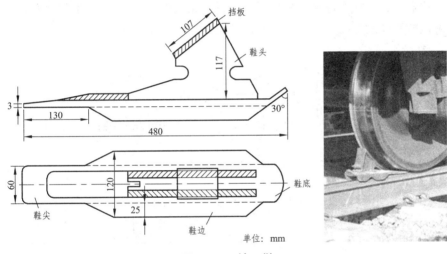

图 1.2.8　铁　鞋

图 1.2.9　铁鞋制动

29

三、减速器

目前，我国铁路机械化驼峰采用的车辆减速器主要有非重力和重力式两种类型。

重力式减速器是利用高压油进入制动缸推动活塞，通过杠杆作用使制动梁抬高，制动夹板开口缩小，并借助车辆的重量加大制动夹板对车辆的挤压力，以增加制动力。也就是说，重力式减速器只有"制动"和"缓解"两个操作按钮，制动力的大小主要依靠车辆自身重量进行自动调整。在作业中，驼峰作业员只能利用制动时间长短来调节制动能力的大小。

非重力减速器是以压缩空气为动力，利用压缩空气进入气缸，通过气缸及上下部制动杆的杠杆传递，抬起并合拢制动夹板，夹紧车轮而产生制动力，使车辆进行制动以达到减速的目的，如图 1.2.10 所示。制动力的大小通过控制进入气缸的空气气压制动等级进行调整。国产 DK-59 型钳式减速器共分为 Ⅰ、Ⅱ、Ⅲ、Ⅳ 级制动，其空气压力分别为 1.5×10^5、3.5×10^5、5.8×10^5、6.6×10^5 kPa。另外，车辆减速器的制动能量是以一定长度内通过制动所能克服溜行车组的能高来表示，因此，钳式减速器的制动能量与其组装节数（长度）和使用的制动等级有关。在作业中，驼峰作业员可根据需要操纵制动按钮，通过变更制动等级和掌握制动时间的长短来调节制动能力的大小，减速器的位置如图 1.2.11 所示。

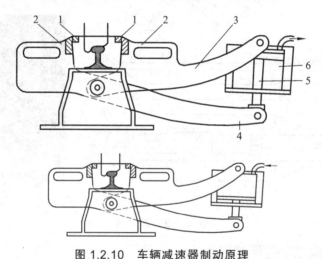

图 1.2.10　车辆减速器制动原理

1—夹板；2—制动梁；3、4—杠杆；5—活塞；6—缸体

图 1.2.11　车辆减速器位置

四、减速顶

减速顶是一种既不需要外部供给能源，又不需要安装外部控制设备的自动调速工具。它结构简单、性能可靠，易于施工、维修，工程造价和运营费用都较低，因而在我国铁路调车场得到广泛使用，如图1.2.12、图1.2.13所示。

图 1.2.12 减速顶安装位置

图 1.2.13 减速顶制动

减速顶由外壳和吸能帽组成。吸能帽内有速度阀和压力阀，在减速顶的内腔充有油液和氮气，如图1.2.14所示。

根据减速顶的设置位置的不同，可以利用调整速度阀板下的弹簧来调节减速顶的规定速度（临界速度）。当减速顶设在股道内作目的制动时，临界速度一般选为4 km/h。

当车辆压上减速顶吸能帽时的速度低于临界速度时，油液对速度阀板的压力小于速度阀板下弹簧的支撑力，油液可通过油孔顺利地流入减速顶的下腔（这时上腔中的氮气受到一定的压缩），吸能帽较容易地向下滑动，对车轮不产生制动作用。

当车辆压上减速顶吸能帽时的速度高于临界速度时，油液

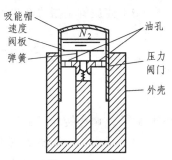

图 1.2.14 减速顶

对速度阀板的压力大于速度阀板下弹簧的支撑力，速度滑板向下运动关闭油孔，油液不能通过油孔顺利地流入减速顶的下腔，而必须挤开压力阀门的钢球流向下腔（这时上腔中的氮气也受到一定的压缩），由于钢球下的弹簧弹力很大，油液在从压力阀向下腔流动的过程中产生较大的热量而吸收车辆的动能，对车轮产生制动作用。

当车轮通过吸能帽顶点后，吸能帽上腔被压缩的氮气开始膨胀，使吸能帽向上回升，由于速度阀板下的弹簧的支撑力使速度阀板打开，从而油液通过油孔回到上腔，减速顶恢复原来的状态。

知识点7 调车基本因素

一、调车钩

调车钩是指机车完成连挂或摘解一组车辆的作业，是计量调车工作的基本单位。我国铁路车站编制的调车作业计划就是以调车钩为单位，按其先后顺序排列的。

调车钩按其性质不同，主要分为挂车钩和摘车钩两种。

1. 挂车钩

挂车钩是指机车（或挂有车辆）驶往线路内连挂车辆后，牵出至开始进行下一项作业地点的调车钩。

2. 摘车钩

摘车钩按其采用的作业方法不同，又可分为推送钩和溜放钩两种。

（1）推送钩是指机车将车组推送至线路内预定地点摘车后，返回至开始进行下一项作业地点的调车钩，如图1.2.15所示。

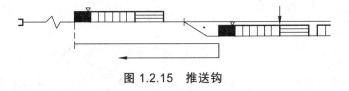

图1.2.15 推送钩

（2）溜放钩是指机车用溜放方法完成摘车作业的调车钩，如图1.2.16所示。

图1.2.16 溜放钩

此外，调车钩还有：

（1）牵出钩，即机车去到达场连挂待解车列或去调车场连挂待编车列并牵引至牵出线；

（2）转场钩，即机车将车列从一个车场转往另一个车场，然后返回牵出线。如将编好的车列从调车场转往出发场。

利用调车钩计算调车工作量比较简单，但不同类型的调车钩调车车列的走行距离和耗费时间不同，因而调车钩数不能确切地反映在完成某项调车工作中调车机车行程的长短、燃料消耗和花费时间的多少。为了较为精确地研究和改进调车工作，可以采用调车程作为分析调车工作量的又一单位。

二、调车程

调车程是指机车车辆不改变运行方向的一次调车移动。调车程的长短是衡量调车工作效率的基本因素。一般情况下，调车行程越长，机车消耗的燃料和花费的时间越多，调车工作效率越低。因此，调车工作组织的主要任务是在保证安全的基础上，尽量减少调车钩数，缩短调车行程，压缩平均完成一个调车钩所需时分（简称"钩分"），努力提高调车工作效率。

（1）调车程按其行程长短分为短调车程和长调车程两种，如图 1.2.17 所示。

① 短调车程是指机车加速到一定速度后，立即制动或停车，行程较短。

② 长调车程是指机车加速到一定速度，并保持定速运行一段距离后制动停车，行程较长。

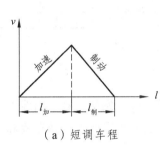

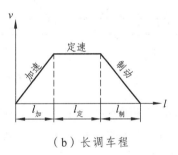

（a）短调车程　　　　　　　　（b）长调车程

图 1.2.17　短、长调车程

（2）调车程按性质分为：

① 空程——机车不带车从当前位置移动至适当地点；

② 挂车程——机车或机车带动调车车列到车场内连挂车组；

③ 牵出程——将连挂好的车列牵往牵出线；

④ 推送程——将车组推送至适当地点停车；

⑤ 溜放程——为溜放车组而进行的一次移动。

（3）调车程按其组成因素可分为：

① 加速—制动型，即机车加速到一定速度后立即制动，如图 1.2.18（a）所示；

② 加速—惰行型，即机车加速到一定速度后以惰力运行，如图 1.2.18（b）所示；

③ 加速—惰行—制动型，即机车加速到一定速度后，以惰力运行一段距离，然后制动停车，如图 1.2.18（c）所示；

④ 加速—定速—制动型，即机车加速到一定速度并定速运行一段距离后制动，如图 1.2.18（d）所示；

⑤ 加速—定速—惰行型,即机车加速到一定速度以定速运行一段距离后,再以惰力运行,如图 1.2.18 (e) 所示;

⑥ 加速—定速—惰行—制动型,即机车加速到一定速度以定速运行一定距离后,先惰行后制动停车,如图 1.2.18 (f) 所示。

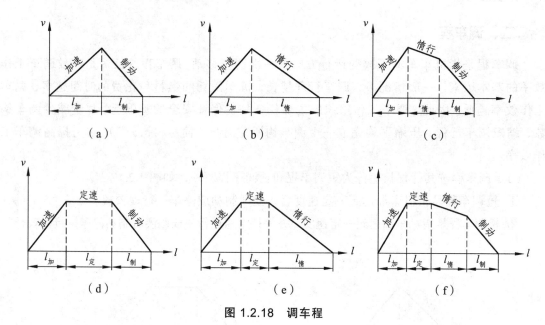

图 1.2.18　调车程

各种调车作业均由若干种作业性质不同的调车程组成,例如,在牵出线上解体车列,则由若干空调车程、牵出调车程、分解调车程(按分解方法又可分为推送调车程和溜放调车程)、回拉调车程等组成。

三、影响调车时间的因素

1. 调车作业时间的因素

完成一个调车程所需的时间取决于以下多种因素:

(1)调车程的长度和类型;

(2)调动车辆的重量和车数;

(3)调车速度的限制;

(4)调车机车的类型、牵引性能和制动效能;

(5)调车设备;

(6)调车钩的种类及数量;

(7)季节及气候条件;

(8)夜间车站的照明条件;

(9)机车乘务组的操纵技术和调车组的技术熟练程度等。

2. 调车作业时间的计算

任何调车作业都是由基本因素调车钩（调车程）组成的，调车作业时间等于组成该项作业的各调车钩（调车程）延续时间之和。要比较精确地掌握调车作业时间，需要确定各种调车钩（调车程）的作业时间标准，按钩计划中使用各类调车钩（调车程）的数量和带动车数计算出该项作业需要的总调车作业时间。

对同一类型、长度相近的调车程而言，调车程时间和调车车列的车数之间存在着线性关系：

$$t = a + bm$$

式中　t——调车程的延续时间，min；

a——单机完成该类调车程所需要的时间，min；

b——每增加调动一辆车所增加的调车程时间，min；

m——本调车程调动的车数。

【任务实施】

请根据案例中乙站平面示意图，判断乙站站型，分析在此车站中机车、车辆一切有目的的移动有哪些？根据乙站站场布置图分析各种调车作业出现的不同位置以及作业目的。（学生自主完成）

典型工作任务 2　牵出线调车

知识点 1　牵出线调车的设备特点

牵出线是供调车机车牵出车列进行解体、编组等调车作业的线路。牵出线是站线的一种，一般按尽头式布置。为保证调车作业安全，在牵出线和车场或货场的咽喉区线路联结处外方，设有调车信号机，在牵出线尽头处设有车挡和标志。

为了有利于调车作业，专门用于解体和编组作业的牵出线大都设在直线地段；有的因受地形等条件限制，设在半径不小于 600 m 的曲线地段，而且，一般都设在面向车场或货场不大于 1.5‰～2.5‰ 的下坡（1 000 m 长降低 1.5～2.5 m 的坡度）或平道上。由于一般牵出线的坡道平缓，故也称为平面牵出线。若牵出线带有一定坡度，则称之为坡道牵出线。

牵出线调车的动力来源主要是调车机车的推力或牵引力。

知识点 2　牵出线调车的作业方式

一、推送调车法

凡使用机车将车辆由一股道送到另一股道，需停车后再进行摘车的调车方法，称为推送调车法，它是调车工作不可缺少的一种方法，如图 1.2.19 所示。

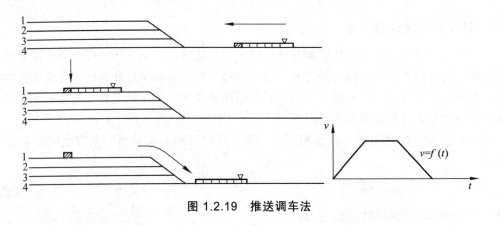

图 1.2.19　推送调车法

推送调车法的特点如下：

（1）采用推送调车法时，车辆在移动过程中始终和机车连挂在一起，直至车列停妥后再摘车。

（2）一钩需用两个长调车程，耗费的时间较多，平均钩分较长，调车效率较低，但是技术上简单，作业上安全。

推送调车法主要用于调移禁溜车、客车、取送车、转线、拉车、禁溜线上调车。

二、溜放调车法

使用机车推送车列达到一定的速度，并在推进中，将计划摘解的车组提钩，使摘解的车组利用所获得的动能自行溜放到线路的指定地点的调车方法，称为溜放调车法，如图 1.2.20 所示。

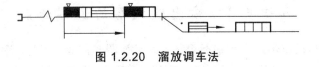

图 1.2.20　溜放调车法

溜放调车法按其作业方法不同，分为单钩溜放、连续溜放、多组溜放和牵引溜放调车法等。这里只介绍单钩溜放和连续溜放调车法。

1. 单钩溜放法

机车推送车列每加速、减速一次即溜出一个车组，调车机车停轮等待该溜出车组越过分歧道岔不妨碍后续车组进路时，再进行下一车组的溜放，这种调车作业方法，称为单钩溜放法，如图 1.2.21 所示。

采用单钩溜放法分解车列时，由于摘解一个车组的调车行程比较短，故其调车效率比推送法提高 30% 左右。但每溜出一组就需要向牵出线回拉或停轮等待开通次一车组的溜放进路，调车效率仍不高。

单钩溜放法主要用于：

（1）牵出线过短的车站或车场；

（2）受调车组人数、技术水平、车列组成等条件限制，不能采用其他溜放法时。

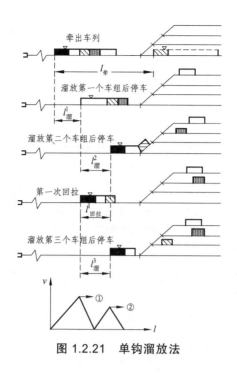

图 1.2.21 单钩溜放法

2. 连续溜放法

连续溜放法和单钩溜放法不同,它不是每溜放一组即回拉或停轮等待开通进路,而是不改变运行方向地连续加速或减速,每次加速减速即溜出一个车组。这种连续溜放几个车组后,才向牵出线回拉一次的作业方法,称为连续溜放法,如图 1.2.22 所示。

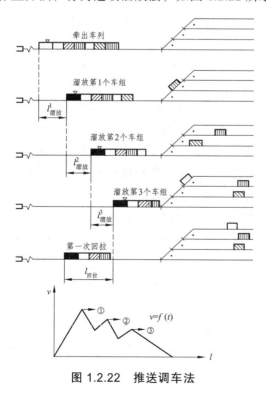

图 1.2.22 推送调车法

连续溜放法特点如下：

（1）调车行程比单钩溜放法更短；

（2）减少回拉次数和停轮等待进路的时间；

（3）平均钩分小，调车效率比单钩溜放法提高 50%左右。

知识点 3 溜放调车限制

溜放调车和驼峰解散车辆，可以缩短调车行程、压缩调车钩分、提高调车效率。但为了确保人身、调车作业和货物的安全，对溜放调车和驼峰解散车辆，有如下限制：

（1）装有禁止溜放货物的车辆。装有禁止溜放货物的车辆，按国家和铁路总公司铁路危险货物运输管理相关规定执行。

（2）非工作机车、铁路救援起重机、大型养路机械、机械冷藏车、凹型车、落下孔车、客车、动车组和特种用途车。

对于特种车辆，如非工作机车、铁路救援起重机、机械冷藏车、凹型车、落下孔车、客车、动车组和特种用途车（发电车、无线电车、轨道检查车、钢轨探伤车、试验车、通信车等）等，有的因车体构造特殊，不宜通过驼峰或不能使用铁鞋、人力制动机进行制动，或装有精密仪器，需要匀速、平稳作业，所以对这些车辆禁止溜放，并在"调车作业通知单"上注明，以便于作业中掌握。

（3）乘坐旅客的车辆及停有该车辆的线路，停有动车组的线路。

由于调车溜放时，车辆速度难以控制，容易发生冲撞等问题，为了保证旅客舒适和人身安全，对乘坐有旅客的车辆及停有该种车辆的线路，禁止溜放作业。由于动车组是独立固定编组，正常情况下不具备与其他机车、车辆连挂的条件，调车溜放时，车辆速度难以控制，容易发生与停留动车组接触、冲撞等问题，损坏动车组，因此规定停有动车组的线路，禁止溜放作业。

（4）超过 2.5‰坡度的线路（为溜放调车而设的驼峰和牵出线除外）。

2.5‰坡度是指线路有效长内的平均坡度。溜出的车组，在这样坡道的线路上运行，会逐渐加速，不易在预计地点停车，若制动不及时，可能造成冲突等事故，所以禁止溜放。

（5）停有正在进行技术检查、修理、装卸作业车辆及无人看守道口的线路。

停有正在进行技术检查、修理、装卸作业车辆的线路。这是因为被溜放车组的减速与停车，是靠人力制动机和铁鞋等制动来实现的，如果人力制动机失灵、铁鞋脱落或调速不当失去控制，就将严重地威胁旅客或有关作业人员的人身安全，同时车辆也可能轧上防护用具造成脱轨等事故，所以禁止溜放。

无人看守道口的线路是因为车组溜出后，无法控制行人、车辆横越线路；在情况突变时，对溜放的车组也难以控制停车，容易造成人员伤亡、撞坏车辆或车辆脱线事故，所以禁止溜放。

（6）停有装载爆炸品、气体类危险货物车辆的线路。这是因为上述物品对撞击、摩擦特别敏感，一旦调速不当发生冲撞，可能发生爆炸或漏出毒气，造成人民生命财产的重大损失，所以禁止溜放。

（7）停留车辆距警冲标的长度，容纳不下溜放车辆（应附加安全制动距离）的线路。就是通常所说有"堵门车"的线路，由于制动距离不足，调速困难，容易造成冲撞事故，因此禁止溜放。

（8）中间站正线、到发线及与其衔接而未设隔开设备的线路。随着我国铁路的几次大提速，列车运行速度普遍提高，中间站的作业更加繁忙，正线、到发线及与其衔接而未设隔开设备的线路上溜放车辆一旦失控，有可能进入区间，危害十分严重；同时中间站的正线、到发线主要是进行接发列车使用，一也不宜大量利用其进行调车作业，为保证接发列车作业安全，因此在此种情况下禁止溜放作业。

（9）调车组不足3人时，禁止溜放作业。在进行溜放作业时，至少要由一人指挥，一人提钩，一人制动，这样才能保证溜放调车安全，所以规定调车组不足3人时禁止溜放作业。

（10）不准采用牵引溜放法调车。牵引溜放调车，是调车机车牵引调车车列快速运行，在途中摘钩后机车加速，机车与车列离开一定距离，扳动道岔，使机车与调车车列进入不同股道的调车方法（见图1.2.23）。这种调车方法对司机、调车人员、扳道员相互间的配合要求较高，必须严格掌握减速、提钩、加速和扳道的时机，如果稍有不当，就可能造成前堵后追、侧面冲撞或进入"四股"的后果，同时作业效率低下，因此明确规定不准采用牵引溜放法调车。

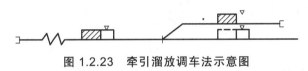

图1.2.23 牵引溜放调车法示意图

知识点4 牵出线调车的作业过程

1. 连挂车列

调车机车驶往到达场连挂车列。在正线、到发线上调车时，要经过车站值班员的准许。

2. 牵出车列

在核对了提钩处风管摘开、无抱闸车及溜放的第一辆车车号正确后，牵出车列，并停于便于作业的位置。

3. 溜放车列

将车组溜向指定的线路。车列中有禁溜车时，还须将禁溜车推送至固定线路。

4. 摘挂整场

调车机车在解体几个车列后需要整场。在连挂车辆时，及时显示"十、五、三车距离信号"（单机除外）。连续连挂时，可不停车连挂，但要确认连挂状态。

知识点 5 牵出线调车的作业特点

1. 车辆溜行动力

牵出线调车主要依靠机车推力。

2. 提钩地点

在牵出线上进行溜放调车时，机车推送车列逐钩移向调车场，提钩地点范围大，不固定。

3. 溜放速度控制

在平面牵出线上溜放车辆时，车组脱离车列的初速度较高（15 km/h 左右）。调车长调节溜放速度的范围较大，车辆走行性能对溜放距离的影响较小。

4. 车组间隔调节

车组间隔主要靠调车长掌握推送速度和脱钩时机来形成，其次靠制动员拧闸来调节。

5. 调机操纵

牵出线调车一般为变向变速。

6. 调车效率

牵出线调车效率低。

7. 安全性

牵出线调车安全性较差。

8. 劳动强度

牵出线调车的工作强度大。

【任务实施】

请根据案例中乙站列车到达计划判断哪些列车需要进行调车作业？采用哪种调车作业效率较高？（学生自主完成）

典型工作任务 3 驼峰调车

知识点 1 驼峰调车的设备特点

驼峰一般设在调车场头部，适合于车列的解体作业。驼峰由推送部分、溜放部分、峰顶平台组成，如图 1.2.24 所示。

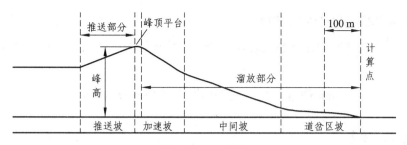

图 1.2.24　驼峰

（1）推送部分：推送坡和压钩坡。为了形成驼峰高度，并使车钩压缩，便于提钩。

（2）溜放部分：加速坡、中间坡、道岔区坡。提高车组溜行速度和造成必要的间隔。

（3）峰顶平台：连接压钩坡和加速坡的一段平道。用于缓和两个不同坡段的连接，防止车钩折损。

按其线路配置、技术装备和制动工具不同，驼峰分为：简易驼峰、非机械化驼峰、机械化驼峰、半自动化驼峰和自动化驼峰。

1. 简易驼峰：平地起峰

特点：设备简单、投资少、修建快，调车效率和安全性比牵出调车线好。

适用：区段站和小型编组站。

制动工具：铁鞋。

道岔：采用电气集中或人工现地操纵。

2. 非机械化驼峰与机械化驼峰

非机械化驼峰与机械化驼峰是编组站采用驼峰的主要类型。其纵断面比较合理，调车场头部采用对称道岔和线束，如图 1.2.25 所示。

道岔：驼峰自动集中或电气集中控制。

区别：在于制动工具，前者以铁鞋为主，后者以车辆减速器制动为主。

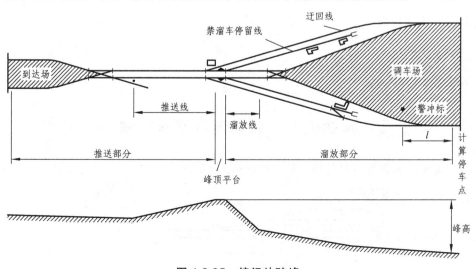

图 1.2.25　编组站驼峰

3. 半自动化驼峰和自动化驼峰

半自动化、自动化驼峰比机械化驼峰更先进，装有电子计算机和一系列自动控制设备。

知识点 2　驼峰调车的作业特点

1. 车辆溜行动力

驼峰调车主要依靠车辆本身的重力，机车推力只起辅助作用。

2. 提钩地点

驼峰解体车列时，提钩地点基本上固定在压钩坡至峰顶这一区域内。

3. 溜放速度控制

驼峰调车时，车组脱离车列的初速度较低（5 km/h 左右），调节推峰速度的范围较小，车辆走行能对其溜行速度、距离的影响较大。

4. 车组间隔调节

车组间隔主要靠机车变速推峰、前后车组在峰上脱钩时间间隔来形成，在车组溜行过程中，还要靠减速器或铁鞋制动来调节。

5. 调机操纵

驼峰调车一般为定向定速。

6. 调车效率

驼峰调车效率高。

7. 安全性

驼峰调车安全性好。

8. 劳动强度

驼峰调车的工作强度小。

知识点 3　驼峰调车作业过程

驼峰分解车列通常要经过连挂车列、推峰、解散车辆、下峰作业等过程，如图 1.2.26 所示。

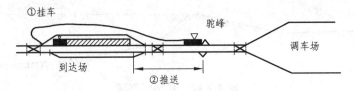

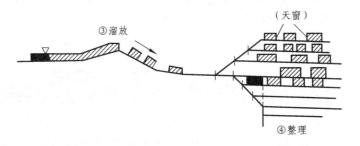

图 1.2.26　驼峰作业程序

1．连挂车列

驼峰调车机驶往到达场连挂车列。在到达场与调车场横向配列的车站，挂车后还需将车列牵引至峰前牵出线。

2．推　峰

驼峰调车机车将车列推至峰顶或预推至峰前信号机。

3．解散车列

驼峰机车推送车列经过峰顶，使被摘解的车组脱钩后，依靠车组本身的重力溜向调车场内指定的线路。有时在溜放的过程中还要向禁溜线内推送禁止溜放的车辆。

4．下峰整场

驼峰机车在分解几个车列后，要下峰整理调车场。整场的目的有二：一是消除股道内停留车组之间的空档（简称"天窗"），使其连挂在一起；二是将与警冲标间的距离小于溜入车组的长度和安全距离的停留车（简称"堵门车"）推至调车场的适当位置，为驼峰继续溜放创造条件。有时，驼峰机车还要取送禁溜车和交换转场车。

知识点4　车辆通过驼峰的限制

（1）机车（调车机车除外）、铁路救援起重机、客车、动车组、大型养路机械、凹型车、落下孔车、钳夹车及其他涂有禁止上驼峰标记的车辆禁止通过驼峰。

机车（调车机车除外）、铁路救援起重机、客车、动车组、大型养路机械、凹型车、落下孔车、钳夹车，由于自身构造和工作原理，通过驼峰可能会对自身或驼峰设备造成危害，危及安全，所以禁止通过驼峰。

例如 D17 型落下孔车，其结构如图 1.2.27 所示。

（2）装载活鱼（包括鱼苗）、跨装货物的车辆（跨及两平车的汽车除外）等，是否可以通过驼峰，由车站会同车辆段等有关单位做出具体规定，并纳入《站细》。

由于特殊货物运输需要，我国针对性地生产一些特殊、专用车辆，这些车辆在构造如车辆走行部、轴距、车底高和机械原理等方面存在特殊尺寸和要求，一般在定型、生产前就明确不能通过驼峰，在出厂时涂打禁止上峰的标记。

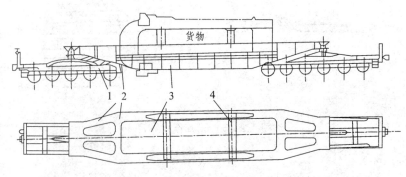

图 1.2.27　DI7 型长大货车示意图
1—转向架；2—车底架；3—落下孔；4—支承梁

涂打禁止上峰标记的车辆，属于自身构造禁止通过驼峰的车辆，因其特殊的轴距、车底高等因素限制，若强行过峰，易发生车体摩擦、碰撞地面设备甚至脱轨问题，所以禁止通过驼峰。装载活鱼（包括鱼苗）、跨装货物的车辆（跨及两平车的汽车除外）等，是否可以通过驼峰，不宜做统一规定，由车站会同车辆段等有关单位做出具体规定，并纳入《站细》。

对以上车辆经过计算或试验后，将不准通过驼峰的车辆纳入《站细》，以便贯彻执行。

（3）如因迂回线故障等原因，机械冷藏车必须通过设有车辆减速器（顶）的驼峰时，以不超过 7 km/h 的速度推送过峰。不得附挂机械冷藏车溜放其他车辆（推峰除外）。

机械冷藏车内各种机械、仪表设备和各种管道，牢固性差，尽可能避免通过设有车辆减速器（顶）的驼峰，应经迂回线送至峰下。如因迂回线故障等原因，必须通过设有车辆减速器（顶）的驼峰时，应由机车推送下峰，速度不得超过 7 km/h。除推峰外，不得附挂机械冷藏车溜放其他车辆，主要是避免溜放作业中车列急起急停造成的车辆冲动，以保证车内精密仪器、机械不受损伤和车辆连结管路的完好。

（4）曲线外轨、调车场以外的线路和外闸瓦车、直径 950 mm 及以上的大轮车，严禁使用铁鞋制动。

曲线外轨严禁使用铁鞋。因车辆轮对在曲线上行驶时，由于离心力的作用和车辆改变运行方向的需要，外侧车轮挤压外侧钢轨，着力点不平衡，外轨"上鞋"，容易被车轮撞掉；同时当轮对运行于曲线时，外侧车轮较内侧车轮走行距离长，以保持轮对的平衡移动，如外轨"上鞋"阻止外轨车轮走行，就破坏了平衡，容易造成车辆脱轨。

调车场以外的线路由于钢轨型号不一，因此严禁使用铁鞋制动。

外闸瓦车严禁使用铁鞋。因外闸瓦车的闸瓦钎子距轨面最低为 25 mm，铁鞋高度为 110 ~ 125 mm。因此，铁鞋放在轨面上时，容易被闸瓦钎子撞掉或被推着滑行，起不到制动作用。

车轮直径在 950 mm 及其以上的大轮车严禁使用铁鞋。这是因为铁鞋托座弧面是根据一般轮对直径 840 mm 制作的，而 950 mm 及其以上直径的大轮车使用普通铁鞋时，车轮踏面与托座弧面不密贴，既影响制动效能，又可能撞掉铁鞋。

知识点 5 驼峰溜放车组技术间隔

车组之间应保持一定的间隔，以便转换分路道岔和施行减速器制动。车组间隔太小，会危及调车安全；车组间隔太大，又会影响驼峰效率。车组技术间隔包括峰顶间隔和溜放间隔。

1. 峰顶间隔

峰顶间隔是指相邻车组在峰上先后脱钩，自前行车组脱钩至后行车组脱钩，推峰机车所走行的距离，它是形成溜放间隔的基础。

2. 溜放间隔

溜放间隔是指相邻车组自峰顶脱钩，直至进入分路道岔后，在溜放过程中形成的间隔距离或间隔时间。

在驼峰平纵断面一定，车组大小相同的条件下，溜放间隔主要取决于车组走行性能和共同溜行的距离。当前后车组的走行性能相同时，其先后溜经任一地点的时间间隔保持不变，等于峰顶的间隔时间。但是，由于在同一时间内前后车组溜经的坡段不同，速度并不一样，车组间的距离间隔却是变化的。因为车组从峰顶溜出有先后，当后组车尚未溜出时，前组车已进入加速坡而加速，在同一时间内前后车组形成很大的速度差，车组间的间隔距离越来越大。但是，当前组车进入道岔区时，坡度减缓，阻力增加，速度也就逐渐降低。可是，此时后组车却在较陡的坡段上溜行，所受到的加速力比前组车要大，从而使两个车组的溜行速度渐趋接近。当前后车组的速度达到相同的一瞬间，车组间的间隔距离为最大。此后，由于后组车速度超过前组车，它们的间隔距离也就逐渐缩短。这就是走行性能相同的前后车组在溜行过程中的时间和距离间隔变化的规律。当前后车组的走行性能不同时，由于受到的基本阻力、空气阻力与风阻力的不同，在相同的坡段上溜行速度也不一样。因此，溜放间隔有一个更加复杂的变化。

知识点 6 影响推峰速度的因素

推峰速度太高：车组间隔太小，道岔来不及转换，车组进错股道，甚至造成尾追冲突。

推峰速度太小：延缓车列解体时间，车组溜不进股道，在道岔区停车或入线后堵门，造成作业中断，影响驼峰效率。

影响推峰速度的主要因素有：

（1）车辆走行性能。车辆按其走行性能和装载货物的轻重不同，可分为易行车和难行车。车辆相对单位运行阻力较小，走行较快，称为易行车；车辆相对单位运行阻力较大，走行较慢，称为难行车。

（2）溜入线路阻力。根据线路阻力的大小，可将调车线分为难行线和易行线。如经过道岔、曲线较多，或溜行方向为上坡道，阻力较大的线路，称为难行线。反之，溜行阻力较小的线路，称为易行线。

（3）溜行车组大小。根据车组大小分为大、中、小车组：7辆以上为大车组，4~6辆为中车组，1~3辆为小车组。通常是小车组溜行快，大车组溜行慢。

（4）气温、风向和风力。如冬天低温轴油凝固或逆风时，车组溜行阻力显著增加；反之，夏天顺风阻力小，甚至起加速作用。

（5）车组溜行距离。在上述条件相同的情况下，溜行车组从峰顶到预定停车地点的溜行距离越长，需要的推峰速度越大。

诸如车组在车列中的排列顺序、相邻车组共同溜行的距离、峰下制动员的作业条件等对推峰速度都有一定影响。

知识点 7　调车推峰速度的方法

机车推峰速度应使难行车能溜入难行线警冲标内方，并保证易行车进入减速器不超过安全速度（21~23 km/h），压上铁鞋不超过允许速度（18 km/h）。

一、简易驼峰调节推峰速度的方法

简易驼峰是在牵出线和梯形车场的基础上修建而成，难、易行线的阻力相差较大，相同的推峰速度难以保证车组溜行的实际需要，因此，多采用定速与变速推峰相结合，以变速推峰为主的方法。必要时，还可采取调机在峰上暂时停轮等待，以增大前后车组的峰顶间隔。

（1）定速推峰。对车组大小和走行性能基本相同的几个相邻车组，如溜入线路的阻力相差不大，一般可以采用定速推峰。此外，如遇难行车进入易行线，易行车进入难行线，或前后车组共同溜行距离较短时，也可采用定速推峰。

（2）变速推峰。当车组排列顺序为前难后易、前远后近时，对前行车组应加速推峰，对后行车组应减速推峰。当车组排列顺序为前易后难、前近后远时，应以较低的速度溜出前行车组后暂停推峰，增大峰顶间隔，然后再以较高的速度溜放后行车组。

二、机械化驼峰调节推峰速度的方法

机械化驼峰由于平纵断面比较合理，难、易行线的阻力相差不大，峰下又设有车辆减速器或减速顶，因此，基本上可以采用5 km/h的定速推峰。只有遇到下列情况时，才采用变速推峰的方法：

（1）位于小车组后面的长大车组，对长大车组应加速推峰，以缩短车组间隔，提高作业效率。反之，位于大车组后面的小车组应减速推峰，以加大峰顶间隔，防止尾追。

（2）如遇车组排列顺序为前易后难、前近后远时，变速推峰的方法与简易驼峰相同。

知识点 8　防止和处理"堵门"和"尾追"

为防止"堵门""尾追"，必须认真细致地做好排风工作。调车长要根据风向、车组性能

正确掌握车辆走行速度；使用减速器和脱鞋器调速时，要瞻前顾后，既要保持车组间隔又要考虑后续车组下峰，不要夹停、脱停，也不要造成前慢后快。

发现"堵门"或有"尾追"可能时，应迅速停止作业。峰上发现有"尾追"可能时，应通知峰下对后车组紧急制动。扳道员、信号员发现后续车有进入同一线路或邻线造成车辆正面或侧面冲突的危险时，应急速扳道，将后车组放入其他线路，并通知制动人员制动。

知识点9　提钩工作

一、提钩时机与脱钩点

脱钩点：车组在峰上脱离车列开始溜行的地点，称为脱钩点。

提钩时机应在车组进入脱钩点之前。此时，车钩呈压缩状态，易于提开车钩；车组一旦超过脱钩点，车钩立即呈伸张状态，不易提开。

提钩不宜过早或过晚。提钩过早，如遇紧急情况必须及时停止溜放作业时，对于已经提开车钩的车组来说，无法使其停止溜放，危及作业安全；提钩过晚，车组一旦进入或超过提钩点时，车钩立即呈伸张状态，不易提开，车列必须回拉后才能提开车钩，影响作业效率。

也就是说，车组总重的 1/3 越过峰顶时，车组开始脱钩。如车组重量按长度均匀分布，则车组越过峰顶长度等于 1/3 左右开始脱钩。由此可见，脱钩点与车组的大小和空重有关。一般规律是：小车组越峰 1/2 左右、大车组越峰 1/3 左右脱钩；车组内重、空车的排列顺序为前重后空时，按长度确定的脱钩点提前，反之，则推后。

二、提钩方法

提钩工作由连接员根据调车作业通知单进行。一般采用"一看、二查、三提钩、四呼应"的作业方法。

"一看"：看调车作业通知单，保证摘钩车数与计划相符；看推峰速度、车组走行性能和前行车组脱钩后溜行速度，保证峰顶间隔。

"二查"：检查风管是否摘开，提钩杆是否良好，人力制动机是否松开，所摘车组是否禁溜车或禁止过峰车。

"三提钩"：先试提车钩，但不要提开，以便检查钩链是否折损或死钩；然后看准提钩时机，用力提开车钩，并监督脱钩情况。

"四呼应"：由两名提钩人员负责提钩时，应做到"两人交叉提钩，钩不脱，手不离，前钩不脱，后钩不提"。前行车组脱钩后，应向后方提钩员显示"脱钩信号"。未得到信号时，后方提钩员不得提钩。

三、产生"钓鱼"的原因及处理

产生"钓鱼"的原因，主要是提钩点掌握不当，错过了提钩时机。其他如临时发现软管未摘、提钩链未绑好或提钩杆失灵，在提钩点以前不能提钩，也会产生"钓鱼"。

"钓鱼"以后，要根据不同的情况进行处理。

（1）"钓鱼"的车组为大、中车组且又进入易行线时，调车指挥人可指挥司机加速推进。在机车加速、车钩压缩的一瞬间提开车钩。这种方法必须要配合好，抓住提钩时机，否则会越推越"钓"，最后即使提开车钩，车组也可能溜不到位，造成堵门。

（2）小车组及难行的大、中车组进入难行线发生"钓鱼"时，则需指挥将车列拉回提钩点以前，重新推送提钩。

知识点10　机械化驼峰调车长掌握的关键

机械化驼峰调车长既是驼峰调车工作的指挥人，又是集中联锁或自动化设备的操纵者。为确保安全生产，应根据设备及作业特点，掌握下列关键：

（1）接班时要全面试验和检查设备状态是否良好。掌握设备运用情况，及时发现和处理设备故障。

（2）作业前必须彻底布置计划，认真复诵核对，交清关键和注意事项，做到人人心中有数。

（3）储存进路前，必须确认开始、自动集中表示灯着灯。储存后要对储存进路逐钩核对，有作业员时双人确认，呼唤复唱。

（4）正确开放信号，合理掌握速度，确保规定的车组间隔距离。未得到铁鞋组长准备好了的回示信号，不准开放调车信号。

（5）作业中注意钩序表示器的显示是否符合计划，变更或增减作业钩数时，要按规定顺序处理。随时监视车组正确溜入股道，并在调车计划上逐钩注销。

（6）机车上峰和下峰作业，要加强与到达场或辅助楼的联系，道岔手柄置于手动位置，减速器置于缓解状态。在处理"堵门""钓鱼"时，要注意机车车辆是否压住次一钩进路的轨道绝缘，防止未发现储存进路跳钩以致后一钩溜错线路。

（7）对规定不能再进行溜放作业的线路，应及时开通邻线并锁闭道岔。

知识点11　驼峰作业方案

由于驼峰设备条件和配属的调车机车台数不同，驼峰作业组织就有不同的方式。对驼峰调车作业方式的共同要求是：在确保驼峰调车安全的基础上，各项作业程序尽可能做到快速、平行和不间断进行，以提高驼峰调车机的效率和驼峰的解体能力。驼峰调车作业方案主要有单推单溜、双推单溜和双推双溜方案三种。

一、单推单溜

在驼峰上只用一台机车担当驼峰分解作业的组织方式，称为单推单溜。这种方式的特点是驼峰机车没有等待时间，机车效能可充分发挥。但是驼峰设备利用率较低，改编能力较小。单推单溜作业方案如图 1.2.28 所示。

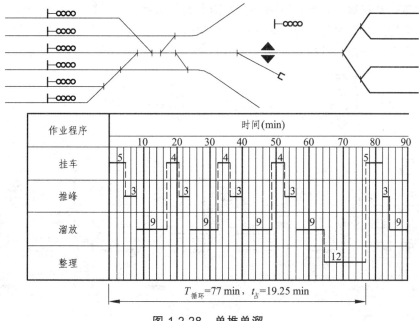

图 1.2.28 单推单溜

二、双推单溜

使用两台机车担当驼峰作业时，一台机车进行分解作业，另一台机车可进行预推作业，这种作业组织方式称为双推单溜。采用这种作业方式，虽然驼峰调机有一部分等待时间，但大大提高了驼峰利用率，相应提高了驼峰改编能力。我国铁路编组站驼峰多采用这种方式。双推单溜作业方案如图 1.2.29 所示。

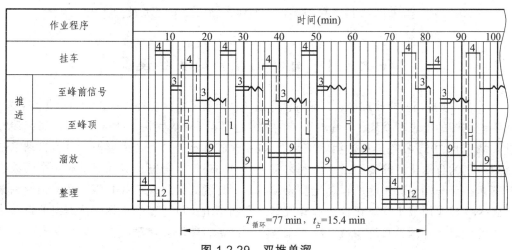

图 1.2.29 双推单溜

三、双推双溜

按驼峰的推送线、溜放线将到达场和调车场纵向划分为两个作业区，使之各自成为独立调车系统。两台驼峰机车可同时在自己的调车系统内进行推峰、分解及整场作业，这种作业组织方式称为双推双溜。双推双溜的特点是两套调车系统互不干扰，可提高驼峰设备和机车运用效率。但是，当车站衔接方向较多时，两调车系统之间难免产生大量交换车，大大增加了重复分解的调车作业。双推双溜作业方案如图 1.2.30 所示。

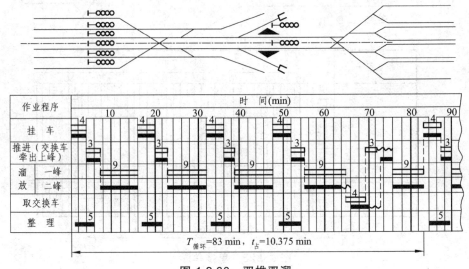

图 1.2.30 双推双溜

【任务实施】

如果案例中乙站有机械化驼峰，并有两台调机，试分析乙站驼峰解体的作业方案应采用哪种？（学生自主完成）

典型工作任务 4 驼峰调车自动化简介

知识点 1 自动化驼峰的主要设备

为了进一步提高驼峰改编能力，确保调车安全和节省定员，驼峰作业正向自动化方向发展。

随着驼峰的出现和发展，驼峰调车控制技术也日益完善。美国于 1941 年开始研究建设自动化驼峰，自 1952 年在美国印第安纳州的 Kirk 建成世界上第一个用模拟计算机自动控制车组溜放速度的自动化驼峰编组站（凯利编组站）。1956 年，美国建成世界上第一个用数字电子计算机控制车辆溜放速度的自动化驼峰编组站（奇脱菲编组）。1964 年，在美国伊利诺伊州 Gatewag 建成用数字计算机控制推峰机车速度和车组溜放速度的车列解体编组的自动化驼峰。与此同时，各国也相继发展驼峰调车技术和设备，使驼峰调车的作业效率和安全程度得到不断提高。

我国于 1983 年在南翔编组站下行调车场建成第一个自动化驼峰。1989 年，郑州北站综合自动化系统投入使用，此后我国相继完成了石家庄编组站综合自动化，丰台西编组站下行场、株洲北编组站上行场和苏家屯编组站上行场、阜阳站等驼峰调车控制自动化。

自动化驼峰调车控制是利用计算机控制机车推峰速度、货车溜放进路、货车溜放速度的系统。这种系统可以由一台大型计算机集中控制，也可按功能由多台微机分别控制（分布式系统）。在驼峰调车自动控制中，随时掌握溜放车组在溜放过程中的实际位置和溜放状况是十分必要的，所以该系统与编组站的数据处理系统连通，就能从数据处理系统取得车列的解体计划和组成信息，并将解体结果返回到数据处理计算机系统。系统中按控制内容和调车区划分为子系统，每个子系统由一台微机控制。各微机之间的信息交换、控制机与编组站信息处理系统等的信息交换通过管理计算机进行。

一、驼峰调车机车推峰速度自动控制设备

驼峰调车机车的推峰速度一般是由司机根据驼峰信号机的显示进行操纵，而自动化驼峰调车机车的推峰速度则通过无线电遥控装置进行自动控制。推峰速度的大小，一般是由电子计算机根据车组大小、排列顺序、走行性能和溜放距离等因素，计算出每个车组的推峰速度并通过无线电发射机送给驼峰调车机车。驼峰调车机车内的无线电接收机接收后，通过速度自动控制系统，自动控制调车机车的推峰速度。

驼峰调车长和调车机车司机可通过监督设备，随时确认和监视作业过程及实际完成的情况，遇有特殊情况时，可从控制台上直接控制调车机车推峰速度。

二、自动提钩、摘制动软管设备

自动化驼峰调车的提钩、摘制动软管一般是由电子计算机根据调车计划等因素，计算出每一车组的脱钩点（距离峰顶的长度），通过控制装置控制机械手自动提钩。同时，由于改进了制动软管连接器装置，车组脱钩后，制动软管即被自动摘开。

三、溜放进路自动控制设备

目前，我国铁路机械化驼峰均采用道岔自动集中装置，溜放进路已实现人工预排的半自动控制，即由驼峰操作员根据调车作业计划将溜放进路预先储存进去，在解体过程中，道岔自动集中装置能按照计划规定的钩序自动开通调车进路。因此，只要将目前的人工预排装置加以改造，由电子计算机预排，即可实现溜放和自动控制。

溜放进路自动控制系统从现车管理自动化系统主机调入解体调车作业计划通知单后，由驼峰调车长用键盘命令指定解体车次，该车次的解体调车作业计划自动输入溜放进路控制机存储，从而实现溜放进路自动预排。驼峰调车长可以在溜放前和溜放中修改调车作业单内的系统或进路，并按修改后的顺序开通进路。如遇发生错溜股道、摘错辆数、追钩等故障时，控制系统会发出警报和做出处理，并做好记录，便于返钩时查找。

四、溜放速度自动控制设备

溜放速度自动控制是驼峰自动化的核心，主要设备包括调速工具和控制系统两大部分。

1. 调速工具

调速工具按其作用不同，可以分为三类：

（1）只能起减速作用的调速工具，如车辆减速器和减速顶。

（2）只能起加速作用的调速工具，如加速顶、钢索牵引推送装置和牵引小车。

（3）既能减速又能加速的调速工具，如加减速顶和线性电机加减速小车等。

我国铁路编组站驼峰调速工具多采用车辆减速器和减速顶，少数编组站驼峰目的制动位设置绳索牵引小车、加速顶或加减速顶。

2. 自动控制系统

除使用加减速顶和线性电机加减速小车的自动化驼峰外，一般都有以下自动控制设备：

（1）计算机及过程接口设备。采用集中控制的自动化驼峰，多使用小型计算机；采用发布式控制的自动化驼峰，多使用微型计算机。计算机利用本身高速运算能力，实时地通过各种接口，将现场的各种状态采集到机器内加工成控制命令输出，实现对车组速度的控制；同时，利用它强大的逻辑功能对采集的数据进行分析，实现对多种设备状态控制过程的监测。

（2）测重设备。测重设备设在峰下第一分歧道岔入口前，用于测定溜放车组重量等级（一般分为四级），输入电子计算机加工成控制减速器的命令输出。

（3）测速设备。测速设备用于测定溜放车组在减速区段的实际速度，与车辆减速器给出的出口速度进行比较，为计算机自动控制车辆减速器对车组施行制动或缓解提供数据。车组溜放速度一般采用雷达进行测量。

（4）踏板。一般在峰下测重区段装有两块踏板，作为测定车组轴数和轴距之用；在道岔绝缘保护区段内装一块踏板，以判定车组是否追钩。减速器的入口、出口装一块踏板，以测定车组入口、出口速度。当雷达测速装置发生故障时，用踏板测定的速度代替雷达测速。

（5）测长设备。用于测定调车线内停留车位置，确认线路空闲的长度，为控制车辆减速器施行目的制动提供可靠依据。目前，采用的测长设备主要有音频测长器、轨道电路测长器和计轴测长器三种。

（6）测阻及测风设备。分别用于测定不同车辆走行阻力、风速和风向。

知识点2　自动化驼峰目的制动调速方式

目前，各国铁路驼峰自动化的调速方式不尽相同，主要是在解决目的制动方式上有所不同。各国现有的自动化、半自动化驼峰头部咽喉区，一般都采用车辆减速器方案，即在咽喉区设置一个或两个减速器制动位。至于调车场内的目的制动，则根据各国铁路的驼峰运营条件和科学技术水平，采用各种不同的调速方式。

1. 全减速器方式（又称为点式）

全减速器方式的特点是在每股调车线上设置 1～2 组车辆减速器，用于对入线后的车组进行目的制动。

图 1.2.31 所示驼峰溜放速度自动控制方式采用了四个减速器制动位，其中第 Ⅰ、Ⅱ 制动位设在驼峰头部咽喉区，以间隔制动为主；Ⅲ、Ⅳ 制动位设在车场股道内，以目的制动为主。

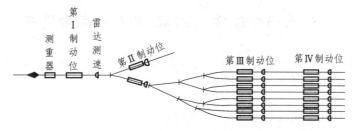

图 1.2.31　全减速器方式

电子计算机根据溜放车组的重量、阻力、溜行距离等因素，计算出各制动位的出口速度 $v_{计出}$。当雷达测定的实际出口速度 $v_{实出} > v_{计出}$ 时，自动控制装置能使车辆减速器对车辆进行制动；当 $v_{实出} \leqslant v_{计出}$ 时，车辆减速器自动缓解。

点式控制方案的优点是单位制动能力大，能提高推峰速度和溜放速度，作业效率较高；控制灵活，适应性强；车辆减速器对驼峰调车机车下峰整理和峰尾调车机车牵出车列的速度没有限制。缺点是需要一套自动控制、测量、计算设备，投资较大；控制范围受到一定限制，当控制范围较大时，安全连挂率较低。

2. 减速器—减速顶方式（又称点连式）

减速器—减速顶方式的特点是驼峰溜放部分仍采用车辆减速器控制，而调车场内第Ⅲ制动位装设车辆减速器，第Ⅳ部位装设减速顶或牵引小车，目的制动采用点加连续式控制方式，如图 1.2.32 所示。

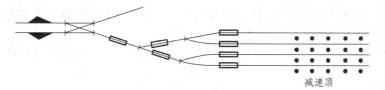

图 1.2.32　点连式制动方式

它与全减速顶方式比较，优点是第Ⅲ部位制动能力大，调节速度范围宽，有利于提高车辆通过道岔区的速度，从而提高驼峰解体能力；可以减少调车场股道内调坡工程量和安装减速顶的数量，从而节省改建工程投资。

3. 全减速顶方式（又称连续式）

连续式调速方案的特点是调车场内不装设车辆减速器，用密集装设的减速顶代替车辆减速器，还有采用加减速顶或加减速小车等调速工具的连续式方案。图 1.2.33 所示为全部采用减速顶的控制方式。

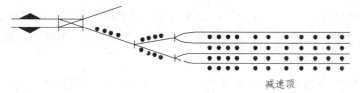

图 1.2.33　全减速顶方式

知识点3 驼峰自动化调速方式的选择

选择驼峰自动化调速方式，受到各种条件的影响限制，其中最主要的条件有以下几个方面，它们被统称为驼峰运营条件：

1. 驼峰溜放难行车和易行车的阻力差别

难行车和易行车之间的阻力差别越小，驼峰溜放速度越容易实现自动控制。

2. 车辆互相连挂的容许速度

车辆互相连挂的容许速度越大，目的制动调速范围就越小，安全连挂率也越高。近几年来，我国逐步淘汰小型货车，货物装载日趋牢固，安全连挂容许速度已由 3 km/h 提高到 5 km/h。

3. 调车线长度（即自动控制范围）

对自动化驼峰来说，调车线越短，目的制动控制范围越小，越容易实现钩钩安全连挂。我国铁路编组站调车线较长，一般为 850 m 左右。

4. 驼峰高度

驼峰越高，车辆自峰顶溜向调车场的速度越大，要求具有较大的制动能力，设置数量较多、能力较大的车辆减速器。

美国、加拿大铁路运营条件较好，多采用全减速器（点式）控制方式；德国、英国和法国铁路驼峰运营条件较差，多采用连续式控制方式；日本铁路驼峰运营条件介于美、加和德、英、法之间，既有点式控制，又有点加连续式控制。

经过三种自动化调速方式研试，一般认为点连式比较适合我国铁路大、中型驼峰运营条件。

知识点4 峰尾微机集中

过去，峰尾道岔无联锁，采用人工扳道，不仅作业效率低，而且安全条件差。后来，不少编组站调车场尾部采用 6502 电气集中，安全条件虽有改善，但作业效率仍感不足。近几年来，部分编组站驼峰尾部采用道岔微机集中自动控制，与现车信息管理系统联机后，能按其发来的编组调车作业计划自动储存钩序，自动排列进路，且具有进路锁闭装置，可进行溜放作业，进一步提高编组调车作业效率与安全。一般具有以下功能：

（1）能完成牵出、推送和中途折返等驼峰调车场尾部编组调车作业。

（2）每一条牵出线设一个溜放按钮，允许不同的牵出线平行进行溜放作业。车组溜出后，前进方向的进路随着车组进入、出清逐段解锁，提高作业效率；但机车退路保持锁闭，确保安全。

（3）溜放进路的办理有单办和储存两种方式。按编组调车作业计划人工储存钩序后，微机集中自动排列进路，在储存或溜放过程中，能对储存进路加以修改。在储存进路的同时，还可以办理其他调车进路。如与现车管理系统联机，即能按其发来的调车作业计划自动储存钩序。

（4）具有检错、诊断、记录、打印、报警等功能，便于查找、分析故障，利于维修；屏幕显示清晰明了。继续保持原有6502电气集中设备，与微机集中设备互为替换。当微机集中发生故障后，通过切换电路，仍可由6502电气集中进行控制。

【知识与技能拓展】

一、填空题

1. 调车按其设备不同分为（　　）调车和（　　）调车。

2. 车站的调车工作应按车站技术作业过程及（　　）进行。

3. 横向划分调车区时，两调车区之间应设立不少于（　　）m的安全距离。

4. 向货物装卸和车列检修地点送入和取出车辆的调车称为（　　）。

5. 调车人员不足（　　）人，不准进行调车作业。

6. 排风是在车列进行解体作业前，打开车列一端车辆的（　　），放出车列制动主管内压缩空气的过程。

7. 从列车中摘下车辆时，应严格按照（　　）的程序进行。

8. 人力制动机的制动距离与（　　）和成正比，与（　　）和（　　）成反比。

9. 牵出线有平面牵出线和（　　）牵出线之分。

10. 经过道岔、曲线多、阻力较大、车组难以溜行的线路为（　　）。

11. 调车钩是指完成一次摘车或挂车等作业的（　　），是衡量调车工作量的一种基本单位。

12. （　　）是指调车机车完成一次摘车或挂车等作业的行程，它是衡量调车工作量的一种基本单位。

13. 牵出线调车按操作技术分为推送法和（　　）两种。

14. 平面牵出线调车作业通常要经过连挂车列、牵出车列、溜放车辆和（　　）等。

15. 停留车辆距警冲标的长度不足（　　）时，不得溜放作业。

16. 驼峰是由推送部分、溜放部分和（　　）三部分组成。

17. 非机械化驼峰与机械化驼峰的主要区别在于（　　）不同。

18. 机械化、半自动化和自动化驼峰的主要调速设备是（　　）。

19. 现代化驼峰采用的钳夹式车辆减速器，主要有非重力式和（　　）式两种。

20. 涂有禁止上驼峰标记的车辆禁止通过（　　）。

21. 曲线外轨、调车场以外的线路上和直径（　　）mm及其以上的大轮车、外闸瓦车，严禁使用铁鞋制动。

22. 当调车组人数不足（　　）人时，禁止溜放作业。

23. 驼峰调车提钩作业采用"一看、二查、三提钩、四呼应"的方法。如果由两名提钩人员负责提钩，执行"四呼应"时，应做到（　　）。

24. 机械化驼峰作业程序为连挂车列，预推车列，解散车列，（　　）。

25. 根据设备情况，驼峰调车作业方案有单推单溜、双推单溜和（　　）三种。

26. 中间站利用本务机车调车，应使用（　　）的调车作业通知单。

27. 不摘车装卸作业的车辆，只统计（　　），不统计（　　），这种方法是压缩中间站货物作业车停留时间的有效措施。

二、判断题

1. 调车程是指机车车辆不改变运行方向的一次调车移动。　　　　　　　（　　）

2. 摘制动软管前，须先关闭制动软管根部的截断塞门，塞住制动软管的风路。（　　）

3. 列车中相互连挂的车钩中心水平线的高度差不得超过 85 mm。　　　（　　）

4. 连续溜放法调车是不改变运行方向连续加速和减速，每次加速减速溜出多个车组。

（　　）

5. 满载重质货物的车辆，相对单位运行阻力较小，走行较快，称为易行车。（　　）

6. 驼峰调车提钩地点基本上固定在压钩坡至峰顶这一区域内。　　　　（　　）

7. 前后车组溜经分歧道岔时应保持的最小间隔距离与道岔尖轨的长度、前行车组溜行速度和扳道时间有关。　　　　　　　　　　　　　　　　　　　　（　　）

8. 涂有禁止上驼峰标记的车辆，禁止通过驼峰。　　　　　　　　　　（　　）

9. 机械冷藏车，如因迂回线故障等原因，必须通过设有车辆减速器（顶）的驼峰时，以不得超过 7 km/h 的速度溜放过峰。　　　　　　　　　　　　　　　（　　）

10. 驼峰是利用车辆的本身重力和驼峰的位能（高度），辅助机车推力来解散车列的一种调车设备。　　　　　　　　　　　　　　　　　　　　　　　　　（　　）

11. 超过 2.5‰坡度的线路上禁止溜放调车作业。这里的 2.5‰指线路有效长内的换算坡度。　　　　　　　　　　　　　　　　　　　　　　　　　　　（　　）

12. 中间站正线、到发线及与其衔接而未设隔开设备的线路，禁止溜放调车。（　　）

13. 客车（21、22 型除外）、动车组及 D_{17}、D_{19G} 型落下孔车禁止通过驼峰。（　　）

14. 未设调车组的中间站或调车组不足 2 人时禁止采用溜放调车。　　（　　）

15. 中间站利用本务机车调车，应使用附有车站线路示意图的调车作业通知单。（　　）

16. 不得附挂机械冷藏车溜放其他车辆（推峰除外）。　　　　　　　　（　　）

17. 人力制动机试闸方法可以分为静止试闸和溜放试闸两种。　　　　（　　）

18. 摘接制动软管、调整钩位、处理钩销时，只要等列车、车列停妥后，就可进行。（　　）

19. 推进法调车的最大优点就是作业安全且效率高。　　　　　　　　　（　　）

20. 调车机完成一次摘车作业的过程称为调车钩。　　　　　　　　　　（　　）

21. 超过 2.5‰坡度的线路上，禁止溜放调车（为溜放调车而设的驼峰和牵出线除外）。

（　　）

22. 挂车是指使机车车辆连挂在一起的作业过程。　　　　　　　　　　（　　）

23. 机械冷藏车禁止溜放。　　　　　　　　　　　　　　　　　　　　（　　）

24. 车站的调车工作仅按车站的调车作业计划进行。　　　　　　　　　（　　）

25. 驼峰按其技术设备和制动工具的不同，可分为 5 种类型。　　　　（　　）

26. 按驼峰设备和使用调车机车台数不同，驼峰作业方案主要有 3 种。（　　）

27. 调车钩按其性质不同，可分为 4 种。　　　　　　　　　　　　　　（　　）

28. 车站的调车工作应按运输方案进行。　　　　　　　　　　　　　　（　　）

29. 铁鞋制动时，辅助鞋是指事先放置在钢轨上的铁鞋。 （　　）

30. 机械冷藏车必须通过机械化驼峰时，推送速度不准超过 7 km/h。 （　　）

31. 列车始发站、终点站及运行途中经过的技术站，在到发线上所办理的各项作业，称为货车技术作业。 （　　）

三、选择题

1. 车站的调车工作应按（　　）进行。

  A. 列车编组计划   B. 列车运行图

  C. 车站技术作业过程及调车作业计划   D. 运输方案

2. 中间站利用本务机车调车时，应使用（　　）的调车作业通知单。

  A. 书面   B. 附有示意图   C. 打印   D. 书写

3. 驼峰峰顶平台的长度，一般不小于（　　）m。

  A. 4   B. 6   C. 8   D. 10

4. 驼峰压钩坡的长度，应不少于（　　）m。

  A. 20   B. 30   C. 40   D. 50

5. 调车钩按其性质不同，可分为（　　）种。

  A. 3   B. 4   C. 5   D. 6

6. 驼峰主要由（　　）部分组成。

  A. 5   B. 4   C. 3   D. 2

7. 驼峰溜放部分一般包括（　　）个坡段。

  A. 1   B. 2   C. 3   D. 4

8. 驼峰按其技术设备和制动工具不同，分为（　　）类。

  A. 3   B. 4   C. 5   D. 6

9. 车辆减速器按产生动力的动作原理，可分为（　　）类。

  A. 2   B. 3   C. 4   D. 5

10. 推送调车法的基本作业过程，包括（　　）项内容。

  A. 2   B. 3   C. 4   D. 5

11. 溜放调车法按其操作技术不同，可分为（　　）种。

  A. 6   B. 5   C. 4   D. 3

12. 驼峰解体车列，通常需经过（　　）项作业程序。

  A. 2   B. 3   C. 4   D. 5

13. 按驼峰设备和使用调车机台数不同，驼峰作业方案有（　　）种。

  A. 2   B. 3   C. 4   D. 5

14. 调车机车推送车列，加减速一次溜出一个车组，待该车组越过分歧道岔不妨碍后续车组进路时，要通进路信号后再溜出一个车组的方法，称（　　）。

  A. 连续溜放法   B. 单钩溜放法

  C. 多组溜放法   D. 惰力溜放法

15. 调动装有 140 产品车辆时，调车机车应与该车隔离（　　）辆以上。

  A. 1   B. 2   C. 3   D. 4

16. 驼峰分解一个车列后，下峰为下批分解车列打好基础的作业，称（　　）作业。
    A. 推峰　　　　　　B. 挂车　　　　　C. 溜放　　　　　D. 整理

17. 机车牵引车列由到达线至牵出线所完成的行程，称（　　）。
    A. 转线钩　　　　　B. 挂车钩　　　　C. 摘车钩　　　　D. 牵出钩

18. 机车到指定线路内连挂车组并返回牵出线的行程，称（　　）。
    A. 摘车钩　　　　　B. 转线钩　　　　C. 挂车钩　　　　D. 牵出钩

19. 调车机车由调车场去另一调车场的作业，称（　　）作业。
    A. 甩挂　　　　　　B. 取送　　　　　C. 转场　　　　　D. 越区

20. 非机械化驼峰的车辆制动工具是（　　）。
    A. 车辆减速器　　　B. 铁鞋　　　　　C. 减速顶　　　　D. 人力制动

21. 调车机车由本调车区到其他调车区进行的作业，称（　　）作业。
    A. 转场　　　　　　B. 取送　　　　　C. 甩挂　　　　　D. 越区

22. 除列车在车站的到达、出发、通过及在区间运行外，凡机车、车辆进行一切有目的的移动统称为（　　）。
    A. 解体　　　　　　B. 编组　　　　　C. 调车　　　　　D. 摘挂

23. 列车中相互连挂的车钩中心水平线的高度差不得超过（　　）mm。
    A. 70　　　　　　　B. 80　　　　　　C. 75　　　　　　D. 85

24. 平面牵出线调车，车辆的溜放完全靠（　　）。
    A. 机车的推送力　　　　　　　　B. 车辆的重力
    C. 加速顶的推力　　　　　　　　D. 惯性

25. 机车或连挂车辆由某股道（地点）至另一股道（地点），停妥后再进行摘挂的调车方法，称为（　　）调车法。
    A. 摘挂　　　　　　B. 推送　　　　　C. 取送　　　　　D. 溜放

26. 经过道岔多、曲线多、阻力较大的线路为（　　）。
    A. 难行车　　　　　B. 难行线　　　　C. 易行车　　　　D. 易行线

27. 铁鞋制动使车辆停车的阻力是（　　）。
    A. 滚动摩擦力　　　　　　　　　B. 滑动摩擦力
    C. 风力　　　　　　　　　　　　D. 重力

四、简答题

1. 什么叫调车？调车按其设备不同分为哪两种？按其目的不同分为哪几种？（并说明定义）

2. 车站的调车工作应按什么进行？参加调车作业人员应做到哪些？

3. 车站需要的调车机车台数怎样确定？为什么需要划分调车区？怎样划分？

4. 确定调车场内各线路的固定用途时，一般应考虑哪些条件？

5. 何谓调车钩？主要分为哪几种？何谓调车程？主要分为哪几种？钩分如何计算？

6. 牵出试闸的方法是什么？停车试闸的方法是什么？

7. 什么叫难行线和易行线？

8. 何谓推送调车法？有何优缺点？在什么情况下采用？

9. 什么叫溜放调车？何谓单钩溜放法？有何优缺点？在什么情况下采用？何谓连续溜放法？有何优缺点？

10. 哪些线路禁止溜放？哪些车辆禁止溜放？

11. 什么叫牵引溜放法？为什么原则上不准采用？

12. 平面牵出线调车作业的程序是什么？

13. 调动注有 ³W 的车辆应遵守哪些安全规定？

14. 什么叫驼峰？驼峰分为哪几种？

15. 与平面调车相比，驼峰调车的特点是什么？

16. 画图说明机械化驼峰的组成。

17. 车辆减速器有哪些作用？如何分类？

18. 减速顶作用的基本原理是什么？

19. 机械化驼峰与非机械化驼峰的区别是什么？

20. 影响推峰速度的因素有哪些？

21. 驼峰作业方案的种类及特点有哪些？

22. 驼峰调车的作业程序及内容是什么？

23. 驼峰调速系统有哪些类型？

24. 摘挂列车在中间站进行哪些技术作业项目？简述其作业内容。

25. 加速摘挂列车调车作业的方法有哪些？

26. 何谓不摘车装卸作业？组织不摘车装卸作业有哪些优点？

27. 自动化驼峰主要有哪些设备？

28. 自动化驼峰目的制动调速方式主要有哪几种？

五、技能题

1. A 站为横列式中间站，车站两端各设有一条牵出线，每个工作日调车机车解、编摘挂列车和货物作业地点取送的调车作业时间平均为 17 h 45 min，机车每日用于整备、乘务组交接班、吃饭等非生产时间为 60 min，作业负荷取 0.75，计算车站调车机车需要台数。

2. A 站有一单向驼峰调车场，该驼峰有两条推送线、两条溜放线，峰上两台机车作业。有关作业时间标准如下：去到达场挂车时间 4 min（其中腾空峰前咽喉与转换信号 1 min），车列推向峰顶时间 4 min（其中峰前信号至峰顶 1 min），分解车列时间 9 min，每解体 3 列平均摊到的整理车场时间 17 min（一台机车下峰整理）。每台机车每天整备时间 30 min（轮流整备无替班机车），交接班及检修驼峰设备时间每日 60 min，解体检修线与货场转来车辆每日 30 min，列车编成辆数 m 为 50 车，图定每日到达解体列车 $n_{解}$ 为 56 列。

要求：编制双推单溜驼峰作业方案。

3. 技能题

（1）任务目标。

了解牵出线推送调车法和驼峰溜放调车法，为后续铁路车站工作组织、列车编组计划学习做好基础知识储备。

（2）任务实施建议。

通过实训室，观察并进行演示推送调车和溜放调车相关内容：单钩溜放调车、连续溜放调车演示，推送调车演示，做成 PPT 或视频成果。

（3）任务输出和评价。

各小组将完成的 PPT 或可展示的视频文件进行汇报，全班师生对成果进行评比，做出成绩评定。

项目三　技术站作业组织

【项目描述】

通过项目内容学习，判定货物列车在途经各技术站进行的技术作业种类；并能针对货物列车相应的技术作业种类，判断具体作业内容，然后对技术作业过程进行组织，培养学生对货物列车技术作业过程组织的能力。

【教学目标】

1. 知识目标

（1）技术站货物列车作业种类、内容。

（2）技术站货物列车技术作业过程及组织方法。

（3）列车编组顺序表的作用及填记方法。

（4）货车在技术站按技术作业不同分类。

（5）货车在技术站主要技术作业过程。

2. 能力目标

（1）要求能判断货物列车经过技术站进行何种技术作业。

（2）判断出货物列车在技术站的作业内容后，对技术作业过程进行组织。

（3）能填记列车编组顺序表。

（4）能判断货车在技术站进行的主要技术作业。

典型工作任务 1　货物列车在技术站技术作业过程

知识点 1　技术站货物列车作业种类

为保证列车运行的安全和货物的完整，货物列车在始发站、终到站、运行途经技术站的到发线上及摘挂列车在中间站办理的各项技术作业，统称为货物列车技术作业。这些作业项目、程序与时间标准统称为货物列车技术作业过程。

按照货物列车在站技术作业过程，技术站办理的货物列车种类有：自编始发列车、无调中转列车、部分改编中转列车和到达解体列车四种。相应的列车技术作业种类有始发列车出发作业、无调中转列车作业、部分改编中转列车作业和解体列车到达作业四类，如图 1.3.1 所示。

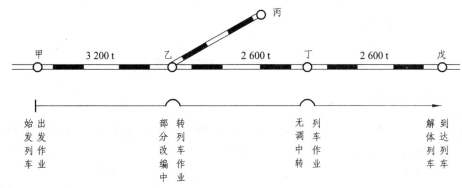

图 1.3.1　技术站货物列车作业种类示意图

一、始发列车出发作业

由技术站或装车站编组始发的货物列车，在调车场编组作业完了转往出发场，在出发线上所进行的技术作业，称为始发列车出发作业。

二、无调中转列车作业

直达、直通货物列车等无调中转列车运行途中经过某些技术站时，虽不进行改编调车作业，但是为了列车继续运行的安全和货物完整，在途经技术站的到发线上进行的中转技术作业，称为无调中转列车作业。

三、部分改编中转列车作业

在技术站对货物列车进行变更重量、换挂车组或变更运行方向等少量调车作业后，继续运行的货物列车，称为部分改编中转列车。技术站对这种列车在到发线上进行的技术作业，称为部分改编中转列车作业。它包括以下三种：

（1）变更货物列车重量。当相邻区段牵引定数不同时，在技术站需进行减轴或补轴作业。

（2）换挂车组，如图 1.3.2 所示。

（3）变更列车运行方向。当直达、直通货物列车经过有分歧方向的技术站时，因车场进路关系，需变更列车运行方向后，才能继续运行，如图 1.3.3 所示。

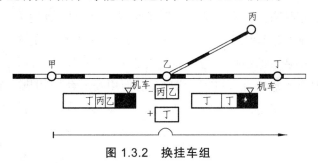

图 1.3.2　换挂车组

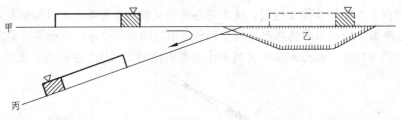

图 1.3.3 变更列车运行方向示意图

四、解体列车到达作业

货物列车到达技术站后，全部车列需要解体的列车，称为解体列车。该车列解体前，在到达线上进行的技术作业，称为解体列车到达作业。

知识点2 技术站货物列车作业内容

虽然各种货物列车在技术站所办理的作业内容和要求不完全相同，但下列一些技术作业都是必须办理的。

一、车辆技术检查与修理（包括摘挂机车及试风）

由于货物列车重量大、速度快，在运行过程中冲击力也很大，在这种情况下车辆的走行和连接部分很容易发生损坏，有些车辆配件可能超过规定标准或丢失，车辆部分可能动作失灵，这将严重危及列车运行安全。因此列车运行一段距离后，必须由驻站列检所的检车人员对列车车辆进行技术检查和修理。

车辆技术检修作业由驻站列检所的检车员负责，主要检查车辆走行、连接部分和制动装置的技术状态是否符合《技规》规定。对技术状态不良的车辆尽可能进行不摘车修理，并在规定时间内完成检修作业，如需摘车修理时，应按规定插上扣修色票，注明故障内容及送修地点，填发车辆检修通知单，通知有关人员及时甩车；发现因货物装载超重、偏载、集重引起技术状态不正常的车辆，应及时通知车站处理；对车辆自动制动机的空重位置不符合的车辆，应进行调整，保证发出的列车符合质量要求。

二、列尾作业员技术作业

货物列车尾部必须挂有"列车尾部安全防护装置"，简称"列尾装置"，包括机车控制盒和尾部主机两部分。解体列车列尾装置的摘解、始发列车列尾装置的安装以及无调中转列车、部分改编中转列车列尾装置的换挂，均由列尾作业员负责。

列尾作业员应按有关规定及时填写"列尾装置使用登记表"，用机车车号确认设备将本务机车号码输入尾部主机，确定尾部主机与机车的"一对一"关系，并认真监听核对，确保列车运行安全。

三、货运检查

货车车辆在经过一段较长距离的运行后，货物的装载状态可能会发生变化，为了保证继续运行的安全，需要进行装载整理。这项作业由车站的货运检查人员负责。

货运检查员主要检查货物装载、篷布苦盖及捆绑、车门、车窗、铅封等有无异状、罐车有无泄漏等，发现异状及时进行处理。对无列检作业的列车，还应检查自动制动机的空重位置，不符合时应进行调整。如不能在列车停站时间内整理完毕或发现有盗窃、损坏等情况，应按规定编制记录或通知调车区长甩车处理。

四、车号员检查、核对现车

车号员按列车编组顺序表检查核对现车。其目的是保证现车、货运单据、列车编组顺序表"三相符"，保证出发列车的编组内容、编挂顺序符合规定，或解体列车的调车作业计划正确。发现问题应及时报告有关人员处理，确保出发列车质量。

五、车列及票据的交接

对到达技术站的列车，车站的到达车号员应按照作为列车确报的列车编组顺序表对车列及货运单据进行检查，核对无误后与车长（无车长时为司机）办理相应手续后接收列车。对出发列车则应根据事先编制好的出发列车编组顺序表检查列车核对现车及货运单据，保证列车编组顺序表、货运单据、现车"三相符"，核对无误后与出发车长（无车长时为司机）办理车列交接，确保出发列车的质量。

六、更换机车或机车乘务组换班

列车到达技术站后，一般要进行机车更换作业，如果采用循环运转制，在基本段不更换机车时，则需进行机车乘务组换班作业。

到达机车由检车人员负责摘下，车站值班员应及时安排到达机车入段进行整备作业。

出发机车应按规定时间提前出段，在机待线上或指定地点等候。等待车辆技术检修结束，并撤除防护信号后，及时连挂车列并按规定进行试风，准备发车。

七、准备发车及发车

对出发列车，车站的出发车号员按列车编组顺序表核对现车和货运单据无误后，按规定将货运单据装入票据封套，并用封条封好，连同一份列车编组顺序表与机车乘务员办理签字手续交接，车站发车人员将列车途中运行注意事项通知司机并按规定进行试风，具备发车条件后及时发出列车。

知识点3　货物列车在技术站的技术作业过程及组织

一、自编始发列车出发技术作业过程及组织方法

始发列车出发作业是列车出发前在站内进行技术作业的最后一道工序，对于保证列车质

量与运行安全具有重要意义。自编始发列车出发技术作业过程见表1.3.1。

对自编始发列车的主要作业组织方法及作业组织注意事项主要有：

1. 通知有关人员做好准备工作

（1）车站值班员及时将列车车次、编成时间、转入到发场的股道、编成辆数、出发时间及时通知机务段和列检所值班员，以便组织机车按时出段、列检人员及时出动。

（2）按规定时间将机车号码通知列尾作业人员，做好列尾装置与出发机车的对号监测工作，待车列编好后及时安装。

（3）预先编制好列车编组顺序表。车号人员根据编组调车作业计划，在编组车列的同时，挑选票据，编制列车编组顺序表，检查列车编组是否符合列车编组计划、运行图和《技规》的有关规定。

表 1.3.1 自编始发列车技术作业过程

序号	作业项目	时间 / min				
		0	10	20	30	40
1	检车员、车号员、货运检查员、列尾作业员等出动					
2	车辆技术检修作业（包括挂机车及试风）					
3	列尾作业员技术作业					
4	车号员核对现车					
5	货运检查					
6	有关人员与出发司机办理运统1和货运票据交接					
7	准备发车与发车					
	作业总时分					

2. 组织车号人员及时核对现车和进行车列及票据的交接

车列编好后，应组织车号人员及时核对现车，做到列车编组顺序表、票据、现车相一致后，及时与担当该列车乘务的司机按规定办理交接。

二、无调中转列车的技术作业过程及组织方法

无调中转列车的技术作业过程见表1.3.2。

表 1.3.2　无调中转列车技术作业过程

序号	作业项目	时间 / min
		0　　10　　20　　30　　40
1	检车员、车号员、货运检查员、列尾作业员等出动	（0～约8）
2	车辆技术检修作业（包括挂机车及试风）	（约8～33）
3	列尾作业员技术作业	（约8～15）
4	车号员检查现车	（约8～18）
5	货运检查	（约8～18）
6	有关人员与出发司机办理运统1和货运票据交接	（约8～18）
7	准备发车与发车	（约30～35）
	作业总时分	（约8～35）

无调中转列车作业实际上是到达列车技术作业与出发列车技术作业结合起来进行的。但因为这种列车在站不改变列车编组内容，所以又具有以下特点：

（1）没有准备解体、编制列车编组顺序表等有关作业。

（2）车列与票据的交接可由到达列车的乘务组与出发列车的乘务组直接在现场办理。

（3）机车采用循环运转制时，在基本段不更换机车，只在站线上进行机车整备和乘务组换班作业。

无调中转列车技术作业的总时间，取决于车辆技术检修作业时间。由于运行图规定无调中转列车在技术站的停留时间较短，为确保列车安全、正点出发，加速车辆技术检修作业是关键。为加速无调中转列车技术作业过程，其组织方法主要有：

1. 加强检修预报

中间站值班员发现列车中有技术状态不良的车辆时，应直接或通过列车调度员将列车车次、车号、编挂位置和不良情况，向前方技术站或列检所预报，以便列检所提前做好检修准备，拟定不摘车检修或快速检修方法。

2. 充分利用自动检测轴温设备或组织检车员提前到达现场

轴温检测设备安装在进站咽喉入口处，列车进站时就能自动检测和记录下车辆的轴温，依此检测结果采用检修措施，压缩检修时间。组织检车员提前到达现场，在列车进站过程中观测检查车辆技术状态，做到心中有数，以便缩短列车到达后检查车辆的时间。

3．推广快速修理方法，扩大不摘车修理

如能将原需摘车修理的车辆改变为不摘车修理，既能减少摘车和送修的调车作业，又能压缩该车在站停留时间，还可避免因摘车作业造成列车出发晚点。

三、部分改编中转列车技术作业过程及组织方法

部分改编中转列车技术作业过程见表1.3.3。

部分改编中转列车与无调中转列车相比，在站的技术作业内容增加了调车作业环节。其具体组织方法主要有：

（1）减轴时，对摘下车组可采用先摘下后检修的方法。在调车机车甩车时，检车员集中力量检修基本车组。这种方法既缩短检修基本车组的时间，又可使减轴调车作业与车辆技术检修作业平行进行，从而缩短列车技术作业的延续时间。

表 1.3.3　部分改编中转列车技术作业过程

序号	作 业 项 目	时间／min				
		0　　10　　20　　30　　40				
1	检车员、车号员、货运检查员、列尾作业员等出动					
2	车辆技术检修作业（包括挂机车及试风）					
3	列尾作业员技术作业					
4	车号员检查现车					
5	货运检查					
6	摘挂车辆					
7	有关人员与出发司机办理运统1和货运票据交接					
8	准备发车与发车					
	作 业 总 时 分					

（2）补轴时，对补轴车组可采用先检修后挂车的方法。事先检修好的补轴车组由调车机车挂好在邻线等候，在车列检修完了后立即挂上。

在列车前部补轴或减轴时，如能利用到达机车减轴、出发机车补轴，还能进一步缩短摘挂车组的作业时间。

（3）换挂车组的作业方法，甩车与上述减轴的方法相同，挂车与上述补轴的方法相同。

在换挂车组的作业组织中，为了缩短列车在站停留时间，车站应根据列车到达确报，在列车到达前，准备好需要加挂的车组，并调移到靠近列车到达线的线路上，以便到达列车技检结束后，立即进行调车作业。

（4）变更列车运行方向时，一般不需要进行调车作业，只需换挂列尾装置。但因原列车中尾部车辆与出发列车机车不满足隔离要求时，可将尾部有关车辆的车钩提开，先行检查后由调车机车拉走，进行调换原尾部车辆的调车作业，换挂列尾装置。此时，检车人员可集中力量检修原前部列车。

四、到达解体列车技术作业过程及组织方法

到达解体列车技术作业过程见表 1.3.4。

表 1.3.4　到达解体列车技术作业过程

序号	作 业 项 目	时间／min
		0　　10　　20　　30　　40
1	检车员、车号员、货运检查员、列尾作业员等出动	
2	车辆技术检修作业（包括摘机车及试风）	
3	列尾作业员技术作业	
4	车号员核对现车	
5	货运检查	
6	有关人员与到达司机办理运统 1 和货运票据交接	
7	准备解体	
	作业总时分	

对到达解体列车的主要作业组织方法及作业组织注意事项主要有：

1. 加速到达技检

一般情况下，车辆的技术检查与修理是到达作业中占用时间最长的作业环节，必须注意加强和优化检车人员的作业组织，同时注重红外线轴温探测等先进技术设备和先进作业经验的采用与推广。

对急需解体或腾空到发线的车列，车站应提前与列检所联系，增派检车员加速检修，缩短到达技检时间。如果是分部解体车列，可组织分段检修。必要时，对部分车辆的修理，可在车列解体后在调车场进行。

2. 认真核对现车

列车到达后，车号员应根据列车确报认真核对现车，检查票据，防止票、车分离，确保列车编组顺序表、货运单据、现车相一致。对关门车、禁溜车、禁止过峰车、限速车等有特

殊标记的车辆，应在记事栏内填记清楚。核对现车后，应及时向调车领导人报告，以便及时修改解体调车作业计划。

3. 做好解体前的准备工作

调车区长应根据列车确报，提前编制解体调车作业计划；调车组根据解体调车作业计划及时进行车列解体准备工作（排风、拉风、摘管）。

知识点4　列车编组顺序表的作用及填记方法

一、列车编组顺序表（运统1）的作用

列车编组顺序表（运统 1）是记载列车组成情况，作为车站与司机间、铁路局间交接车辆的依据，也是编制车站作业计划、统计运输工作的主要原始资料。因此，凡由车站始发的一切列车（包括挂有车辆的单机、轨道车附挂路用车）均应根据《铁路货车统计规则》的规定和列车实际组成情况，正确、及时地编制列车编组顺序表。列车编组顺序表（运统 1）的格式见表1.3.5。

表 1.3.5　列车编组顺序表（运统1）

_____站编组_____站终到_____年___月___日___时___分_____次列车

自首尾（不用字抹消）　　　　　　　　　　制表者　　　　　　　　检查者

顺序	车种	罐车油种	车号	自重	换长	载重	到站	货物名称	发站	篷布	收货人或卸线	记事
1	C_{62}		4135545	21	1.2		A	空				
2	P_{60}		3067789	23	1.5	40	D	原木	乙			F

自编组站出发及在途中摘挂后列车编组

站名	客车					货车					合计	自重	载重	总重	换长	铁路篷布合计
	合计	其中				重车	空车	非运用车	其中代客	其他						
		原编组客车	担当局	加挂客车	担当局											

到达时间　　　月　　　日　　　时　　　分　　　　　　交接时间　　　时　　　分　　　车长签字

二、列车编组顺序表（运统1）的填记方法

1. 表头部分

（1）编组站名，填记列车始发站名。如列车在分界站或运行途中的编组站、区段站更换本表时，编组站名仍按原列车始发站名填记。

（2）年、月、日、时、分，按日历填记列车计划发车时间。

（3）列车车次，填记计划开行的车次。

（4）自首尾，列车编组顺序表中车辆的填记顺序，如自列车机后开始填记时，应将"尾"字抹消；如自列车尾部开始填记时，应将"首"字抹消。

（5）制表者、检查者，签字（代号）或盖章。

2. 编组内容部分

（1）车种栏，填记货车基本记号及辅助记号。

（2）罐车油种栏，根据罐车车体标记，以简字填记。轻油填"Q"，黏油填"L"。车体上的油种涂有代用字样时，按所代用的油种填记。

（3）车号栏，根据车体上的大号码填记。如发现有双号码时，以车底架侧梁号码为准。

（4）自重及换长栏，根据《技规》中"机车车辆重量级长度表"的规定计算（可不填记）。无规定时，在本栏填记车体标记的自重及换长。

（5）载重栏，根据货票记载的货物实际重量（无实际重量按计费重量）填记。一票多车只有合计载重吨数时，用上下括号表示。

（6）到站栏，按货票或其他货运票据填记重车的到达站名。

（7）货物名称栏，按货票记载的货物名称填记。

（8）发站栏，按货票填记重车始发站名。

（9）篷布栏，按货票和"特殊货车及运送用具回送清单"填记铁路篷布张数。

（10）收货人或卸线栏，按铁路局规定填记。

（11）记事栏，按以下规定填记：

① 对装载危险、易燃货物的车辆，按《铁路危险货物运输管理规则》的规定填记隔离记号。

② 对国外车辆填记国名；对企业自备车填记企业简称；对军方自备车填记"军方自备"字样。

其余按铁路局的规定填记。

3. 结算部分

对列车自编组站出发及在途中站摘挂后的编组内容进行结算：

（1）站名栏，编组始发列车填记始发站名。列车仕分界站或在运行途中的区段站更换本表时，填记更换站名。

（2）客车栏，填记客车（包括简易客车）的辆数。

（3）货车栏，分部属货车、企业自备车、合计三行填记。其重、空车为运用车的重、空车辆数。非运用车为检修、代客、路用、军方特殊用途客车等非运用车的合计辆数。"其中代客"为代客货车辆数。

（4）其他栏，填记不属于客、货车范围的机械车辆、架桥机、起重机、无动力机车等的合计辆数。

（5）合计栏，填记列车编组总辆数（不包括本务、重联、补机及有动力附挂机车等）。

（6）自重栏，填记全列车（包括无动力机车）加总后的自重吨数。

（7）载重栏，填记编组部分表内载重栏加总后的吨数。

（8）总重栏，填记本结算部分自重栏重量加载重栏重量的总吨数。

（9）换长栏，填记全列车辆（包括无动力机车）加总后的换长。

（10）铁路篷布合计栏，填记铁路篷布总张数。

列车编组顺序表填写的份数由各铁路局、各车站根据需要而定，一般一式两份。一份留存，一份交司机带到下一区段站、终到站。对经由分界站交出的列车，需增加一份由司机负责交分界站统计人员。

列车编组顺序表内各栏，必须填写正确、清楚、齐全。不得使用同音字、非规定的简化字，字迹不清或有涂改时，应在记事栏内注明。

【任务实施】

根据案例资料，判断 30051 次、20110 次、40103 次列车在乙站为何种列车？办理何种技术作业，作业过程怎样组织？（学生自主完成）

典型工作任务 2　货车在车站的主要技术作业过程

知识点 1　技术站货车作业种类

货车按其在车站办理的技术作业的不同，分为中转车和货物作业车。

1. 中转车

中转车是指在本站不进行货物作业的运用货车。按其在站有无调车作业，分为无调中转车和有调中转车两种。

（1）无调中转车是指在本站不进行调车作业、随中转列车原到原开的运用货车。它包括技术站原列到开的无调中转列车中的运用货车；部分改编中转列车中未摘下的运用货车；中间站停运列车上的运用货车。

（2）有调中转车是指在本站经过改编调车作业后，编入其他列车发出的运用货车。如到达解体列车中的全部中转车，部分改编中转列车中摘下的中转车。

2. 货物作业车

货物作业车是指在站线、区间、专用线及铁路厂、段管线内进行装卸或倒装作业的运用货车。货物作业车按其在本站进行装卸作业的次数分为一次货物作业车和双重货物作业车两种。

（1）一次货物作业车是指在本站只进行一次装车或卸车作业的货物作业车。

（2）双重货物作业车是指在本站卸空后再装车，进行两次作业的货物作业车。

知识点2 货车在站技术作业过程

货车种类不同，其在站办理的作业种类及过程也不同。货车自到达车站时起，至由车站发出时止，在车站所进行的技术作业项目、程序及时间，统称为货车在站技术作业过程。各项技术作业平均时间之和，为货车在站停留时间。

一、有调中转车技术作业过程

有调中转车在站技术作业过程如图 1.3.4 所示。

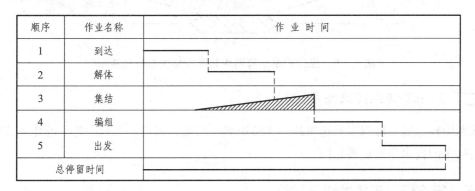

顺序	作业名称	作业时间
1	到达	
2	解体	
3	集结	
4	编组	
5	出发	
总停留时间		

图 1.3.4　有调中转车技术作业

（1）到达作业是指在到达场上对到达解体列车所进行的技术作业。

（2）解体作业是指在驼峰或牵出线上将到达解体列车内的车辆重车按取向、空车按车种分解到调车场各固定用途线路内的调车作业。

（3）集结过程是指被分解到调车线上的货车，按列车到达站集结成列的过程。

（4）编组作业是指利用牵出线将在调车线上集结的货车按列车编组计划、《技规》、列车运行图等技术文件的要求，选编成车列或车组所进行的调车作业。

（5）出发作业是指在出发场或到发场上对出发列车所进行的技术作业。

有调中转车在站内的作业走行径路与该站的车场配置相关，在到发场与调车场横向配置的横列式车站，有调中转车在站内作业会产生多次折返走行，增加了车辆在站内的走行距离和时间。

横列式车站有调中转车在站内走行径路如图 1.3.5 所示。

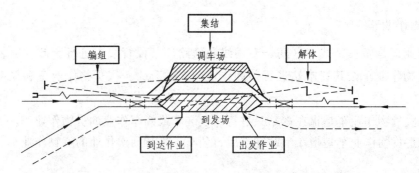

图 1.3.5　横列式车站有调中转车在站内走行径路图

在到达场、出发场与调车场纵向配列的车站上，除反驼峰方向的车流和折角车流外，有调中转车在站内可以顺向走行，从而保证了有调中转车各项作业的流水性和最短的走行径路。

纵列式车站有调中转车在站内走行径路如图 1.3.6 所示。

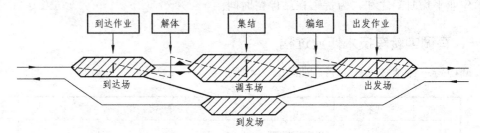

图 1.3.6　纵列式车站有调中转车在站内走行径路图

二、无调中转车技术作业过程

无调中转车随中转列车到达车站，并随原列车出发，所以，无调中转车的作业过程与所在中转列车的技术作业过程相同。

三、货物作业车技术作业过程

货物作业车随所在列车到达车站后，除了要办理与有调中转车相同的技术作业外，还有向货物作业地点送车、卸车或装车以及取车等技术作业。

一次货物作业车和双重货物作业车的技术作业过程分别如图 1.3.7 和图 1.3.8 所示。

对双重作业车而言，其完成一次货物作业的平均停留时间（即停时），比一次货物作业车短，货车运用效率较高。因此，车站应充分利用本站卸空后的空车进行装车，并应尽可能扩大车种代用，提高双重作业系数，缩短一次货物作业平均停留时间。

所谓双重作业系数（ $K_双$ ）是指每一货物作业车平均摊到的作业次数，最大为 2，最小为 1，其值变动于 1~2。 $K_双$ 越大，货车运用效率越高。 $K_双$ 可按下式计算：

$$K_双 = \frac{u_装 + u_卸}{N_{货车}}$$

式中　　$u_装$，$u_卸$ ——装、卸作业次数（或车数）；

$N_{货车}$——本站货物作业车数。

顺序
作业名称
作 业 时 间
1
到达
2
解体
3
送车
4
装（卸）
5
取车
6
集结
7
编组
8
出发
总停留时间

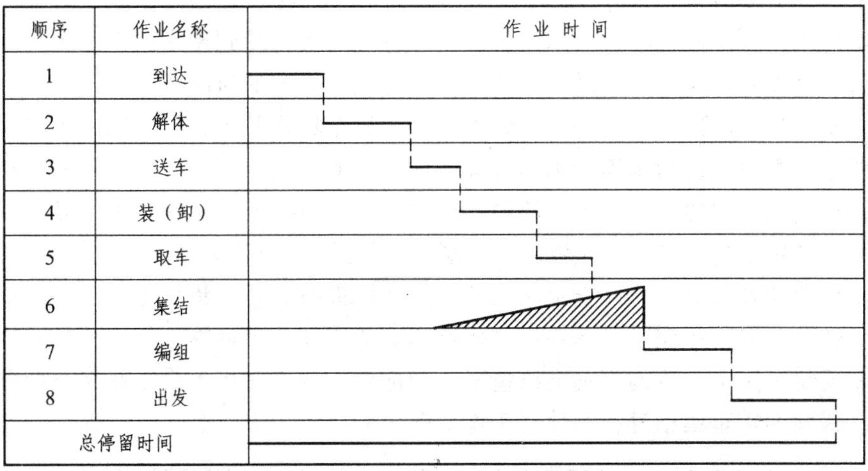

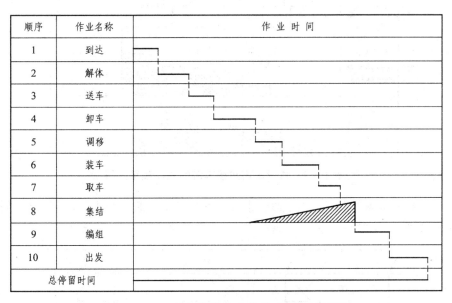

图 1.3.7　一次货物作业车的技术作业过程图

顺序
作业名称
作 业 时 间
1
到达
2
解体
3
送车
4
卸车
5
调移
6
装车
7
取车
8
集结
9
编组
10
出发
总停留时间

图 1.3.8　双重货物作业车的技术作业过程图

应该指出，货车在站技术作业过程从理论上讲，应该是最大限度地平行作业，但在实际工作中，由于各种原因，往往会产生各种等待时间，如待解、待送、待装、待卸、待取、待编、待发等。这些等待时间均为非生产时间，可从改善调车机车运用，提高车站工作组织水平等方面入手，努力予以压缩。

知识点 3　货车集结过程

货车集结是技术站货车技术作业过程中一项既不可缺少又属于停留等待的特殊组成部分，且占有很大的比重，因而研究分析货车集结过程及其影响因素，从而采取有效措施缩短货车集结时间是十分必要的。

在技术站上为编组某一个到达站（又称为去向）的出发车列（或车组），由于在重量或长度上有一定要求，因而使陆续进入调车场的货车有先到等待后到凑集成车列（满重或满长）的过程，这个过程称为货车集结过程。货车在此过程中消耗的时间，称为货车集结时间。

从组成某一到达站出发车列的第一组货车进入调车场之时起，至组成该车列的最后一组货车进入调车场之时止，为车列的集结过程。该过程的延续时间，称为车列集结时间。在这个过程中，组成该车列的所有货车消耗的车小时，即为车列的货车集结车小时。

上述的货车集结过程是按货车进入调车场开始计算的，故称为按调车场的货车集结过程。为编制车站作业计划推算车流及查定车站技术作业标准时，货车集结过程也可按货车到达车站（有调中转车）或装卸完毕（本站货物作业车）的时间开始计算，称为按车流的货车集结过程。后者反映车站上车流的客观集结情况，与前者的区别在于不受车站作业调整和作业进度的影响。这两种货车集结过程的计算条件如图 1.3.9 所示。

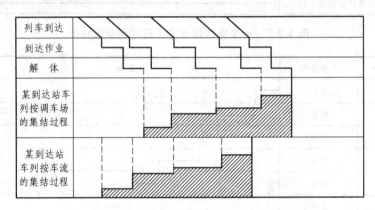

图 1.3.9 按调车场和按车流的货车集结过程

为便于分析研究货车集结过程，假设组成车列的各个车组大小相等，车组到达间隔相同，其集结过程如图 1.3.10 所示。

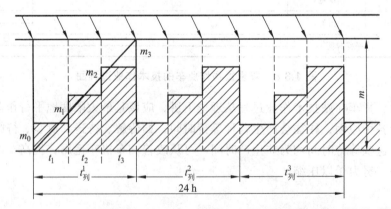

图 1.3.10 一个去向货车（车组大小相等）全天均衡到达的车列集结过程

从图中可以看出，一个车组的集结车小时可以用长方形的面积表示，加总即可得一个车列的集结车小时。其计算公式为：

$$T_{集}^{列} = m_0(t_1 + t_2 + t_3) + m_1(t_2 + t_3) + m_2 t_3 + m_3 \cdot 0 \quad (车 \cdot h)$$

在这种情况下，一个车列的集结车小时就等于多边形的面积。这个多边形的面积可用一个直角三角形的面积来代替。此时，车列的集结车小时为：

$$T_{集}^{列} = \frac{1}{2} m t_{列} \quad (车 \cdot h)$$

式中　m——车列平均编成辆数，车；

　　　$t_{列}$——车列集结时间，h。

从图 3.10 中可以看出，编组一个到达站出发车列的货车全天消耗的货车集结车小时为：

$$T_{集} = \frac{\sum t_{列} \times m}{2} = \frac{24m}{2} = 12m \quad (车 \cdot h)$$

该去向每辆货车的平均集结时间为：

$$t_{集} = \frac{12m}{N} \quad (h)$$

式中　N——该去向全天集结的货车数。

在实际运输生产过程中，到达车站或进入调车场的车组大小是不相等的，车组到达的间隔时间也不相同，而且车列集结过程之间往往会出现中断的情况，也就是车列集结满重或满长后，没有残存该去向的货车，如图 1.3.11 所示。

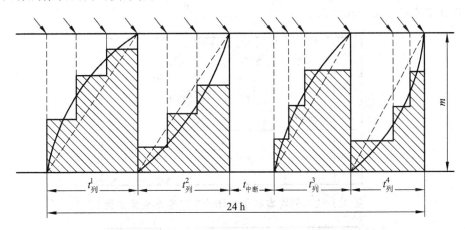

图 1.3.11　一个去向的货车全天不均衡有中断的集结过程

从图 1.3.11 中可见，这四个车列虽然 m 都相同，$t_{列}$ 也相等，但它们各自的 $T_{集}^{列}$ 却不一样。而且，全天的集结过程有中断，所以 $\sum t_{列} < 24$ h。这样，在一般情况下，$T_{集}$ 并不等于 $12\,m$，而是经常小于 $12\,m$。通常用下式表示：

$$T_{集} = cm \quad (车 \cdot h)$$

式中　c——货车集结系数。

每辆货车的平均集结时间则用下式表示：

$$t_{\text{集}} = \frac{cm}{N} \ (\text{h})$$

由此可以得出以下结论：

（1）编组一个到达站出发车列一昼夜消耗的集结车小时 $T_{\text{集}}$，取决于货车集结系数 c 和车列编成辆数 m，而与该去向一昼夜的车流量 N 无关。

（2）每辆货车的平均集结时间 $t_{\text{集}}$ 与该去向一昼夜的车流量成反比关系。

（3）影响货车集结系数 c 的因素主要是车组（特别是结束车列集结的最后车组）大小的不均衡性及其配合到达的程度和货车集结中断的次数与时间。

（4）整个车站的货车集结时间还与列车编组计划规定该站编组车列的站数及其车流强度有关。

根据上述因素对货车集结过程影响的规律，技术站日常运输生产中压缩货车集结时间应采取的主要措施有：

（1）组织货车按去向分阶段配合到达。通过调度所在合理制定日历装车计划的基础上，组织枢纽和邻接区段内的车站按去向分阶段装卸车，并使其配合送到技术站，加速车流集结和车流接续，并保证按列车运行图编发列车。

（2）组织本站自装重车或自卸空车并及时取回，扩大最后车组，提前结束车列集结过程。根据货车到达情况，有预见性地挂线装卸，配合车列的集结，如图 1.3.12 所示。图中的阴影部分，就是采用这种办法可以节省的货车集结车小时。

（3）组织超轴列车，将同去向的货车挂完，造成集结中断。采用此项措施必须征得列车司机同意并得到调度员的许可。如图 1.3.13 中的阴影部分表示开行超轴列车（$m = 40$ 辆为满轴）可以节省的货车集结车小时。

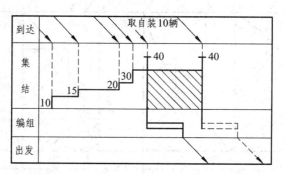

图 1.3.12　利用本站货物作业车结束车列集结图

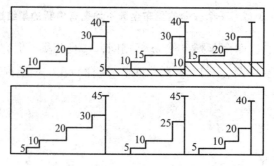

图 1.3.13　开行超轴列车中断货车集结图

【任务实施】

根据案例资料，判断 18：00 时，乙站结存车数为多少？其中多少中转车、多少货物作业车？（学生自主完成）

【知识与技能拓展】

一、填空题

1. 运用货车按其在车站所办理的技术作业不同，分为（　　）和（　　）。

2. 货物作业车按其在站作业过程不同分为（　　）和（　　）。

3. 部分改编中转列车作业包括（　　）、（　　）、（　　）。

4. 决定部分改编中转列车技术作业时间长短的主要因素是（　　）时间和（　　）时间。

5. 按顺序列出有调中转车技术作业过程：（　　）、（　　）、（　　）、（　　）、（　　）。

6. 一次货物作业车在技术站办理的作业除了和有调中转车相同的五项外，还增加了（　　）、（　　）和（　　）三项作业。

7. 车辆技术检修作业由（　　）负责，主要检查车辆走行、连接部和制动装置的技术状态是否符合（　　）规定。

8. 货物列车在（　　）、（　　）、（　　）的到发线上及摘挂列车在（　　）办理的各项技术作业，统称为货物列车技术作业。

9. 货物列车尾部必须挂"（　　）"，包括（　　）和（　　）两部分。

10. 在填记列车编组顺序表载重栏时，对一票多车只有合计载重吨数时，用（　　）表示。

二、判断题

1. 部分改编中转列车中未摘下的运用货车均为有调中转车。　（　　）

2. 部分改编中转列车减轴时，对摘下车组可采用先摘下后检修的作业方案。　（　　）

3. 无调中转车在技术站的作业过程与其所在列车的技术作业过程相同。　（　　）

4. 在填记"运统一"中"自编组站出发及在途中站摘挂后列车编组"各栏时，部属货车中不包括集装箱、特货、行包公司所属车。　（　　）

5. 货物作业车分为一次货物作业车、两次货物作业车和多次货物作业车。　（　　）

6. 列车编组顺序表中篷布栏应根据货物运单或货运票据封套所记载的篷布张数填记。　（　　）

7. 对到达和出发的列车，应根据列车编组顺序表所记载的篷布张数与现车核对篷布数。　（　　）

8. 部分改编中转列车是在技术站进行摘挂车辆的调车作业后继续运行的货物列车。　（　　）

9. 摘挂列车在中间站办理的各项技术作业属于货物列车技术作业。　（　　）

10. 货车集结过程是按货车进入调车场开始计算。　（　　）

11. 双重货物作业车比一次货物作业车运用效率高。　（　　）

12. 有调中转车在站内进行技术作业的走行径路，视技术站车场配置情况的不同而异。　（　　）

13. 列车编组顺序表中列车车次为列车实际开行的车次。　（　　）

14. 在填记列车编组顺序表时，若发现双号码时，应以车体上的大号码为准。　　（　　）

15. 列车编组顺序表中车种栏填记货车的基本记号及辅助记号。　　　　　　（　　）

16. 列车编组顺序表中载重栏，对货车上装载的重集装箱填记"货重＋箱重"合计重量。
　　　　　　　　　　　　　　　　　　　　　　　　　　　　　　　　　　　（　　）

17. 列车确报的主要内容包括：列车的车次、时刻、机车型号、列车编组顺序和货物品名、收货人等。　　　　　　　　　　　　　　　　　　　　　　　　　　　（　　）

三、选择题

1. 车号员检查核对现车，要保证（　　）"三相符"。
　　A. 现车、车号、货运单据　　　　　　　B. 现车、车号、列车编组顺序表
　　C. 车号、货运单据、列车编组顺序表　　D. 现车、货运单据、列车编组顺序表

2. 无改编中转列车技术作业总时间主要受（　　）作业时间的控制。
　　A. 车辆的货运检查　　　　　　　　　　B. 车辆技术检修
　　C. 车列及票据交接　　　　　　　　　　D. 检查及核对现车

3. 车站应根据（　　）的有关规定，由车站按列车组成的实际情况，正确、及时地编制列车编组顺序表。
　　A.《站细》　　　　B.《技规》　　　　C.《统规》　　　　D.《行规》

4. 货物列车技术作业过程是指各种列车在车站到发线上所进行的技术作业程序及其（　　）。
　　A. 作业内容　　　　B. 作业方法　　　　C. 作业要求　　　　D. 时间标准

5. 在技术站变更运行方向后继续运行的货物列车，属于（　　）。
　　A. 部分改编中转列车　　　　　　　　　B. 无改编中转列车
　　C. 到达解体列车　　　　　　　　　　　D. 编组始发列车

6. 列车在分界站更换"运统1"时，表头部分编组站名填记（　　）。
　　A. 该分界站站名　　　　　　　　　　　B. 编组始发站站名
　　C. 前方编组站站名　　　　　　　　　　D. 后方编组站站名

7. 在填记列车编组顺序表载重栏时，代客重车按每辆（　　）计算。
　　A. 6 t　　　　　　　　　　　　　　　　B. 车体外部标记载重
　　C. 10 t　　　　　　　　　　　　　　　D. 实际装载重量

8. 在填记列车编组顺序表载重栏时，重客车按（　　）计算。
　　A. 6 t　　　　　　　　　　　　　　　　B. 车体外部标记载重
　　C. 10 t　　　　　　　　　　　　　　　D. 实际装载重量

9. 在填记列车编组顺序表载重栏时，整车回送铁路篷布每张按（　　）计算。
　　A. 10 kg　　　　　B. 30 kg　　　　　C. 60 kg　　　　　D. 100 kg

10. 在编制列车编组顺序表时，对装载危险、易燃货物的车辆，应按《危险货物运输规则》（　　）填记隔离标记。
　　A. 备注栏　　　　　　　　　　　　　　B. 其他栏
　　C. 货物名称栏　　　　　　　　　　　　D. 记事栏

四、简答题

1. 部分改编中转列车在技术站的作业种类包括哪几种？

2. 技术站的货物列车技术作业过程一般包括哪些主要内容？

3. 加速货物列车技术作业过程，压缩停站时间的作业要点有哪些？

4. 图解说明有调中转车的货运单据在技术站的传递过程。

5. 简述双重货物作业车在站的技术作业过程。

6. 何谓双重作业系数？

7. 何谓货车集结时间？

8. 有调中转车、一次货物作业车和双重货物作业车包括哪几项技术作业过程？

五、技能题

1. 已知：（1）甲—丁方向有关资料如图 1.3.14 所示。

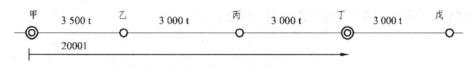

图 1.3.14　在站技术作业列车

（2）某日甲站编开 20001 次列车，编组内容（全部为运用货车）为：

丁/5　　　丁—戊/19　　　丁/20　　　乙/3　　　乙—丙/3（其中丁/10 为甲站自装）

问：（1）20001 次列车在有关技术站办理什么种类的技术作业？

（2）20001 次列车在相关技术站办理的技术作业内容有哪些？

（3）按货车在车站办理的技术作业分，甲、乙、丙、丁站各办理何种技术作业货车？每种多少辆？

项目四　车站作业计划及工作统计

【项目描述】

车站作业计划是根据铁路局下达的日（班）计划编制的，是为保证完成铁路局的日（班）计划任务，实现列车运行图、列车编组计划的行动计划。调度编制的日（班）计划也要依靠车站日（班）计划来实现。通过本项目的学习掌握车站班计划、阶段计划和调车作业计划的编制方法、注意事项及下达与实施。

车站工作统计是车站工作分析的重要途径，通过本章的学习，掌握车站工作统计的原理方法，理解车站工作统计是反应和考核车站工作完成的实绩，作为组织运输生产、分析改进工作和加强经营管理的依据，也是铁路局和全路运输工作统计的基础。

1. 知识目标

了解班计划、阶段计划、调车作业计划的内容、编制步骤、编制方法。重点掌握编组始发列车的车流来源及接续时间；车站技术作业图表的填记方法、调机动态的安排；编制调车作业计划的要求、车组下落的组合方法。

理解现在车的分类；掌握装卸车统计规则；掌握货车停留时间的分类及计算；掌握号码制、非号码制货车停留时间统计方法。

2. 能力目标

通过相关知识的学习，要求学生能够根据相关资料要求正确合理地编制车站班计划，推算出发车流及中、停时指标；绘制车站技术作业图表并合理安排调车机车；掌握调车区现在车及货票排顺，并会编制摘挂列车调车作业计划。

通过车站工作统计达到车站工作分析、改进的目的。

典型工作任务 1 编制车站班计划

车站作业计划是根据铁路局下达的日（班）计划编制的，是为保证完成铁路局的日（班）计划任务，实现列车运行图、列车编组计划的行动计划。调度编制的日（班）计划也要依靠车站日（班）计划来实现。车站作业计划的编制与执行，又必须以调度日（班）计划为依据，并在路局的调度指挥下组织实现。

车站编制车站作业计划，目的是根据每天的装卸车数量、车流去向和流量的变化，按照列车运行图、列车编组计划和车站技术作业过程，组织车站每班和班内的各阶段的作业，发挥设备效能，均衡而有节奏地完成和超额完成日常运输生产任务。否则势必造成缺乏预见，陷入被动，使列车接发、列检工作、机车运用、调车作业、货物装卸车辆取送等工作失去协调，破坏正常作业秩序，甚至产生一系列影响整个运输工作的不良后果。可见，正常编制和执行车站作业计划，对于有效地保证日常安全生产和完成整个运输任务有重要意义。

车站作业计划包括班计划、阶段计划、调车作业计划，班计划是车站最基本的计划，它体现铁路局调度中心对车站规定的任务和要求，由站长或主管运输的副站长按照铁路局调度中心的要求编制；阶段计划是一个班各阶段工作的具体安排，是完成班计划的重要保证，由车站调度员根据该阶段开始前的具体工作情况编制；调车作业计划是列车解体、编组和车辆取送的具体行动计划，由调车区长编制。

铁路运输工作从昨日 18:01 至今日 18:00 为一个工作日。一个工作日分为两个班，即昨日 18:01 至今日 6:00 为第一班，今日 6:01 至 18:00 为第二班。

知识点 1　班计划的编制目的及基本要求

一、编制目的

车站班计划是路局调度所依据 15:00（3:00）左右推算的车流资料制定的。车站编制班计划的目的在于依据 18:00（6:00）前推算的更为精确的车流资料逐项落实计划任务，找出完成计划任务的困难和需要解决的关键问题，确定应当采取的具体措施，必要时向调度所提出修改计划任务的建议，保证完成计划任务。班计划的编制一般在 14:00—17:30（2:00—5:30）阶段内进行，各站班计划的编制时间可由各铁路局在上述时间内具体规定。

二、编制班计划的基本要求

（1）实现安全生产，保证路局调度所下达的运输任务。
（2）确定本班的关键和重点作业，有预见地安排车站的运输生产。
（3）组织均衡作业，充分发挥车站技术设备的潜力，提高生产效率。

知识点 2　班计划的主要内容

（1）列车到达计划：各方向到达的列车车次、到达时分和编组内容（按该站列车编组计划规定的去向别重车数、车种别空车数和品类、车种别到卸重车数）。
（2）列车出发计划：发往各方向的列车车次、出发时分和编组内容（去向别重车数、车种别空车数）及车流来源（包括车次接续关系和本站作业车挂运计划）。
（3）卸车计划：全站卸车数，各作业地点车种别卸车数及卸后空车用途。
（4）装车计划：全站装车数，品类、车种、去向别装车数、配空来源及挂运车次。
（5）排空计划：排空车次、车种及空车来源。
（6）班工作指标：主要包括预计本班完成的停时、中时。
（7）班工作总任务：货车出入总数、解体编组列数、装卸车数、办理车数、中时、停时等。
（8）其他重点任务和上级指示。

知识点 3　班计划的编制依据

车站班计划是依据路局调度所向车站下达的班计划任务和车站推定的车流资料制定的。
（1）路局调度所每日 17:30（5:30）前向车站下达的班计划任务，站长在接收过程中，及时向调度所提出建议，请求修正。
（2）预计 18:00（6:00）现在车。
计划编制人员根据收集到的车流资料，推算 18:00（6:00）到发场、调车场、货场和专用线等货车停留地点的重车按方向、空车按车种的现在车数，加总为全站 18:00（6:00）当时的现车数。预报车号员提供：18:00（6:00）前所有到达列车的确报资料及 18:00（6:00）后陆续到达列车的预确报；18:00（6:00）的修竣车数和车组顺序。

例如，3 月 18 日乙站 15:00 结存甲及其以远 40 车，16:30 乙站 30136 次列车确报为：甲 37，M5，N4，乙（货）10；17:50 发出 20108 次列车编组内容为：甲 56。预计 15:00—18:00 到达甲及其以远 37 车，发出 56 车，预计 18:00 结存甲及其以远的重车数为：40 + 37 − 56 = 21。

（3）车站调度员（助理站调）推算的车站 18:00（6:00）编组场内各组号的集结车数（重车分去向、空车分车种、本站作业车分车种、作业地点和品名），出发作业准备程度和发车时分。

（4）车站货运调度员收集的路局调度所承认的本班要车计划。

例如，3 月 17 日路局批准的乙站 18 日装 81 车，车站安排 3 月 18 日第一班计划用敞车装乙—甲间杂货 9 辆、丙及其以远机器 12 辆、化肥 8 辆，用棚车装丙及其以远化肥 10 辆，共计装车 39 辆。每日 17:00（5:00）接收路局调度所下达的班计划。

货运调度员提供：15:00（3:00）各货场及专用线的现在车分布情况，车辆取送进度以及 18:00（6:00）预计装卸完了的车数，提出次日装车计划的货源组织情况及其车种、车数。

军运车号员提供：次日军运物资的到达卸车、配装和挂运计划等。

（5）机务段运用值班员提供的各方向机车的现有台数、整备情况及交路计划。

（6）向路局调度所报告计划资料。其内容主要包括：

① 各方向到达列车车次、时分、编组内容（按该站列车编组计划规定的去向别重车数、车种别空车数、到达本站重车数）。

② 发往各方向的列车车次、时分、机车交路及型号、编组内容及要求，车流来源专用货车及编挂限制。

③ 装车计划及空车来源；卸车及排空任务。

④ 重点任务、指示。

知识点 4　班计划的编制方法

路局编制日（班）计划所依据的车流资料是在 15:00 左右推算的，往往与实际情况有一定出入。因而车站相关计划具体编制方法如下：

1. 列车到达计划

列车到达计划是调度中心作为任务下达的，将到达本站的列车车次、时分、编组内容（去向别重车数、车种别空车数、到达本站重车数），直接填记在班计划表有关栏内。

2. 列车出发计划

出发列车的车次、时分按调度所下达的班计划任务填记。车站要按照列车到、发的时间顺序，依次推算每一出发列车的车流来源。

车站编制列车出发计划主要是确定每一出发列车的具体编组内容和车流来源。每一出发列车的编组内容，按列车编组计划确定，当列车可编入多于一个到站的车流时，应根据具体的车流条件选定。

出发列车的车流来源为：已在调车场集结的车辆，在货场、专用线和站修线待取的车辆，在到达场待解的车辆；在计划期间内陆续到达的车辆；陆续装卸完毕的车辆。在推算出发车流时，需要先确定中转车的车次；然后根据预、确报将每一到达列车的编组内容记入出发栏；暂不考虑装、卸车流。根据装卸车流的作业时间，可进一步推算其最晚取车时间和出发时刻，直至送车或调移时刻，作为车站组织取送和装卸作业应当遵守的时间界限。

各种车流都要经过一定的技术作业才能编成列车由车站出发。因此，各种车流从其参加集结时起，至由车站发出时止，需要一个间隔时间，这一间隔时间称为车流接续时间。在编制班计划的列车出发计划时，一般均应按车流接续时间选择出发列车的车流来源。即每一列出发列车的车流来源都必须满足车流接续时间的要求。在具备组织快速作业的条件下，也可将接续时间不足的车流作为出发列车的车流来源，但必须有相应的措施加以保证。

编制列车出发计划的过程，在很大程度上就是推算车流的过程。在确定出发列车的编组内容时，如果其中包含一个以上的车流去向，则应优先将编挂机会较少的某去向车流编入列车。同时，应对前后出发列车编挂的车流给予综合考虑。

例如，乙站《站细》规定的各项技术作业时间标准为：无调中转列车技术作业时间45 min，到达作业35 min，出发作业25 min，解体作业30 min，解编结合40～50 min，编组作业30 min，编组摘挂列车40 min，货场取送30 min，机务段取送20 min，双重作业车的调移时间15 min，交接班30 min，装车2.5 h，卸车1.5 h，调机入段整备45 min。根据上述时间标准、乙站技术作业过程、列车编组计划，即可落实乙站编组始发列车的车流来源及接续时间。

（1）上班结存车。

① 出发场待发列车中的全部货车，其出发时间为运行图规定的时分。

② 调车场集结的有调中转车及货物作业车，其最短的接续时间为：

$$t_{编} + t_{发} = 30(40) + 25 = 55(65)（min）$$

③ 到达场待解车列中的有调中转车，其最短的接续时间为：

$$t_{解} + t_{编} + t_{发} = 30 + 30(40) + 25 = 85(95)（min）$$

④ 装卸地点待取的货物作业车，其最短的接续时间为：

$$t_{取} + t_{编} + t_{发} = 15 + 30(40) + 25 = 70(80)（min）$$

（2）本班内陆续产生的中转车及装卸完的货物作业车。

① 无调中转车，一般按运行图规定的接续运行线安排其出发时间，如遇到列车早点或晚点到达时，应在保证完成中转技术作业的情况下，选定紧密衔接的适当列车运行线，安排出发时间。

② 有调中转车，其最短的接续时间为 $t_{到} + t_{解} + t_{编} + t_{发}$。

③ 货物作业车中：待装（卸）的作业车，其最短的接续时间为 $t_{装(卸)} + t_{取} + t_{编} + t_{发}$；待送的作业车，其最短的接续时间为 $t_{送} + t_{装(卸)} + t_{取} + t_{编} + t_{发}$；到达的作业车，其最短的接续时间为 $t_{到} + t_{解} + t_{送} + t_{装(卸)} + t_{取} + t_{编} + t_{发}$。

3. 卸车、装车和排空车计划

车站在编制卸车、装车和排空车计划时，必须确保完成铁路局调度中心下达的卸车、装车和排空车任务。

卸车要根据各组号自装车流的出发控制车次，优先装载急用的车流，保证取车和编组作业顺利进行。卸车计划根据待卸车和本班内到达作业车车数及时间的资料，并考虑调车机车取送能力、卸车机具和劳力，以及卸车场地等情况确定，对到达的大宗货物车辆应作重点安排。

排空车计划一般按照调度中心下达的命令确定，并按指定排空车次、车种、车数进行安排。

装车计划根据完成排空车计划后所余空车情况，按照"保证重点、照顾一般"的原则，并结合车辆集结过程的需要，确定各装车地点的装车货物品类、到站、车种、车数、配空来源、装完时间和挂运车次。

在制定卸车和装车计划的同时，对货物作业车和检修车的取送调车计划应作出轮廓安排。

4. 计算中时和停时等运营指标

列车到、发计划完成以后，还要大致地估算一下本班完成的各项运营指标。

（1）按中转车、货物作业车分别填记18:00（6:00）结存车。

（2）根据列车到达与出发计划，统计每小时内到达与出发的中转车数与作业车数，填入推算表有关栏内。

（3）计算每小时末结存车数及其停留车小时。

本小时末结存车数 = 上小时末结存车数 + 本小时内到达车数 − 本小时内发出车数

本小时停留车小时 = 本小时末结存车数 × 1 h（车·h）

（4）计算中时、停时。

中时 = 中转车总停留车小时/（（到达中转车数 + 发出中转车数）/2）

停时 = 货物作业车总停留车小时/装卸作业次数

例如，乙站18:01—6:00第一班计划到达中转车831车，出发中转车801车，总停留车小时1801车·h；到达作业车共计60车，出发货物作业车共计69车，总停留车小时为672车·h。另外，本班内共装39车，卸60车，加总后得装卸作业次数为99。

计算中、停时为：

$$中时 = \frac{1\,801}{(831+801) \div 2} = 2.2\,(h)$$

$$停时 = \frac{672}{99} = 6.8\,(h)$$

知识点5 班计划的审批、下达与执行

一、班计划的审批

班计划由站长（副站长）负责审批，并部署重点任务和关键注意事项。

审批重点包括：

（1）各方向到、发列车对数，全站和各车场的货车出入数、解编任务及主装卸地点的能力是否适应，核心列车能否按计划开行。

（2）各方向各阶段的流线结合和车流接续情况，是否压流欠轴。

（3）军运、特运车辆及列车的到发、装卸、解编、零星甩挂的安排是否符合规章、命令、指示。

（4）推定的中、停时能否完成月计划。累计不能完成要向铁路局报告；连续 3 天不能完成，要找原因，订措施。

（5）安全及重点注意事项。

（6）施工、运输两不误的计划与措施是否落实。

二、班计划的下达与执行

为保证更好地完成班计划任务，班计划编完并批准后，除报铁路局调度所外，在班计划执行前，必须做好班计划的下达和执行工作。

（1）接班前由主管副站长在值班站长召集的班计划会上向车站值班员、车站调度员、货运调度员、客运值班员、调车区长等有关人员传达、布置班计划。车站调度员、车站值班员按班计划落实第一阶段（18:01—21:00 或 6:01—9:00）的接发、解编和取送各项任务，按规定打好交班基础，为接班人员在工作上创造好条件。

（2）接班的调度人员应提前到班（一般要求 19:00 或 7:00），了解和抄录本班班计划的有关内容。接班的值班站长召集班计划会议，听取班计划编制人传达事项，集中研究和分析任务的特点，便于各调度人员统一行动。实行分场管理的车站，应用电话传达的方法，将班计划事先下达到各车场，以供各调度人员了解和抄录。

（3）接班的值班站长和车站调度员在职工点名会上，向全体接班人员分别传达、布置班计划任务和第一个阶段计划，并提出组织落实计划的具体措施，也可在点名室内设置班计划揭示牌，指定专人负责将班计划重点内容摘录揭示，提前公布。各生产组的班组长应根据计划任务，组织本组人员开好班前预想会，具体制定完成计划任务的有关措施。

（4）接班调度人员上岗后，应分别与路局各工种调度员，机务、列检、车务等有关部门核对班计划的内容，互通情况，了解进度，以便更好地保证班计划的完成。

（5）班工作总结。每班结束后，由生产副站长主持召开班工作总结会，运转车间主任、车站调度员、车站值班员、货运调度员、调车区长参加，听取交班的值班站长和有关人员汇报班工作情况。站长（主管副站长）在交班会上，要分析班工作质量，做出重点指示，由技术室记录于交班记录簿内。

【任务实施】

根据案例资料及理论知识链接，请完成乙站 3 月 18 日第一班 18:01—6:00 班计划。

第一班供参考班计划:

表 1.4.1　乙站班计划表

2007 年 3 月 18 日 (18:01~6:00)

下行
M N O P Q A B C D E F
甲　　乙　　丙

列车到达计划

方向	车次	到达时间	甲方向甲及其以远	乙一丙方向(甲及其以远/乙一丙间)	乙站卸(货场)	机务段	空车 P C	合计辆数
上班结存								
甲方向	30051	18:20	21	48 21	30 21	C10 C10	C20 10 9	169(59)
	20109	20:35	25					56
	30053	21:05	56			C10		56
	20111	22:00	35 15	56 35	10	C10		55
	30055	1:15	56					56
	20113	1:40	35 10	35	P10			55
	30057	3:30	36 20	30 25				56
	20115	4:00	35	56				56
丙方向	20110	18:58	56					
	30138	20:10	45 11					
	20112	22:10	56					
	30140	0:20	30 15			C10		
	20114	1:10	56					
	30142	2:10	36 20					
	30144	4:30	35			C20		
	20116	5:05	56					

列车出发计划

方向	出发时间	车次	编组内容及车流来源	合计辆数
丙方向	19:15	40101	站存乙一丙/30	30
	20:45	30131	站存丙/21、30051丙	56
	21:25	20109	原列丙/56	56
	22:45	20111	原列丙/56	56
	0:25	30133	30053丙/35、卸空C20/25	55
	1:15	40103	3051乙一丙/21	31
	2:25	20113	30053乙一丙/10	56
	4:45	20115	原列丙/56	56
	5:25	30135	30055丙/35、站装丙/20	55
甲方向	18:25	40112	站存乙一甲/43 (10)	43
	19:48	20110	原列甲/56	56
	22:25	30052	30138甲/45、站装甲/11	56
	23:00	20112	原列甲/56	56
	2:00	20114	原列乙一甲/9	56
	2:30	30054	站装甲/5、30140甲 30138乙一甲/11 30140乙一甲/15	56
	4:40	40114	站装乙一甲/10、30140甲/30、30142甲/16	56
	5:50	20116	原列甲/56	56

推算中停时间

时间	18点结存	计划到达	计划发出	结存	卸车数	到达列数	出发列数	解体列数	编组列数	装车数	办理车数
18:01~19:00	110	102	33	59		10	10				39
19:01~20:00	179	86		59	60	10		16	17	8	
20:01~21:00	93	46		59		10	10				
21:01~22:00	159	56		49							
22:01~23:00	204	168		59							
23:01~0:00	92			59							
0:01~1:00	102	45	35	49			20		20		
1:01~2:00	172	157	87	59		10					
2:01~3:00	141	87		50			9				
3:01~4:00	252	111		50							
4:01~5:00	175	35	112	70		20					
5:01~6:00	140	56	91	50		10	20				
合计	1 801	831 801		672		60	69	20	2.2		1761
中停时	2.2	816		6.8	作业次数 99			20	6.8		

推算中停时间 项目 / 计划到达发出中时

卸车计划

卸车地点	车种车数	到达卸(卸后待排)	去向
货场	C10	上班待卸丙	丙
	C10	30051	
	C10	30053	
	C10	30140	
	C20	上班待卸排	
机务段		上班机务段卸	

装车计划

装车地点	车种车数	空车来源	进运去车次
装后装丙	P10	上班待卸丙	30131
装后装	C10		30135
装后装	C10	次卸待排	30135
装后排	C9	上班待卸	40114

装后装甲

排空计划

排空车种车次	空车来源
30133	C20

乙一甲

班工作总任务

班工作总体任务 重点指示

1. 30052 次接续 30138 次时间紧，加强组织天气不良，组织列车工作。
2. 夜间卸车组织，加强卸车组织，注意安全。

副站长　　站长

典型工作任务 2　编制阶段计划

知识点 1　阶段计划的编制目的及基本要求

一、编制目的

阶段计划是车站班计划分阶段的具体安排，是完成班计划的具体保证。由于编制班计划的有些资料是 18:00（6:00）前预计的，而本班内陆续到达的列车，其编组内容、到达时刻以及货物作业车装卸进度、调车作业进度等都可能发生变化，因此，车站应在执行班计划过程中，根据当时的实际情况，具体安排各阶段工作，并据变化情况及时采取调整措施，才能保证完成班计划的任务。

二、提高编制作业计划质量的基本要求

（1）正确掌握现在车。
（2）加强预确报工作。
（3）加强联系报告制度。
（4）加强班与班之间的工作衔接。

知识点 2　阶段计划的主要内容

（1）到达列车的车次、时分、编组内容、占用股道和解体起止时分。
（2）出发列车的车次、时分、编组内容及车流来源，占用股道和编组起止时分。
（3）各车辆作业地点（包括货场、专用线、段管线）取送车辆的时间、车数及挂运车次、转场车、客车车底的取送时间。
（4）无调中转列车、部分改编中转列车的到发时分、占用股道、甩挂车数及作业时间。
（5）调车机车解编取送作业顺序、起止时分，以及安排调机整备、牵出线和驼峰使用。

从以上内容可以看出，阶段计划是车站调度员根据最近 3~4 h 列车到发、车列解编和车辆取送等情况，全面安排调车机车和到发线运用，充分发挥驼峰、牵出线等技术设备的效能，组织实现班计划的具体安排。

知识点 3　车站技术作业图表与阶段计划编制依据

一、车站技术作业图表

车站作业图表是车站调度员用以编制阶段计划和进行调度指挥的工具。由于它能全面记录车站技术设备运用和作业进度的实际情况，因此，它又是车站工作分析的原始资料，车站调度员应按规定正确及时认真地填记。

由于各车站主要设备和作业情况不同，车站技术作业图表的格式也有所区别，但其主要组成部分一般如下：

（1）列车到发栏：填记列车到发车次、时刻。

（2）列车编组内容栏：填记到达列车的编组内容。

（3）到发场栏：填记列车占用到发线顺序和起止时分。

（4）驼峰或牵出线栏：填记调车作业占用驼峰或牵出线的顺序和起止时分。

（5）调车场栏：填记去向别重车、车种别空车集结情况，以及到达本站卸车的待送车情况。

（6）装卸地点栏：填记取送作业时间及装卸地点车流变化。

（7）调车机车动态栏：填记每台调车机车作业、整备情况。

二、编制阶段计划所依据的资料

（1）本阶段到达列车车次、时分及编组内容（确报）。

（2）本阶段应编组出发列车车次、时分及机车来源。

（3）本阶段内货场和专用线能装卸完毕车辆（重车分去向、空车分车种）情况。

（4）调车场内现车情况，待解车列的现车情况。

（5）调车机车在本阶段内是否需进行整备作业以及上一阶段作业结束时情况。

（6）本阶段开始时到发线占用情况。

（7）上级布置的重点事项。

在上述资料中，列车到发车次及时分可能因铁路局调度所的列车运行调整等因素而与班计划中的安排不完全相同。

知识点4　车站技术作业图表的填记方法

（1）填记调车场及装卸地点结存车数。根据"过表"的站存车及车站调度员或调车区长掌握的现在车数填记。

（2）画出到发列车运行线。标明时刻及到达列车编组内容，画出到发列车占用到发线的顺序及起止时间。据各次列车到达时分，按照先后顺序，在列车到发栏内画上到达运行线，注明车次，并从列车到达时起，用垂直线引入计划占用的到发线内；然后，根据列车确报，在编组内容栏内、垂直线右侧填记列车编组内容：重车填"去向/车数"，空车填"车种/车数"（无调中转车外加方框）；最后，在列车占用的到发线栏内，记载列车车次、占用到发线起止时分。

（3）填记到达解体列车的解体图解。到达本站解体的列车，由计划解体时起，用垂线引入驼峰或牵出线栏，并记明解体的起止时分。解体完了，再用垂线引入调车场栏，按其编组内容，在调车场栏引线右侧分别记载解体后的累计车数每小时结算一次。

（4）填记自编始发列车的编组图解。根据班计划制定的列车出发计划及运行图规定的发出时刻，当某一去向的车流集结够一个车列的编组辆数时，将该去向的车数用圆圈圈上，圆圈右下角注明剩余车数；然后用垂线引入牵出线栏，标明编组作业起止时分。编组完成后，引入出发线栏进行出发作业并按图定出发时刻发出列车。

（5）填记中转列车。根据列车到达运行线，在到达时分处用垂线引入计划占用的到发线，记明车次、占用到发线起止时分，再根据图定发车时分，用垂直线引入列车到发栏，画上出发运行线，标明车次、时分。

（6）填记取送调车的安排图解。送车，由送车开始时起，将待送车辆用圆圈圈上，圆圈右下角注明剩余车数，从调车场栏转入装卸地点栏；取车，由取车完了，将待取车数用圆圈圈上，圆圈右下角注明剩余车数，从装卸地点转入调车场固定存放的股道内，并在引线右侧记载变化后的车数。

（7）绘制调车机车动态。填记每台调车机车作业和非生产时间。记载符号：编组"＋"、解体"－"、交接班及整备"J"、吃饭"C"、取车"Q"、送车"Z"、甩挂"＋"、待避"B"、等装卸"DX"、等工作"DG"、等纪检"DA"、入库准备"ZB"。

（8）填记技术作业图表时，线条颜色的规定：

① 计划线，均用黑色铅笔。

② 实际线，旅客列车、始发编组货物列车用红色线，其他货物列车用蓝色线。调机作业为蓝色直线，交接班、入库整备、吃饭为蓝色曲线。各种等待、待避等非生产时间用红色直线。

知识点5 阶段计划编制方法

一、确定出发列车的车流来源

出发列车车流来源必须按照调车场车流集结过程，而不能按车流集结过程确定。不能简单地按车辆接续时间来选择出发列车所需的车流，而只能把列车开始编组以前已解入调车场的车辆，作为出发列车的车流来源。其出发列车车流来源，只能从在其开始编组前能解体的待解车列和能取回的待取车辆中选择。

编组站衔接的方向多、出发列车的数量大，在选择每一列出发列车的车流来源的同时，应兼顾其他出发列车的集结过程，以确保本阶段和本班所有出发列车都有车流来源保证。

对于具有组织"坐编"作业条件的车站，当到达列车中有适宜组织"坐编"的车流时，应当先选为出发列车的车流来源，不足部分用调车场集结的车流补充，以减少调动的车数。

二、调车机车运用计划

调车机车运用计划用于合理安排每台调车机车在本阶段必须完成的调车工作以及这些调车工作的时间，它是车站阶段计划中的关键内容。只有合理运用调车机车，正确组织编解取送，才能加速调车场的车辆集结过程，实现列车出发计划，并为完成装卸车任务和缩短货车停留时间创造条件。

（1）合理分配调机工作任务，均衡作业负担。例如驼峰编组站，一般安排驼峰机车负责解体，峰尾牵出线调机负责编组，货场专用线调机负责取送作业。

（2）合理安排调机作业顺序，保证编组列车需要。例如，安排驼峰机车解体作业顺序时，应优先解决急于腾空到发线或用于编组列车急需车流的车列；安排牵出线调机编组顺序时，应根据列车出发时刻和车流集结情况，优先编组最近出发的车列。

（3）组织调机协同动作，减少非生产等待时间。例如，编组一个列车所需车流，既有待解车列中的中转车，又有货场装卸完了的本站货物作业车时，应安排一台调机负责解体，另一台调机负责取车，两台调机互相配合，协同动作，减少待解、待取等非生产等待时间，保证编组列车正点出发。

在纵列式驼峰编组站，应妥善安排驼峰机车和峰尾牵出线机车配合作业。例如，某一去向车流集结够一个车列时，而且出发场又有空闲线路，应及时安排峰尾机车进行编组作业，以便及时腾空调车线，使驼峰机车能正常溜放该去向的车流，无需下峰整场或活用其他线路。

按站顺编组或到站成组编组摘挂列车的作业时间长，可利用调机空闲时间安排预编车组。

（4）合理安排取送作业。对于作业量大而稳定的装卸车地点，应实行定时、定量取送制度；对于货流固定的成组车流，应组织成组装车，固定车次挂运；其他零星车流则应根据调机能力、等送（取）车数及其用途，确定取送顺序、地点、车数和起止时分。一般作法是：先取编组急需的车流，先送能装卸且装卸以后能用的车流，并尽量做到送车与取车结合，减少取送次数和单机走行时间。

调车机车运用计划就每台调车机车分别编制，但应尽可能使各台调车机车的作业在内容和时间方面相互配合。

三、保证车流与运行线紧密结合

车站调度员主要通过编制阶段计划进行调度指挥。但是，由于客观情况的变化，例如车流到站和数量、列车到达时刻、机车供应情况都可能发生变化，而不能按照原来拟订的计划实现时，车站调度员应及时采取必要的调度调整措施。从以下几个方面去思考：当车流不足，影响到列车正点满轴发出时；当出发列车运行线临时运休，造成车流积压时；当空车来源不足，影响到排空和装车任务的完成时。

1. 当车流不足时

（1）调整解体顺序，提前解体挂有编组急需车流的车列以满足编开列车的需要。

（2）组织接续车流快速作业。当车流接续时间少于车站技术作业过程的时间标准时，一方面对站存车流进行预编、预检；另一方面对到达的接续车流组织快检、快解作业，实现车流紧接续。

（3）组织本站货物作业车流补轴。根据编组列车的需要，有计划地组织本站货物作业车的取送、装卸作业，优先装卸、取送编组需要的车辆，以保证编组列车满轴、正点出发。

（4）请求调度所调整列车到达顺序，或利用小运转列车将本站编组急需的车流提前送到，以满足编组列车的需要。如该站位于列车运行的前方站时，可建议调度所准许列车在本站不满轴早点开出，到该站进行补轴。

2. 当车流过大造成积压时

可建议调度所组织超轴列车，利用单机挂车或利用区段列车附挂中间站车流。

3. 当空车来源不足时

组织本站作业车及时送车和及时卸车，并在可能的条件下扩大双重作业车的比重，减少车辆调动次数和走行距离，保证排空计划和装车计划的实现。

四、合理制定到发线运用计划

（1）紧凑使用到发线。当列车密集到发，到发线使用紧张时，应组织有关人员加速列车技术作业，大力压缩技术作业时间；需分部解体车列的车站，应组织两端调机同时解体一个车列，尽快腾空到发线；对于编组辆数较小的小运转列车或单机，可合并用一条到发线；无客车到发或通过时，暂用客车到发线或正线接发货物列车。

（2）尽量照顾作业方便，减少列车到发与调车作业的交叉干扰。例如，当到发线能力不紧张而调车场内存车较多时，可组织车列提前编组或推迟解体时间，以减少调车场内停留车数，有利于解体作业顺利进行。反之，当到发线能力紧张时，应加速列车解体和适当推迟车列编组转线时间（但要保证列车正点出发），保证有空闲线路不间断地接发列车。

必须指出，到发线运用计划与调机运用计划的关系十分密切，两者之间的能力应当互相调剂使用。

知识点6 阶段计划的布置与下达

阶段计划编完后，由车站调度员和车站值班员于阶段计划开始前半小时分别向有关人员布置和下达。

一、向调车区长或驼峰值班员下达

（1）到发列车车次、时分、占用股道先后顺序及起止时分。
（2）解体列车顺序、起止时分。
（3）编组列车顺序、起止时分、编组内容及车流来源。
（4）装卸、扣修、修竣、加冰、消毒、倒装、客车底等车辆的取送时间、地点、辆数。
（5）调车机整备计划、驼峰及牵出线作业安排。

二、向货运调度员下达

（1）编挂本站作业车的车次、时分、货物品名、去向、车种、车数。

（2）到达本站卸车的重车数、卸车地点、货物品名、收货人。

（3）各货场、专用线的作业车取送时间、辆数、装卸要求、挂运车次。

在一些装卸工作量较大、由货运调度员直接负责指挥调车机组织取送作业的车站，上述内容应由货运调度员向有关作业地点的货运值班员（货运员）下达。

三、向其他人员下达

车站值班员向列检所值班员、机务段值班员、列车段派班员传达和核对计划、向车场助理值班员、场（区）信号长、扳道长等有关人员下达到发列车车次、时分、占线顺序和重点要求。

车站值班员向客运值班主任（或客运值班员）和客站列检值班员传达旅客列车晚点、变更进路和客车摘挂计划。

车站调度员和车站值班员在向有关人员下达阶段计划的同时，应将上级有关命令、指示和重点要求一并传达。

【任务实施】

根据案例资料及理论知识链接，请将乙站到发场及调车场线路进行分工，调机进行分工，完成乙站 3 月 18 日第一班 18:01—6:00 分阶段的阶段计划。

第一班供参考部分阶段计划见表 1.4.2。

表 1.4.2 乙站技术作业表

2007年3月18日夜班　　　　　　　　　　　　　　　　　　站调＿＿＿＿＿＿ 运站

		18点结存	6/18	7/19	8/20	9/21	10/22	11/23	12/0	13/1
列车到发	甲方向	乙站	30051 5 / 40112	20110	20109 / 30053	20110	30052 / 20112	2532	2531 / 30133	
	丙方向		20110 / 40101	40101 / 20138	20109 / 30131	20112 / 20109	2532 / 20111	30140 / 2532		
列车编组内容			丙/25 乙~丙/21 乙/10	甲/56	甲/45 乙~甲/11 乙/10	丙/56 丙/35 乙~丙/10 乙/10	丙/56 甲/56		甲/30 乙~甲/15 乙/10	
到发场	1									2531 3
	II							2532 8		
	3			8 20110 8	5 20109 5	0 20111 5				
	4			0 30051 0			0 20112 0		0 30140	
	6		乙-甲/43 (作业车10)	40112 5	0 30131 5	0 30053		0 30133 5		
	7			0 40101	0 30138	0 30052 5			40103	
牵出线	I			+40101 0 / 0 -30051 0 / +30131 0	0 +30138 +30052 0 / -30053 0	0 +30133 0 / +40103 0				
	II									
调车线	8 甲及其以远	21		21	21	21	⑥⑥10	10	10	10
	9 乙-甲间	5		14	14	14	14 25	25	25 25	
	10 丙及其以远	21		31	⑤⑥0		35	③③0		
	10 空车					C20	C20	②⑨0		
	11 乙-丙间	③⓪0		21	21	21 21	31	31	③①0	
	12 特种车									
	13 本站卸车	10 货场	⓪0	10	10	10 10		②⓪0		
	14 站修线									
装卸地点	货场	待装丙/10 乙-甲/9	29	②⑨10	10	10 10		30	30 30	
	机务段	待卸C20		C20	C20	②⑨0				
调机动态			+40101 0 / 货场QZ 0 / -30051 0 / +30131 0	J	机Q -30138 0 / +30052 0 / -30053 0 / 货场Z 0	整场 +30133 0 / +40103 0				C F

典型工作任务 3　调车作业计划

班计划规定了一个班的总任务；阶段计划规定了每台调车机车解编、取送等各项作业顺序和起止时间；调车作业计划则是每台调车机车的具体行动计划。调车作业计划由调车领导人（车站调度员、调车区长或车站值班员）负责编制，并以调车作业通知单的形式下达给调车指挥人及有关人员执行。

知识点 1　编制调车作业计划的要求和依据

一、编制调车作业计划的要求

（1）符合列车编组计划、列车运行图和《技规》的规定，保证调车作业和人身安全。

（2）合理运用技术设备和先进工作方法，最大限度地实现解体照顾编组，解体照顾送车，使解、编、取、送作业密切配合。力争做到调车钩数少、调动辆数（带车数）少、占用股道少、行程短、作业方便、调车效率高（即平均钩分小）。

（3）做到及时、准确、完整。"及时"，就是及时编制和下达计划；"准确"，就是保证计划本身无漏洞、无差错，尽量不变或少变计划；"完整"，就是要求调车作业通知单字迹清楚，项目齐全。

二、编制调车作业计划的依据

（1）阶段计划规定的各项调车作业的顺序和起止时分。

（2）到达列车确报，包括车种、车号、品名、载重、到站、收货人和特殊标记等。

（3）调车场、货场线路固定用途、容车数和停留情况。

（4）调车区现在车及其分布情况。

知识点 2　调车作业通知单的填写

调车作业通知单应按铁路局规定格式逐项填记齐全；记事栏内需要标注的各种符号按《行规》及《站细》的规定填记；使用电子计算机编制调车作业计划时，在记事栏中需要标注的各种符号按以下规定填记：

（1）场别、股道号：用罗马字母表示场别（调车场可不写场别），用阿拉伯数字表示股道号。

（2）禁止溜放：禁。

（3）禁止过峰：㊪。

（4）限速连挂、窜动货物：X。

（5）空车：以该车种代号表示。

（6）禽、畜、蜜蜂：活。

（7）鱼苗：鱼。

（8）超限：超。

（9）跨装：跨。

（10）凹型平车：凹。

（11）机械冷藏车：Ⓑ

（12）易燃及危险品：⚠ ~ ⚠。

（13）人员车：人。

（14）特种军用：Ⓦ。

（15）大轮车：大。

（16）检修车：⊗。

解体车列应在记事栏注明前端第 1 辆车号。摘、挂 5 辆及以上车辆时，注明末位车辆的车号（中间站除外）。

知识点 3　调车区现车的掌握

我国铁路调车区现车的掌握，因各站设备和作业量不同而有所区别。有些车站利用毛玻璃和货票排顺的方法，有些站采用计算机掌握现车。这里仅介绍利用毛玻璃板和货票排顺掌握现车的方法。而计算机是以预先编好的程序，模拟人工掌握现车的方法。

一、利用毛玻璃板掌握现车

在毛玻璃板上画成与车场股道相同的格数，根据担当解体任务的机车所在方向，在毛玻璃板上画成与车场股道相同的格数，根据担当解体任务的机车所在方向，统一规定上下端代表的方向。例如，调车场两端为南北方向，担当解体任务的机车在南端，可规定上端为北，下端为南。此时，毛玻璃板上现车自上而下的顺序，就是调车场现车从北到南的顺序。

每次交接班时，调车区长和车号长应根据调车区各股道实际存车的车种、车号及其排列顺序，与毛玻璃板上记载的现车进行核对无误后，再按调车作业通知单随时修改毛玻璃板，确保毛玻璃板上记载的现车与调车区各股道实际现车完全一致。

解体车列时，每批作业完了后，根据核对过的列车编组顺序表和调车作业通知单，按车组进入股道的方向和先后顺序，将车种、车号、品名、到站（或去向号）、特殊标记等逐一登记在毛玻璃板上。为简化记录工作，对相同到站（去向）、辆数较多的车组，可填记首尾两辆车的车号，并标明该车组的车数。

编组列车或送车时，根据调车作业通知单，将各股道实际已挂走或送出的车辆，在毛玻璃板上抹消，将取回的车辆及时登记在毛玻璃板上，见表 1.4.3。

表 1.4.3 乙站现车记载示例

到发线＼调车线	8	9	10	11	12	13	货场
3 空	C4537237 ⋮ （甲及其以远 21）	C4174605N砖 C4191285N砖 C4201251N砖 P3037159M整零 P3044235N整零	C4012677 ⋮ C4213211（丙及其以远 21）	C4174142 C4161202 C4134263 } F_5砖 C4032067 } A_6煤 P3014210 C整零 P3012360 C整零 C4011425 } F_4焦 C4235411 P3021771 B△关 P3072617 A整零 C4215415 A整零 C4260358 ⋮ C4232368 } D_6煤 C4256878 ⋮ C4278688 } B_4 6草		C4230718 }货2 C4234208 }煤10	货1 丙 P_4 货2 丙 P_4 货3 乙—甲 C_9
4 空	C4051731						
6 40112 乙—甲/43(10) 7 空							机务段 机1 C_5煤 机2 C_5煤 机3 C_{10}煤

二、货票排顺

货票存放架分为若干格，分别存放调车区各股道现车的票据。为便于货票的取放，其上下端代表方向，一般与毛玻璃规定的方向相反。根据调车作业通知单和各股道现车的增减、排列顺序的调整，及时调整存放架各格内的票据。确保架内各格存放的票据与毛玻璃板、调车区各股道内实际现车车数及其排列顺序完全一致。由于空车无货票，可在纸条上写明车种，再放于货票存放架相应格内，以免遗漏。

知识点 4　调车作业计划编制

车列的解体调车，一般是通过驼峰或牵出线，将车列按各车辆（组）的去向（重车）或车种（空车）分解到调车场固定使用的股道内，为编组作业和取送车创造有利条件。

一、整列解体

纵列式车站利用驼峰解体调车时，一般采用整列解体的方法。整列解体通常是按照调车场线路固定使用编制调车作业计划（俗称"车辆对号入座"）。

例如，乙站调车场线路固定使用用途如下，到达解体的 30051 次列车接入到发线 7 道，其确报内容为：

乙3（货1）	丙10	A5	丙5	A5	丙3	乙7(货2)	丙7	D2 △	E4	B5

整列解体 30051 的调车作业计划见表 1.4.4。

表 1.4.4　调车作业通知单

3月 18 日第 2 号解体　　30051 次调 1 机车						
计划起止时分自 19:00 至 19:30						
实际起止时分自至						
顺序	股道	挂车数	摘车数	作业方法	记事	残存
1	4	56			4103418	56
2	13		3			53
3	10		10		4418967	43
4	11		5		3041849	38
5	10		5		4129062	33
6	11		5		3109573	28
7	10		3			25
8	13		7		4032372	18
9	10		7		4207410	11
10	11		11	推送	禁溜	0
11						

二、分部解体

在横列式车站，由于受牵出线长度或调车机车牵引力限制，为了缩短牵出车列的长度和减少牵引重量，多采用分部解体的方法。分部解体时"开口"位置的选择，一般应遵循以下原则：

（1）车列内有禁溜车时，应在禁溜车之后开口（远离调机端为前，接近调机为后，下同）。例如，待解车列编组顺序为：

A7	B3	D9	B4	F1△	E7	A4	B2△	D7	B6	调机

应在 B_2 及 F_1 之后开口，使其成为分部后最后一个车组，以便调机溜完其他车组后，再将禁溜车推送到固定线路内，避免带着长大车组推送禁溜车。

车列内遇有非工作机车、轨道起重机等不宜带着进行调车作业的车辆时，应先在它们之前开口，以便第一钩将其摘下，使以后的溜放作业顺利进行。

（2）车内有长大车组时，应在长大车组之前开口。例如，待解车列编组顺序为：

A_1	B_5	D_2	B_4	D_6	B_7	F_4	A_4	D_2	B_1	E_{15}	C_2	B_2	调机

应在长大车组 E_{15} 之前开口，使该车组成为分部后第一车组，以便第一钩将其溜出，减少带车数和减轻车列重量，利于溜放以后的各车组。

（3）当待解车列内有"坐编"车组时，应在"坐编"车组之后开口。例如，乙站 3 月 18 日第一班计划安排 30138 次坐编 30052 次，根据列车确报 30138 次编组顺序为：

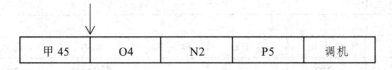

| 甲 45 | O4 | N2 | P5 | 调机 |

应在坐编车组甲/45 之后开口，以便该车组留在到发线上坐底，其余车组一次牵出分解。

（4）当调车场某股道已"满线"或有"堵门车"时，应避免开口后的第一组车为进入该线的车组，以免调机带着其他车组到该线顶送车辆。如不可避免时，应暂时溜入其他活用线路内。

知识点 5　编组调车

一、编组直达、直通、区段列车

直达、直通、区段列车的编组过程相对简单，将调车场集结某出发方向车辆的线路上集结够整列数量的车辆，按规定编成车列从调车场牵出转向出发场。

编组过程应遵守的相关规定包括：装载危险、易燃货物等的车辆应按规定进行隔离；关门车的编挂数量及位置规定；轨道起重机、机械冷藏车等特殊车辆或车组的编挂位置等。因此，需要检验自然集结完的车列有无不符合编挂规定的情况，如果有，应利用空闲调车线完成车列中车辆顺序的调整。

另由于解体作业是按调车场固定线路分解车辆，并且广泛采用了"解体照顾编组"，因此，除编组摘挂列车外，其他列车的编组作业一般只在一条线上或几条线上连挂车辆和车列转线作业。

例如，D 站调车机车解完 35002 次列车后要编组 31002 次 C 去向列车，编组计划规定编往 C 去向的区段列车的编组内容为：C 站及 B—C 间车流为一组，挂于列车机车次位，B 站及 A—B 间车流为另一组，列车编成车数为 50 辆，4 道发车。现 7 道已集结 B 站及 A—B 间车流 20 辆，8 道已集结 C 站及 B—C 间车流 32 辆，若车辆连挂已符合《技规》要求，则 31002 次列车的编组调车计划为：

股道摘挂车数

7　　　　+ 20

8　　　　+ 30

4　　　　− 50

+ 31002 次完/10:00 出发

二、编组摘挂列车

为了方便摘挂列车进入中间站后利用本务机车完成摘车作业，摘挂列车的编组一般按站顺。但是利用一条调车线集结摘挂列车的车辆，自然下落完的车列是无规律无顺序的，因此要利用其他空闲调车线完成摘挂列车的按站顺编组，过程相对复杂。

对于摘挂列车，由于同一方向各中间站的车组混在一条线上集结，但要求按站顺或到站成组编组，因而编组摘挂列车是一项十分复杂的工作。为了提高编组摘挂列车的作业效率，减少调车钩数，特别是减少推送钩数，我国广大铁路工作者积累了许多丰富经验，并在理论研究方面提出了"大量采用对口、尽量少占用线路的调车法""车组编号、合并使用线路调车法""表格调车法""看图调车法"和"统筹对口调车法"，使摘挂列车调车作业计划的编制原理日臻完善。

编制按站顺编组摘挂列车调车作业计划的步骤和方法如下：

1．车组编号

第一到站编为"1"，称为首组，依次为"2、3、……"，最后到站称为尾组。

例如，丁站在铁路上的位置及其调车场头部如图1.4.1所示。待编车列在11道，其排列顺序为 $C_2B_1A_1C_1B_3E_2B_1C_1D_3$（字母表示到站，角码数字表示车组中到达该到站的车数）。调车场线路为8～14道，13道存有丁—戊车流12辆，其余股道空闲，调车机车在右端牵出线作业。

要求：将11道待编车列按站顺编组成40102次摘挂列车，送到发线7道，10:20发车。

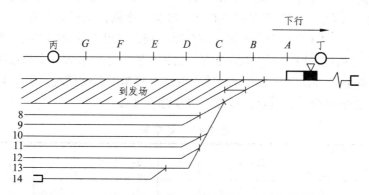

图1.4.1　丁站在铁路线上的位置及其调车场头部示意图

2．排顺下落

（1）按不同情况下车组排顺下落的方法进行下落，见表1.4.5。本例题中调机在右，出发方向为左，则由待编车列左端向右端，从首组开始依次循环下落，每循环一次，下落一"列"。

（2）在一次循环中，同一到站的车组下落完毕后，方可下落次一车组，否则，另起一列，继续下落同一到站的车组。

（3）表1.4.6所示的下落结果表明，五个到站的车组下落为四列，分解待编车列时，需要四条线路（需借用三条线路）。

表 1.4.5　不同情况下车组排顺下落的方法

调机所在端	列车出发方向	车组下落方法
右	左	从左至右下落，先落首组
右	右	从左至右下落，先落尾组
左	右	从右至左下落，先落首组
左	左	从右至左下落，先落尾组

表 1.4.6　调车表

下落列 ＼ 待编车列	3_2	2_1	1_1	3_1	2_3	5_2	2_1	3_1	4_3	股道
一			1_1		2_3		2_1			
二		2_1		3_1				3_1		
三	3_2								4_3	
四						5_2				

3. 调整可移车组

车组下落完毕后，有的车组既可下落到这一列，又可下落到另一列而均不影响站顺，这种车组称为"可移车组"。调整的原则是有利（省钩）则调，无利则不调。

例如表 1.4.6 中的"3_1"车组，既可下落到第二列，又可下落到第三列，为"可移车组"，而将其调整到第三列后，同"4_3"车组变为了相邻车组，还可节省一个溜放钩，则调整是有利的。而"3_1"调下来后，"2_3"也可调下来。调整可移车组后的情况见表 1.4.7。如何正确地调整可移车组，需要结合"合并使用线路"方案综合考虑。

表 1.4.7　调车表

下落列 ＼ 待编车列	3_2	2_1	1_1	3_1	2_3	5_2	2_1	3_1	4_3	股道
一			1_1		$\dot2_3$↓		2_1			
二		2_1		$\dot3_1$↓	2_3			$\dot3_1$↓		
三	3_2			3_1				3_1	4_3	
四						5_2				

4. 合并使用线路

合并使用线路，是将两列或两列以上的数个下落列暂时合并在一起（称为"暂合列"），共同占用一股道，以达到减少挂车钩的目的。显然，并非任意下落列合并后都可以节省挂车钩。合并使用线路的原则是：单独占用一股道的下落列不能为相邻列或最大列。例如，下落列为四列时，一、三单独占用一股道，二、四合并占用一股道。

5. 安排线路使用并编制调车作业计划（见表 1.4.8）

表 1.4.8　调车表

下落列 ＼ 待编车列	3_2	2_1	1_1	3_1	2_3	5_2	2_1	3_1	4_3	股道
一			1_1		$2_3\downarrow$		2_1			9
二四		2_1		$3_1\downarrow$	2_3	$\boxed{5_2}$		$3_1\downarrow$		10
三	3_2			3_1				3_1	4_3	11
四						$\circled{5_2}$				

（1）分解待编车列：

顺序	股道	摘挂车数
1	11	＋13
2	10	－1
3	9	－1
4	11	－1
5	10	－5
6	9	－1
7	11	－4

（2）重新分解暂合列：

8	10	＋6
9	9	－4

（3）按站顺收编转线：

10	11	＋7
11	9	＋6
12	7	－15

＋40102 次完/10:20 开

6. 为提高调车作业效率压缩调车作业时间

在正常情况下，应尽量使调车作业计划中的调车钩数最少，这就必须合理地合并使用线路，合并使用线路的较优方案见表 1.4.9。

表 1.4.9 中原则只是使用最少股道数的合并方案，可以实现最少的挂车钩；事实上，增加使用线路数后（如下落七列时，使用四条线路），通过合理合并使用线路，仍可达到最少的挂车钩，这些方案不再进行介绍。按照上述原则合并使用线路后，虽可达到最少的挂车钩，但由于需要重复分解暂合列，将可能会增加溜放钩。如何选择合并使用线路，组成暂合列的有利方案呢？有利的合并方案应该是：暂合列内车组交错少，能增加邻组，利用尾组，利用待编车列的端组、减少调车钩数、减少调动车数等。

在实际工作中，由于待编车列的排列情况复杂多变，如待编车列中有禁溜车，需要隔离的车等情况，则不能完全照搬上述方法，应据实际情况，做出相应合理的计划。这需要经常练习，才能掌握编制调车作业计划的技巧，编制出高质量的计划。

表 1.4.9　合并使用线路的较优方案

下落列数	最少使用股道数	合并方案	分解暂合列	附注
四	三	二（一）、四（三）	分解二、四暂合列	一、三各单独占用一股道
五	三	五（ ）、四（三）、二（一）	分解五、四、二暂合列，五列的车组仍分解到原股道	一、三各单独占用一股道
五	三	三（ ）、五（四）、二（一）	分解三、五、二暂合列，三列的车组仍分解到原股道	一、四各单独占用一股道
五	三	一（ ）、三（二）、五（四）	分解一、三、五暂合列，一列的车组仍分解到原股道	二、四各单独占用一股道
六	三	1. 五（ ）、四（三）、二（一） 2. 六（四）、三（一）	1. 分解五、四、二暂合列，五列的车组仍分解到原股道； 2. 分解六、三暂合列	一单独占用一股道
六	三	六（ ）、五（四）、三（ ）、二（一）	1. 分解六、五、三、二暂合列，六、三列的车组仍分解到原股道； 2. 重新分解六、三暂合列	一、四各单独占用一股道
六	三	1. 五（四）、三（二）、一（ ） 2. 六（四）、二（一）	1. 分解五、三、一暂合列，一列的车组仍分解到原股道； 2. 分解六、二暂合列	四单独占用一股道
七	三	1. 七（六）、五（四）、三、二、一（ ） 2. 六（五）、三（一）	1. 分解七、五、四、二暂合列，五列的车组仍分解到原股道； 2. 分解六、三暂合列	一单独占用一股道
七	三	1. 七（六）、五（四）、三、二、一（ ） 2. 六（四）、二（一）	1. 分解七、五、三、一暂合列，一列的车组仍分解到原股道； 2. 分解六、二暂合列	四单独占用一股道
八	四	1. 八（七）、六（五）、四（三）二（一） 2. 七（五）、三（一）	1. 分解八、六、四、二暂合列； 2. 分解七、三暂合列	一、五单独占用一股道

知识点 6　取送调车

一、取送调车出现的位置

取送调车向货场、专用线、机务段、车辆段等地点取送车，取送的时机要结合车流的到达情况，以及货车在站停留时间等因素，及时完成。

二、取送调车作业计划

取送调车作业计划也是以调车作业通知单的形式下达，因此，根据阶段计划安排的取送顺序、起止时分、调车场内待送车辆和装卸地点待取车辆停留等情况进行编制，并注意货车或专用线在走行线上的道岔衔接方向以及货场或专用线内有无机车转头设备，从而确定送车时调机连挂位置（牵引或推进），以及选编待送车辆时调机在调车场哪一端作业比较方便。

三、取送调车作业过程

向相关作业地点取送车涉及越区、转场作业，应事先做好联系与防护工作。有关规定如下：

（1）向货场、专用线取送车时，应派调车人员提前检查线路有无障碍物，道岔开通是否正确，大门是否开启，线路两旁货物堆放距离是否符合规定；车列行经道口时，应注意道口看守员的信号，对无人看守道口、曲线地段，应加强瞭望，控制通过速度；行经无扳道员管理的道岔时，调车指挥人应指派调车组其他人员扳道，并执行要道还道制度。

（2）在作业前，应按《站细》规定，联结规定数量的制动软管；使用简易紧急制动阀时，在车列起动前须进行通风试验。

（3）在货场、专用线的线路上取送调车时，没有采取好防溜措施，不得摘开机车。

（4）向轨道衡上取送检衡车时，调车指挥人要严格执行《站细》中有关速度的规定，以确保安全。

（5）在装卸作业未完的线路上取送车时，必须在通过事先联系或取得装卸作业人员的同意后，方可进行取送作业。

【任务实施】

根据案例资料完成乙站30051次、30138次解体调车作业计划编制，30052次编组作业计划编制。（学生自主完成）

典型工作任务 4　中间站调车

知识点 1　中间站车流组织

中间站车流是指中间站进行装卸作业的重空车流，也称为区段管内车流。中间站车流主要靠摘挂列车、小运转、调度机车输送（除直接到达卸车站外）。输送形式有：

（1）普通摘挂列车。

（2）重点摘挂列车配合调度机车（或调车机车）。

（3）分段作业的摘挂列车。

知识点 2　摘挂列车技术作业过程

摘挂列车在中间站主要进行车辆的摘挂调车作业。中间站的设备不同，人员配备及分工也不尽相同，应根据本站具体情况编制摘挂列车技术作业过程，作为对摘挂列车作业的依据。摘挂列车作业程序如下：

一、列车到达前的准备工作

（1）车站值班员应及时向列车调度员了解摘挂列车在本站的甩挂计划和作业时间的要求。

（2）车站站务员或货运员事先检查好待挂车辆，准备好货运单据。

（3）车站值班员据上述情况编制好调车作业计划并向有关人员传达清楚。

（4）助理值班员或调车长根据调车作业计划，提前出动至接车线，指挥列车停于适当地点。

二、列车到达后的作业

1. 传达计划

列车到达停妥后，助理值班员或调车长向司机传达调车作业计划立即开始调车作业。

2. 动车准备

动车前，车站应按规定准备调车进路并确认进路正确。

3. 指挥运行

调车指挥人指挥机车在车站进行摘挂作业。

4. 作业检查

车辆在进入装卸地点前，必须一度停车，待调车人员检查线路、道岔、停留车位置后，方准进入。在车辆连挂好以后，应检查车列通风情况。

5. 摘挂作业

调车人员根据调车作业计划摘挂车辆（需重新摘装列尾装置时，应摘装列尾装置），还应做好车辆的防溜措施。

6. 车辆及票据交接

车站与司机交接车辆及货运票据，修改列车编组顺序表，检查所挂车辆技术状态、编挂位置是否符合规定，车站值班员向前方作业站进行摘车预报。

7. 准备发车及发车

车站发车人员确认发车条件完备后，向司机显示发车信号，督促司机及时动车。

8. 作业后处理

作业完了，应及时将道岔恢复定位，并向车站值班员报告车辆停留位置及防溜措施。

知识点3　摘挂列车调车作业计划的编制

一、编制分工

中间站摘挂列车调车作业计划由车站值班员使用附有车站线路示意图的调车作业通知单进行编制。

二、编制依据

（1）列车调度员下达的摘挂列车摘挂计划，包括摘车数、挂车数、预计列车到达时间及作业要求。

（2）后方站发来的摘车确报，包括摘车数、车种、吨位、品名、收货人、车辆编挂位置。

（3）车站线路占用及现在车分布情况。

（4）装卸劳力、机具、装卸作业进度、货位使用情况。

三、编制要求

要求：钩数少、占用线路少、行程短、带车数少、作业方便，尽可能不占用或穿越正线，避免越出站界调车。

中间站利用本务机调车，调车作业计划使用附有车站线路示意图的调车作业通知单。

四、编制方法

调车作业计划作为布置和传达计划的依据。为使机车乘务员熟悉停留车位置，图中应标明挂车、送车地点、线路容车数。如为电气化铁路，还应标明接触网终端标、区分绝缘器与有关调车信号机或最外方道岔尖轨尖端之间的距离，以便于司机掌握。计划内容包括：摘挂列车车次、调车作业起止时间、作业线路、作业方法、摘挂车数和编制人姓名等。

【例 1.4.1】 B 站线路如图 1.4.2 所示，7 道停有装往甲站的待挂重车 2 辆，40002 次列车在 B 站甩空车 9 辆，其中 4 辆空敞车装棉花，5 辆空棚车装粮食，要求编制 40002 次利用列车机车进行调车作业的计划。

已知 40002 次列车编组内容顺序为：机车甲/1 空 C/4 空 P/5 甲/25。

根据 B 站线路固定使用，列车到达确报和待挂车停留位置，应将 40002 次列车接入靠近货物线的 5 道。列车到达后，列车机车先到货物线 7 道连挂装往甲站的重车 2 辆，然后将空敞车 4 辆送往 7 道装棉花的货位上，再将空棚车 5 辆送往 7 道装粮食的货位上，最后返回 5 道连挂本列。

月　日 <u>40002</u> 次列车　　　　　　计划时间　　时　　分　起/止

股道	容车数		股道	摘挂车数
Ⅰ	70		5	△
Ⅱ	65		7	＋2
3	61		5	＋5
4	65		7	－4 对货位
5	60		5	＋5
7	32		7	－5 对货位
			5	连结
注意事项				

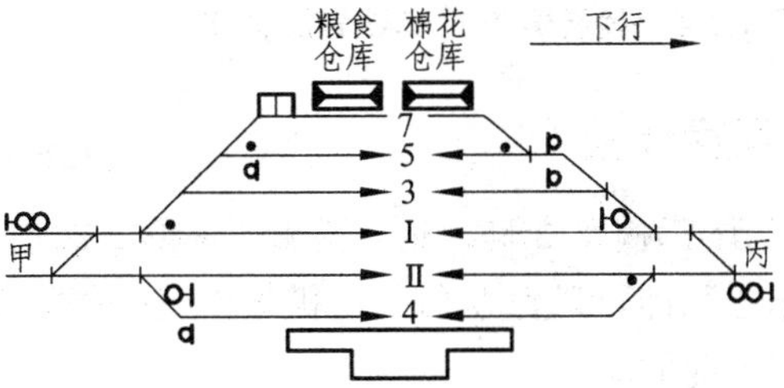

作业方法："＋"挂车，"－"摘车，"△"单机

B 站值班员 ×××（签名）

图 1.4.2　附有示意图的摘挂列车调车作业计划通知单

知识点 4　加速摘挂列车作业的方法

一、选择调车行程短、作业方便的接车线和停车位置

如图 1.4.2 所示，将摘挂列车接入靠近货物线的 5 道，既可缩短调车行程，又可以减少调车作业与接发车进路的干扰。

如图 1.4.3 所示，选择调车行程短、作业方便的停车位置。当摘挂列车编组辆数较少时，将摘挂列车接入 3 道，并指挥列车停于图中所示位置，可以大大缩短调车行程。

如图 1.4.4 所示，当摘挂列车在前部摘车数多于挂车数时，则应指挥列车停于接车线末端警冲标或出站信号机内方位置。这样，可以缩短调车行程。反之，当摘车数少于挂车数时，列车前部或后部应预留挂车多于摘车所增加的距离，以免挂车后列车前部或尾部越过出站信号或警冲标，给发车作业带来困难，延长列车停站时间。

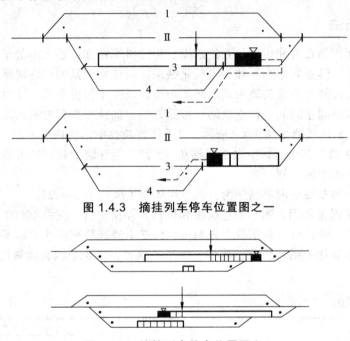

图 1.4.3　摘挂列车停车位置图之一

图 1.4.4　摘挂列车停车位置图之二

二、组织两列摘挂列车互换作业

如图 1.4.5 所示 41001 次列车尾部摘车 2 辆，送 4 道卸，41002 次列车在 4 道挂车 3 辆，挂于列车尾部。组织它们互换作业，即可避免本列车的机车由前部掉头至尾部的作业干扰，减少走行距离，从而能大大压缩作业时间。

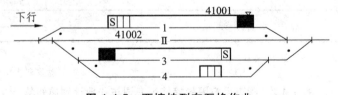

图 1.4.5　两摘挂列车互换作业

三、组织调车机车与列车机车配合作业

在设有调车机车的中间站，组织调车机车与本务机车配合作业，能加速摘挂列车调车作业。

调车机车事先准备待挂车组，在邻线等候，摘挂列车到达后，本务机车负责前部甩车，调车机车在尾部挂车。对摘下的车组，由调车机车负责分送至货物作业地点。

四、减少带车数，避免越出站界调车

调车带车数少，起、停迅速，调车时间减少。以[例 1.4.1]为例，两种调车方案对比见表1.4.10。

表 1.4.10　两种调车方案对比

方案 Ⅰ			方案 Ⅱ		
顺序	股道	摘挂车数	顺序	股道	摘挂车数
1	5	△	1	5	＋5
2	7	＋2	2	3	－4
3	5	＋5	3	5	＋5
4	7	－4 对货位	4	3	－6
5	5	＋5	5	7	＋2
6	7	－5 对货位	6	3	＋10
7	5	连接	7	7	－9 对货位
8			8	5	连接

五、加强车机联控，加速摘挂列车作业，压缩货车停站时间

（1）车站值班员可提前利用列车无线调度通信设备直接向司机预告本站列车的到发计划、站内情况、甩挂计划及接车股道，司机提前做好准备，提高摘挂列车的旅行速度，使摘挂列车尽可能提前或正点赶到作业站进行作业，保证摘挂列车的作业时间，保证作业车按时或提前挂运，压缩停站时间。

（2）调车作业中，调车指挥人利用列车无线调度通信设备指挥调车作业，加强与有关人员的联系，了解其他列车在本站的到发情况，有预见地组织调车作业，可以提高调车作业效率，压缩调车作业时间。

典型工作任务 5　现在车统计

车站工作统计是反映和考核车站工作完成的实绩，作为组织运输生产、分析改进工作和加强经营管理的依据，也是铁路局和全路运输工作统计的基础。统计人员必须认真贯彻执行

《统计法》和《统计法实施细则》，严格按《铁路货车统计规则》（简称《统规》）的有关规定，履行法律法规所赋予的职权，认真细致地工作，确保统计数字及时、准确和完整。

车站工作统计的主要内容包括：现在车统计、装卸车统计和货车停留时间统计等。

车站工作统计的各种报表，均以北京时间为准，采用 18 点结算制，即自昨日 18:00（不含）起至本日 18:00（含）止的 24 h 为统计报告日。各种报表通过网络传输逐级上报。

车站工作统计的各种报表，分别按原部属车、企业自备车和综合填报，本教材按"综合"填报。

现在车是指货车在车站、铁路局或全路某一时刻的现有数及其运用情况。如 18:00 现在车，6:00 现在车等。车站现在车统计是反映车站、铁路局管内以及合资、地方铁路内每日 18 点货车现在数及运用情况，作为日常调度指挥，编制运输工作计划，调整运力配置以及经营管理的依据。

知识点 1 现在车分类

现在车按产权所属分为原部属铁路货车、企业自备货车及内用货车、外国货车。内用货车比照企业自备货车进行统计。

原部属铁路货车是指凡属中国铁路总公司资产，涂有铁路路徽，按中国铁路总公司统一规定涂打车型标记、编号的货车。

企业自备货车是指凡属企业（包括铁路局及下属企业）资产的货车和军方特殊用途货车（车体标明客车基本记号者除外）。其确定方法为：车号左起第一位为"0"，车体标明"×××自备车"到站"×××站"，没有铁路路徽者。

外国货车是指凡属于外国铁路资产的货车。

现在车按运用状况分为运用车和非运用车，分类如图 1.4.6 所示。

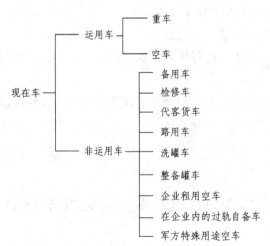

图 1.4.6 现在车按运用状况分类情况

一、运用车

运用车指参加铁路营业运输的原部属铁路货车、企业自备车、内用货车、外国货车，企业租用、军方特殊用途重车。

运用车分为重车和空车。

1. 重　车

（1）实际装有货物并具有货票的货车；

（2）卸车作业未完的货车；

（3）倒装作业未卸完的货车；

（4）以"特殊货车及运送用具回送清单"手续装卸整车回送铁路货车用具（原部属篷布、空集装箱及军用备品等）的货车；

（5）填制货票的游车。

2. 空　车

（1）实际空闲的货车；

（2）装车作业未完的货车；

（3）倒装作业未装完的货车；

（4）运用状态下的机械冷藏车的工作车。

二、非运用车

非运用车指不参加铁路营业运输的原部属货车（包括租出空车）、企业自备内用检修车以及在有专用线、专用铁路内的已获得"过轨运输许可证"的企业自备货车、在站装卸作业企业自备空车、在本企业内的内用空车、军方特殊用途空车和原部属特种用途车。

1. 备用车

备用车指为了保证完成临时紧急任务的需要所储备的技术状态良好的原部属空货车。

（1）备用货车分为特殊备用车、军用备用车、专用货车（包括罐车、冷藏车、集装箱车、矿石车、长大货物车、毒品专用车、家畜车、散装水泥车、散装粮食车、小汽车运输专用车和涂有"专用车"字样的一般货车）备用车和国境、港口备用车。

（2）备用车的备用、解除，必须经中国铁路总公司备用命令批准。

（3）备用车的备用和解除时间：根据中国铁路总公司、铁路局当日调度命令批准，经备用基地检车员检查后，由车站调度员或值班员填写"运用车转变记录（运统6）"并签字的时分起算。

货车转入备用时分不得早于：

① 车站收到调度命令的时分；

② 作业车卸车完了的时分；

③ 到达空车为列车到达技检完了的时分。

备用货车解除时分不得迟于：

① 排空时规定列车开始技检的时分；

② 装车时调入装车地点的时分。

（4）特殊备用车须备满 48 h，其他备用车须备满 24 h，才能解除备用。备用时间不满或无令动用时，自备用时起按运用车统计（因紧急任务需要，经中国铁路总公司批准解除时，不受此项限制）。

（5）备用车必须停放在铁路局指定的备用基地内。港口、国境站备用车必须停放在指定的港口、国境站。凡未停放在指定地点的均不准统计为备用车。

（6）备用车在不同基地间不得转移。根据命令在同一备用基地内转移时，备用时间不连续计算，原存放站及新存放站均需备满规定时间。

（7）不准将重车、租用空车列入备用车。

（8）对违反规定运用备用车时，必须调整运用车数和货车停留时间。

2. 检修车

检修车指定检到期或过期而扣下修理、摘车临修、事故破损、等待报废和回送检修等的部属货车、企业自备货车（由企业铁路车辆工厂、段回送检修的企业自备车除外）。根据车辆部门填发的"车辆检修通知单（车统 23）"统计为检修车。车辆修竣后，根据车辆部门填发的"车辆修竣通知单（车统 36）"，转回运用车。

机械冷藏车列车中的车辆或机械发生故障需要扣留时，应全组填发"车辆检修通知单（车统 23）"，按检修车统计。修竣后，对未修理的车辆，在"车辆修竣通知单（车统 36）"上注明"撤销"字样。

在铁路营业线内的外国货车在运行过程中临时发生故障而摘车临修时，按检修车统计。

整备罐车超过整备规定时间（6 h）继续整备时，从超过时起按检修车统计。

3. 代客货车

代客货车是根据中国铁路总公司命令用以运送人员、行李及包裹的货车。

车站接到命令后，由车站和检车人员在"运用车转变记录（运统 6）"上签字时转入"代客"，使用完了（指卸空，包括备品）时，填制"运用车转变记录（运统 6）"转回运用车。代客空车根据调度命令以客运车次回送时，按代客统计；以货运车次回送时，按挂运凭证（回送清单、调度命令等）实际统计，无挂运凭证按运用车统计。

"代客货车"装载货物填制货票时，自代客或回送到达时起按运用车统计。

行包专列专用货车，不论重车、空车，按代客货车统计，单独列示。

4. 路用车

路用车是为中国铁路总公司批准作为铁路各单位运送非营业运输物资或用于特殊用途的货车，分为特种用途车和其他路用车。

特种用途车指因为路内特殊用途需要专门制造不能装运货物的特种用途车(包括试验车、

发电车、轨道检查车、查衡车、除雪车等）。上述车辆以外的路用车为其他路用车。

（1）经中国铁路总公司批准的"路用车使用证明书"是统计路用车的依据。使用单位应按规定涂打路用车使用标记。路用车只准在批准的使用期限、区段和用途的范围内使用，对违反使用规定的路用车，按运用车统计。

（2）路用车的转变时分自使用单位收到车辆并在"运用车转变记录（运统6）"上签字时起，至使用完了交回车辆并填制"运用车转变记录（运统6）"转回货用车时止，按路用车统计。

（3）路用车装运货物并填制货票，在重车状态下按运用车办理。

（4）防洪备料车。根据中国铁路总公司或铁路局命令为汛期防洪抢险指定储备一定数量防洪备料的重车，在重车储备停留状态下按路用车统计，其他状态按运用车统计。

5. 洗罐车

洗罐车是为进行洗罐的良好罐车。

由洗罐单位填制"车辆装备单（车统24）"送交车站签字时起计算为洗罐车；洗刷完了，由车站人员在"罐车洗刷交接记录单（车统89）"上签字时起转回运用车；企业自备车发生洗罐时，洗罐单位一律填发"企业自备车装备单（车统24Q）"统计为洗罐车，洗刷完了，填发"企业自备车洗刷交接记录单（车统89Q）"转回运用车。为进行检修而洗罐时，应列入检修车内。

由企业自行洗罐，不能执行上述办法时，由铁路局规定平均洗罐时间（最长不得超过4h），自货车送入洗罐交接地点至规定时间止按洗罐车统计。

6. 整备罐车

整备罐车是为在指定地点进行技术整备的整列（成组）固定编组石油直达罐车。在到达整备站时，按运用车统计；送入配属段整备线进行技术整备时，根据车辆部门填发的"车辆装备单（车统24）"送交车站签字时起6h内按整备罐车统计。超过6h车辆部门应填发"车辆检修通知单（车统23）"按检修车统计。整备完了由车站在"检修车辆竣工验收移交记录（车统33并车统36）"上签字时起转回运用车。如固定编组石油直达罐车更换车辆时，须由车辆部门及时通知车站。

7. 企业租用空车

（1）企业租用的部属货车空车。

（2）新造及由国外购置的货车在交付使用前的试运转空车。

（3）部队训练使用的部属货车：

① 使用停留车辆训练，按轴、按日核收使用费时，由交付使用至使用完了交回时止，按企业租用空车统计。

② 在训练期间随同列车挂运核收80%运费时，自列车出发时起至到达时止，对装运物资的货车按运用车统计，运送人员的棚车按"代客"统计。

③ 用铁路机车单独挂运核收机车使用费时，按企业租用空车统计。

（4）出租车及退租车由车站与使用单位在"运用车转变记录（运统6）"上签字时起转入企业租用车或转回运用车。

8. 在本企业内的过轨自备车

在本企业内的过轨自备车是指在本企业专用线、专用铁路内的已获得"过轨运输许可证"的企业自备货车，包括没有（租用）专用线、专用铁路企业的回到过轨站的自备空车以及在车站进行装卸作业的自备空车。在本企业内的内用空车在此项反映。

9. 军方特殊用途空车

军方特殊用途空车指军方用于军事运输等特殊用途的空货车（车体基本记号标明为客车的除外）。

三、企业自备车运用与非运用转变时分的确定

对出入本企业专用线、专用铁路的企业自备车，以将车辆送到交接地点时分为准；在站（包括过轨站）装卸作业的企业自备车，以装卸作业完了时分为准（到达过轨站、装卸作业站的空车自到达时分起转为非运用车）。内用货车以装卸作业完了时分为准。

知识点 2　现在车掌握

现在车掌握是车站工作统计的基础。为确保货车现有数统计的准确性，必须做好以下工作：

一、车　站

（1）车号员对到发列车必须严格执行"列车编组顺序表（运统1）"、货运票据与现车核对制度。安装有车号自动识别系统的车站还应与AEI识别车辆进行核对。对车数、车种、车号、重或空、非运用种别、车辆使用属性等逐级核对，发现错误及时订正。

（2）统计人员应与站调、值班员、车辆段调度或列检值班员等有关人员建立相互核对现在车和检修车制度，并定时与铁路局统计人员逐列核对货车出入数，达到实际数与推定数一致。

（3）各编组站、区段站及较大厂、矿站必须建立"集中掌握、分场管理"或"到、发列车编组顺序表对号销"以及其他有效方法掌握现在车。

（4）对新购货车，车站、车辆段与工厂必须建立交接核对制度。

（5）对企业自备货车的掌握要严格按照"过轨运输许可证"核准的有效期限，建立企业自备车过轨台账，准确地加入或退出。对收回"过轨运输许可证"的车辆由过轨站和存放站根据中国铁路总公司电报核实现车后及时退出。

（6）对内用货车，接轨或交接车站与企业必须建立定期核对、内用货车与一次性过轨货车转换核对制度。

二、铁路局

（1）要认真掌握原部属车与企业自备车、内用货车、新购货车及报废车，出租车及退租车等。

（2）要认真执行"货车动态表（运统11）"掌握货车数的方法。

传统的掌握现在车的方法，是由统计人员运用一定的表格进行手工作业推算和掌握，工作效率较低，准确性亦较差。铁路运输管理信息系统（TMIS）建成后，编组站、区段站及主要中间站利用该系统，实现了掌握现在车自动化。有关人员可通过系统终端随时了解、掌握和调用车站现在车信息。

知识点3　现在车统计

货车出入数是平衡货车现有数和统计现在车及计算货车停留时间的依据。

一、车站出入的货车

1. 随同列车（包括单机、轨道车，下同）出入的货车

（1）分界站统计由邻局、国外、新线及地方铁路、合资铁路接入以及向其交出的货车。

（2）技术站统计列车运行图规定在该站进行列车编解或有中转技术作业（指更换机车、换机车乘务员或进行列车车辆技术检查，下同）列车上的货车。

如列车运行图规定在该站有中转技术作业的列车临时变为通过时，不计算货车出入；但列车在枢纽地区临时变更发、到站所经过的技术站发生中转技术作业时，计算货车出入；运行图未规定有中转技术作业的列车，虽有停站时间或临时停车，均不计算货车出入。

一站多场的车站，18:00 运输统计报告仍按一个车站统计上报；对场与场间因货车转场或取送作业开行的列车，均不计算货车出入。

（3）中间站统计实际摘挂的货车以及始发、终到或停运列车上的货车。

中间站始发、终到的列车不包括在中间站临时更换机车或变更车次继续运行的列车。

停运列车是指列车未到达运行区段终止站，也未到达整列货车装卸作业站而在中间站停运并摘走机车的列车（因自然灾害、事故等机车不能摘走，根据调度命令可视同机车摘走）。

中间站利用列车停站时间进行装卸作业的货车，不论是否摘挂，均计算货车出入。

此外，办理货运手续站对于区间装卸的货车，不论是否经过本站，均统计货车出入。

（4）货车出入时刻。随同列车出入的货车出入时刻（包括分界站出入时刻），以列车到、发时刻为准。但区间装卸的货车出入时刻，按"区间装卸作业统计"的规定，有所不同。其主要不同点是：

① 办理货运手续站（本站）按调车作业调入区间（一般开行单机或路用列车车次），装卸完了调往邻站时，以到达邻站的时分为出；邻站按调车作业调入区间时，邻站出发时分为本站的入，装卸完了调往邻站时，以到达邻站的时分为本站的出。

② 随同货物列车由本站进入区间装卸时，以列车出发或通过时分为本站的入和出；随同货物列车由邻站进入区间装卸，装卸完了经过本站继续运行时，以列车到达或通过时分为本站的入和出。

2. 不随同列车出入的货车

（1）新购入的货车：由车站在"新造车辆移交记录单（车统13）"上签字时起加入。

（2）报废车：根据原铁道部批准的"货车报废记录单（车统 3）"，车站由接到统计部门或车辆部门通知的时分起剔出。

（3）根据原铁道部命令拨交其他部门或由其他部门拨交铁路的货车：以双方在"车辆资产移交记录（车统70）"上签字时起分别计算转出或转入。

（4）企业自备车的加入、退出：由办理该企业自备车过轨车站根据收到的原铁道部批复电报，将车辆送到指定交接地点时起为加入或退出。

二、综合统计表

货车出入及停留时间综合统计表，由"货车出入登记簿（运统4）"和"非号码制货车停留时间登记簿（运统9）"综合而成，与"货车出入登记簿（运统4）"有相似的格式与同等的功能。乙站的综合统计表格式见表1.4.11、表1.4.12。

综合统计表是编组站、区段站及大量装卸站登记货车出入情况、统计货车停留时间，作为编制"现在车报表（运报-2）"和"货车停留时间报表（运报-4）"的资料，同样可以作为分界站编制"分界站货车出入报表（运报-1）"的资料。由车站根据到、发"列车编组顺序表（运统1）"、"行车日志（运统2、3）"、"检修车登记簿（运统5）"、"运用车转变记录（运统6）"、"非运用车登记簿（运统7）"以及"备用车登记簿（运统7-A）"等资料进行登记。

现以"乙站货车出入及停留时间综合统计表"为例阐述其填记方法：

（1）出入（1 栏）。一般每日（班）分别出入各填一张表，简称"入表"和"出表"，为简便起见，这里将"入表"和"出表"综合在一起。

（2）昨日结存车数。将昨日（上班）各项结存车数移入当日（本班）的"昨日结存车数"行的相应栏内。

（3）车次（2 栏）。根据"列车编组顺序表（运统1）"填记到发列车车次。一般按列车到发时刻顺序填记，若方向和列车较多，可分方向填记。对不随同列车出入的货车填记出入的种别，如"新购入货车""企业自备车加入（或退出）""报废车"等；运用车与非运用车之间的转入转出，不计算车站货车的出入。不计算车站出入的货车亦在本栏填其出入的种别，如"扣修""修竣""列备""解备""租用""退租"等。

表 1.4.11 乙站货车出入及停留时间综合统计表（第 1 班）

2006 年 3 月 18 日夜班（18:01—6:00）

出入	车次	到发时刻	标准换算小时	合计 车数	合计 换算车小时	其中 货物作业车 车数	换算车小时	有调中转车 车数	换算车小时	无调中转车 车数	换算车小时	非运用车 车数	换算车小时	运用 计	棚车	敞车	平车	毒品车
1	2	3	4	5	6	7	8	9	10	11	12	13	14	15	16	17	18	19
昨日结存车数				181		59		110				12		150	16	121	5	
入 30051	30051	18:20	11.7	56	655.2	10	117.0	46	538.2					56	21	35		
	20110	18:58	11.0	56	616.0					56	616.0			56	20	30	6	
	30138	20:10	9.8	55	539.0			53	519.4			2	19.6	53	31	20		
	20109	20:35	9.4	56	526.4					56	526.4			54		24		
	30053	21:05	8.9	55	489.5	10	89.0	45	400.5					55	10	39	6	
	20111	22:00	8.0	56	448.0					56	448.0			56	21	20		
	41002	22:10	7.8	35	273.0	7	54.6	28	218.4					30	12	18		
	扣修	21:30	8.5	④	34.0							④	34.0					
	解备	0:00	6.0	⑩	60.0			⑩	60.0									
本班入合计				898	5 454.8	60	341.0	390⑩	2 362.8	446	2697.4	2④	53.6	889	271	519	42	
出	40112	18:25	11.6	43	498.8	10	116.0	33	382.8					43	10	28	5	
	30101	19:15	10.8	50	540.0	5	54.0	45	486.0					50	14	36		
	20110	19:48	10.2	56	571.2					56	571.2			56	20	30	6	
	30103	20:45	9.3	56	520.8	10	93.0	46	427.8					56	20	36		
	20109	21:25	8.6	56	481.6					56	481.6			54		24		
	30052	22:25	7.6	56	425.6					56	425.6			56	25	31		
	20111	22:45	7.3	56	408.8					56	408.8			56	21	20		
	扣修	21:30	8.5	④	34.0	①	8.5	③	25.5					④		④		
	解备	0:00	6.0	⑩	60.0							⑩	60.0	⑩		60.0		
本班出合计				814	4 917.8	①69	364.5	③353	2 141.4	392	2 351.9	⑩	60.0	792②	226	483④	28	
结算 6:00 结存车数				265		49		154		54		8		239	71	139	19	
本班停留车数或车小时					2 709.0		684.5	372	1 541.4	419	345.5		137.6					

续表 1.4.11

重车							运用空车												非运用车												记事
罐车	其中			冷藏车	集装箱车	其他	计	棚车	敞车	平车	毒品车	罐车	其中			冷藏车	集装箱车	其他	计	棚车	敞车	平车	毒品车	罐车	其中			冷藏车	集装箱车	其他	记事
罐车	轻油	粘油	其他	冷藏车	集装箱车	其他	计	棚车	敞车	平车	毒品车	罐车	轻油	粘油	其他	冷藏车	集装箱车	其他	计	棚车	敞车	平车	毒品车	罐车	轻油	粘油	其他	冷藏车	集装箱车	其他	
20	21	22	23	24	25	26	27	28	29	30	31	32	33	34	35	36	37	38	39	40	41	42	43	44	45	46	47	48	49	50	51
8	8						19	10	9										12	12											
					2														2	2											
30	30						2										2														
15	15																														
							5	2	3																						
																			④	④											
							⑩		⑩																						
55	55				2		7 ⑩	2	3 ⑩								2		2 ④	2	④										
30	30						2										2														
15	15																														
																			⑩		⑩										
55	55						22		20								2		⑩		⑩										
8	8				2		18	2	16										8	2	6										

116

表 1.4.12　乙站货车出入及停留时间综合统计表（第 2 班）

2006 年 3 月 19 日白班（6:01—18:00）

出入	车次	到发时刻	标准换算小时	合计		其中 货物作业车		有调中转车		无调中转车		非运用车		运用 计	棚车	敞车	平车	毒品车
				车数	换算车小时	车数	换算车小时	车数	换算车小时	车数	换算车小时	车数	换算车小时	计				
1	2	3	4	5	6	7	8	9	10	11	12	13	14	15	16	17	18	19
	昨日结存车数			265		49		154		54		8		239	71	139	19	
入	40111	6:01	12.0	32	384.0	8	96.0	24	288.0					32	7	20	5	
	20117	6:35	11.4	56	638.4					56	638.4			56	26	30		
	40102	7:25	10.6	36	381.6	6	63.6	30	318.0					36	6	30		
	20119	8:30	9.5	55	522.5					53	503.5	2	19.0	53	9	38	6	
	30059	9:20	8.7	56	487.2	11	95.7	45	391.5					56	21	35		
	30146	10:24	7.6	55	418.0	5	38.0	50	380.0					40		40		
	自备车加入	12:00	6.0	（5）	30.0			（5）	30.0									
	修竣	12:30	5.5	②	11.0			②	11.0					②		②		
	本班入合计			836（5）	4 964.4	38	317.1	364（5）	2 104.7	432	2 523.6	2	19.0	750②	209	496②	25	
出	20116	6:05	11.9	54	642.6					54	642.6			54	10	40	4	
	20117	7:30	10.5	56	588.0					56	588.0			56	26	30		
	30056	9:37	8.4	56	470.4	12	100.8	44	369.6					51	10	31	10	
	20119	9:55	8.1	55	445.5					53	429.3	2	16.2	53	9?	38	6	
	30137	10:22	7.6	55	418.0	8	60.8	47	357.2					53	28	25		
	30058	11:10	6.8	56	380.8			56	380.8					56	17	29		
	修竣	12:30	5.5	②	11.0							②	11.0					
	本班出合计			851	4 655.9	30	206.0	389	2 099.1	430	2 323.6	2②	27.2	783	235	528	20	
结算	18:00 结存车数			255		57		136		56		6		187	28	105	24	
	本班停留车数或车小时				3488.5		699.1	379	1853.6	431	848.0		87.8					
	全日到（入）合计			1734（5）		98		754（3）		878		4						
	全日发（出）合计			1665		99		742		822		2						
	全日停留车数或车小时				6 197.5		1 383.6	751	3 395.0	850	1 193.5		225.4					

117

续表 1.4.12

重车							运用空车												非运用车												记事
罐车	其中			冷藏车	集装箱车	其他	计	棚车	散车	平车	毒品车	罐车	其中			冷藏车	集装箱车	其他	计	棚车	散车	平车	毒品车	罐车	其中			冷藏车	集装箱车	其他	
	轻油	粘油	其他										轻油	粘油	其他										轻油	粘油	其他				
20	21	22	23	24	25	26	27	28	29	30	31	32	33	34	35	36	37	38	39	40	41	42	43	44	45	46	47	48	49	50	51
8	8					2	18	2	16										8	2	6										
																			2		2		2								
							15	5	10																						
							(5)		(5)																						
20	20						84	10	20			54	54						2		2		2								
							(5)		(5)																						
							5		5																						
																			2		2		2								
							2	2																							
																			②		②										
							66	2	10			54	54						2 ②		②			2				2			
28	28					2	62	27	35										6	2	4										

（4）到发时刻（3栏）。根据"行车日志（运统 2、3）"填记。不随同列车出入的货车及转入转出的货车，按车站确定的时间填记其出入时刻。

（5）标准换算小时（4栏）。将列车到、发或转出、转入的实际时分按采用的结算制和换算方法换算为十进位的小时填记。

结算制有 1 h、3 h、6 h、12 h 结算制等多种，换算方法有正算法和逆算法两种。多数车站采用逆算法，在 TMIS 系统中采用逆算法 1 h 结算制。为减少结算工作量，尽可能减少结算的次数，本教材举例采用逆算法 12 h 结算制。

逆算法各结算制的标准换算小时，是将货车自到达、出发或转入、转出的时分起至本结算阶段（1 h、3 h、6 h、12 h）末时分止的实际时间换算成十进位小时数。例如，30051 次 18:20 到，若采用 1 h 结算制时，将 18:20—19:00 的实际分钟数（40 min）换算成十进位小时数，即为 0.7 h；若采用 12 h 结算制时，将 18:20—6:00 的实际时分数换算成十进位小时数，即为 11.7 h；其余结算制类推。在实际工作中，逆算法各结算制的标准换算小时，保留一位小数，小数部分可直接查用换算表。逆算十进位小时换算表见表 1.4.13。

表 1.4.13　逆算十进位小时换算表

实际入出分数	1~3	4~9	10~15	16~21	22~27	28~33	34~39	40~45	46~51	52~57	58~60
十进位小时	1.0	0.9	0.8	0.7	0.6	0.5	0.4	0.3	0.2	0.1	0

（6）出入的货车（5~50 有关车数栏）。凡计算车站出入的货车，根据到发列车编组顺序表（运统 1）等有关资料分出各作业性质别、运用别、重空别、车种别的车数，分别填记在各有关车数栏内。对不随同列车出入的货车，车数用小括号括上，以示区别。

对于不计算车站出入车数的转出、转入货车按下列方法填记：

① 非运用车转回运用的货车，按转入非运用前的作业种别填记，但进行装卸车时，必须转入作业车（包括解除备用时间不满的货车）；到达的非运用车和由运用车转非运用、非运用转回运用车前后作业种别不同时，则按转回运用的实际作业种别填记。

② 按出入的种别，在"出表"各有关栏内填记"转出"的车数；同时在"入表"各有关栏内填记"转入"的车数。

③ 为了区别于计算车站出入的货车，转出、转入的车数用圆圈圈上。

例如，21:30 扣修重敞车 4 辆（其中作业车 1 辆，有调中转 3 辆），应分别在"入表"的合计车数（5 栏）、非运用车数（13 栏）、非运用车合计及敞车栏（39、41 栏）分别填记转入 4 辆；同时，在"出表"的合计车数（5 栏）、运用重车计及敞车栏（15、17 栏）分别填记转出 4 辆，在"出表"的货物作业车数（7 栏）填记转出 1 辆、有调中转车数（9 栏）填记转出 3 辆。

（7）各换算车小时（6、8、10、12、14栏）。以标准换算小时（4栏）分别乘各栏（5、7、9、11、13 栏）的车数，即得各栏换算车小时。

（8）合计。按采用的结算制，分别将本班（阶段）内出入的各项车数及换算车小时加总，并分出其中随同列车出入和不随同列车出入的货车合计数。对于不计算车站出入车数的"转出""转入"车数（即表中用圈圈上的车数），亦需单独合计，作为结算各种性质结存车的依据。

（9）结算。将第 1 班和第 2 班各到、发车数相加，即得全日各到、发车数，作为计算有调、无调、中转车数和填报"现在车报表（运报-2）"的依据。6:00（18:00）结存车数按下列方法结算。

① 第5、7、9、11、13栏及第39～50栏按下式结算：

6:00（18:00）结存车数＝昨日（上班）结存车数＋本班入合计－本班出合计（车）

式中，"入合计"及"出合计"除第5栏外，其他各栏均包括不计算车站出入车数的"转出""转入"车数（即表中用圈圈上的车数），下同。

② 运用重车（15～26栏）按下式结算：

6:00（18:00）结存车数＝昨日（上班）结存车数＋本班入合计－本班出合计＋本班装车合计－本班卸车合计（车）

③ 运用空车（27～38栏）按下式结算：

6:00（18:00）结存车数＝昨日（上班）结存车数＋本班入合计－本班出合计＋本班卸车合计-本班装车合计（车）

例如，乙站3月19日第1班卸空车数为45车（P10、C35），装车数为41车（P20、C21）；第2班卸空车数为55车（P17、C33、N5），装车数为34车（C29、N5），则3月19日6:00、18:00运用重车、运用空车结存车数结算结果见表1.4.10、表1.4.11。

其他"结算"栏的结算方法，详见本项目任务7"非号码制统计方法"。

三、现在车报表

现在车报表（运报-2）用于统计车站每日18:00当时货车按运用别、重空别、车种别的现在车数，并通过网络传输上报铁路局。其格式见表1.4.13。

编制现在车报表的原始资料除"综合统计表"或"车号自动识别系统"外，还有"检修车登记簿（运统5）""运用车转变记录（运统6）""非运用车登记簿（运统7）""部备用车登记簿（运统7-A）""新造车辆移交记录（车流13）""装卸车清单""车辆报废和企业自备及租用车的加入和退出通知书"等有关资料。按日历顺序，于每日18:00编报一次。编制方法如下：

（1）昨日结存（1栏）。填记昨日第10栏的现在车合计数。

（2）到达（2栏）。填记当日"综合统计表"中随同列车到达车站的货车总数。

（3）新购货车（3栏）及报废车（7栏）。分别填记当日新购入及报废的货车。

（4）新合同加入企业自备车（4栏）及退出企业自备车（8栏）。分别按新合同批准过轨的企业自备车及合同到期退出企业自备车数填记。

（5）其他（5、9栏）。填报当日其他部门拨交铁路（5栏）或铁路拨交其他部门（9栏）的货车数。

第3、4、5、7、8、9栏的车数，可按当日"综合统计表"中不随同列车出入车站的相应货车数填报。例如，乙站3月19日"综合统计表"中企业自备车加入合计5辆，填记在运报-2第4栏。

（6）发出（6栏）。填记当日"综合统计表"中随同列车发出的货车总数。

（7）现在车合计（10栏）。填记当日18:00当时现在车合计数：

现在车合计（10栏）＝运用车合计（11栏）＋非运用车合计（36栏）（车）

或 现在车合计（10栏）＝昨日结存（1栏）＋入各栏之和－出各栏之和（车）

（8）运用车合计（11栏）。填记当日18:00当时运用车合计数：

运用车合计（11栏）＝重车计（12栏）＋空车计（24栏）（车）

或 运用车合计（11栏）＝昨日结存（昨日11栏）＋到达＋转入－发出－转出（车）

（9）重车计、空车计及其车种别车数（12~35各栏）。填记当日18:00当时重空车数及各车种别车数，即按当日"综合统计表"中"18:00结存车数"行第15~38栏的结算结果填记。

（10）非运用车计及其车种别、非运用车种类别车数（36~56各栏）。根据当日"综合统计表"中"18:00结存车数"行第39~50栏的结算结果及"非运用车登记簿（运统7）"等有关资料，按非运用车种类别分出后进行填报。

例如，乙站3月18日18:00现在车情况见表1.4.13，其中非运用车12车为备用空敞车10车、在本企业内的过轨自备车（敞车）2车；18日21:30扣修重敞车4车；19日0:00解除备用空敞车10车；19日12:00按新合同加入企业自备车5车；19日12:30修竣重敞车2车；19日第1班卸空45车（P10、C35），装完41车（P20、C21），第2班卸空55车（P17、C33、N5），装完34车（C29、N5）；"综合统计表"资料摘录见表1.4.10、表1.4.11，其中30138次到达的非运用车2辆为企业租用空棚车。根据上述资料及方法，可编制乙站3月19日现在车报表（运报-2），见表1.4.14。

表1.4.14　乙站现在车报表（运报-2）

局名或月日	现在车										运用车																	
	昨日结存	入				出				现在车合计	运用车合计	重车												空车				
		到达	新购货车	新企业合同自备车加入车	其他	发出	报废车	退出自备车企业业	其他			计	调车	敞车	平车	毒品车	罐车	其中			冷藏车	集装箱车	其他	计	棚车	载车	平车	毒品车
																		轻油	粘油	其他								
	1	2	3	4	5	6	7	8	9	10	11	12	13	14	15	16	17	18	19	20	21	22	23	24	25	26	27	28
3.18	155	1704				1678					181	169	150	16	121	5		8	8					19	10	9		
3.19	181	1734		5		1665					255	249	187	28	105	24		28	28				2	62	27	35		

局名或月日	运用车						非运用车																					
	空车						非运用车计	备用车											检修车	代客货车	路用车	洗罐车	整备罐车	租用空车	在过本轨企自业备内车车的	军用方途特殊空车		
	罐车	其中			冷藏车	集装箱车	其他		计	棚车	敞车	平车	毒品车	罐车	其中			冷藏车	集装箱车	其他								
		轻油	粘油	其他											轻油	粘油	其他											
	29	30	31	32	33	34	35	36	37	38	39	40	41	42	43	44	45	46	47	48	49	50	51	52	53	54	55	56
							12		10																	2		
							6														2					2	2	

知识点 4　18:00 现在重车去向报表

18:00 现在重车去向报表（运报-3）反映 18:00 当时管内重车及移交重车去向，作为铁路局组织卸车和掌握重车流向的依据。车站每日根据 18:00 点当时运用重车货票和列车编组顺序表（运统1）或其他货运单据上所记载的到站进行编制，并通过网络传输上报铁路局，其格式见表 1.4.15。

表 1.4.15　乙站 18:00 现在重车去向报表（运报-3）

局名或月日	自局管内卸车						移交外局车数								合计重车数
	车数	其中					甲局	丙局	丁局	戊局	庚局	辛局	……	移交重车合计	
		棚车	散车	平车	罐车	其他									
3.18	65	13	43	5		4	21	25	18	8	5	8		85	150
3.19	79	18	51		8	2	19	21	20	5	13	30		108	187

编制说明：

（1）整车分卸、多站整装零担车，按最终到站所属局统计。

（2）对到达国外、新线、合资铁路、地方铁路的重车，按所到达分界站（无分界站时为交接站）所属局统计。

（3）水陆联运的重车，按到达第一港口车站所属局径路统计。

（4）到达本局管内的重车，经由邻局运送时，按到达邻局统计。

（5）重车到站不明时，按到达列车运行方向前方编组站径路统计。

（6）本表合计重车数应与现在车报表（运报-2）运用重车（12栏）数字一致。

【任务实施】

根据案例资料，教师与学生共同完成表 4.10 的填记。

典型工作任务 6　装卸车统计

装卸统计是反映铁路完成的货车装卸作业和货运量情况，据以考核经营业绩，为改善运输组织，改进货物运输工作提供统计信息和资料。

知识点 1　装车数统计

凡在铁路货运营业站填制货票并承运，以运用车运送货物的装车，均统计为装车数。

一、整车货物

（1）由营业站承运的装车；

（2）港口站的装车及不同轨距联轨站换装货物的装车；

（3）填制货票的游车；

（4）填制货票免费回送货主的货车用具和加固材料的整车装车；

（5）按80%核收运费的企业自备车，企业租用车和路用车的装车（按轴公里计费的除外）。

（6）填制货票核收运费的站内搬运的装车。

二、整装零担货物

在装车站装载的一站直达整零的装车或在装车站装载自站发送货物占全部货物重量一半及其以上的装车。

三、集装箱货物

整车集装箱在装车站装载自站发送集装箱其换算箱数占全部换算箱数一半及以上的装车。换算箱数按表1.4.16计算。

表 1.4.16　集装箱技术参数表

集装箱类型	自重（t）	载重（t）	换算箱数
1 t 箱	0.2	0.8	0.1
6（5）t 箱	0.9	5.1	0.5
10 t 箱	1.6	8.4	1.0
20 ft 箱	2.4	21.6	2.0
40 ft 箱	3.7	26.8	4.0

四、国家铁路运输企业、合资铁路、地方铁路装车数的计算

1. 国家铁路运输企业

在国家铁路运输企业车站自站的装车（包括在国家铁路运输企业分界站、接轨站制票运往合资、地方铁路的装车）统计为承运装车数。

由非国家铁路控股合资铁路（以下简称非控股铁路）、地方铁路、国境接入并填制货票的重车或换装货物的装车（不包括通过合资、地方铁路运输的重车及到达分界站或接轨站卸车的重车）统计为交换装车数。

2. 合资铁路

1）管内装车数（包括装往国铁分界站、接轨站卸车的装车）

（1）原部属铁路货车：使用原部属铁路货车在合资铁路管内自装自卸所产生的装车。

（2）企业自备货车：使用企业自备货车在合资铁路管内自装自卸所产生的装车。

（3）内用货车：使用内用货车，并填制正式货票（国家铁路货票或地方税务部门监制的

票据）在合资铁路管内自装自卸所产生的装车。

2）输出装车数

与全路办理一票直通货物运输的合资铁路自管内装往国家铁路或其他合资、地方铁路所产生的装车。

3. 地方铁路

1）管内装车（包括装往国铁分界站或接轨站卸车的装车）

（1）原部属铁路货车：使用原部属铁路货车在地方铁路管内自装自卸所产生的装车。

（2）企业自备货车：使用企业自备货车在地方铁路管内自装自卸所产生的装车。

（3）内用货车：使用内用货车，并填制正式货票（国家铁路货票或地方税务部门监制的票据）在地方铁路管内自装自卸所产生的装车。

2）输出装车数

与全路办理一票直通货物运输的地方铁路自管内装往国家铁路或其他合资、地方铁路所产生的装车。

3）交换装车数

由国家铁路运输企业、合资铁路或其他地方铁路接入或通过并填制货票的重车统计为交换装车数。

知识点 2 卸车数统计

凡填制货票以运用车运送，到达铁路货运营业站的卸车，均统计为卸车数。

一、整车货物

（1）到达营业站货物的卸车；

（2）港口站的卸车及不同轨距联轨站换装货物的卸车；

（3）填制货票的游车；

（4）填制货票免费回送货主的货车用具和加固材料的整车卸车；

（5）按 80% 核收运费的企业自备车、企业租用车和路用车的卸车（按轴公里计费的除外）；

（6）填制货票核收运费的站内搬运的卸车。

二、整装零担货物

在终到站到达的一站直达整零的卸车或在终到站到达自站货物占全部货物重量一半及以上的卸车。

三、集装箱货物

整车集装箱在终到站到达自站集装箱其换算箱数占全部换算箱数一半及以上的卸车。

四、国家铁路运输企业、合资铁路、地方铁路卸车数的计算

1. 国家铁路运输企业

在国家铁路运输企业营业站的卸车，包括由合资铁路、地方铁路、国境接入到达分界站（接轨站）的卸车。

2. 合资铁路

1）管内卸车数（不包括管内装车到达国铁分界站或接轨站的卸车）

（1）部属铁路货车：使用原部属铁路货车在合资铁路管内自装自卸所产生的卸车。

（2）企业自备货车：使用企业自备货车在合资铁路管内自装自卸所产生的卸车。

（3）内用货车：使用内用货车并填制正式货票（国家铁路货票或地方税务部门监制的票据）在合资铁路管内自装自卸所产生的卸车。

2）输入卸车数

由国家铁路运输企业或其他合资铁路、地方铁路与合资铁路办理一票直通货物运输的重车到达本合资铁路管内的卸车。

3. 地方铁路

1）管内卸车（不包括管内装车到达国铁分界站或接轨站的卸车）

（1）原部属铁路货车：使用原部属铁路货车在地方铁路管内自装自卸所产生的卸车。

（2）企业自备货车：使用企业自备货车在地方铁路管内自装自卸所产生的卸车。

（3）内用货车：使用内用货车并填制正式货票（国家铁路货票或地方税务部门监制的票据）在地方铁路管内自装自卸所产生的卸车。

2）输入卸车数

由国家铁路运输企业或其他合资、地方铁路与本地方铁路办理一票直通货物运输的重车到达本地方铁路管内的卸车。

五、待卸车数

凡到达铁路营业站的重车在本统计报告日内实际尚未卸完的，均统计为待卸车数。

知识点 3 增加使用车和增加卸空车的计算

增加使用车、增加卸空车为车站因装卸中转零担货物、铁路货车用具，或货物倒装等而使用或卸空的车辆。除以下规定外，一律不得统计增加使用车和增加卸空车。

一、整装零担车

（1）在装车站装载中转货物超过全部货物重量一半的装车按增加使用车计算；

（2）在终到站到达中转货物超过全部货物重量一半的卸车按增加卸空车计算。

二、集装箱车

（1）在装车站装载中转集装箱，其换算箱数超过全部换算箱数一半的装车按增加使用车计算；

（2）在终到站到达中转集装箱，其换算箱数超过全部换算箱数一半的卸车按增加卸空车计算。

三、铁路货车用具

整车装运铁路货车用具（篷布、空集装箱及军用备品等）的装卸按增加使用车或增加卸空车计算。

四、倒装作业

运用重车在运送途中发生倒装作业（不包括装载整理）的计算：

（1）一车倒装两车时计算增加使用车一辆，两车倒装一车时计算增加卸空车一辆；

（2）当日卸车后不能当日装车时，当日计算增加卸空车一辆，再装车时可再计算增加使用车一辆；

（3）当日一车倒装一车时不计算增加使用车和增加卸空车数。

知识点4　装卸作业次数的计算

装卸作业次数为车站在一定时期内所完成的装车、卸车作业及其他货车作业的总次数。

（1）凡计算装卸车数的均计算作业次数。

（2）货物倒装车、整车装卸铁路货车用具和按增加使用车及增加卸空车计算的整装零担车、整装集装箱，均按实际作业车数计算作业次数。整车货物倒装全部卸空后，又原车装运时，按两次作业计算。

（3）整车分卸的货车在运送途中站进行装卸时，按一次作业计算。

知识点5　装卸作业完了时分的确定

（1）原部属铁路货车装卸作业完了时分的确定。

① 在站线上或按规定以铁路机车取送（或牵引）在专用线内的装车，以装车作业完了填妥货票（整装零担车、整装集装箱车为填制"货车装载清单"）的时分为准；卸车以卸车作业完了时分为准。

② 按规定以企业机车取送在企业专用线内的装车，以装车作业完了将货车送到双方指定交接地点，交接完了并填妥货票时分为准；卸车以卸车作业完了将货车送到交接地点，交接

完了的时分为准；双重作业车以装车作业完了送到交接地点填妥货票时作为装卸车完了的时分（能确定卸车完了时分的车站，可由铁路局规定采用卸车作业完了时分）为准。

（2）企业自备货车及企业租用车装卸作业完了时分的确定。

① 装车：以装车作业完了并填妥货票时为准，有规定交接地点时须以到达交接地点时分为准。

② 卸车：以卸车作业完了为准，有规定交接地点须以到达交接地点时分为准。

（3）按80%核收运费的路用车装卸作业完了时分的确定。

比照企业自备货车、企业租用车及内用货车装卸作业完了时分的确定。

（4）在国境分界站不进行倒装的货车，装车以交接完了并填妥货票时分为准；卸车以交出时分为准；倒装货车的装卸，以倒装作业完了时分为准（装车须填妥货票）。

（5）在口岸站、不同轨距联轨站倒装的货车，装车以装车作业完了填妥货票时分为准，卸车以卸车作业完了时分为准。

知识点6　不计算装卸车数和作业次数的货车

（1）各种非运用车的装卸（按一般货运手续办理的装车应转为运用车）；

（2）变更到站的重车；

（3）不论是否摘下而进行货物装载整理的货车；

（4）在本企业专用线内或不经过铁路营业线的两个企业间搬运货物的装卸。

知识点7　货物发送吨数

货物发送吨数为铁路区域或车站在一定时期内装车所完成的货物吨数，执行《铁路货物运输统计规则》规定。

（1）凡车站承运的货物均根据货票统计承运发送吨数。整车货物以装车作业完了并填妥货票时分统计；零担和集装箱货物按"装卸车清单（货统2）"为依据，以整车作业完了时分统计。

（2）货物发送吨数根据货票记载的货物实际重量计算，无货物重量按计费重量计算。填制货票的游车不再计算重量。

【任务实施】

请根据案例资料，确定乙站3月18日第一班中装卸作业次数。

典型工作任务7　货车停留时间统计

货车停留时间统计是反映车站运用车货物作业和中转作业停留时间完成情况，作为检查、分析和改善车站运输组织工作，提高货车运用效率的依据。

凡计算车站出入的运用车，均应统计货车停留时间。但在中间站利用列车停站时间进行装卸，装卸完了仍随原列车继续运行时（称为"不摘车装卸作业"），只统计货车的作业次数，不统计货车的停留时间。

知识点1　货车停留时间分类及其计算

货车停留时间是指货车由到达（或加入等）时起，至发出（或退出等）时止的全部停留时间（不包括其中转入非运用的停留时间）。

一、分　类

货车停留时间按作业性质分为货物作业停留时间和中转作业停留时间两种。

1. 货物作业停留时间

货物作业停留时间为货物作业车在站线（包括区间，下同）及专用线（包括铁路的厂、段管线，下同）内进行装、卸、倒装作业所停留的时间。

车站主要统计一次货物作业平均停留时间。有的车站还将货物作业车按下列过程统计停留时间：

（1）入线前停留时间，指由货车到达车站时起至送到装卸地点时止的停留时间，以及双重货物作业货车由卸车完了时起至调移到另一装车地点时止的时间。

入线前停留时间的长短，主要取决于列车到达作业、解体作业和送车作业的效率。这一过程的工作，主要由车站运转部门负责组织进行。

（2）站线（专用线）作业停留时间，指由货车送到站线（专用线）装卸地点时起至装卸作业完了时止的时间。

站线（专用线）作业停留时间的长短，主要取决于车站（专用线）组织装卸作业的效率。这一过程的工作，主要由车站（专用线）货运部门、装卸部门负责组织进行。

（3）出线后停留时间，指由货车装卸作业完了时起至发出时止的时间。

出线后停留时间的长短取决于取车、集结、编组和出发等技术作业的效率。这一过程也是由车站运转部门负责组织进行。

2. 中转作业停留时间

中转作业停留时间为中转车在车站进行解体、改编及其他中转作业所停留的时间。

按中转作业性质，中转作业停留时间分为无调中转停留时间和有调中转停留时间两种。中转车平均停留时间为无调中转车与有调中转车停留时间的加权平均值。车站主要统计中转车平均停留时间。

二、计算公式

1. 一次货物作业平均停留时间（$t_{货}$）

$$t_{货} = \frac{\sum Nt_{货车}}{u_{装} + u_{卸}} \quad （\text{h}）$$

（1-4-1）

式中 $\sum Nt_{货车}$——当日（本班）本站货物作业车的总停留车小时，车·h；

     $u_{装}$、$u_{卸}$——当日（本班）完成的装车、卸车作业总次数。

2. 有调中转车平均停留时间（$t_{有}$）

$$t_{有} = \frac{\sum Nt_{有}}{\sum N_{有}} \quad （\text{h}）$$

（1-4-2）

式中 $\sum Nt_{有}$——当日（本班）有调中转车的总停留车小时，车·h；

     $\sum N_{有}$——当日（本班）有调中转车总数，车。

3. 无调中转车平均停留时间（$t_{无}$）

$$t_{无} = \frac{\sum Nt_{无}}{\sum N_{无}} \quad （\text{h}）$$

（1-4-3）

式中 $\sum Nt_{无}$——当日（本班）无调中转车的总停留车小时，车·h；

     $\sum N_{无}$——当日（本班）无调中转车总数，车。

4. 中转车平均停留时间（$t_{中}$）

$$t_{中} = \frac{\sum Nt_{有} + \sum Nt_{无}}{\sum N_{有} + \sum N_{无}} \quad （\text{h}）$$

（1-4-4）

用非号码制统计有调中转车、无调中转车停留时间时，假定昨日到达今日发出的中转（有调或无调）货车数 $N_{今发}^{昨到}$ 平均分配于昨日和今日，今日到达明日发出的中转（有调或无调）货车数 $N_{明发}^{今到}$ 平均分配于今日和明日，则参加当日停留的有调中转车（无调中转车）车数 $N_{有（无）}$ 为：

$$N_{有（无）} = \frac{N_{今发}^{昨到}}{2} + N_{今发}^{今到} + \frac{N_{明发}^{今到}}{2} = \frac{(N_{今发}^{昨到} + N_{今发}^{今到}) + (N_{今发}^{今到} + N_{明发}^{今到})}{2}$$

$$= \frac{N_{今发} + N_{今到}}{2} \quad （\text{车}）$$

即

$$N_{有} = \frac{N_{有到} + N_{有发}}{2} \quad （\text{车}）$$

（1-4-5）

$$N_{无} = \frac{N_{无到} + N_{无发}}{2} \quad （\text{车}）$$

（1-4-6）

$$N_{中} = \frac{N_{中到} + N_{中发}}{2} \quad （车）\tag{1-4-7a}$$

或 $$N_{中} = N_{有} + N_{无} \quad （车）\tag{1-4-7b}$$

由式（1-4-7a）可见，参加当日停留的中转车数（或有调、无调车数）为当日到达与出发中转车数（或有调、无调车数）之和的一半。因此，式（1-4-2）、式（1-4-3）、式（1-4-4）可改写为：

$$t_{有} = \frac{\sum Nt_{有}}{(N_{有到} + N_{有发})/2} \quad （h）\tag{1-4-8}$$

式中　$N_{有到}$、$N_{有发}$——当日（本班）到达（含加入等）、出发（含退出等）的有调中转车数。

$$t_{无} = \frac{\sum Nt_{无}}{(N_{无到} + N_{无发})/2} \quad （h）\tag{1-4-9}$$

式中　$N_{无到}$、$N_{无发}$——当日（本班）到达、出发的无调中转车数。

$$t_{中} = \frac{\sum Nt_{有} + \sum Nt_{无}}{N_{有} + N_{无}} \quad （h）\tag{1-4-10a}$$

或 $$t_{中} = \frac{\sum Nt_{有} + \sum Nt_{无}}{(N_{中到} + N_{中发})/2} \quad （h）\tag{1-4-10b}$$

式中　$N_{中到}$、$N_{中发}$——当日（本班）到达（含加入等）、出发（含退出等）的中转车数。

必须指出的是，上述计算公式中当日（本班）"到达""出发"的车数，应包括不随同列车出入（计算车站出入）的货车，但不包括不计算车站出入的"转入""转出"货车。例如，根据"综合统计表"（见表1.4.11），乙站3月19日第2班有调中转车数为：

$$N_{有} = （364 + 5 + 389）/2 = 379 \quad （车）$$

知识点2　货车停留时间统计方法

货车停留时间的统计方法有号码制和非号码制两种。

一、号码制统计方法

采用号码制统计货车停留时间时，是按每一辆货车填记"号码制货车停留时间登记簿（运统8）"，然后对当日发出的各种作业性质的货车进行结算，以当日发出货车的车数及由到达至发出的全部停留车小时作为当日的车数及停留车小时，以当日发出货车由到达至发出的全部装卸作业次数作为当日的作业次数，并利用公式（1-4-1）~（1-4-4）计算各项平均停留时间。

号码制货车停留时间登记簿（运统8）的格式见表1.4.17。

表 1.4.17　号码制货车停留时间登记簿（运统 8）

货车 车种	车号	到达 车次	月日	时分	调入站线 月日	时分	站线作业完了 月日	时分	调入专用线 月日	时分	专用线作业完了 月日	时分	发出 车次	月日	时分	作业种类	中转车停留时间	作业车停留时间	入线前时间	货物作业过程别作业时间 站线	专用线	出线后时间	非运用 转入 月日时分	转出 月日时分	停留时间	记事
1	2	3	4	5	6	7	8	9	10	11	12	13	14	15	16	17	18	19	20	21	22	23	24	25	26	27
C$_{62}$	4114882	40101	19/3	12:59	19/3	14:00	19/3	15:00	19/3	18:00	19/3	21:00	40104	20/3	4:15	双		15h16min		1h00min	3h00min	7h15min				
C$_{62}$	4133345	40101	19/3	12:59	19/3	17:00 / 14:10	19/3	21:00 / 16:00					40104	20/3	4:15	双		15h16min		4h00min / 1h50min		7h15min				
P$_{60}$	3031432	40102	19/3	16:38	19/3	17:50	19/3	19:50					40103	20/3	2:20	卸		9h42min	1.12	2h00min		6h30min				
N$_{60}$	5011578	40102	19/3	16:38	19/3	17:50	19/3	19:50					40103	20/3	2:20	装		9h42min	1.12	2h00min		6h30min				
P$_{62}$	3200569	40103	20/3	1:22	-	-	-	-					40103	20/3	2:20	分 卸		0	-	-	-	-				
P$_{13}$	3050575	40103	20/3	1:22	20/3		20/3						40101	20/3	13:10	双		11h48min	2h00min	1h40min	3h30min	4h18min	20/3 4:00	20/3 8:00		不摘车作业
P$_{60}$	3030892	40104	20/3	3:40	20/3		20/3						40101	20/3	13:10	倒		2h20min	0h20min	2h00min		-	20/3 10:00	20/3 13:10	7h10min	倒装后卸车夹挂送修
C$_{62}$	4139669	40104	20/3	3:40									40102	20/3	7:45	有	4 h 05 min									
P$_{64}$	3419681	40104	20/3	3:40									40102	20/3	7:45	有	4 h 05 min									
C$_{62A}$	4401673	40101	20/3	12:30	20/3	14:00	20/3								合计		8h10min	61h44min	1036min	12h30min	6h50min	31h58min				
															进整		8h	62h	11h	13h	7h	32h				
															调整		8h	62h	11h	12h	7h	32h				
																作业过程不全货车		2h	0	2h						

1．填记依据与方法

（1）每日初将昨日没有发出的货车用红笔移入当日最前部，然后再继续填记当日到发货车。

（2）根据运统 1 的列车车次、车种、车号，填记 1、2、3、14 栏。

（3）根据行车日志中的列车到发时分，填记 4、5、15、16 栏。

（4）根据装卸车清单（货统 2）及货车调送单（货统 46）或专用线取送车辆记录中的货车调到及装卸完了时分，填记 6～13 栏各种货物作业过程的起止时分。在站线卸车后调入另一站线装车，或在专用线卸车后调入另一专用线装车的双重作业车，则在 6～9 栏或 10～13 栏内，另以分子填记第二次作业的起止时分。

（5）根据运用车转变记录（运统 6）及非运用车登记簿（运统 7）的转变时刻，填记 24～26 栏。

（6）作业过程不全的货物作业车，需在 6～13 栏及 20～23 栏内画一横线。

凡无入线前停留时间、站线（专用线）作业时间或出线后停留时间者，均属作业过程不全的货物作业车。如进行不摘车装卸作业的货车，新线、合资铁路、地方铁路分界站交接的货车，在国境分界站不进行换装的货车及在规定交接地点交接的企业自备车等。

（7）作业种类（17 栏）按简称填记。装车填"装"，卸车填"卸"，双重作业填"双"，货物倒装填"倒"，无调中转填"无"，有调中转填"有"。

2．结算方法

（1）当日发出的货车，根据 17 栏记载结算其停留时间。

① 中转车停留时间（18 栏）＝（15、16 栏）–（4、5 栏）–（26 栏）；

② 货物作业车停留时间（19 栏）＝（15、16 栏）–（4、5 栏）–（26 栏）；

③ 入线前停留时间（20 栏）＝（6、7 栏）或（10、11 栏）–（4、5 栏）+ 双重作业调移时间；

④ 站线作业停留时间（21 栏）＝（8、9 栏）–（6、7 栏）；

⑤ 专用线作业停留时间（22 栏）＝（12、13 栏）–（10、11 栏）；

⑥ 出线后停留时间（23 栏）＝（15、16 栏）–（8、9 栏）或（12、13 栏）。

（2）当日 18：00，将当日发出的货车（已填记第 14～16 栏）加以结算。

① 各项停留时间（18～23 栏）加总后，小时以下满 30 min 进为 1 h，30 min 以下舍去。

② 货物作业过程别停留时间（20～23 栏）进为小时后的合计与货物作业停留时间（19 栏）尾数不等时，按 19 栏调整各作业过程时间。

③ 货物作业车在 6～13 栏及 20～23 栏画有横线的车数与停留时间，须单独加以结算。

④ 货物作业次数按 17 栏加总计算，并按本项目任务 6 有关规定加以确定。

3．当日指标计算

按上述方法统计和结算后，即可计算当日的各项指标。例如，某中间站 3 月 20 日填记的号码制货车停留时间登记簿（运统 8）如表 4.16 所示，当日完成的各项指标计算如下：

（1）有调中转车平均停留时间 $t_有 = 8/2 = 4.0$（h）。

（2）一次货物作业平均停留时间 $t_货 = 64/10 = 6.4$（h）。

（3）货物作业过程别的停留时间。

① 入线前平均停留时间 $t_入 = 11/5 = 2.2$（h）

② 站线作业平均停留时间 $t_站 = 12/6 = 2.0$（h）

③ 专用线作业平均停留时间 $t_专 = 7/2 = 3.5$（h）

④ 出线后平均停留时间 $t_出 = 32/5 = 6.4$（h）

应该说明的是，站线或者专用线作业车数的计算，有两种计算方法：一种是在站线或者专用线卸车后装车按一车计算；另一种是卸车、装车各计算一车。前种算法，不利于分析站线或者专用线作业过程时间延长或压缩的原因。本例计算采用后者。

4. 优缺点及适用情况

号码制统计方法是按照每一辆货车的实际到发时分结算的，统计的货车停留车小时比较准确。同时，运统 8 按货物作业车作业过程进行统计，能反映入线前、出线后和站线（专用线）作业停留时间延长或缩短的情况，便于分析和改进工作组织。但号码制统计方法仅结算当日发出车辆的停留车小时、作业次数和车数，没有发出的车辆不结算，不能准确反映当日工作的实绩，并且逐车登记，逐栏结算，工作繁琐。

因此，号码制统计方法适用于货车出入少的车站，以及使用非号码制货车停留时间登记簿的车站，用以统计货物作业车的作业过程及其停留时间，作为填报"货车停留时间报表（运报-4）"的资料。

二、非号码制统计方法

非号码制统计方法，是使用"非号码制货车停留时间登记簿（运统 9）"或"综合统计表"，逐列登记货车的车数、到达与发出的车次、时分。按换算小时的方法统计当日在站停留的各种性质货车的总停留车小时，作为当日该种货车的停留车小时；以当日到达与当日出发中转车数（或有调、无调车数）之和的一半，作为当日停留的中转车数（或有调、无调车数）；以当日完成的装车数与卸车数及其他作业次数之和，作为当日的装卸作业次数，并利用公式（1-4-1）、（1-4-2）或（1-4-8）、（1-4-3）或（1-4-9）、（1-4-4）或（1-4-10）计算各项平均停留时间。

"非号码制货车停留时间登记簿（运统 9）"的格式与"综合统计表"第 1 ~ 14 栏的格式相似，本书不再介绍。"综合统计表"的填记方法，本项目任务 5 已有详细介绍，这里只阐述"综合统计表"的结算方法。

1. 本班（阶段、小时）末结存车数

本班（阶段、小时）末结存车数 = 上班（阶段、小时）末结存车数 + 本班（阶段、小时）入的车数 – 本班（阶段、小时）出的车数

运用车与非运用车的转入转出及重、空状态变化后的结存车数，按本项目任务 5 介绍的方法结算。

2. 本班（阶段、小时）产生的停留车小时

利用非号码制统计一班（一个阶段或一个小时）货车停留时间时，先假设本班（本阶段或本小时）内到达或转入的车辆全部停留至本班（本阶段或本小时）末，并按此统计停留车

小时，然后减去本班（本阶段或本小时）发出或转出车辆从发出或转出之时起至本班（本阶段或本小时）结束时止未停留的总车小时，即可求得本班（本阶段或本小时）的货车停留车小时。

通用的计算公式为：

$$\sum Nt = N_{结存}t + \sum N_{到}t_{到} - \sum N_{发}t_{发} \quad （车 \cdot h）$$

式中　$\sum Nt$——本班（阶段或小时）某种作业性质货车的总停留车小时，车·h；

　　　t——本班（阶段或小时）的时间，h；

　　　$N_{结存}$——上班（阶段或小时）末结存的该种货车数，车；

　　　$N_{到}$——本班（阶段或小时）内各次列车到达车站或转入的该种货车数，车；

　　　$t_{到}$——各次列车由到达车站或车辆转入之时起，至本班（阶段或小时）结束时止的逆算换算小时，h；

　　　$N_{发}$——本班（阶段或小时）内各次列车由车站出发或转出的该种货车数，车；

　　　$t_{发}$——各次列车由车站出发或车辆转出之时起，至本班（阶段或小时）结束时止的逆算换算小时，h。

例如，乙站 3 月 19 日第 1 班货物作业车的停留车小时为：

$$\sum Nt = N_{结存}t + \sum N_{到}t_{到} - \sum N_{发}t_{发}$$
$$= 59 \times 12 \times 341.0 - 364.5$$
$$= 684.5 （车 \cdot h）$$

按上述方法，乙站 3 月 19 日第 1、2 班产生的各种停留车小时，结算结果见表 1.4.11、表 1.4.12。

应该说明的是，由于转入、转出需要倒退时间订正时，为了简化手续，不作倒退时间涂改，可在记事栏内注明原因、车数及时间，在当日（班）总结时，一次调整计算。同一小时内产生转入、转出时，也应在记事栏内注明原因。

3. 本班（阶段）的有调、无调车数及中转车数

本班（阶段）的有调中转车、无调中转车数及中转车数，按式（1-4-5）~（1-4-7）结算。如乙站 3 月 19 日第 1、2 班的有调、无调中转车数结算结果见表 1.4.11、表 1.4.12。

4. 全日停留车数及停留车小时

每日终了，将第 1、2 班的停留车数及各种性质货车停留车小时数分别加总，即得全日的停留车数及各种性质货车的停留车小时。如乙站 3 月 19 日的停留车数及停留车小时结算结果见表 1.4.11、表 1.4.12。

5. 中时、停时指标计算

根据非号码制统计方法及综合统计表的结算结果等资料，乙站 3 月 19 日的中时、停时指标计算如下：

第 Ⅰ 班

$$t_有 = \frac{\sum Nt_有}{N_有} = \frac{1\,541}{372} = 4.1\,(\text{h})$$

$$t_无 = \frac{\sum Nt_无}{N_无} = \frac{346}{419} = 0.8\,(\text{h})$$

$$t_中 = \frac{\sum Nt_有 + \sum Nt_无}{N_有 + N_无} = \frac{1\,541 + 346}{372 + 419} = \frac{1\,887}{791} = 2.4\,(\text{h})$$

$$t_货 = \frac{\sum Nt_{货车}}{u_装 + u_卸} = \frac{685}{41 + 45} = 8.0\,(\text{h})$$

第 Ⅱ 班

$$t_有 = \frac{\sum Nt_有}{N_有} = \frac{1\,854}{379} = 4.9\,(\text{h})$$

$$t_无 = \frac{\sum Nt_无}{N_无} = \frac{848}{431} = 2.0\,(\text{h})$$

$$t_中 = \frac{\sum Nt_有 + \sum Nt_无}{N_有 + N_无} = \frac{1\,854 + 848}{379 + 431} = \frac{2\,702}{810} = 3.3\,(\text{h})$$

$$t_货 = \frac{\sum Nt_{货车}}{u_装 + u_卸} = \frac{699}{34 + 55} = 7.9\,(\text{h})$$

3 月 19 日

$$t_有 = \frac{\sum Nt_有}{N_有} = \frac{3\,395}{751} = 4.5\,(\text{h})$$

$$t_无 = \frac{\sum Nt_无}{N_无} = \frac{1\,194}{850} = 1.4\,(\text{h})$$

$$t_中 = \frac{\sum Nt_有 + \sum Nt_无}{N_有 + N_无} = \frac{3\,395 + 1\,194}{751 + 850} = \frac{4\,589}{1\,601} = 2.9\,(\text{h})$$

$$t_货 = \frac{\sum Nt_{货车}}{u_装 + u_卸} = \frac{1\,384}{(41 + 34) + (45 + 55)} = \frac{1\,384}{175} = 7.9\,(\text{h})$$

6. 优缺点及适用情况

较号码制统计方法手续简便，能反映当日货车运用效率。但因停留车小时和计算车数均有误差，计算结果不够精确，而且不能反映货物作业车各项作业过程及其停留时间。非号码制统计方法适用于货车出入较多的车站。

知识点 3 区间装卸车停留时间统计方法

在区间内正线进行货物装卸作业的货车，由办理货运手续站统计装卸车数和货物作业停留时间，非办理货运手续站的货车出入及其停留按中转车统计。在非营业站内的装卸视同区间装卸。

为叙述简便，本书均以"本站"为办理货运手续的车站，介绍区间装卸车停留时间统计的方法。如为邻站办理货运手续，可依此类推或按《统规》规定办理。

一、按调车作业调入区间的装卸

凡随同货物列车以外的车次进入区间，或以货物列车进入区间，在两个营业站之间装卸后原方向返回时，均视为按调车作业进入区间装卸。

1. 货车由本站（办理货运手续）调入区间

（1）货车由本站调入区间，装卸作业后返回本站时，如图1.4.7所示，本站以7:00货车到达时算入，以8:00发往区间时算调入装卸作业地点，以10:00返回到本站为装卸作业完了时刻，以11:00由本站发出时算出。本站统计货物作业停留时间每车4 h。

（2）货车由本站调入区间，装卸作业后调往邻站时，如图1.4.8所示，本站以7:00货车到达时算入，以8:00发往区间时算调入装卸作业地点，以10:00到达邻站时本站算出，同时作为装卸作业完了时刻。本站统计货物作业停留时间每车3 h。邻站由10:00至11:00统计中转停留时间每车1 h。

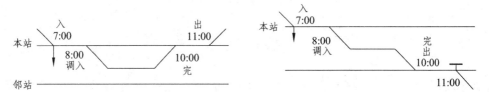

图1.4.7　由本站调入区间作业完了返回本站　图1.4.8　由本站调入区间作业完了调往邻站

2. 货车从邻站（非办理货运手续）调入区间

（1）货车从邻站调入区间，装卸作业后返回邻站时，如图1.4.9所示，以8:00邻站发往区间时本站算入，同时算调入装卸作业地点，以10:00返回到邻站时本站算出，同时作为装卸作业完了时刻。本站统计货物作业停留时间每车2 h。

邻站由7:00—8:00、10:00—11:00统计2 h中转停留时间，两次中转车数，并将8:00调入区间的时间和10:00装卸作业完了时间通知办理货运手续站。

（2）货车由邻站调入区间，装卸作业后调往本站时，如图1.4.10所示，以8:00邻站发往区间时本站算入，同时算调入装卸作业地点，以10:00到达本站时为装卸作业完了时刻，以11:00由本站发出时算出。本站统计货物作业停留时间每车3 h。

邻站由7:00—8:00统计中转停留时间每车1 h，并将8:00调入区间的时间通知办理货运手续站。

图1.4.9　由邻站调入区间作业完了返回邻站　图1.4.10　由邻站调入区间作业完了调往本站

在区间装卸作业完了以前的各站往返，均不计算货车出入。

二、随同货物列车进入区间的装卸

1. 货车由本站进入区间

（1）货车由本站挂入货物列车发往区间时，如图 1.4.11 所示，以 7:00 货车到达本站时算入，以 8:00 发往区间时算出，同时作为调入装卸作业地点、装卸作业完了时刻。本站统计货物作业停留时间每车 1 h。

（2）货车随列车挂来经过本站进入区间时，如图 1.4.12 所示，以 8:00 列车出发或通过时刻本站同时算入和出，并同时作为调入装卸作业地点、装卸作业完了时刻。本站只计算作业次数，不统计货物作业停留时间。

图 1.4.11　货车由本站挂入列车发往区间　　图 1.4.12　货车随列车挂来经本站进入区间

2. 货车由邻站进入区间

（1）货车由邻站随同列车进入区间，装卸作业完了列车经过本站继续运行时，如图 1.4.13 所示，以 9:00 列车到达或通过时刻本站同时算入和出，并同时作为调入装卸作业地点、装卸作业完了时刻。本站只计算作业次数，不统计货物作业停留时间。

（2）货车由邻站随同列车进入区间，装卸作业完了到达本站摘下或列车到达本站终止时，如图 1.4.14 所示，以 9:00 列车到达本站时算入，并同时作为调入装卸作业地点、装卸作业完了时刻，以 10:00 货车发出时算出。本站统计货物作业停留时间每车 1 h。

图 1.4.13　由邻站随同列车进入区间经本站继续运行　　图 1.4.14　由邻站随同列车进入区间在本站摘下

（3）货车由邻站随同列车进入区间，装卸作业未完，随列车经过本站进入下一区间继续装卸时，如图 1.4.15 所示，以 8:00 列车通过（或本站发出）时刻本站同时算入和出，并同时作为调入装卸作业地点、装卸作业完了时刻。本站只计算作业次数，不统计货物作业停留时间。

（4）货车由邻站随同列车进入区间，装卸作业未完，列车在本站折返原区间继续装卸时，如图 1.4.16 所示，以 8:00 列车到达时本站算入，以 9:00 列车发出时本站算出，并同时作为调入装卸作业地点、装卸作业完了时刻。本站统计货物作业停留时间每车 1 h。

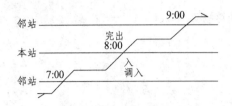 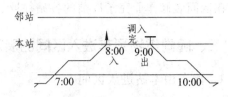

图 1.4.15　随列车经过本站进入下一区间继续装卸　　**图 1.4.16　随列车在本站折返原区间继续装卸**

综上所述，按调车作业调入区间的装卸车，在本站和在区间的停留时间应统计为本站的货物作业停留时间；随同货物列车进入区间的装卸车，在本站只统计"终止""摘下""加挂"及"始发"货车的在站停留时间，在区间的时间一概不统计。

根据"入""调入""完""出"的时刻，不仅可算出货物作业停留时间，而且还可算出各作业过程别的停留时间。作业过程停留时间为零时，该货车为作业过程不全。

知识点4　货车停留时间报表

货车停留时间报表（运报-4）反映车站一次货物作业和中转车停留时间完成情况。对于装卸量较大的车站，为了分析货物作业车各个作业过程的车辆运用情况，还需反映其作业过程别的一车平均停留时间，其格式见表1.4.18。

表 1.4.18　乙站货车停留时间报表（运报-4）

局名或月日	一次货物作业停留时间			中转停留时间								
				无调中转			有调中转			合计		
	作业次数	车辆小时	一次平均	车数	车辆小时	一车平均	车数	车辆小时	一车平均	车数	车辆小时	一车平均
	1	2	3	4	5	6	7	8	9	10	11	12
3.19	175	1384	7.9	850	1194	1.4	751	3395	4.5	1 601	4589	2.9

局名或月日	装卸量较大的车站货物作业车作业过程														
	作业车数	车辆小时	一车平均	入线前停留时间			站线作业时间			专用线作业时间			出线后停留时间		
				车数	车辆小时	一车平均	车数	车辆小时	一车平均	车数	车辆小时	一车平均	车数	车辆小时	一车平均
	13	14	15	16	17	18	19	20	21	22	23	24	25	26	27
3.19	99	1252	12.6	99	352	3.6	86	357	4.2	25	80	3.2	99	463	4.7

一、编制依据

货车停留时间报表（运报-4）根据号码制货车停留时间登记簿（运统8）、车号自动识别系统、车站现车管理信息系统、非号码制货车停留时间登记簿（运统 9）或综合统计表及装卸车报表（货报-1）等资料进行编制。

二、编制方法与说明

（1）货车停留时间报表（运报-4）由车站采取号码制编制。未上现车管理信息系统的出入货车较多的车站亦可按非号码制编制。

（2）中转车转为货物作业车或货物作业车转为中转车时，采用号码制的车站，按实际到达时起转入；采用非号码制计算停留时间的车站，当日到达的由到达时起转入；当日以前到达的，则由当日 18:01 起转入。

（3）采用非号码制的车站，第 1～12 栏应根据非号码制的统计结果进行编制。作业次数（第 1 栏）根据"装卸车报表（货报-1）"第 43 栏的数字填记（由货调提供）。

（4）第 13～27 栏一律按号码制的统计结果进行编制。货物作业车及其作业过程的一车平均停留时间，以各项的车辆小时除以车数求得。

（5）车数、车辆小时栏以整数填记。采用号码制的车站，车辆小时满 30 min 进为 1 h，不满 30 min 舍去，并按"调整"以后结果填记；采用非号码制的车站，车辆换算停留车小时小数点后四舍五入，各项车数出现 0.5 车时，进为 1 车。

（6）各项平均停留时间保留小数点后一位，第 2 位四舍五入。

例如，乙站采用非号码制货车停留时间综合统计表统计货车停留时间，3 月 19 日统计结果及指标计算如前面所述：当日发出货物作业车 99 车，用号码制统计其作业过程别停留时间，其中入线前停留 352 车·h、站线作业 86 车停留 357 车·h、专用线作业 25 车停留 80 车·h、出线后停留 463 车·h，总停留 1 252 车·h。根据上述资料，乙站 3 月 19 日货车停留时间报表见表 1.4.17。

知识点 5　几种常见的统计表名称

运统 1——列车编组顺序表　　　　　　运统 8——号码制货车停留时间登记簿

运统 2——中间站行车日志　　　　　　运统 9——非号码货车停留时间登记簿

运统 3——编组站（区段站）行车日志　运报-1——分界站货车出入报表

运统 4——货车出入登记出入登记簿　　运报-2——现在车报表

运统 5——检修车登记簿　　　　　　　运报-3——十八点现在重车去向报表

运统 6——运用车转变记录　　　　　　运报-4——货车停留时间报表

运统 7——非运用车登记簿

【任务实施】

请教师带领学生，根据案例资料，采用 12 小时逆算法完成乙站 3 月 18 日第一班综合统计表（表 1.4.11）的填制。

典型工作任务 7 车站工作分析

车站对工作计划的完成情况进行系统的分析，其目的就是总结和推广先进工作经验，找出工作中的缺点和问题，从而提出改进工作、挖掘设备潜力的有效措施，不断提高车站行车工作组织水平。

知识点 1 分析的种类

车站行车工作分析有日常分析、定期分析、专题分析三种。

1. 日常分析

日常分析主要是指班分析和日分析。班分析在交班会上进行，由主管运输的副站长或运转车间主任主持，车站调度员、货运调度员、车站值班员、调车区长等参加，于每班工作完了后，分析全班工作完成情况，主要内容包括装卸车、中停时、列车出发正点率和安全生产情况。日分析由车站工程技术人员负责，对全天工作进行分析，一般都是针对一定问题有重点地进行深入的分析。主要内容：安全情况分析、列车及调车工作完成情况分析、装卸车情况分析、中停时指标完成情况分析、运用车保有量分析。

2. 定期分析

定期分析是指旬分析和月分析，由车站工程技术人员负责。除日常分析的内容以外，对车站工作日常计划和调度指挥的质量，车站各部门的工作情况，车站职工的劳动积极性，以及劳动纪律等也应进行检查。其结果应写出书面的总结报告。

3. 专题分析

专题分析是不定期的分析。根据解决某一重大问题的需要而确定分析内容和完成的期限，一般由临时组织的专门工作组负责。

知识点 2 分析的内容和方法

一、安全情况

安全生产是完成运输生产任务的重要保证。车站行车安全情况包括人身安全和作业安全两方面。如有不安全因素或发生事故时，应分类统计件数，说明概括（时间、地点、关系人），分析原因，提出保证安全的措施。

二、列车出发正晚点情况

列车出发正点，是车站行车组织工作质量的综合反映，也是考核车站行车工作的一项综合指标。

列车出发晚点的原因主要从组成列车的条件进行分析。

旅客列车出发晚点的原因主要有：旅客上下、行包装卸迟缓，客车车底或列车机车出入段不及时等。

货物列车出发晚点的原因主要有：车流不足，编组晚点，机车出入段不及时，技检、货检、运转车长或车号员作业迟缓，或因临时甩故障车造成晚点等。

列车出发正点率：$\alpha_{发} = \dfrac{n_{正点发}}{n_{发}} \times 100\%$

三、货车停留时间完成情况

中转车停留时间分析方法：

1. 按技术作业过程分析

有调中转车在各站技术作业过程包括到达作业、解体、集结、编组、出发作业五项及各种等待时间。分析各项作业对中转停留时间的影响和各种等待时间，从中找出中时延长的原因。

2. 按有调与无调比重的变化进行分析

车流性质的变化对中转停留时间的影响甚大。由于无调中转车停留时间小于有调中转车停留时间，所以无调中转车流增大，有调中转车流减少，中时完成情况就好；反之，中时就延长。

$$t_{换算中时} = \frac{t_{计划无调} \times N_{实际无调} + t_{计划有调} \times N_{实际有调}}{N_{实际无调} + N_{实际有调}} \quad （h）$$

【例 1.4.2】 某站计划车流 $N_{计划无调} = 2\,400$ 辆，$N_{计划有调} = 600$ 辆；实际到发车流：$N_{实际无调} = 2\,600$ 辆，$N_{实际有调} = 400$ 辆，月度技术计划规定：$t_{计划无调} = 1.1\text{ h}$，$t_{计划有调} = 5.5\text{ h}$，$t_{中} = 4.6\text{ h}$；车站实际完成 4.8 h。从表面上看，没有完成计划。但进一步分析，$t_{换算中时} = 4.9\text{ h}$，而实际完成 4.8 h，比计划减少 0.1 h。

同理，一次货物作业车停留时间按同样方法进行分析。

四、调车机车工作完成情况

分析每台调车机车所完成的工作量和非生产时间所占的比重，发现安全好、效率高的调车组时应总结其先进工作方法。

五、装卸车情况

主要对装卸车数、品种、去向、成组、直达等计划要求的兑现情况进行分析，同时应对日班和夜班的卸车工作是否均衡，积压车辆的原因等进行分析。

六、交班基础情况

交班基础好坏，对于完成班工作任务影响很大。

七、运用车保有量

运用车保有量是衡量车站工作的一个重要指标。运用车保有量不足，将会影响车站的正常作业，不能保质保量地完成运输任务；反之，运用车保有量时，将会延长货车在站停留时间，造成作业困难。

【例 1.4.3】 某站按月度计划规定车流量：$N_{无调} = 1\,000$ 车，$N_{有调} = 3\,200$ 车，$N_{货车} = 300$ 车，货车停留时间标准为：$t_{无调} = 0.6\,h$，$t_{有调} = 3.0\,h$，$t_{货车} = 6.0\,h$。则其运用车保有量为：

$$N_{保} = (1\,000 \times 0.6 + 3\,200 \times 3.0 + 300 \times 6.0)/24 = 25 + 400 + 75 = 500（车）$$

如实际车流量为：$N_{无调} = 1000$ 车，$N_{有调} = 3\,200$ 车，$N_{货车} = 300$ 车，则修整后运用车标准数为：

$$N_{保} = (1\,200 \times 0.6 + 3\,600 \times 3.0 + 240 \times 6.0)/24 = 30 + 450 + 60 = 540（车）$$

假若该站实际的运用车保有量为 530 车，从表面上看，超过标准 30 车，但实际上不但没有超过，反而减少了 10 车。

【知识与技能拓展】

一、填空题

1. 车站班计划的核心内容是（　　　），其主要任务是（　　　）。

2. 车站作业计划包括（　　　）、（　　　）和（　　　）。

3. （　　　）是保证实现班计划的具体行动计划。

4. 在编制班计划时，卸车计划的计划卸空车数是指（　　　）与（　　　）之和。

5. 车站技术作业图表是（　　　）用以编制（　　　）和进行（　　　）的工具。

6. 编制阶段计划时，当车流过大造成积压可以采取（　　　）、（　　　）或（　　　）等措施，必要时可向列车调度员申请加开列车。

7. 车列采取整列解体调车时通常是按照（　　　）编制解体调车作业计划。

8. 填记技术作业图表时送车作业应由（　　　）时起将待送车数用圆圈圈上从（　　　）栏转入（　　　）栏。

9. 班计划中装车计划是以（　　　）为依据结合排空后剩余空车情况对装车作业作出的具体安排。

10. 在编制班计划时应根据列车运行图规定的（　　　）、（　　　）概算出发列车的编组辆数。

11. 铁路运输工作从（　　　）至（　　　）为一个工作日，一个工作日分为（　　　）个班，（　　　）至（　　　）为第一班；（　　　）至（　　　）为第二班。

12. 班计划的编制一般在（　　　）阶段（时间段）内进行。

13. 班计划由（　　　）负责审批。

14. 车站作业计划是根据（　　　）编制的，是为保证完成路局的日班计划，实现（　　　）和（　　　）的行动计划。

15. 一般情况下一个班分为（　　　）个阶段，一个阶段为（　　　）小时。

16. 阶段计划编完后，由（　　　）和（　　　）于阶段计划开始前半小时向有关人员下达。

17. 合理运用调车机车，全面完成（　　　）和（　　　）任务，是阶段计划的关键内容，是衡量车站作业计划质量与指挥水平的重要标志。

18. 阶段计划规定了每台调车机车解编、取送等各项作业顺序和起止时间，调车作业计划则是每台调车机车的（　　　）。

19. 调车作业通知单中填记符号：禁止溜放（　　　）、易燃及危险品（　　　）、特种军用（　　　）、检修车（　　　）。

20. 货票排顺上下端代表的方向与毛玻璃板的方向（　　　）。

21. 一般情况下，解体车列的前端为（　　　），后端为（　　　）。

22. 为解决编组摘挂列车的问题，总结出了许多省钩省线的方法，主要有（　　　）、（　　　）、（　　　）。

23. 根据合并使用线路的原则，下落列有四列时，（　　　）与（　　　）合并。

24. 现在车按运用上的区别，分为（　　　）和（　　　）两大类。

25. 代客货车是指根据（　　　），用以运输（　　　）的货车。

26. 现在车是指货车在车站、铁路局或全路某一时刻的（　　　）。

27. 新造及由国外购置的货车在交付使用前的试运转空车，按（　　　）统计。

28. 自（　　　）至（　　　）为铁路统计报告日。

29. 货车停留时间按作业性质分为（　　　）时间和（　　　）时间。

30. 目前，货车停留时间的统计方法有（　　　）和（　　　）两种。

31. 运报-4的全称是（　　　），它反映车站（　　　）完成情况。

32. 采用号码制统计时，出线后停留时间是由（　　　）时起至（　　　）时止的时间。

二、判断题

1. 编制按站顺编组的摘挂列车调车作业计划时可通过合并使用线路减少连挂车辆的挂车钩。（　　　）

2. 班计划中列车出发计划的编制过程就是推算车流、合理组织车流的过程。（　　　）

3. 阶段计划与班计划确定出发列车车流来源的方法基本相同。（　　　）

4. 编制阶段计划的中心问题是组流上线。（　　　）

5. 纵列式车站利用驼峰解体调车时一般采用分部解体的方法。（　　　）

6. 采用分部解体时若车列内有禁溜车时应在禁溜车之前开口。（　　　）

7. 车站可直接将调度所布置的班工作任务填记在班计划表列车到达计划栏内，无需另作安排。（　　　）

8. 编制按站顺编组的摘挂列车调车作业计划时调整可移车组的原则是不影响站顺则调，影响站顺则不调。（　　　）

9. 编制按站顺编组的摘挂列车调车作业计划时车组排顺下落均应向着调机所在端下落。（　　　）

10. 填画技术作业图表时计划线均为黑铅笔线。（　　　）

11. 行包专列上编挂的行包专用货车，均按代客货车统计。（　　　）

12. 企业租用空车是企业租用的部属货车空车。（　　　）

13. 由企业向铁路车辆工厂、段回送检修的企业自备车按检修车统计。（　　　）

14. 部队训练使用的原部属货车，在训练期间随列车挂运核收运费的 80%时，自列车出发时起至列车到达时止，按运用车统计。（　　）

15. 路用车分为特殊路用车和其他路用车。（　　）

16. 路用车在批准的使用期限、区段范围内使用，均按路用车统计。（　　）

17. 为了检修而进行洗罐的罐车，按检修车统计。（　　）

18. 凡计算车站出入的运用车，均应统计停留时间。（　　）

19. 凡计算装卸车数的均计算装卸作业次数。（　　）

20. 运统 8 中货车的到、发和转变以及各种货物作业过程的起止时分均填记实际时分。（　　）

21. 在填记运统 8 时，凡作业过程不全的货车的车数与停留时间在 18:00 时须单独加以结算。（　　）

22. 车站统计货车停留时间，只能在"运统 8""运统 9"中任选其一。（　　）

23. "运统 8"中列车到发时分应根据《行车日志》填记。（　　）

24. "运统 8"中货车的车种、车号应依据列车编组表顺序填记。（　　）

25. 在填记运统 9 中转入、转出各栏时，由非运用转回运用的货车，均按转入非运用前的作业种别填记。（　　）

26. 非号码制货车停留时间登记簿是车站用以按阶段（小时）统计货物作业停留时间及中转停留时间，作为编制"货车停留时间报表"资料。（　　）

27. 入线前停留时间的长短，主要取决于列车到达、解体、集结和送车等技术作业的效率。（　　）

28. 办理货运手续站对于区间装卸的货车，不论是否经过本站，均统计货车出入。（　　）

29. 凡随同货物列车（包括小运转列车）以外的车次进入区间进行装卸作业，均按调车作业调入区间的装卸进行统计。（　　）

30. 在非营业站内的装卸视同区间装卸。（　　）

三、选择题

1. 车站阶段计划由（　　）负责编制。

　　A. 车站值班站长　　　　　　　B. 车站值班员

　　C. 车站调度员　　　　　　　　D. 调车区长

2. 车站每天的生产活动分为两个班进行，其中（　　）为第一班。

　　A. 当日 18:01 至次日 6:00　　　B. 当日 20:01 至次日 8:00

　　C. 当日 6:01 至次日 18:00　　　D. 当日 8:01 至次日 20:00

3. 在填画技术作业图表时，（　　）的实绩线为蓝色曲线。

　　A. 调机作业　　　　　　　　　B. 旅客列车

　　C. 吃饭　　　　　　　　　　　D. 始发编组的货物列车

4. 编制阶段计划的中心问题是（　　）。

　　A. 安排调机解编、取送作业顺序及起止时分

　　B. 组流上线

　　C. 确定出发列车的车流来源

D. 确定列车占用到发线的顺序和起止时分

5. 阶段计划的长短，一般应以（　　）为宜。

    A.1～2 h   B.2～3 h   C.3～4 h   D.4～5 h

6. 全路各编组站和作业量大的区段站、货运站和客货运站都要按照（　　）的规定编制和执行车站作业计划。

    A. 运输方案   B. 列车编组计划

    C.《铁路运输调度规则》   D. 车站技术作业过程

7. 在编制班计划中列车出发计划时应以（　　）为依据确定每一出发列车的编组内容。

    A. 列车运行图   B. 货物列车编组计划

    C. 车站技术作业过程   D. 调度所下达的任务

8. 在填记技术作业图表的编组内容栏时（　　）的编组内容应外加方框。

    A. 无改编中转列车   B. 部分改编中转列车

    C. 编组始发列车   D. 到达解体列车

9. 在填记技术作业图表的调机动态栏时记载符号"DA"表示（　　）。

    A. 等工作   B. 待避   C. 等装卸   D. 等技检

10. 根据"车组编号及合并使用线路法"的基本原理编制按站顺编组摘挂列车调车作业计划时车组下落六列时（　　）方案可能是较优合并方案。

    A. 二五、三六、四   B. 二五、四六、一

    C. 三、一四、二五   D. 六、三四、二五

11. 18:00 现在重车去向报表中对到达本局管内的重车，经由邻局运送时，按（　　）统计。

    A. 到达邻局   B. 分界站所属局

    C. 本局   D. 到达列车运行方向前方编组站径路

12. （　　）是运用车。

    A. 实际装有货物的货车   B. 实际空闲的货车

    C. 运输中的防洪备料车   D. 正在进行清洗的良好罐车

13. 非运用车按用途分为（　　）。

    A. 六大类   B. 七大类   C. 八大类   D. 九大类

14. 现在车按产权所属分为原部属货车、企业自备车、内用货车和（　　）。

    A. 专业运输公司货车   B. 专业运输公司货车、外国铁路货车

    C. 外国铁路货车   D. 外国铁路货车、企业租用车、军方特殊用途货车

15. 按重车统计的是（　　）。

    A. 装车作业未完的货车   B. 填制货票的游车

    C. 卸车作业未完的货车   D. 整车回送铁路货车用具的货车

16. 运用重车运送途中发生倒装作业，当日一车倒装两车时，计算（　　）。

    A. 增加使用车二辆，增加卸空车一辆

    B. 增加使用车一辆

    C. 装车数二辆，增加卸空车一辆

    D. 装车数一辆，增加使用车一辆，卸车数一辆

17. 本站办理货运手续，货车 7:00 到达本站，8:00 随路用列车进入区间卸车，10:00 到达邻站，11:00 由邻站发出，则本站统计（   ）货物作业停留时间。

    A. 4 h   B. 3 h   C. 2 h   D. 1 h

18. 运统 8 中"调入站线时分"栏以分子、分母填记，表示（   ）。

    A. 该车为双重货物作业车，分子为调入站线装车时分

    B. 该车为双重货物作业车，分子为调入站线卸车时分

    C. 该车为一次货物作业车，分子为调入站线卸车时分

    D. 该车为一次货物作业车，分子为调入站线装车时分

19. 在运统 8 中各种货物作业过程起止时分栏内画一横线，表示该车为（   ）。

    A. 有调中转车   B. 无调中转车

    C. 当日未发出货车   D. 作业过程不全的货物作业车

20. 运统 8 中列车车次填制的依据是（   ）。

    A. 运统 1   B. 运统 2   C. 运统 3   D. 运统 4

21. 在运统 8 表中用红笔填记的是（   ）。

    A. 非运用车   B. 作业过程不全的货车

    C. 中转车   D. 昨日未发出的货车

22. 在填记运统 8 时，作业过程不全的货车是指（   ）。

    A. 无入线前停留时间或出线后停留时间

    B. 无入线前停留时间和出线后停留时间

    C. 无入线前停留时间或站线（专用线）作业时间或出线后停留时间

    D. 无入线前停留时间、站线（专用线）作业时间及出线后停留时间

23. 本站办理货运手续，货车 10:00 到达邻站，11:00 随货物列车进入区间进行装车作业，作业完了于 13:00 返回邻站，14:00 由邻站发出，本站统计（   ）货物作业停留时间。

    A. 0 h   B. 1 h   C. 2 h   D. 3 h

24. 本站为办理货运手续站，货车 7:00 到达本站，8:00 随货物列车进入区间装车，10:00 点到达邻站，11:00 由邻站发出，本站统计（   ）货物作业停留时间。

    A. 4 h   B. 3 h   C. 2 h   D. 1 h

25. 本站为办理货运手续站，货车 7:00 到达本站，8:00 随路用列车进入区间卸车，10:00 点到达邻站，11:00 由邻站发出，则邻站统计（   ）中转停留时间。

    A. 4 h   B. 3 h   C. 2 h   D. 1 h

26. 本站为办理货运手续站，货车 7:00 到达邻站，8:00 随路用列车进入区间卸车，10:00 点到达本站，11:00 由本站发出，本站统计（   ）货物作业停留时间。

    A. 4 h   B. 3 h   C. 2 h   D. 1 h

27. 本站为办理货运手续站，货车 7:00 到达邻站，8:00 随路用列车进入区间卸车，10:00 点到达本站，11:00 由本站发出，邻站统计（   ）中转停留时间。

    A. 1 h   B. 2 h   C. 3 h   D. 4 h

28. 本站为办理货运手续站,货车随货物列车于 8:00 由本站通过进入区间进行卸车作业,9:50 卸车完毕,10:00 到达邻站,11:00 由邻站发出,本站统计（　　）货物作业停留时间。

    A.0 h   B.1 h 50 min   C.2 h   D.3 h

29. 已知货物作业车平均停留时间为 10 h,停时为 6 h,一次货物作业车的日均车数为 50 车,那么双重货物作业车的日均车数为（　　）。

    A. 50 车   B. 100 车   C. 150 车   D. 200 车

30. 特殊备用车必须备满（　　）。

    A. 48 h   B. 36 h   C. 24 h   D. 12 h

四、简答题

1. 车站作业计划包括哪些?分别由谁负责编制?

2. 车站班计划包括哪些内容?编制先后顺序如何?

4. 车站技术作业图表有何作用?包括哪些组成部分?

5. 编制阶段计划过程中,遇到车流不足或车流过大时,车站应考虑采取哪些措施?

6. 编制调车作业计划的要求和依据是什么?

7. 分部解体时选择开口位置的原则有哪些?为什么?

8. 调车作业计划如何布置?掌握调车区现车的方法有哪几种?

9. 在编制阶段计划时如何合理制定到发线场运用计划?

10. 在编制阶段计划时合理安排调机运用计划有何意义?具体做法有哪些?

11. 编制列车出发计划的车流来源有哪些?接续时间如何确定?

12. 阶段计划的编制依据是什么?

13. 车站技术作业图表中到达解体列车、自编始发列车、中转列车的填记方法是什么?

14. 车站技术作业图表中调机动态的记载符号有哪些?

15. 解体调车的方式有哪些?

16. 车站工作统计的意义是什么?其主要内容包括哪些?

17. 现在车如何分类?何谓运用车?哪些货车按重车统计?哪些货车按空车统计?

18. 号码制与非号码制统计方法各有何优缺点?分别适用于何种车站?

19. 车站出入的货车如何确定?

20. 写出运统 1～运统 9 和运报-1～运报-4 统计报表的全称。

21. 按整车、零担货物和集装箱货物分别说明装车数、卸车数的统计方法。

22. 在进行装卸车统计时,增加使用车和增加卸空车是如何计算的?

23. 装卸作业次数如何计算?

24. 何谓货车停留时间?货车停留时间按其作业性质不同分为哪几种?各是什么含义?

25. 简述车站工作分析的作用、种类及内容。

五、技能题

1. 已知:乙—丙区段和乙站示意图如图 1.4.17 所示。

乙站调车场存车情况为 8、9、11 道空线,10 道自左至右为 $C_3 E_1 F_2 G_2 A_4 B_3 D_1 E_2 C_3 D_1$ 编组。

要求：A—G 按站顺编成的 41151 次转 7 道准备出发。

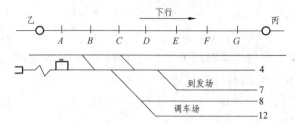

图 1.4.17　乙—丙区段和乙站示意图

2. 已知：乙站平面示意图如图 1.4.17 所示。

乙站技术作业过程有关资料如下：

（1）接车时间 6 min；

（2）解体、编组转线时间 5 min；

（3）出发列车挂机时间 5 min；

（4）出发列车挂机时机为列车出发前 10 min；

（5）到发线两次占用间的最小时间不小于 10 min。

乙站某日 18:00—22:00 列车到发、调机动态如图 1.4.18 所示。

要求：安排到发线的运用。

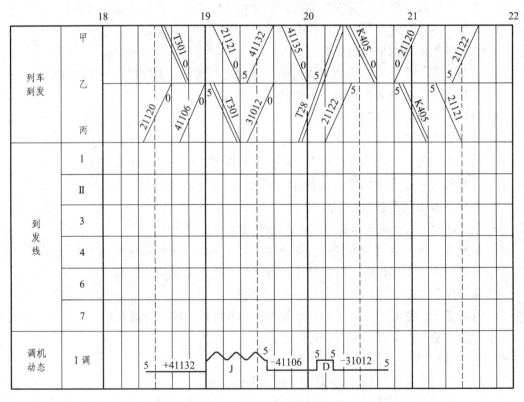

图 1.4.18　车站技术作业图表

3. 已知：（1）乙站各项作业时间标准见表 1.4.19。

表 1.4.19　乙站作业时间标准表

到达作业	出发作业	无调中转作业	解体	编组	货场取送
35	25	35	30	30	30

（2）本站卸车从到至卸空一般需 5 h，从装卸完至发出一般不少于 1.5 h。

（3）乙站 20:10 装完丙站 30 辆后本班不再装车，卸后空车可以排空。

（4）相邻区段牵引定数换算的辆数重空车一律按 50 辆计算。

（5）乙站甲调负责甲方向到达解体、丙方向始发编组和货场取送工作，20:00—20:30 进行交接班。

（6）列车编组计划见表 1.4.20。

表 1.4.20　列车编组计划表

发站	到站	编组内容	列车种类	附注	车次
甲	丙	丙及其以远	直通列车		21101～21109
乙	丙	（1）丙及其以远；（2）空车	区段列车	按组顺	37101～37107
乙	丙	乙—丙按站顺	摘挂列车		41141

（7）乙站 18 点结存车、甲方向列车到达计划和丙方向的发车车次及图定时刻见表 1.4.21。

表 1.4.21　乙站班计划表

方向	车次	到达时刻	编组内容 丙及其以远	编组内容 乙—丙间	编组内容 本站卸车	空车 P	空车 C	合计	方向	车次	出发时刻	编组内容及车辆来源
甲方向		18 点结存车	31	30	5	20	10	96	丙方向			
	21107	19:03	50					50		21107	19:40	
	41101	20:15	14	10	20			44		41141	22:25	
	31111	22:58	20	10	20			50		37103	23:00	
	21109	0:16	50					50		21109	1:00	
	31101	2:56	30	16	4			50		37105	2:00	
	21101	4:14	50					50		21101	5:00	
	31103	5:20	36	4	10			50		37107	5:10	

要求：编制 18:00—6:00 乙站丙方向的列车出发计划，填入表 1.4.21 中。

4. 已知：因乙站车流增大以及列车停运原因致使该站车流过大造成积压。班计划推算中转车数为 2 595 车，车小时为 13 560 车·h，计算结果表明未能完成规定的中时指标 5.0 h。为此该站采取了下列加速排车的措施：组织列车超轴 40 车压缩 108 车·h；单机挂车 10 车压缩 80 车·h；区段列车附挂中间站车辆 20 车压缩 112 车·h。

要求：判断采取上述措施后该站能否完成规定的中时指标。

5. 已知：到达甲站解体的 31118 次列车接入到发线 6 道，其确报内容为：

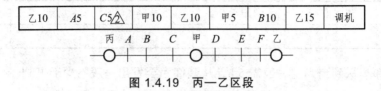

图 1.4.19 丙—乙区段

甲站调车线固定用途如下：

8 道：乙及其以远

9 道：丙及其以远

10 道：甲乙之间

11 道：甲丙之间

12 道：本站车/空车

要求：编制分部解体的调车作业计划。

6. 根据表 1.4.22 中资料推算中停时。

表 1.4.22　推算中停时

项目 时间	计划中时			计划停时		
	到达	出发	结存	到达	出发	结存
18:00			150			150
18:01—19:00	45	105		5		
19:01—20:00	55	45				
20:01—21:00	45	55		10		
21:01—22:00	40	50		15	5	
22:01—23:00	55	55				
23:01—24:00	70	55		5		
0:01—1:00	45	90		10	20	
1:01—2:00	110					
2:01—3:00	55	110				
3:01—4:00	100	30		10	25	
4:01—5:00	90	90		20	20	
5:01—6:00	45	110				
合计						
中停时计算	车数	车小时	中时	次数	车小时	停时
				105		

7. 已知：（1）乙站所在路网示意图如图 1.4.20 所示。

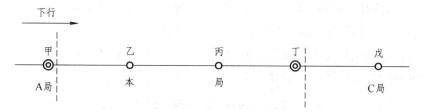

图 1.4.20 乙站位置示意图

（2）乙站 8 月 4 日 18:00 结存车重车为 156 车，其中甲/55，乙—甲/P5 C1 N1，乙站卸/P10 C15 N5，乙—丙/C2，丙/C10，丁站卸/C10 N1，丁站以远/41。

要求：填记乙站 8 月 4 日 18:00 现在重车去向报表（见表 1.4.23）。

表 1.4.23 18:00 现在重车去向报表（运报-3）

局名或月日	自局管内卸车					移交外局车数		合计重车数
	车数	其中				A 局	C 局	
		棚车	敞车	平车	罐车			

8. 已知：A 中间站采用号码制方法统计货车停留时间，8 月 22 日运统 8 的有关资料摘录见表 1.4.24。

表 1.4.24 号码制货车停留时间登记簿

货车	到达			调入站线		站线作业完了		发出			作业种类	作业车停留时间	货物作业过程别		
	车次	月日	时分	月日	时分	月日	时分	车次	月日	时分			入线前时间	站线作业时间	出线后时间
C4111942	31101	21/8	9:10	21/8	10:25	21/8	11:45	31102	22/8	6:15	卸				
P3131673	31101	21/8	9:10	21/8	$\dfrac{14:05}{10:15}$	21/8	$\dfrac{16:05}{12:05}$	31103	22/8	4:35	双				
P3043966	31104	22/8	8:00	22/8	10:15	22/8	12:05	30015	22/8	14:35	装				
C1483949	31104	22/8	8:00	22/8	$\dfrac{12:45}{9:55}$	22/8	$\dfrac{15:35}{11:35}$	31109	22/8	17:55	双				
P3038552	31104	22/8	8:00	22/8	$\dfrac{12:45}{9:55}$	22/8	$\dfrac{16:38}{11:35}$								
调整															
进整															

151

要求：填完号码制货车停留时间登记簿，计算该日每车平均停留时间（$t_{货车}$），入线前停留时间（$t_入$），站线作业停留时间（$t_站$），出线后停留时间（$t_出$）和停时（$t_货$）。

9.已知：（1）某站 18:00 结存中转车 100 车，作业车 20 车。

（2）在 22:00 前该站完成装卸次数 10 次。

（3）18:01—22:00 该站列车到发情况见表 1.4.25。

表 1.4.25　18:01—22:00 列车到发情况表

车次	时间	到达		出发	
		中转车	作业车	中转车	作业车
21101	18:40	42	8		
11701	19:01			48	2
21103	20:05	50	0		
11703	21:15			40	10
21105	21:50	40	10		

要求：填写表 1.4.26，采用非号码制统计该站 18:01—22:00 货车停留时间，并计算 $t_中$ 和 $t_货$。

表 1.4.26　非号码制货车停留时间登记簿

时间　　　　　　项目	中转车						作业车					
	到达		发出		结存	停留车小时	到达		发出		结存	停留车小时
	车数	换算车小时	车数	换算车小时			车数	换算车小时	车数	换算车小时		
18:00 结存												
18:01—19:00												
19:01—20:00												
20:01—21:00												
21:01—22:00												
总　计												

项目五　车站能力查定

【项目描述】

车站通过能力和改编能力是铁路通过能力的重要组成部分。为了适应运量的需求，协调车站各项设备之间的作业，查出车站设备和作业组织上的薄弱环节，科学合理地运用各项技术设备组织运输生产，必须查定和计算车站通过能力与改编能力。这是车站技术管理的一项重要内容，也是车站行车组织工作的一项重要任务。

【教学目标】

1．知识目标

掌握车站通过能力及改编能力的定义；车站到发车流的特征及分析；咽喉道岔组通过能力的计算；到发线通过能力的计算；车站改编能力的计算。

2．能力目标

掌握车站到发车流的特征及分析；道岔分组的原则；各项作业占用道岔及到发线的时间标准；车站通过能力及改编能力的计算方法。

典型工作任务 1　车站能力认知

知识点 1　车站通过能力与改编能力

一、定　义

车站通过能力是指车站在现有设备条件下，采用合理的技术作业过程，车站咽喉道岔和到发线于一昼夜内所能通过或接发各方向的货物列车数和运行图规定的旅客列车数（客运站通过能力是旅客列车数和运行图规定的货物列车数）。

车站通过能力包括咽喉通过能力和到发线通过能力两部分。

车站改编能力是指在合理使用技术设备条件下，车站的固定调车设备（驼峰、牵出线以及调车场内的调车线路），一昼夜内所能解体和编组各方向的货物列车数或车数。

车站改编能力由驼峰解体能力和尾部编组能力组成。

二、查定和计算车站能力的目的

（1）确定新建车站的能力，检查其是否满足计算年度运量的需求。

（2）为了有效利用现有的技术设备，正确地组织列车接发，合理分配列车解编任务。

（3）查明车站设备和作业组织中的薄弱环节，挖掘设备潜力、提高效益。

（4）查明车站各项设备间以及车站与区间通过能力是否协调，以便制定加强措施。

三、影响车站能力的主要因素

（1）车站现有技术设备情况。如站场类型和咽喉进路布置、到发线数量和有效长、调车设备类型数量、信号联锁闭塞设备类型等。

（2）车站作业组织情况。如各种列车的技术作业过程，所采用的工作方法，各项作业占用设备的时间标准，各车场分工和线路固定用途等。

（3）车站办理列车的种类和数量。如客货列车的比重、摘挂列车的数量等。随着旅客列车和摘挂列车数量的增加，车站通过能力将降低。

（4）货物列车到发的均衡程度。货物列车到发的不均衡性与列车运行图和车站衔接的方向数有关，随着不均衡性的增加，车站能力将降低。

（5）到发线的空费时间。到发线一昼夜不能被用来接发列车的空闲时间称为空费时间。它是由于列车到发的不均衡、列车各作业环节配合不紧密以及列车平均每列占用到发线的时间不可能为 1 440 min 的整数倍等原因而产生的。随着空费时间的增加，车站能力将降低。空费时间的大小可用空费系数表示。

四、占用车站设备的各种作业

各种因素对车站能力的影响基本上可以集中表现在各项作业占用设备的次数和每次占用的时分两项数字上。这两项数字是计算车站能力的原始数据，为了计算车站能力，应将占用设备的全部作业划分为主要作业和固定作业两类。

1．主要作业

主要作业的内容包括各种列车（旅客列车和摘挂列车编组除外）的到达、解体、编组、出发和机车出入段等作业。这一类作业占用设备次数较多，随着行车量的变化其数量增减也较多。

2．固定作业

固定作业是指与行车量增减无关的作业。计算车站（客运站除外）通过能力与改编能力时，以下各项按固定作业计算：

（1）旅客列车到、发、调移及其本务机车出入段等作业。

（2）摘挂列车编组作业（一般仅限于列车运行图中规定的作业次数，随运量变化而有显著变化者除外）。

（3）向车辆段、机务段和货物装卸地点定时取送车辆的作业。

（4）调车组和机车乘务组交接班、吃饭及调车机车整备作业时间。

计算客运站通过能力时，运行图规定的货物列车到发及其本务机出入段等作业应按固定作业计算。

五、计算方法

计算车站通过能力和改编能力的方法有以下三种：

1．直接计算法

直接计算法是根据每一列车到发作业或改编作业占用某项技术设备的平均时间，利用公式直接计算出该设备的能力。当某项技术设备担当的作业种类比较单一时，可采用直接计算法。

2．利用率计算法

利用率计算法是以列车、机车、车辆不间断地均衡占用技术设备为前提，并考虑设备占有一定空费时间或妨碍时间，先求出该项设备能力的利用率，再用利用率求出车站能力。这是计算车站能力最常用的方法，它能反映出在完成规定的任务下车站各项设备的利用程度，计算方法简便，但计算结果有一定的误差。

3. 计算机模拟法

计算机模拟法以排队论为理论基础，以计算机模拟为基本手段，把列车到、解、编、发各项作业过程作为一个相互关联的排队系统，模拟输出计算车站通过能力和改编能力有关参数的回归方程，然后计算出既有车站的能力。这是解决多因素问题求解的比较先进的方法。它不但克服了上述两种方法的缺陷，而且还可以解决车站与区间之间、车站内各项技术设备之间的协调问题，是车站能力计算方法的发展方向。

在实际查定和计算设备能力时，由于利用率计算法能反映出完成规定的任务情况下车站各项设备的利用程度，因此，这是目前计算车站设备能力的基本方法。

当车站通过能力利用率达到 85%，改编能力利用率达到 90%时，应按阶段或小时计算能力并作图解验算分析，采取加强能力的措施。图解计算分析的方法如本项目典型工作任务 6——车站工作日计划图。

六、计算精度要求

（1）能力利用率 K，保留小数点后两位，第三位四舍五入。

（2）作业时间标准，保留小数点后一位，第二位四舍五入。

（3）按方向别和列车种类别计算的能力值，以列数表示时，保留小数点后一位，第二位四舍五入；以辆数表示时，小数点后舍去不计。

知识点 2　车流特征

作为车站主要作业对象的车流，无论其流量、流向、不同性质车流的比重以及其组织方法等，对于车站的技术作业、设备运用以及车站能力都有重大的影响。通过分析车站到发车流，掌握其变化的规律，可以合理地制定车站技术设备使用方案和技术作业过程，从而科学地计算车站能力，或者针对某些作业环节、某项设备运用做出调整措施，强化车站能力，以适应一定时期车流特征，保证车站运输生产的顺利进行。因此，分析车站到发车流，是计算和强化车站通过能力与改编能力的重要依据。

分析车站到发车流，应以车流汇总表所列的车站计划车流资料为依据。现以表 5.1 所示乙站（区段站）车流汇总表为例，简要说明其内容和车流的分析方法。

乙站在路网上的位置如图 1.5.1 所示。

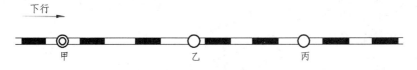

图 1.5.1　乙站在路网上的位置示意图

表 1.5.1　乙站车流汇总表

往由		甲方向			丙方向			到达本站	合计
		甲—乙间	甲及其以远	计	乙—丙间	丙及其以远	计		
甲方向	无调车	—	—	—	—	540	540	—	540
	有调车	—	—	—	60	$\frac{360}{25}$	$\frac{420}{25}$	$\frac{25}{10}$	$\frac{445}{35}$
	计	—	—	—	60	$\frac{900}{25}$	$\frac{960}{25}$	$\frac{25}{10}$	$\frac{985}{35}$
丙方向	无调车	—	540	540	—	—	—	—	540
	有调车	65	360	425				60	485
	计	65	900	965				60	1 025
本站发出		15	20	35	5	$\frac{20}{35}$	$\frac{25}{35}$		$\frac{60}{35}$
合计		80	920	1 000	65	$\frac{360}{25}$	$\frac{985}{60}$	$\frac{85}{10}$	—

注：分子表示重车，分母表示空车。

车流汇总表中双细线以上部分是车站接入的重空车流，左边各栏为衔接方向接入的按列车编组计划规定去向的有调和无调的中转重空车数，右边是各衔接方向到达本站的作业车数；双细线线下方为本站发出的作业车数。

车流汇总表中的主要指标及计算方法如下：

1. 车站办理车数（$N_{办}$）

$$N_{办} = N_{重空}^{接} + N_{重空}^{发} （车）$$

式中　$N_{重空}^{接}$——接入重空车总数，车；

　　　$N_{重空}^{发}$——发出重空车总数，车。

本例中乙站车站办理车数为：

$$N_{办} = (985 + 35 + 1\ 025) + (1\ 000 + 985 + 60) = 2\ 045 + 2\ 045 = 4\ 090 （车）$$

2. 中转重车数（$N_{重}^{中}$）

$$N_{重}^{中} = N_{重}^{无} + N_{重}^{有} （车）$$

式中　$N_{重}^{无}$——无调中转重车数，车；

　　　$N_{重}^{有}$——有调中转重车数，车。

本例中乙站中转重车数为：

$$N_{重}^{中} = (540 + 540) + (420 + 425) = 1\ 080 + 845 = 1\ 925 （车）$$

3. 中转空车数（$N_{空}^{中}$）

$$N_{空}^{中} = N_{空}^{无} + N_{空}^{有} \quad （车）$$

式中　　$N_{空}^{无}$——无调中转空车数，车；

　　　　$N_{空}^{有}$——有调中转空车数，车。

本例中乙站中转空车数为：

$$N_{空}^{中} = 0 + 25 = 25 （车）$$

4. 装、卸车数与接、排空车数

装车数 $U_{装}$，本例中 $U_{装}$ 为 $35 + 25 = 60$（车）；

卸车数 $U_{卸}$，本例中 $U_{卸}$ 为 $25 + 60 = 80$（车）；

接空车数 $N_{空}^{接}$，本例中乙站 $N_{空}^{接}$ 为 $25 + 10 = 35$（车）；

排空车数 $N_{空}^{排}$，本例中乙站 $N_{空}^{排}$ 为 $25 + 35 = 60$（车）。

5. 无调中转车数（$N_{无}$）、无调中转车占总车数的比重（$\alpha_{无}$）

$$N_{无} = N_{重}^{无} + N_{空}^{无} （车）$$

$$\alpha_{无} = \frac{N_{无}}{N_{重空}^{接}}$$

本例中乙站无调中转车数为：

$$N_{无} = 1\,080 + 0 = 1\,080 （车）$$

本例中乙站无调中转车占总车数的比重为：

$$\alpha_{无} = \frac{1\,080}{2\,045} = 52.8\%$$

6. 改编车数（$N_{改}$）、改编车数占总车数的比重（$\alpha_{改}$）

$$N_{改} = N_{重}^{有} + N_{空}^{有} + U_{卸} + \Delta N_{空} （车）$$

式中　　$\Delta N_{空}$——本站装车用的补充空车数，在接入空车数大于通过空车数时，取两者之差，否则取零。

【任务实施】

根据乙站车流汇总表（表5.1）资料，完成乙站车流特征分析：$N_{办}$、$N_{重}^{中}$、$N_{装}$、$N_{卸}$、$N_{接空}$、$N_{排空}$、$N_{无}$、$\alpha_{无}$、$\alpha_{改}$。试判断乙站甲、丙方向车流量可以开通直通列车、区段列车、摘挂列车各几对？

典型工作任务 2 咽喉道岔组通过能力

咽喉道岔组通过能力是指某方向接、发列车进路上最繁忙的道岔组一昼夜能够接、发该方向货物列车数和运行图规定的旅客列车数。

咽喉通过能力为咽喉区各进路咽喉道岔组通过能力之和。计算咽喉通过能力，应先计算咽喉道岔组通过能力。

知识点 1 占用咽喉道岔组的时间标准

占用咽喉道岔组的时间按作业性质不同，可归纳为接车、发车和调车占用三种。

1. 接车占用咽喉道岔组的时间 $t_{接车}$

$$t_{接车} = t_{准} + t_{进} \quad (\text{min}) \tag{1-5-1}$$

式中 $t_{准}$——准备接车进路（包括开放信号）的时间，电气集中设备为 0.1 ~ 0.15 min；

$t_{进}$——列车通过进站距离的时间，是自接车进路准备完毕时起至列车腾空该咽喉道岔组或该进路解锁时止的一段时间，min。

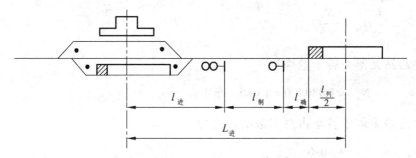

图 1.5.2 列车进路走行距离示意图

如图 1.5.2 所示，$t_{进}$ 可采用写实查定方法或按式（5-2）计算：

$$t_{进} = \frac{0.06 L_{进}}{v_{进}} = \frac{l_{确} + l_{制} + l_{进} + 0.5 l_{列}}{v_{进}} \times 0.06 \quad (\text{min}) \tag{1-5-2}$$

式中 $L_{进}$——列车进站距离，m；

$l_{确}$——司机确认预告信号的时间内列车所走的距离，m；

$l_{制}$——列车制动距离，m；

$l_{进}$——由进站信号机起至车站中心线的距离，m；

$l_{列}$——列车长度，m；

$v_{进}$——列车进站平均速度，km/h；

0.06——km/h 换算为 m/min 的单位换算系数。

2. 发车占用咽喉道岔组的时间 $t_{发车}$

$$t_{发车} = t_{准} + t_{出} \quad (\text{min}) \qquad (1\text{-}5\text{-}3)$$

式中　$t_{出}$——列车通过出站距离的时间，是自发车进路准备完毕后列车启动时起，至列车尾部离开该发车进路最外方道岔或离开咽喉道岔联锁区轨道电路绝缘节时止占用咽喉的时间，min。

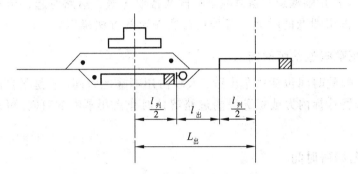

图 1.5.3　列车出站走行距离示意图

如图 1.5.3 所示，$t_{出}$ 可采用写实查定方法或按式（1-5-4）计算：

$$t_{出} = \frac{0.06 L_{出}}{v_{出}} = \frac{l_{出} + l_{列}}{v_{出}} \times 0.06 \quad (\text{min}) \qquad (1\text{-}5\text{-}4)$$

式中　$l_{出}$——由出站信号机起至发车进路最外方道岔或至咽喉道岔联锁区段轨道绝缘节止的距离，m；

　　　$v_{出}$——列车出站平均速度，km/h。

3. 调车占用咽喉道岔组的时间

（1）车列牵出时间 $t_{牵}$。

车列牵出时间是指到达解体车列自准备进路由到发线向牵出线牵出起动时起，至车列尾部腾空该线时止占用咽喉的时间。可用查定方法或按式（1-5-5）计算：

$$t_{牵} = t_{准} + 0.06 \times \frac{L_{牵}}{v_{牵}} \quad (\text{min}) \qquad (1\text{-}5\text{-}5)$$

式中　$t_{牵}$——车列牵出时行经的距离，m；

　　　$v_{牵}$——车列牵出平均速度，km/h；

　　　$t_{准}$——准备进路时间，预先准备好进路时可不计。

（2）车列转线时间 $t_{转}$。

车列转线时间是指自编列车自准备由牵出线向到发线的转线进路时起，至整个车列停在到发线警冲标内方提钩停车时止的时间。可采用查定方法或按式（1-5-6）计算：

$$t_{转} = t_{准} + 0.06\frac{L_{转}}{v_{转}} \quad (\text{min}) \tag{1-5-6}$$

式中 $L_{转}$——车列转线时行经的距离，m；

$v_{转}$——车列转线平均速度，km/h。

（3）取车（送车）占用咽喉道岔组时间 $t_{取(送)}$。

取车（送车）占用咽喉道岔组时间是指自准备取（送）进路时起，至车列离开该咽喉区进路解锁时止占用咽喉的时间。可采用写实查定的方法确定。

4. 机车占用咽喉道岔组时间

机车占用咽喉的时间包括机车出段、入段占用咽喉的时间。它是指自准备进路时起至机车进入到发线警冲标内方或机务段内进路解锁时止占用咽喉的时间。可采用写实的方法查定。

5. 咽喉道岔妨碍时间

为了较为合理地计算咽喉道岔组的通过能力，不仅要考虑各种作业占用咽喉道岔的时间，而且还要考虑由于开通敌对进路而需要中断使用该咽喉道岔的时间，此项时间称为咽喉道岔妨碍时间。

咽喉道岔的妨碍时间，可以分为直接妨碍时间和间接妨碍时间两种。

（1）直接妨碍时间。

当开通敌对进路，使该咽喉道岔在定、反位两个方向，均有中断使用时间，这项时间，叫作咽喉道岔的直接妨碍时间。如图 1.5.4 所示，34、36 号道岔为咽喉道岔组，当调车作业（一）由 1 道经由 44、42 号以及 40、38 号道岔反位，横切 1、2 道时，致使 36、34 号道岔的定、反位均有中断使用时间，这项中断时间就是直接妨碍时间。

（2）间接妨碍时间。

当开通敌对进路，使该咽喉道岔只有定位或反位一个方向需中断使用，另一个方向没有影响，这项中断时间叫作间接妨碍时间。如图 1.5.4 所示，当调车作业（二）由 2 道经由 42 号定位，40、38 号反位时，对 34 号道岔定位没有影响，只影响 34 号反位使用，这项 34 号道岔反位的中断使用时间叫作间接妨碍时间。

对咽喉道岔各项妨碍时间，可根据写实资料确定。采用写实法查定接车、发车和调车作业占用咽喉道岔组的时间标准，一般分为写实、资料汇总和定标三个步骤。

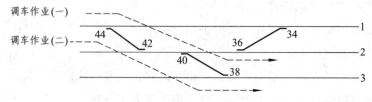

图 1.5.4　咽喉道岔妨碍示意图

知识点 2 咽喉道岔组的确定

咽喉道岔组是指车站某方向某接发列车进路上作业最繁忙（作业占用时间最长）的一组道岔。为避免逐个道岔进行计算，减少计算工作量，可将咽喉区的许多道岔划分为若干个道岔组，通过计算比较，找出各方向各接发列车进路上的咽喉道岔组。

道岔分组的基本原则是：

（1）不能被两条进路同时分别占用的道岔，应合并为一组。如图 1.5.5（a）所示，当其中任何一副道岔被占用时，其余道岔均无法同时开通其他进路，这些道岔应划为一组。

（2）两条平行进路上的道岔和渡线两端的道岔不能合并为一组，如图 1.5.5（b）所示。

（3）可以被两条进路同时分别占用，以及辙叉尾部相对且分布在线路两侧的相邻道岔不能合并为一组，如图 1.5.5（c）所示。

（4）交叉渡线一端的道岔应合并为一组，如图 1.5.5（d）所示。

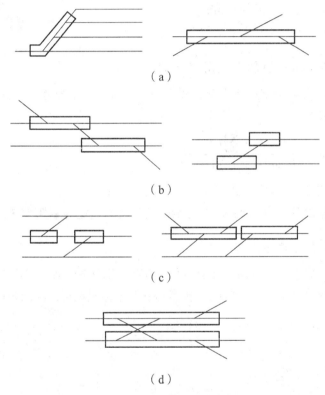

（a）

（b）

（c）

（d）

图 1.5.5 道岔分组

咽喉区道岔分组后，应编制咽喉区道岔组占用时间计算表（见表 1.5.2）。将各组道岔号填入Ⅵ栏，根据车站技术作业过程、线路固定使用的规定，将该咽喉区全部作业进路依次填入第Ⅱ栏，将作业次数、每次占用的时间标准填入第Ⅲ、Ⅳ栏，第Ⅲ栏和第Ⅳ栏的乘积填入第Ⅴ栏和第Ⅵ栏被占用的有关道岔组内。最后将各道岔组被占用的时间分别加总，并分别计算利用率，其中，列入计算的列车数相对应的利用率最高的道岔组为该方向接发列车进路上的咽喉道岔组。

知识点 3 咽喉道岔组通过能力计算

计算咽喉道岔组通过能力一般采用利用率计算法。其步骤与方法如下：

1. 计算一昼夜全部作业占用各道岔组的总时间（$T_总$）

各项作业占用道岔组的总时间（%）可从表 5.2 中查得或按式（1-5-7）计算。

$$T_总 = n_接 t_{接车} + n_发 t_{发车} + n_机 t_机 + \sum t_调 + \sum t_妨 + \sum t_固 （min）\qquad（1-5-7）$$

式中 $n_接$、$n_发$——接入、发出占用道岔组的货物列车数；

  $n_机$、$t_机$——占用道岔组的单机数及每次占用总时间（包括在 $\sum t_固$ 中的除外），min；

  $\sum t_调$——调车作业占用道岔组的总时分（包括在 $\sum t_固$ 中的除外），min；

  $\sum t_妨$——由于列车、调车和机车占用与道岔组有关进路上的道岔，而需要停止使用该道岔组的总时间，min；

  $\sum t_固$——固定作业占用道岔组的总时间，min。

2. 计算咽喉道岔组通过能力利用率（K）

各道岔组通过能力利用率应按方向、接车与发车进路分别计算。i 方向、j 接车或发车进路道岔组利用率 K_{ij} 为：

$$K_{ij} = \frac{T_总 - \sum t_固}{(1\,440 - \sum t_固)(1 - \gamma_空)}\qquad（1-5-8）$$

式中 $\gamma_空$——咽喉道岔组空费系数，其值取 0.15 ~ 0.20。

计算完毕后，取利用率最大的 K_{ij} 作为咽喉道岔组通过能力利用率 K。

3. 计算咽喉道岔组通过能力

咽喉道岔组通过能力应按方向、接车与发车进路分别计算。各进路咽喉道岔组通过能力之和，即为该方向咽喉通过能力。i 方向、j 接车与发车进路咽喉道岔组通过能力计算公式为：

$$N_接^{ij} = \frac{n_接^{ij}}{K_{ij}} （列）\qquad（1-5-9）$$

$$N_发^{ij} = \frac{n_发^{ij}}{K_{ij}} （列）\qquad（1-5-10）$$

式中 $n_接^{ij}$、$n_发^{ij}$——i 方向、j 进路上接入、发出的货物列车数。

【任务实施】

（1）请将案例中乙站甲、丙方向咽喉区道岔进行分组。

（2）根据乙站车流汇总表，该站甲、丙方向行车量均为：直通货物列车 12 对，区段列车 9 对，摘挂列车 2 对；图定旅客列车 8 对。请用写实查定法，查定该站丙端咽喉区道岔组占用时间计算表。

参考答案：

（1）

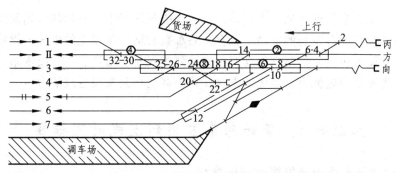

图 1.5.6 乙站丙方向咽喉区示意图

（2）

表 1.5.2 咽喉区道岔组占用时间计算

顺序	作业进路名称	占用次数	每次占用时分（min）	总占用时分（min）	各道岔组占用时分（min）				
					②	④	⑥	⑧	
I	II	III	IV	V	VI				
1	下行旅客列车出发	8	5	（40）	（40）	（40）			
2	上行旅客列车到达	8	6	（48）	（48）	（48）			
3	下行直通列车出发	12	6	72	72	72		72	
4	上行直通列车到达	12	7	84	84	84		84	
5	下行区段列车出发	9	6	54	54		54		
6	上行区段列车到达	9	7	63	63		63		
7	下行摘挂列车出发	2	6	12	12		12		
8	上行摘挂列车到达	2	7	14	14		14		
9	下行旅客列车机车出入段	16	3	（48）		（48）		（48）	
10	下行直通列车机车出入段	24	3	72				72	
11	下行区段列车机车出入段	18	3	54			54	54	
12	下行摘挂列车机车出入段	4	3	12			12	12	
13	解体区段列车转线	18	6	108			108		
14	解体摘挂列车转线	4	6	24			24		
15	货场取送车	12	6	（72）	（72）		（72）		
16	调车机车出入段	4	3	（12）			（12）	（12）	
合计	道岔组被占用总时分 $T_\text{总}$（min）				459	292	425	354	
	其中	固定作业时间 $\sum t_\text{固}$（min）			160	136	（84）	（60）	
		妨碍作业时间 $\sum t_\text{妨}$（min）				156			

163

典型工作任务 3　到发线通过能力

到发线通过能力是指到达场、出发场、直通场或到发场中，办理列车到发作业的线路，于一昼夜所能够接、发各方向的货物（旅客）列车数和运行图规定的旅客（货物）列车数。

到发线通过能力包括货物列车到发线和旅客列车到发线通过能力。技术站、货运站主要计算货物列车到发线通过能力；客运站主要计算旅客列车到发线通过能力。

知识点 1　货物列车占用到发线时间标准

1. 无调中转列车占用到发线时间标准 $t_{中占}$

$$t_{中占} = t_{接车} + t_{停} + t_{出}（\text{min}）\tag{1-5-11}$$

式中　$t_{停}$——无调中转列车在到发线上停留时间（图定或查定），自列车到达停妥时起，至列车出发起动时止，min；

$t_{出}$——列车出发占用到发线的时间，自列车起动时起至腾空该到发线时止，min。

2. 部分改编中转列车占用到发线时间标准 $t_{部占}$

$$t_{部占} = t_{接车} + t'_{停} + t_{出}（\text{min}）\tag{1-5-12}$$

式中　$t'_{停}$——部分改编中转列车在到发线上停留时间，自列车到达停妥时起，至列车出发起动时止，min。

3. 解体列车占用到发线时间标准 $t_{解占}$

$$t_{解占} = t_{接车} + t''_{停} + t_{转}（\text{min}）\tag{1-5-13}$$

式中　$t''_{停}$——解体列车在到发线上停留时间，自列车到达停妥时起，至列车转线或推峰起动时止的一段时间，min；

$t_{转}$——解体列车转线或推峰占用到发线时间，自车列转线或推峰起动时起，至腾空该到发线时止的一段时间，min。

4. 始发列车占用到发线时间标准 $t_{编占}$

$$t_{编占} = t'_{转} + t'''_{停} + t_{出}（\text{min}）\tag{1-5-14}$$

式中　$t'_{转}$——编组转线占用到发线时间，自准备转线调车进路时起，至整个车列转入发车线警冲标内方停妥时止的一段时间，min；

$t'''_{停}$——始发列车在到发线上的停留时间，自车列转入出发线停妥时起，至列车出发起动时止的一段时间，min。

5. 单机占用到发线时间 $t_{机占}$

按运行图规定，接发单机占用到发线的时间 $t_{机占}$ 可采用写实的方法查定。

知识点2 货物列车到发线通过能力计算

计算货物列车到发线通过能力一般采用利用率计算法，其步骤与方法如下：

1. 计算一昼夜全部作业占用到发线的总时间（$T_总$）

各项作业占用到发线的总时间（%）可从表 1.5.2 中查得或按式（1-5-15）计算。

$$T_总 = n_中 t_{中占} + n_部 t_{部占} + n_解 t_{解占} + n_编 t_{编占} + n_机 t_机 + \sum t_调 + \sum t_固 + \sum t_{其他}（\min）\qquad（1\text{-}5\text{-}15）$$

式中　$n_中$、$n_部$、$n_解$、$n_编$、$n_机$ ——占用到发线的无调、部分改编、解体、始发列车数及单机数；

　　　$t_{机占}$ ——图定接、发单机占用到发线的时间，min；

　　　$\sum t_固$ ——固定作业占用到发线的总时间，min。

　　　$\sum t_{其他}$ ——其他作业占用到发线的总时间，包括机车走行线能力不足或未设走行线时机车出入段占用时间、合理的坐编占用时间等，min。

2. 计算货物列车到发线通过能力利用率（K）

$$K = \frac{T_总 - \sum t_固}{(1\,440\,m_{到发} - \sum t_固)(1 - \gamma_空)}\qquad（1\text{-}5\text{-}16）$$

式中　$m_{到发}$ ——扣除机车走行线后可用于接发货物列车的线路数；

　　　$\gamma_空$ ——到发线空费系数，其值取 0.15～0.20。

3. 计算货物列车到发线通过能力

货物列车到发线通过能力应按方向别分别计算接车和发车能力。到发场接、发 i 方向货物列车到发线通过能力为：

$$N_{接}^i = \frac{n_{接}^i}{K}（列）\qquad（1\text{-}5\text{-}17）$$

$$N_{发}^i = \frac{n_{发}^i}{K}（列）\qquad（1\text{-}5\text{-}18）$$

式中　$n_{接}^i$、$n_{发}^i$ ——列入计算的 i 方向接入、发出的货物列车数。

知识点3 编发线发车能力

在调车场内划出一部分调车线，与正线接通，兼作发车线，称为编发线。在编发线上集结某一到达站车流满轴时，连挂成列，挂上列尾装置，在完成列车出发作业后，即可在编发线上直接发车。它减少了车列编成后的转场作业，缩短了编组时间，提高了峰尾编组能力。

编发线发车能力的确定方法有两种：一种是通过车站作业规律和完成实绩分析确定；二是采用直接计算法计算确定。

编发线发车能力 $N_{编发}$ 计算公式为：

$$N_{编发} = \frac{(1\,440 m_{编发} - \sum t_{固})(1 - \gamma_{空})}{t_{编发}} \quad （列） \tag{1-5-19}$$

式中　$m_{编发}$——编发线数；

　　　$t_{编发}$——列车平均占用编发线的时间，min；

　　　$\gamma_{空}$——编发线空费系数，其值取 0.15~0.20。

典型工作任务 4　车站改编能力

车站改编能力应按驼峰或牵出线分别计算，当驼峰或牵出线担当的调车作业比较单一时，多采用直接计算法；反之，多采用利用率计算法。

知识点 1　驼峰解体能力

驼峰在现有技术设备、作业组织方法及调车机车数量条件下，一昼夜能够解体的货物列车数或车数，称为驼峰的解体能力。主要担当解体作业的驼峰，其解体能力可根据不同的作业方案，采用直接计算法进行计算。

1. 使用一台调车机车实行单推单溜的解体能力 $N'_{解}$

$$N'_{解} = \frac{(1\,440 - \sum t'_{固})(1 - \alpha_{空})}{t^{单单}_{解占}} \quad （列） \tag{1-5-20}$$

$$B'_{解} = N'_{解} m_{解} \quad （辆） \tag{1-5-21}$$

式中　$\alpha_{空}$——驼峰空费系数，由于列车到达不均衡、作业间不协调以及设备故障等原因所引起的驼峰无法利用的空费时间（不包括调车组交接班等驼峰作业中断期间内产生的空费）占一昼夜时间的比重，一般采用 0.03~0.05；

　　　$\sum t'_{固}$——一台调机单推单溜固定作业时间，其计算方法为：

$$\sum t'_{固} = \sum t_{交接} + \sum t_{吃饭} + \sum t_{整备} + \sum t_{客妨} + \sum t^{占}_{取送} \quad （min） \tag{1-5-22}$$

其中　$\sum t_{交接}$、$\sum t_{吃饭}$——调车组和乘务组的交接班、吃饭时间，min；

　　　$\sum t_{整备}$——一台机车一昼夜的整备时间，min；

166

$\sum t_{客妨}$ —— 一昼夜旅客列车横切峰前咽喉妨碍驼峰解体的时间，min；

$\sum t_{取送}^{占}$ —— 列入固定作业的取送等调车作业占用或中断驼峰使用的时间，min；

$t_{解占}^{单单}$ —— 采用单推单溜作业方案时解体一个车列平均占用驼峰的时间，min，可以按下式计算：

$$t_{解占}^{单单} = t_{空程} + t_{推} + t_{分解} + t_{禁溜} + t_{整场} + t_{妨} \quad （\text{min}） \tag{5-23}$$

其中 $t_{空程}$ —— 调车机车自驼峰作业地点起动时起经到达场入口咽喉折返与到达场车列连挂并完成试牵引时止的时间，min；

$t_{禁溜}$ —— 每解体一车列平均摊到的解、送禁溜车时间，min；

$t_{整场}$ —— 每解体一车列平均摊到的整场时间，min；

$t_{妨}$ —— 每解体一车列平均摊到的妨碍时间，min；

$m_{解}$ —— 解体车列的平均编成辆数。

调车机的空程按两种情况计算：

（1）当到达场与调车场纵列时（见图 1.5.7）。

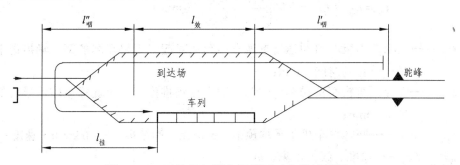

图 1.5.7 到达场与调车场纵列时空程计算图

$$t_{空程} = \frac{0.06(l_{咽}' + l_{效} + l_{咽}'')}{v_{空}'} + \frac{0.06 l_{挂}}{v_{空}'} + l_{挂妨} + t_{岔} + t_{挂} \quad （\text{min}） \tag{1-5-24}$$

式中 $l_{咽}'$、$l_{咽}''$ —— 到达场出口咽喉区、进口咽喉区长度，m；

$l_{效}$ —— 到达场线路有效长，m；

$l_{挂}$ —— 由机待线去到达场连挂待解车列平均的走行距离，m；

$l_{挂妨}$ —— 在到达场入口处驼峰调车机车与到达列车进路交叉每列摊到的妨碍时间，min；

$t_{岔}$ —— 机待线道岔转换时间，可取 0.2 min；

$t_{挂}$ —— 驼峰调车机车连挂车列后的试牵引时间，可取 1 min；

$v_{空}'$、$v_{空}''$ —— 驼峰调车机车自驼峰作业地点到机待线、机待线至挂车的平均运行速度，$v_{空}'$ 可按 25 km/h，$v_{空}''$ 可按 15 km/h 计算。

（2）当到发场与调车场横列时（见图 1.5.8）。

$$t_{空程} = 0.06\left(\frac{l'_{咽} + l''_{咽}}{v'_空} + \frac{l_{挂}}{v''_空}\right) + t_{挂妨} + t_{岔} + t_{挂} \text{（min）} \tag{1-5-25}$$

式中　$l_{联}$——联络线长度；

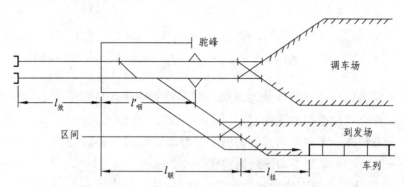

图 1.5.8　到达场与调车场横列时空程计算图

$t_{推}$ 为驼峰机车推送车列的时间，可分为预推和续推时间两部分，即

$$t_{推} = t_{预推} + t_{续推} = 0.06\left(\frac{l_{预推}}{v_{预推}} + \frac{l_{续推}}{v_{续推}}\right) \text{（min）} \tag{1-5-26}$$

式中　$t_{预推}$——驼峰调车机车自到达场推送车列起动时起，至将车列的第一辆推送至预推停车点时止的时间，min；

　　　$t_{续推}$——驼峰调车机车推送车列的第一辆车自预推停车点至驼峰主体信号机处所需的时间，min；

　　　$v_{预推}$、$v_{续推}$——驼峰调车机车平均预推（6 km/h）和续推（3～6 km/h）速度；

　　　$l_{预推}$、$l_{续推}$——预推、续推距离，m。

$t_{分解}$ 为自车列的第一辆车进入驼峰信号机内方时起，至最后一辆溜出后调车机车停轮时止的纯分解时分，不包括分解过程中产生的进路交叉妨碍时间和解、送禁溜车时间。可按下列公式计算：

$$t_{分解} = 0.06 \times \frac{ml_{车}}{v_{分解}} \tag{1-5-27}$$

式中　m——车列平均编成辆数；

　　　$l_{车}$——每辆车平均长度，取 14.3 m；

　　　$v_{分解}$——驼峰机车平均分解速度，取 5～7 km/h。

2. 使用两台调车机车实行双推单溜的解体能力 $N''_解$

$$N''_解 = \left(\frac{1\,440 - \sum t''_固}{t^{双单}_{解占}} + \frac{2\sum t_{整备} + \sum t^{未占}_{取送}}{t^{单单}_{解占}}\right)(1 - \alpha_空) \text{（列）} \tag{1-5-28}$$

$$B''_解 = N''_解 m_解 \text{（辆）} \tag{1-5-29}$$

式中 $\sum t''_{固}$——两台调机双推单溜固定作业时间，其计算方法为：

$$\sum t''_{固} = \sum t_{交接} + \sum t_{吃饭} + 2\sum t_{整备} + \sum t_{客妨} + \sum t^{占}_{取送} + \sum t^{未占}_{取送} \quad (\text{min}) \quad (1\text{-}5\text{-}30)$$

其中 $\sum t^{未占}_{取送}$——驼峰调车机车应担当的取送作业中未占用或未中断使用驼峰的时间，min；

$t^{双单}_{解占}$——采用双推单溜的作业方案时解体一个车列平均占用驼峰的时间，min，其计算公式为：

$$t^{双单}_{解占} = t_{分解} + t_{禁溜} + t_{整场} + t_{妨} + t_{间隔} \quad (1\text{-}5\text{-}31)$$

其中 $t_{间隔}$——驼峰间隔时间，min。

3. 使用三台及以上调机实行双推单溜的解体能力 $N'''_{解}$

$$N'''_{解} = \frac{(1\,440 - \sum t'''_{固})(1 - \alpha_{空})}{t^{双单}_{解占}} \quad (\text{列}) \quad (1\text{-}5\text{-}32)$$

式中 $\sum t'''_{固}$——三台以上调机采用双推单溜固定作业时间，其计算公式为：

$$\sum t'''_{固} = \sum t_{交接} + \sum t_{吃饭} + \sum t_{客妨} + \sum t^{占}_{取送} \quad (\text{min}) \quad (1\text{-}5\text{-}33)$$

知识点2　调车场尾部编组能力

调车场尾部牵出线在现有技术设备、作业组织方法及调车机车数量条件下，一昼夜能够编组的货物列车数或车数，称为峰尾编组能力。

调车场尾部牵出线的编组能力可以采用直接计算法或利用率计算法计算。

1. 直接计算法

$$N_{编} = \frac{(1\,440 M_{机} - \sum t_{固})(1 - \alpha_{妨})}{t_{编占}} + N_{摘} \quad (\text{列}) \quad (1\text{-}5\text{-}34)$$

$$B_{编} = N_{编} m_{编} \quad (\text{辆}) \quad (1\text{-}5\text{-}35)$$

式中 $M_{机}$——调车场尾部编组调车机车台数；

$\sum t_{固}$——尾部调车机车一昼夜固定作业时间，其计算公式为：

$$\sum t_{固} = \sum t_{交接} + \sum t_{吃饭} + \sum t_{整备} + \sum t_{取送} + \sum t_{摘挂} \quad (\text{min}) \quad (1\text{-}5\text{-}36)$$

其中 $\sum t_{取送}$——一昼夜担当取送调车作业的总时间，min；

$\sum t_{摘挂}$——一昼夜编组摘挂列车的总时间，min；

$\alpha_{妨}$——调车机车的妨碍系数，两台调机时取 0.06 ~ 0.08，三台调机时取 0.08 ~ 0.12；

$t_{编占}$——编组一个车列（摘挂列车除外）平均占用的时间，min；

$N_{摘}$—— 一昼夜编组的摘挂列车数；

$m_{编}$——编组车列的平均编成辆数。

2. 利用率计算法

$$N_{编} = \frac{n_{编}}{K} + N_{摘} \quad （列） \tag{1-5-37}$$

$$B_{编} = N_{编} m_{编} \quad （辆） \tag{1-5-38}$$

式中　$n_{编}$——列入计算的每昼夜编组货物列车数（不包括摘挂列车）及交换车总列数；

　　K——峰尾牵出线编组能力利用率，按下式计算：

$$K = \frac{T_{总} - \sum t_{固}}{(1\,440 M_{机} - \sum t_{固})(1 - \alpha_{妨})} \tag{1-5-39}$$

其中　$T_{总}$——一昼夜峰尾牵出线的总作业时间（不含妨碍时间），min。

知识点3　简易驼峰（或牵出线）改编能力

既担当解体作业又担当编组作业的简易驼峰或牵出线的改编能力，可以采用利用率计算法。其计算步骤和方法如下：

1. 计算一昼夜占用简易驼峰（或牵出线）的总时间 $T_{总}$

$$T_{总} = n_{解} t_{解} + n_{编} t_{编} + n_{调} t_{调} + \sum t_{整场} + \sum t_{固} \quad （min） \tag{1-5-40}$$

式中　$n_{解}$、$n_{编}$——简易驼峰或牵出线解体、编组（摘挂列车除外）的列车数，部分改编中转列车按其作业时间折合列数计算；

　　$t_{解}$、$t_{编}$——解体、编组（摘挂列车除外）一个车列的作业时间，min；

　　$n_{摘}$、$t_{摘}$——除解体、编组作业以外占用驼峰或牵出线的其他调车作业次数及平均每次作业时间，min。

2. 计算简易驼峰（或牵出线）改编能力利用率 K

$$K = \frac{T_{总} - \sum t_{固}}{(1\,440 M_{机} - \sum t_{固})(1 - \alpha_{妨})} \tag{1-5-41}$$

3. 计算简易驼峰（或牵出线）改编能力

$$N_{解} = \frac{n_{解}}{K} \quad （列） \tag{1-5-42}$$

$$B_{解} = N_{解} m_{解} \quad （辆） \tag{1-5-43}$$

$$N_{编} = \frac{n_{编}}{K} + N_{摘} \quad （列） \tag{1-5-44}$$

$$B_{编} = N_{编} m_{编} \quad （辆） \tag{1-5-45}$$

知识点4 改编能力的确定

（1）纵列式编组站驼峰担当解体作业、尾部牵出线担当编组作业时的改编能力，按经过合理调整峰上、峰尾作业负担后的驼峰解体能力、尾部编组能力二者中较小者的两倍计算。

（2）横列式技术站或两端的简易驼峰和牵出线既编又解时的改编能力，按两端解体、编组能力之和计算。

（3）具有两套解编系统的双向编组站应分别按上、下行系统确定其改编能力，全站的改编能力按两系统改编能力之和计算。

（4）担当重复解体转场车的驼峰，应按含转场车和不含转场车分别表示其解体能力。

【任务实施】

请计算乙站牵1的改编能力。

典型工作任务5 提高车站能力的措施

知识点1 车站能力汇总

车站能力是指在现行作业组织方法及调机配备情况下，各车场、驼峰或牵出线及整个车站所具有的通过能力和改编能力。

一、车站通过能力汇总

汇总车站通过能力的目的在于查明车站咽喉、到发线接发各方向各种列车的能力。车站咽喉区各进路咽喉道岔组通过能力加总后，列入该方向咽喉通过能力。一个方向的列车接入车站的几个车场或从几个车场出发时，各车场该方向到发线通过能力加总后，列入全站该方向到发线通过能力。各方向咽喉、到发线通过能力加总后列入全站的咽喉、到发线通过能力。

二、车站改编能力汇总

汇总车站改编能力的目的在于查明该站调车设备解体和编组各方向列车的能力。当一个方向的列车由两个及以上的调车设备进行解体或编组时，该方向的改编能力应等于各调车设备该方向的改编能力之和。驼峰、牵出线的改编能力，按任务4所述确定后，汇总列入全站改编能力。

知识点 2　提高车站能力的措施

铁路通过能力直接关系着运输生产过程的实现，而车站通过能力和改编能力是铁路通过能力的重要组成部分。因此，铁路必须科学而有计划地加强车站能力，以保证能够适应国民经济发展和运输市场的需要。

提高车站通过能力和改编能力的措施有技术组织措施和改建措施两类。

一、提高车站能力的技术组织措施

根据车站通过能力和改编能力的计算公式，对影响车站能力的各种因素进行分析，其主要组织措施有：

1. 调整车站技术设备使用方案，均衡设备作业负担

通过调整车场分工和到发线使用方案，重新分配驼峰、牵出线工作，调整调机分工及其作业区域，调整咽喉道岔的作业负担，使各项技术设备的作业负担均衡并减少敌对进路的干扰，从而提高和协调车站咽喉通过能力、到发线通过能力和驼峰、牵出线的改编能力。

当驼峰或牵出线的改编能力紧张，或遇车流增大时，可以有计划地调整驼峰、牵出线的作业负担，根据技术设备条件，活用固定线路，合理固定调车作业区域，充分发挥调车设备的效能，提高其改编能力。

2. 压缩各项作业占用技术设备的时间

采用先进的工作方法，改进各种列车的技术作业过程和调车作业方法，采取解体照顾编组、解体照顾送车、取车照顾编组、解编结合等方法，利用车辆集结过程预编、预检车组等，实现流水作业和最大限度地平行作业，在压缩单项作业时间的同时，减少或消除等待和妨碍作业时间。

3. 改进运输组织工作

加强车站作业计划与调度指挥，根据列车编组内容和到发时间，有预见有计划地组织车流和装卸作业，合理组织调车机工作，充分发挥调车机效率，减少固定作业占用时间。改善车流组织方法，结合车流到发规律，大力组织挂线装车，组织成组装车和直达列车，扩大技术站无调中转列车的比重。改善劳动组织，加强联劳协作，使各部门、各工种之间作业紧密配合，以提高工作效率，大力压缩各种非生产等待时间。

4. 对车站现有设备进行小量技术改造

在工程量和投资不大的情况下，可在咽喉区增铺或改铺道岔，移设信号机，增加咽喉平行进路，延长牵出线，增加辅助调车机车等，以加强车站通过能力和改编能力。

二、提高车站能力的改建措施

（1）改造车站咽喉。改进车站咽喉布置，增设联络线，增加平行进路。在必要和可能时，采用立体交叉，以疏解列车进路，使各方向客货列车接发、机车出入段、解编和取送调车等

能够最大限度地平行作业。

（2）改建或扩建站场线路。改进车场布置，增加或延长到发线、调车线，分别设置货物列车到达场、出发场，或在办理直通货物列车较多的车站增设直通车场等。

（3）改造现有固定调车设备。改造牵出线、驼峰设备的平纵断面，增设预推线、禁溜线和尾部牵出线，抬高驼峰高度，采用先进的峰下制动设备，如采用减速器、加减速顶调速备等。

（4）采用各种新技术，装设先进的信、联、闭设备。

（5）修建自动化驼峰，实现编组站作业自动化，全面提高车站改编能力。

典型工作任务 6　车站工作日计划图

知识点 1　车站工作日计划图的内容和作用

车站工作日计划图是车站对各种列车和车辆进行全部技术作业过程及各项技术设备运用情况的详细图解。图 1.5.9 所示为乙站工作日计划图。

车站工作日计划图的内容包括：

（1）列车到达和出发的车次、时刻及编组内容。

（2）列车占用到发线情况。

（3）货车在调车场的集结情况。

（4）列车解体、编组及其他作业占用驼峰和牵出线的情况。

（5）调车机车工作情况。

（6）本站货物作业车在装卸地点停留及取送作业情况。

（7）列车到发和调车作业占用咽喉道岔组的情况等。

编制车站工作日计划图的主要作用有：检查车站各项技术作业过程之间、车站作业与列车运行图之间是否协调，车站技术设备运用及作业组织是否合理；查明车站最繁忙阶段与最薄弱的环节，以便针对发现的问题，提出解决办法；确定货车在站停留时间标准、调机台数及车站运用车标准数。

为保证车站各项作业过程及其与运行图之间的协调配合，每当列车编组计划、列车运行图、车站技术设备和技术作业过程发生变更时，应重新编制车站工作日计划图。

知识点 2　车站工作日计划图的编制方法

车站工作日计划图应根据列车编组计划规定的列车编组内容，列车运行图规定的列车到发时间、重量、长度，车站技术设备运用方案，规定的到发线、调车线固定使用、调车机车分工和技术作业过程规定的作业时间标准等资料进行编制。

现以乙站为例，说明编制车站工作日计划图的步骤和方法。

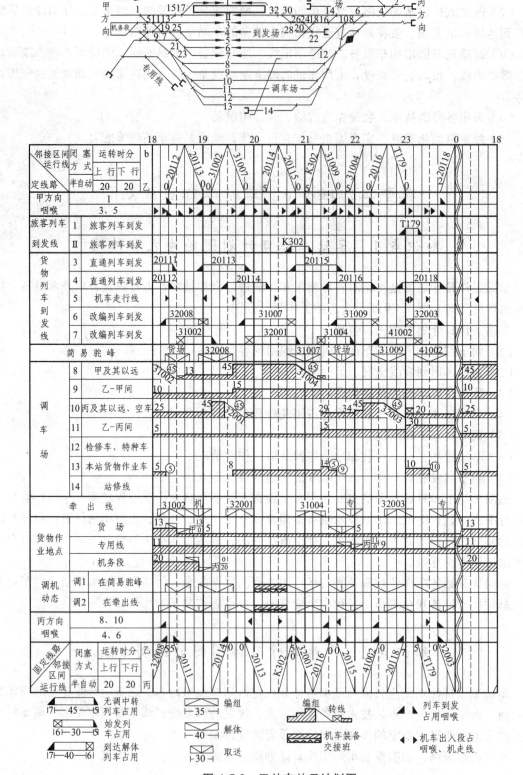

图 1.5.9　乙站车站日计划图

第一步，根据车站技术设备及其固定使用方案，设计车站工作日计划图表，如图 5.9 所示。

第二步，根据车站到发车流及其特征，确定具有代表性的日均车流量，结合车流到达规律及列车编组计划，将日均车流分配给各次列车。

例如，根据车流汇总表确定的行车量，乙站解体区段列车 18 列、摘挂列车 4 列，按照列车编组计划的规定，将表 1.5.1 的车数按编组内容（去向、辆数）所占的百分比分配给各次到达解体列车，见表 1.5.3。

表 1.5.3　乙站到达解体列车编组内容（摘录）

方向	车次	辆数	到达时间	编组内容				
				甲	乙—甲	丙	乙—丙	乙
甲方向	31007	45	19:50	—	—	29	10	6
	31009	45	21:40	—	—	20	15	10
	⋮	⋮	⋮	⋮	⋮	⋮	⋮	⋮
	计	$\frac{445}{35}$	—	—	—	$\frac{360}{25}$	60	$\frac{25}{10}$
丙方向	32008	45	18:15	32	5	—	—	8
	41002	37	22:30	20	8	—	—	9
	⋮	⋮	⋮	⋮	⋮	⋮	⋮	⋮
	计	485	—	360	65	—	—	60
全站全天合计		$\frac{930}{35}$	—	360	65	$\frac{360}{25}$	60	$\frac{85}{10}$

第三步，确定日初结存车数。

确定日初结存车数的过程，实质上是按去向逐列落实编组列车车流来源的过程。例如，列车运行图规定 19:10 始发甲方向 31002 次区段列车，编组内容为甲及其以远 45 辆。乙站《站细》规定的各项技术作业时间标准为：到达作业 40 min，解体作业 40 min，编组作业 35 min，出发作业 30 min，取送作业 30 min。线路固定使用如图 5.9 所示。据此可以推定该列车最晚应于 18:05 开始编组。因此，可以初步确定调车场 8 道应有日初结存车 45 辆，用于编组 31002 次列车。依此类推，直到各方向始发编组列车均有车流来源并且日末与日初结存车数相等为止。

第四步，绘制车站工作日计划图。

（1）根据列车运行图规定的各次列车到发时刻，绘制邻接区间运行线。

（2）根据到发线固定使用和列车走行径路，绘制各次列车占用咽喉道岔及到发线的顺序和起止时分。

（3）绘制机车出入段占用咽喉道岔和机车走行线的情况。

（4）根据编组列车的需要，合理安排调车机车的解体、编组、取送作业，并按规定符号绘制调车作业和调机占用各项设备的起止时分。

（5）随时填记调车场、货物作业地点的车流变化情况（包括车数、重空状态等）。

车站工作日计划图绘制完了后，要计算主要指标，必要时应进行调整，力求各项技术设备运用合理，各项指标符合规定。

知识点3　车站工作日计划图主要指标计算

车站工作日计划图的指标计算主要有中转车平均停留时间、货物作业车平均停留时间、车站运用车标准数和调车机车需要台数等。

一、中转车平均停留时间

1. 无调中转车平均停留时间

$$t_无 = \frac{\sum Nt_无}{\sum N_无} \qquad (1\text{-}5\text{-}46)$$

式中无调中转车数 $\sum N_无$ 从车站车流汇总表（见表1.5.1）中查得，无调中转车总停留车小时 $\sum Nt_无$ 可从车站工作日计划图中逐列查算后加总求得。例如，根据表1.5.1和图1.5.9，乙站无调中转车平均停留时间计算见表1.5.4。

表5.4　乙站无调中转车平均停留时间计算表

车次	编组辆数	停留时间（min）	停留车分（车·min）
20112	45	20	900
20111	45	25	1 125
20113	45	50	2 250
20114	45	45	2 025
⋮	⋮	⋮	⋮
全天合计	1 080		47 960
一车平均停留时间	$t_{无调} = \dfrac{47\ 960}{60 \times 1\ 080} = 0.74 = 0.7$（h）		

2. 有调中转车平均停留时间

有调中转车平均停留时间可按上述方法分别求得到达、解体、集结、编组、出发五项作业平均停留时间（包括待解、待编、待发时间），然后加总求得。

例如，根据表1.5.1和图1.5.9，乙站到达、解体、集结、编组、出发作业平均停留时间计算分别见表1.5.5~表1.5.7。

表 1.5.5　乙站到达、解体作业平均时间计算表

车次	编组辆数	到达作业		解体作业	
		作业时分（min）	集结时间（车·min）	作业时分（min）	集结时间（车·min）
32008	45	40	1 800	40	1 800
31007	45	50	2 250	40	1 800
31009	45	40	1 800	40	1 800
41002	37	40	1 480	40	1 480
⋮	⋮	⋮	⋮	⋮	⋮
全天合计	965	—	41 150	—	38 700
一车平均停留时间		$t_{到}=\dfrac{41150}{60\times965}=0.71$（h）		$t_{解}=\dfrac{38700}{60\times965}=0.67$（h）	

表 1.5.6　乙站编组、出发作业平均时间计算表

车次	编组辆数	到达作业		解体作业	
		作业时分（min）	集结时间（车·min）	作业时分（min）	集结时间（车·min）
31002	45	35	1 575	30	1 350
32001	45	35	1 575	50	2 250
31004	45	35	1 575	30	1 350
32003	45	35	1 575	30	1 350
⋮	⋮	⋮	⋮	⋮	⋮
全天合计	965	—	34 750	—	35 900
一车平均停留时间		$t_{编}=\dfrac{34750}{60\times965}=0.60$（h）		$t_{发}=\dfrac{35900}{60\times965}=0.62$（h）	

表 1.5.7　乙站平均集结时间计算表

股道	集结时间（车·min）	参加集结车数
8	$45\times5+13\times55+45\times75+20\times10+\cdots=25\,120$	$45+13+32+20+\cdots=380$
9	$10\times95+15\times225+23\times10+\cdots=6\,150$	$10+5+8+\cdots=80$
10	$25\times70+45\times15+29\times40+34\times10+45\times25+\cdots$ $=26\,740$	$25+20+29+5+\cdots=440$
11	$5\times200+15\times100+30\times60+\cdots=5\,560$	$5+10+15+\cdots=65$
全天合计	$25\,120+6\,150+26\,740+5\,560=63\,570$	$380+80+440+65=965$
一车平均停留时间	$t_{集}=\dfrac{63\,570}{60\times965}=1.10$（h）	

根据上述计算结果，乙站有调中转车平均停留时间为：

$$t_{有}=t_{到}+t_{解}+t_{集}+t_{编}+t_{发}=0.71+0.67+1.10+0.60+0.62=3.7（h）$$

必须指出，按上述方法求得的各项技术作业消耗的总停留车小时数和参加停留的车数，包括有调中转车和本站货物作业车两种。因此求得的五项作业平均停留时间，同样适用于求算货物作业车平均停留时间。

3. 中转车平均停留时间

按上述方法求得 $t_无$、$t_有$ 后，即可按式（1-5-47）求算中转车平均停留时间：

$$t_中 = \frac{t_无 N_无 + t_有 N_有}{N_无 + N_有} \tag{1-5-47}$$

本例中，乙站中转车平均停留时间为：

$$t_中 = 2.1（h）$$

二、货物作业车平均停留时间

在求得上述五项作业平均停留时间的基础上，再用同样的方法从日计划图中查算货物作业车在调车场内待送、在装卸地点进行装卸作业（包括待取）和取送作业等平均停留时间，然后分别按式（1-5-48）、式（1-5-49）求得一车平均停留时间 $t_{货车}$ 和一次货物作业平均停留时间 $t_货$：

$$t_{货车} = t_到 + t_解 + t_{待送} + t_送 + t_{装卸} + t_取 + t_集 + t_编 + t_发 \tag{1-5-48}$$

$$t_货 = \frac{t_{货车} N_{货车}}{u_装 + u_卸} \tag{1-5-49}$$

三、车站运用车标准数

车站运用车标准数（保有量）是指车站为完成规定的运输任务应经常保有的运用车数。它是根据各种货车的计划车流量和停留时间标准确定的，即

$$N_保 = \frac{N_无 t_无 + N_有 t_有 + N_{货车} t_{货车}}{24} = N_保^无 + N_保^有 + N_保^{货车} \tag{1-5-50}$$

式中　$N_保$——车站运用车标准数；

$N_保^无$、$N_保^有$、$N_保^{货车}$——无调中转车、有调中转车及本站货物作业车标准数。

四、调车机车需要台数

调车机车需要台数一般采用分析计算法进行概略计算，并在编制车站工作日计划图时加以验证确定。

利用分析计算法计算调车机车台数时，根据驼峰、牵出线及其他调车区完成规定的调车作业一昼夜所消耗的总时间，按式（1-5-51）计算：

$$M_调 = \frac{\sum T_调}{1\,440 - t_整} \tag{1-5-51}$$

式中　$M_调$——调车机车需要台数；

　　　$\sum T_调$——一昼夜内调车工作消耗的总时间，min；

　　　$t_整$——机车整备作业时间，min。

为了考核调车机车运用效率，一般采用调车工作系数 $K_调$ 来衡量。调车工作系数是指调车机车每工作 1 h 平均改编的车数。其值可按式（1-5-52）计算：

$$K_调 = \frac{60 \sum N_{改编}}{\sum T_调}$$　　　　　　　　　　（1-5-52）

式中　$\sum N_{改编}$——一昼夜内改编的车辆总数，车。

【知识与技能拓展】

一、填空题

1. 车站通过能力包括（　　）通过能力和（　　）通过能力两部分。

2. 驼峰改编能力由（　　）解体能力和（　　）编组能力组成。

3. 为了计算车站能力，应将占用设备的全部作业划分为（　　）作业和（　　）作业两类。

4. 咽喉通过能力为咽喉区各进路（　　）通过能力之和。

5. 当开通敌对进路，使该咽喉道岔只有定位或反位一个方向需要中断使用，另一个方向没有影响，这项中断时间叫作咽喉道岔的（　　）妨碍时间。

6. 改进车站咽喉布置、增设联络线，增加（　　）进路，可以提高车站的咽喉通过能力。

7. 车站工作日计划图是车站对各种列车和车辆进行全部（　　）及各项技术设备运用情况的详细图解。

二、判断题

1. 固定作业是与行车量增减无关的作业。（　　　）

2. 计算客运站通过能力时，运行图规定的货物列车到发及其本务机车出入段等作业应按固定作业计算。（　　　）

3. 计算车站能力时，摘挂列车的解体作业应列为固定作业。（　　　）

4. 按方向别和列车种类别计算车站能力值，以辆数表示时，小数点后四舍五入。（　　　）

5. 横列式技术站的改编能力，按两端解体、编组之和确定车站改编能力。（　　　）

6. 道岔分组时，可以被两条进路同时分别占用，以及辙叉尾部相对且分布在线路两端的相邻道岔不能并为一组。（　　　）

7. 车站能力是指在现行作业组织方法及调机配备情况下，各车场、驼峰或牵出线及整个车站所具有的通过能力和改编能力。（　　　）

8. 提高车站通过能力和改编能力的措施有技术组织措施和改建措施。（　　　）

三、简答题

1. 计算车站能力时，哪些作业是固定作业？

2. 车站改编能力如何确定？

3. 提高车站能力的技术措施有哪些？

4. 提高车站能力的改建措施有哪些？

5. 何谓车站通过能力与改编能力？查定和计算车站能力的目的是什么？

6. 影响车站通过能力和改编能力的主要因素有哪些？

7. 道岔分组的原则是什么？绘图表示之。

8. 何谓车站日计划图？车站日计划图的主要指标有哪些？

四、技能题

1. 已知：乙站计划车流汇总表见表 1.5.8。

表 1.5.8　乙站计划车流汇总表

往由		甲方向			丙方向			到达本站	合计
		乙—甲	甲及其以远	计	乙—丙	丙及其以远	计		
甲方向	无调车					327	327		327
	有调车				40	65/15	105/15	40	145/15
	计				40	392/15	432/15	40	472/15
丙方向	无调车		328	328					328
	有调车	40	90	130				35	165
	计	40	418	458				35	493
本站发出		5	20	25	5	10/35	15/35		40/35
合计		45	438	483	45	402/50	147/50	75	

要求：计算车站办理车数，中转重、空车数，装卸车数，接入空车数，发出空车数，无调中转车数和 $\alpha_{无}$，改编车数和 $\alpha_{改}$。

第二篇 车流组织

☞ **项目导学**

车流组织是利用铁路现有的运输设备，把不断形成的货流变成空、重车流，再组织成列车流向装、卸地点输送。它是铁路运输生产的重要环节，所研究的问题是怎样高效率地把重、空车流组织成列车流向装卸地点输送，解决在哪些车站编组列车、这些车站编组哪些列车到达站、每一列车到达站的编组内容以及车辆在列车中的编挂方法等问题。

☞ **案例描述**

请阅读资料完成列车编组计划。

已知：（1）X—T方向车站位置示意图如图2.0.1所示。

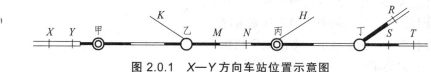

图 2.0.1 X—Y方向车站位置示意图

（2）甲—丁方向装车地煤炭装车计划见表2.0.1，并已知主要装、卸站装卸能力充足，空车来源有保证。

表 2.0.1 甲—丁方向装车地煤炭装车计划

卸车站 / 装车站	甲	乙	丙	丁	R	S	T	合计
X	3		2		165	25		195
Y		5					30	35
M			4	30				34
N					10	10	5	25
合计	3	5	4	32	175	35	35	289

（3）甲—丁方向重车车流表（日均车数）见表2.0.2。

表 2.0.2　甲—丁方向重车车流表（日均车数）

由 \ 往	甲	甲—乙	乙	乙—K	乙—丙	丙	丙—H	丙—丁	丁	合计
甲		28	170	10	40	100	10	55	470	883
甲—乙	25		10	4	5	5	2	3	10	65
乙	230	5		10	5	35	3	2	185	475
乙—K	10	2	1		10	5	2	3	5	40
乙—丙	20	3	1	4		4	4	3	55	96
丙	30	2	40	3	2		10	5	35	127
丙—H	15	3	4	2	6	1		1	15	48
丙—丁	5	2	3	3	4	2	3		5	27
丁	250	25	165	10	10	70	15	3		548
计	585	71	394	48	86	220	50	75	780	2 309

要求：请根据已知的车流性质完成各个车站间车流组织。

☞　**分析项目**

通过阅读资料分析该案例所需知识储备。（由教师引导学生完成）

项目一　车流组织

典型工作任务 1：列车编组计划认知

典型工作任务 2：装车地直达列车编组计划编制

典型工作任务 3：技术站列车编组计划编制

典型工作任务 4：列车编组方案的确定与执行

项目二　铁路运输生产技术计划及运输方案

典型工作任务 1：技术计划认知

典型工作任务 2：数量指标计划

典型工作任务 3：货车运用指标计划

典型工作任务 4：运用车保有量计划

典型工作任务 5：机车运用指标计划

典型工作任务 6：运输方案

☞　**知识储备**

项目一　车流组织

【项目描述】

车流组织是利用铁路现有的运输设备，把不断形成的货流变成空、重车流再组织成列车流向装、卸地点输送。它是铁路运输生产的重要环节，所研究的问题是怎样高效率地把重、空车流组织成列车流向装卸地点输送，解决在哪些车站编组列车、这些车站编组哪些列车到达站、每一列车到达站的编组内容以及车辆在列车中的编挂方法等问题。

【教学目标】

1. 知识目标

了解列车编组计划的作用及内容；能够写出装车地直达列车的组织条件；会计算技术站间车流量；通过计算能够选择出技术站列车开行的最优方案；能够说出违反列车编组计划的有关规定。

2. 能力目标

根据已有知识，使学生初步学会制定各类型车站的列车编组计划，制定一个区域范围内的列车编组计划，通过计算车站能力，验证其可行性。培养学生组织车站列车编组计划的能力。

典型工作任务 1　列车编组计划认知

知识点 1　货物列车编组计划的意义

铁路运输组织的实质是利用铁路运输设备，不断由货流形成重车流，由卸后空车形成空车流，再由空、重车流组成列车流的过程。

列车编组计划是全路的车流组织计划，是铁路行车组织工作的较长期的基础性质的计划。它以较优的车流组织方案为基础，把全路错综复杂的车流分别组织到不同去向和种类的列车之中，保证货物以最快的速度送达，机车车辆得到最好的运用。

列车编组计划在全路各站间合理分配列车编解任务，对全路各站的设备和能力，统筹规划、综合使用，既保证各站所负担的编解任务与其设备能力相适应，又使各站之间协调配合，并使重点编组站留有一定后备。从某种意义上说，列车编组计划起着全路各技术站统一技术站作业过程的作用，是全路技术站改编任务分工的战略部署。

列车编组计划规定了车流运行径路和技术站编组列车的种类、到达站和车辆编挂方法，这在很大程度上也就确定了各站办理车数、改编车数，是车站指定设备运用方案和作业组织方案的重要依据。

列车编组计划是运输计划和列车运行图之间的重要环节。它根据运输计划制订计划车流，并进一步将车流组织成为列车流。它所规定的列车数量、列车分类、发站和到站以及定期运行的列车等，是编制列车运行图的基础。在运行图上，各类列车的运行线应与车流密切结合，并在技术站有良好的接续。通过编制运输方案组流上线，即可做到装、运、卸各个运输环节紧密衔接，保证整个运输工作的均衡稳定。

列车编组计划的巨大作用还在于，在日常运输工作中，它是疏导车流运行、预防和解决枢纽工作困难的强有力工具。这是因为通过变更列车编组计划，可以调整枢纽和车站的负担，使其能力紧张状况得到缓解，从而确保运输畅通。

铁路企业通过组织装车地直达运输，与厂矿等各类企业在物资分配、组织方法和设备使用等方面紧密协作配合。因此，列车编组计划体现了产、供、销各部门的共同利益，是铁路与国民经济其他部门紧密联系的重要环节。

最后，在制定铁路枢纽发展规划、进行站场扩建和新建设计时，必须以车流组织最优方案为基础，即根据列车编组计划确定的改编任务确定编组站或枢纽的发展规模及设备数量。所以，远期的列车编组计划是制定路网上站场合理布局规划的重要依据。

综上所述，列车编组计划既是车流组织计划，又是站场设备运用计划；既是路网各车种分工的战略部署，又是调节铁路方向和站场工作负担、缓和运输紧张状况的有效手段；既是行车组织的基本技术文件，又是铁路与其他部门联劳协作的具体体现。因此，正确编制和执行列车编组计划是充分发挥铁路运输能力，提高运输效率，尽可能满足运输市场需求的重要手段。

知识点 2 货物列车编组计划的任务

一、列车编组计划的任务

（1）最大限度地从装车地组织直达运输，以减少技术站的改编作业量，加速货物输送和车辆周转。

（2）最大限度地减少车辆改编作业次数，并尽量将调车工作集中到技术设备先进、编解能力大、作业效率高的主要编组站上进行，以减少人力物力消耗，节约开支，降低运输成本。

（3）正确规定技术站编组列车的方法，合理分配技术站的编解调车任务，充分发挥设备能力，组织各站协调配合，为保持各站的良好作业秩序创造条件。

（4）合理组织区段管内和枢纽地区的车流，以减少重复改编，加速车流输送。

二、列车编组计划的主要内容

（1）发站：列车编组始发的车站；

（2）到站：列车的终到站（解体站）；

（3）编组内容：规定了该列车用哪些车流编组及车辆的编挂方法；

（4）列车种类：表示该列车的分类；

（5）定期车次：若该列车为装（卸）车地组织的直达列车，则表示该列车开行期间的固定车次。

（6）附注：对编组内容栏补充说明，常见的说明如按站顺、按组顺、规定基本组重量、开行列数。

列车中车辆的编挂方法，基本上可以分为以下几种：

（1）单组混编：该列车到达站及其以远的车辆，不分到站，不分先后混合编挂。

（2）分组选编：一个列车分为两个及其以上的车组，它们互不混杂。对车组的排列无特殊要求者，一般不必按组顺编挂。

（3）到站成组：在列车中，凡同一到站的车辆必须挂在一起，但对其先后顺序一般无特别要求。

（4）按站顺编组：在列车中，除同一到站的车辆必须挂在一起外，还要求按车站的排列顺序进行编挂。

知识点 3　货物列车编组计划的编制程序与原则

一、编制货物列车编组计划的资料

为了正确编制列车编组计划，在编制前，各铁路局有关业务主管部门要根据职责分工，在编组计划负责部门的协调下，做好准备工作，提供下列资料：

（1）根据年度、月度运输计划主要物资货源货流资料，并参照规划运量提出编组计划实行期间的运输计划和说明。

（2）根据上述运输计划和说明，结合实际车流规律，编制分品类、分到局、分主要发到站和技术站间的计划车流；根据计划车流编制始发直达、煤炭直达、石油直达列车计划。

（3）根据货流、车流及市场营销需求，提出"五定"班列及其他快运货物列车资料。

（4）各线路、区段的区间通过能力、牵引重量、列车换长。

（5）车站设备、能力、技术标准资料：

① 主要装卸站的装卸能力，包括主要专用线和装卸线长度、容车数，平均每日装卸分批次数、车数、时间等。

② 主要技术站技术设备资料，包括车站平面示意图、车场分工、股道（股道数、有效长容车数、现在用途）、调车机车台数、改编能力及其利用程度。

③ 主要技术站有关作业时间标准和完成实绩，按到站和方向的列车平均编组辆数、集结系数、无改编节省时间。

二、货物列车编组计划的编制程序

货物列车编组计划的编制分两步进行：

第一步，在中国铁路总公司领导下，召开全路列车编组计划编制会议，由各铁路局共同编制跨局列车编组计划；

第二部，在制定跨局列车编组计划的基础上，各局分别编制本局管内的列车编组计划。

编制列车编组计划的具体工作程序为：

（1）确定编组计划实行期间的计划运量，并在此基础上制定日均计划重空车流。

（2）检查各铁路方向的运量负担，选择车流径路或制定分流办法。

（3）审定各线的列车重量标准和换算长度，研究可能发生的增减轴作业问题，制定某些方向统一重量标准的办法。

（4）审定各主要站的装卸、改编能力及各项技术标准，研究提高能力、增加任务的可能性。

（5）编制快运货物列车编组计划，包括货运"五定"班列编组计划，集装箱快运直达列车编组计划等。

（6）编制始发直达列车编组计划。

（7）编制空车直达列车编组计划。

（8）编制技术站列车编组计划。

（9）检查始发直达列车与技术直达列车编组计划是否配合，修改不配合的始发直达列车的编组计划。

典型工作任务 2　装车地直达列车编组计划的编制

知识点 1　装车地直达列车认知

装车站（包括与其联轨的专用线或专用铁道）利用自装车辆编组的直达列车，称为装车地直达列车。装车地直达列车包括始发直达列车、阶梯直达列车、基地直达列车及整列短途列车等（以下简称为直达列车）。

（1）始发直达列车，指由一个车站所装的货车组成，通过一个及其以上编组站不进行改编作业的列车。

（2）阶梯直达列车，指由同一区段或相邻区段的几个车站所装车组编成的通过一个及其以上编组站不进行改编作业的列车。

（3）基地直达列车，指当相邻装车区段各站的装车量都不足以单独组织直达列车时，可以根据各站的设备、车流和径路条件，制定一个较好的车站作为直达基地，将各站产生的车流都挂送到基地站统一组织直达列车。由直达基地汇集的装车区各站车流组织的通过一个及其以上编组站不进行改编作业的列车。

（4）整列短途列车，指在装车站编组，运行距离较短且不通过编组站到达卸车站的列车。

装车站组织直达列车后，包含在直达列车内的车流将被直接送往卸车站或解体的技术站。因而这些车流将在沿途全部或一部分技术站无改编通过。反之，如装车站不组织直达列车，这些车流将利用摘挂、小运转等区段管内列车运至前方技术站进行改编，并且按照该站的列车编组计划编入相应的列车运送，在沿途的技术站可能进行改编作业。

知识点 2　组织装车地直达运输的有利性

货物运输直达化是衡量铁路运输组织水平的重要标志之一。组织装车地直达运输可以促进物资产、供、运、销各部门间的密切协作，使货流组织与车流组织更好地结合起来，最大限度地减少中间作业环节，实现运输组织工作现代化与科学化。

1. 减轻沿途技术站的改编作业负担

组织直达列车后，直达车流在沿途的有关技术站无改编通过，变有调作业为无调作业，从而减轻了这些技术站的作业负荷。同时可缓和编组站能力紧张状况，有利于推迟设备改造投资。

2．加速车辆的周转和货物送达

组织直达列车加速了车辆的周转和货物送达，节省了车辆购置费，减少了流动资金，从而降低了运输成本。

3．为稳定列车运行秩序创造了有利条件

这是因为吸收到装车地直达列车中的车流，一般是大宗货物，列车可以固定运行线每日开行。

4．配合厂矿企业生产

可以促进物资产、供、销各部门密切协作，使货流组织与车流组织更好地结合起来，最大限度地减少中间作业环节，使铁路更好地为国民经济服务。

知识点3 组织装车地直达列车的基本条件

装车地直达列车的优点是显著的，应当大力组织。但是，并非所有装车站都可以组织直达列车，如装车能力不足、货位少或空车来源没有保证的车站就不宜组织装车地直达列车。

组织装车地直达列车一般应具备以下条件：

（1）发货单位或发站的直达货流充足而稳定，流向集中。

（2）发、收货单位或装卸车站有足够的货位、仓库和装卸能力，能保证整列或成批地进行装车和卸车。如果不能进行整列装卸，而进行分批装卸，将产生大量的车辆等待停留时间。

例如，某站专用线组织始发直达列车，该地点每批只能装15辆，列车编成45辆，则需要经过三批装车后才能组织一列始发直达列车，如果空车是整列送到，那么等于45辆车都要消耗三批的装车时间。这样组织直达列车损失太大，一般是不经济的。

（3）有足够的符合车种要求的空车供应，以满足装车需要。

（4）直达列车运行途中如果需要增加重量时，有合适的补轴车流。

（5）如果组织到达技术站解体的直达列车，应符合前方技术站列车编组计划的有关规定。

例如，甲—己方向列车编组计划规定：甲站编组到达己站的技术直达列车，编组内容为己站及其以远；到达丁站的直通列车，编组内容为：①丁站及其以远；②庚站及其以远；到达乙站的区段列车，编组内容为乙站及其以远；其他技术站都编开区段列车，如图2.1.1所示。

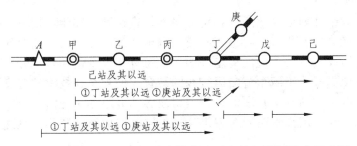

图2.1.1 始发直达列车与前方技术站列车编组计划配合示意图

如 A 站组织开到丁站解体的始发直达列车，所吸收的车流及分组选编的办法应符合甲技术站列车编组计划的规定，即不得编入己及其以远的车流，也不得把庚及其以远和丁及其以远的车流混编在一起。否则，将延缓到达己站车流的运送，增加丁站和戊站的改编作业量，会使有关技术站的作业因车流条件变化而受到影响。所以，这种列车到达甲站后就可能被提前解体，将车流分别编入开往己站和丁站的列车。

知识点4　装车地直达列车编组计划的编制

装车地直达运输计划根据其编制目的和实行期限可分为远期、近期及月度计划三种。近期计划即为装车地直达列车编组计划，它与技术站列车编组计划一起编制，着重解决铁路现有技术设备条件下列车编组工作的最合理分配问题，并对各装车站规定组织直达列车的基本要求。月度直达运输计划属于执行性计划，它以列车编组计划的有关规定和批准的运输生产计划车流为依据，通过合理组织货源货流编制出高于列车编组计划基本要求的直达列车计划，并在旬间运输方案中做好日历装车安排。

1. 装车地直达列车编组计划

装车地直达列车组织计划通常采用上下结合的做法进行编制。首先由中国铁路总公司运输局根据以往的实绩和运输市场的发展，研究和规定各局应完成的直达运输任务，结合装车计划一并下达。各铁路局根据指定任务，编制计划车流，从品类别、发到站别车流资料中查定直达车流，填写装车地直达列车计划车流表，并结合装卸站的设备条件、装卸能力，参考以往实绩与有关厂矿企业单位共同研究协商，拟定装车地直达列车计划草案报中国铁路总公司。制定装车地直达列车计划时，要在保证达到主要目标的前提下，优先采用经济效果好、在实际工作中易于实现的组织方式，并根据货流构成及装卸站作业条件等因素，本着"先远后近、能高勿低"的原则，采取如下做法：

（1）先组织直接面向市场和有特定条件要求的直达列车，如"五定"班列、集装箱直达列车、鲜活快运货物列车、重载单元列车、循环直达列车等，再组织一般的装车地直达列车。

（2）先组织一个发站一个发货单位装的直达列车，再组织同一发站几个发货单位装的直达列车，最后组织几个车站联合配开的直达列车。

（3）先组织到达同一车站或同一专用线的直达列车，再组织到达同一区段或枢纽内几个站卸的直达列车，最后组织到达技术站解体的直达列车。

（4）在一定条件下采用建立直达基地或联合出车区的方法，把零散车流汇集起来组织多个点配开的直达列车。

在召开列车编组计划会议期间，各局应将所拟直达列车编组计划草案根据调整的计划车流、到站接卸能力的变化等情况进行必要的调整。如需变重时，还要研究直达列车的补轴、减轴及其编组办法。对于流向稳定并能保证每日（至少是隔日）开行的直达列车应规定固定车次，以便更好地组织车流与运行线的结合，使列车在技术站有良好的接续。对于到达技术站解体的直达列车，必须保证其编组内容和分组办法与沿途技术站的列车编组计划相配合。为此，在确定技术站列车编组计划的同时，应修正装车地直达列车编组计划使之保持一致。

2. 空车直达列车编组计划

组织始发直达列车需要的空车，一般以空车直达列车的方式组织供应。空车直达列车，应按重车直达列车需要的车种进行组织。所以，大部分空车直达列车是由一种空车组成。例如，送往石油装车站的空车直达列车由空罐车组成，送往煤炭装车站的空车直达列车由空敞车组成等。

空车直达列车的编成辆数，一般按运行区段的列车计长确定。但原列折返装车站的空车直达列车的最适宜地点是大量卸车站。因为这些车站卸车的数量大，空车来源稳定可靠，集结空车直达列车所消耗的车小时不多，组织空车直达列车比较有利。对于有大量卸车的铁路枢纽，如卸车分散，则可指定枢纽内收集空车比较方便且具有编组能力的车站编组空车直达列车。

任何车站编开空车直达列车时，均应满足下面的条件：

$$N_空(\sum t_节^空 + t_节^装) \geqslant T_集^空$$

式中　$N_空$——一昼夜编组空车直达列车的车流量；

$\sum t_节^空$——开行空车直达列车时，无改编通过沿途技术站每节节省的时间之和；

$T_集^空$——开行空车直达列车时，在空车编车站一昼夜的集结车小时；

$t_节^装$——开行空车直达列车时，在列车的到达站（即直达列车装车站）每节节省时间，

其值按下式计算：

$$t_节^装 = t'^装_站 - t_站^装$$

式中　$t'^装_站$——不开空车直达列车时，平均每车在装车站的停留时间；

$t_站^装$——开行空车直达列车时，平均每车在装车站的停留时间。

在几个车站都有编组能力的前提下，空车直达列车在哪一车站编组最有利，应按下式进行计算比较：

$$Nt_节^空 = N_直^空(\sum t_节^空 + t_节^装) - T_集^空 \quad （车 \cdot h）$$

$\sum t_节^空$ 有最大值的车站编组空车直达列车可获得最多的车小时节省，因而最有利。

如果某种空车在其回空方向上有若干个空车汇集站，每个车站都具有编组空车直达列车的能力，但每站都编组空车直达列车并不一定能取得最大的经济效果，也可用上式的基本原理，对各种编组方案进行计算比较，选择消耗小、节省多的方案。计算时应注意任何一种方案中，均需包括最后一个汇集站编组空车直达列车。

【任务实施】

根据案例资料，完成 X、Y、M、N 装车站装车地直达列车编组计划（注：列车编成辆数为 55 辆）。

典型工作任务 3　技术站列车编组计划

知识点 1　技术站间计划车流

凡是没有用装车地直达列车输送的车流,都要汇集到邻近的技术站集结和编组各类列车,直接或逐步送到目的地。

技术站开行一个直达列车到达站,要消耗集结车小时 $T_集$,同时直达车流 $T_集$ 将在沿途技术站获得无改编通过的节省车小时 $t_节$,因此,$T_集$ 和 $t_节$ 是编制单组列车编组计划的主要因素。

计划车流是编制列车编组计划最重要的依据,应当认真加以确定,尽可能使其符合客观实际。为此,各铁路局要深入厂矿企业进行货源调查,详细了解编组计划实行期间的生产计划和销售计划,反复核对,上下结合,综合平衡,掌握大宗货物的流向和流量,结合现行编组计划执行实绩,参考以往车流规律,最后确定出符合客观实际的计划车流。为了使车流有一定的稳定性,一般选用第二或第三季度的平均车流量作为编制依据。

计划车流的编制过程一般为:

(1)中国铁路总公司根据国家经济发展规划、大宗物资流向、铁路所占运输市场份额分析、铁路运输能力等因素,拟定出运输计划轮廓并下达给各铁路局。

(2)各铁路局在货源调查、核实运量的基础上,提出品类别、到局别的运输计划上报中国铁路总公司。

(3)中国铁路总公司召开运输计划会议,各铁路局参加。按照发送与到达、运能与运量相结合,反复落实,综合平衡的方法,同时处理好中央与地方、重点与一般的关系,对各局提报的计划车流进行调整,最终审定计划运量,并计算出编组计划实行期间的日均计划重车数。

(4)各局制定品类别、发到别计划车流表,并相互交换车流资料。

(5)确定计划重车流的径路方案,各局据此编制重车车流表。

(6)按各分界站交接差和各局的装卸差调整局间的排空车数,制定分装卸站、区段和技术站的空车车流计划,最后汇总为各方向主要技术站间的计划车流表。

(7)编制技术站间的计划车流表,分方向绘制车流梯形图。

技术站间车流与装车站的车流不同,除本站产生和消失的车流外,大量的是中转车,如图 2.1.2 所示。

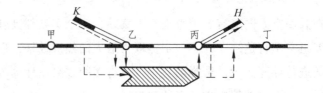

图 2.1.2　乙—丙车流组成示意图

乙站向丙站发出的车流包括:

(1)乙站装到丙站、丙—丁间各站及丙—H 支线各站卸的车辆。

(2)甲—乙间各站装到丙站、丙—丁间各站及丙—H 支线各站卸的车辆。

(3)乙—K 支线各站装到丙站、丙—丁间各站及丙—H 支线各站卸的车辆。

除以上三种车流外，还有装车地直达列车到乙站解体后需要转送到丙站、丙—丁各站和丙—H 支线各站卸的车辆。

综上所述，每一技术站发出的车流包括：

（1）该站自装车流。

（2）该站与其后方相邻技术站间各站及衔接支线所装车流。

（3）该站衔接支线所装车流。

（4）到达该站解体的装车地直达列车中需继续运送的车流。

到达每一技术站的车流包括：

（1）到达该站所卸车流。

（2）到达该站与其前方相邻技术站间各站及衔接支线所卸车流。

（3）到达该站衔接支线所卸车流。

技术站间车流不包括被装车地直达列车吸收的车流及同一区段和相邻区段到发的摘挂车流。

【任务实施】

根据案例中甲—丁方向重车车流表资料，整理编制甲—丁方向技术站间重车车流表。

表 2.1.1　甲—丁方向技术站间计划重车车流表

由＼往	甲	乙	丙	丁	计
甲					
乙					
丙					
丁					
计					

在技术站间车流表的基础上，还应按上、下行方向分别绘制车流梯形图，如图 2.1.3 所示。

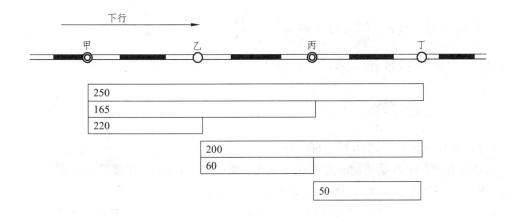

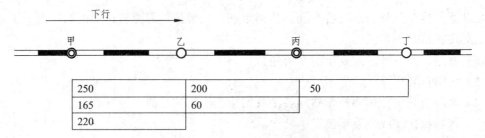

图 2.1.3　甲—丁下方向车流梯形图

知识点 2　货车集结参数的确定

一、货车集结系数

根据项目三中介绍可知，一个到达站一昼夜的货车集结时间（$T_集$）为：

$$T_集 = cm（车·h）$$

每辆货车的平均集结时间为：

$$t_集 = \frac{T_集}{N} = \frac{cm}{N}（h）$$

一个到达站一昼夜消耗的车小时只与集结系数和列车平均编成辆数有关，而与参加集结的车流量无关；每车平均集结时间与车流量成反比。

例如，设甲站编组到丁站的列车一昼夜的车流量 $N' = 300$，列车平均编成辆数 $m = 50$ 辆，则每日集结列车 $n = \dfrac{N'}{m} = \dfrac{300}{50} = 6$（列），每列车平均集结时间 $t_列 = \dfrac{24}{n} = \dfrac{24}{6} = 4$（h）。

此时　$T'_集 = \dfrac{1}{2} m t_列 n = \dfrac{1}{2} \times 4 \times 50 \times 6 = 600$（车·h）

$$t'_集 = \frac{T'_集}{N'} = \frac{600}{300} = 2（h）$$

当 $N'' = 600$ 时，则 $n = \dfrac{600}{50} = 12$（列），$t_列 = \dfrac{24}{12} = 2$（h）

此时：$T''_集 = \dfrac{1}{2} \times 2 \times 50 \times 12 = 600$（车·h）

$$t''_集 = \frac{600}{600} = 1（h）$$

综合以上计算结果，$T'_集 = T''_集 = 600$（车·h）。

$T_集$ 并没有因其车流量增加而发生任何变化，说明 $T_集$ 的大小与车流量 N 无关。而 $t''_集$ 则因车流量 N 增大一倍而缩小为 $t'_集$ 的 1/2，说明 $t'_集$ 与车流量 N 成反比关系。

另外，对于技术站而言，其总的集结车小时消耗与其编组列车的到达站数有关，即多开一个到达站的列车，就多消耗一个 $T_集$。例如，甲站一昼夜到丁站的车流量 $N_{甲-丁} = 200$ 车，到

丙站的车流 $N_{甲-丙} = 100$ 车，列车平均编成辆数相同，均为 50 车。若丁和丙两种车流各自单独开行专门化列车时，其货车集结车小时消耗为：

$$T_{集}^{甲-丁} = \frac{1}{2} \times 6 \times 50 \times 4 = 600 \text{（车·h）}$$

$$T_{集}^{甲-丙} = \frac{1}{2} \times 12 \times 50 \times 2 = 600 \text{（车·h）}$$

则

$$\sum T_{集} = T_{集}^{甲-丙} + T_{集}^{甲-丁} = 600 + 600 = 1\,200 \text{（车·h）}$$

若丁和丙两种车流合为一个到达站，即列车开到丙站，其车流总数为 200 + 100 = 300（车），甲站的货车集结车小时消耗为：

$$\sum T_{集} = T_{集}^{甲-丙} = \frac{1}{2} \times 4 \times 50 \times 6 = 600 \text{（车·h）}$$

以上计算说明，技术站多编开一个到达站的列车，就多消耗一个 $T_{集}$，少编开一个到达站的列车，就少消耗一个 $T_{集}$。

二、集结系数 c 的查定

货车集结时间 $T_{集}$ 是编制列车编组计划的主要资料之一。为便于计算 $T_{集}$，各技术站均应查定集结系数。

集结系数 c 与车流配合到达情况即货车集结过程有关，但影响很小。因此，可通过现有的货车集结过程查定集结系数，以便在编制列车编组计划时使用。

集结系数 c 应按车站编组的列车到达站分别查定，然后再计算全站平均集结系数。摘挂列车和小运转列车，由于不要求其必须满轴开车，因而可以不必查定其集结系数。

根据公式 $T_{集} = cm$，有 $c = \dfrac{T_{集}}{m}$。所以，查定集结系数 c 必须先查定每一列车到达站一昼夜的集结车小时 $T_{集}$ 和列车编成辆数 m。为查定 $T_{集}$，可以在调车场记录每组车辆的调入时间，从而推算出货车集结过程中消耗的车小时，也可以按各个车组随列车到达车站的时间来推算货车集结过程中消耗的车小时，本站货物作业车应按装卸完了的时刻计算参加集结过程。不管用哪种方法，均应选择车流比较稳定、工作比较正常且连续不少于 5d 的情况进行查定，以提高其准确度。

知识点 3　车辆无改编通过技术站的节省

货车编入直达列车无改编通过沿途技术站时，只办理无改编中转列车技术作业。如果不编入直达列车则在沿途技术站就要进行到达、解体、集结和出发等技术作业。显然，货车以前一种方式通过技术站比后一种方式所用时间要少，其减少的时间即为货车无改编通过技术站的节省，记为 $t_{节}$。

此外，还应该看到，车辆无改编通过技术站不仅在停留时间方面有节省，而且减少了调车费用。将节省的调车费用换算为车小时后，车辆无改编通过技术站的换算节省时间为：

$$t'_{节} = t_{有调} - t_{无调} - t_{集} + \gamma_{车}$$

式中　$\gamma_{车}$——改编作业当量，即由每车改编作业的额外支出换算的停留车小时；

　　　$t_{有调}$——有调中转车停留时间；

　　　$t_{无调}$——无调中转车停留时间。

知识点4　车流开行直达（直通）列车的基本条件

在技术站编组某一到达站的列车时，其所需车流主要是随到解车列或车组从各衔接方向陆续到达的。为了编组某一到达站的列车，必须将该到达站的车流划分出来单独集结，等凑足整列后才能编组。因而每编组一个到达站的列车，就要产生一个到达站列车的货车集结车小时消耗，这是技术站编开直达（直通）列车不利的一面。但是，由于所编直达（直通）列车经过沿途各技术站时无需进行改编作业，从而可得到无改编通过沿途各技术站的车小时节省（包括调车工作小时的节省）。因此，将车流划为单独编组到达站是否合适应通过比较有关得失来判定。如果车流无改编通过沿途技术站所得车小时（或换算车小时，下同）节省，大于（至少是等于）其在列车编成站所产生的集结车小时损失，就可认为该支车流具备了划为单独编组到达站的基本条件，一般可用下式表示：

$$N_{直} \sum t_{节} \geqslant T_{集}$$

式中　$N_{直}$——某直达列车到达站日均车流量；

　　　$\sum t_{节}$——车流无改编通过沿途技术站节省的时间之和；

　　　$N_{直} \sum t_{节}$——划出单独开行直达（直通）列车的那支车流（包括合并后的车流）在沿途各技术站节省的车小时总和。

只要开行一个直达（直通）列车，节省与消耗就同时产生，当节省大于消耗时，开行这种列车是有利的；当二者相等时，由于直达（直通）列车在沿途技术站不需进行调车作业，因而还有调车机车小时、调车设备投资等项的节省，因此也可以开行。

如图2.1.4所示，甲—丁方向的两支车流 N_1 和 N_2，可以用上式检查其可否单独开行直达（直通）列车。

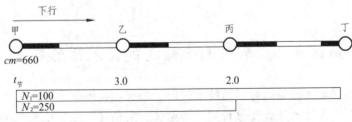

图2.1.4　甲—丁方向两支车流示例图

$$N_1 \sum t_{节} = 100 \times (3.0 + 2.0) = 500 \text{（车·h）}$$

由于 $T_\text{集} = 660$，即节省小于消耗。所以 N_1 不应单独编开直达（直通）列车。

$$N_2 \sum t_\text{节} = 250 \times 3.0 = 750 \text{（车·h）}$$

由于 $T_\text{集} = 660$，即节省时间大于消耗，所以 N_2 可以单独编开直达列车。

当然将 N_1 和 N_2 合并后开行甲—丙的直达列车，节省比消耗大更多，所以也可以合并开行。

必须指出，某支车流满足了上述条件，只表明这支车流具备了开行直达（直通）列车的基本条件，即不会造成损失，但并不表明这样编开列车就是最好的办法。最优方案需要通过对整个方向上所有车流的各种组合方案进行统筹比较后才能确定。

知识点5　选择技术站列车开行最优方案的基本方法

一、列车编组方案的意义

一个线路方向上有数个技术站，每个技术站又有数支车流，这些车流按照它们的共同运行径路可以有各种组合方法，各技术站间的各种到达站的列车之间，又互相衔接，密不可分。这种动态的相互联系的编开列车的方法，称为列车编组方案。

例如，在甲—丁方向上的车流情况如图 2.1.5 所示，图中（a）、（b）就是两种不同的编组方案。方案（a）是将 N_1 和 N_2 合并开行甲—丙方向的列车，N_3、N_4、N_5 各自单独开行，丙—丁的列车除编挂 N_6 的车流外，因 N_1 随甲—丙的列车送到丙站，尚未送到目的地，所以还要和 N_6 合并挂于丙—丁的列车内送至丁站。以上甲、乙、丙三站编开的这 5 个到达站的列车，互相配合和衔接，就构成一种列车编组方案，并用车站的代号和车流组合方式以数字表示出来，称为编组方案特征。

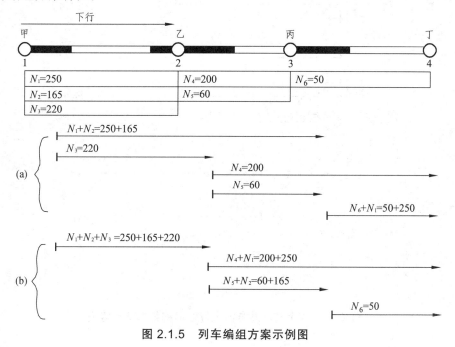

图 2.1.5　列车编组方案示例图

图 2.1.5（a）方案的方案特征如下：

"2，3 + 4"表示甲站开两种列车，一种到第 2 站，另一种为第 3 站和第 4 站的车流合并开到第 3 站。"3，4"表示乙站开两种列车，一种到第 3 站，一种到第 4 站。4 表示丙站开一种列车，到达第 4 站。

在编组方案中，任何一个技术站的列车编开方法发生变化，都可能影响其他站，其他列车也可能随之发生变化。例如，甲站改变以上列车的编开方法，将 N_1、N_2、N_3 三种车流合并只开一个到达站的列车，如图 2.1.5（b）所示。因 N_1 和 N_2 均未送到目的地，所以就增加了乙站的改编工作量，需将 N_1 和 N_4 合并后开到丁站，将 N_2 和 N_5 合并后开到丙站；由于 N_1 和 N_4 编入了直达（直通）列车，在丙站不再进行改编作业，所以丙站编组到丁站的列车也只有 N_6 一支车流了。这样，图 2.1.5（b）中 4 种到达站的列车编开方法，又构成了另一种列车编组方案。

在一个方向上，编组方案的数量与技术站数有关。在有 4 个技术站的方向上有 10 种方案。因为，在有 4 个技术站的方向上，甲站有 3 支车流，有五种可能的车流组合方案；乙站有 2 支车流，有两种可能的车流组合方案；丙站有 1 支车流，只有一种编开方案。该方向可能的编组方案数，为各技术站车流组合方案数的乘积，即 $5 \times 2 \times 1 = 10$（种），如图 2.1.6 所示。

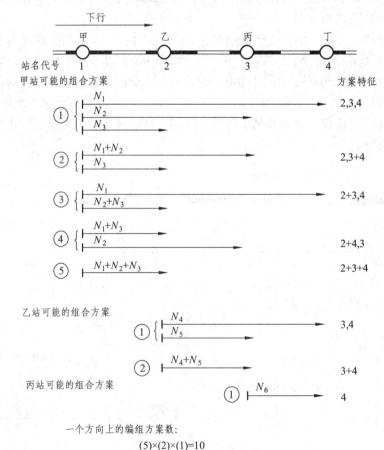

一个方向上的编组方案数：

(5)×(2)×(1)=10

图 2.1.6　4 个技术站方向上可能的编组方案示意图

如果线路方向上有 5 个技术站，第一站就有 4 支车流，就有 15 种可能的车流组合方案，则整个方向上就有 150 种列车编组方案，即 $15 \times 5 \times 2 \times 1 = 150$（种）。可见，技术站数越多，列车编组方案数也越多，而且，编组方案数增加的幅度要比技术站数增加的幅度大得多。

二、选择技术站开行列车最优编组方案的基本方法

为了保证迅速而准确地选出最优（车小时消耗最少或节省车小时最多）或接近最优的编组方案，必须研究编制列车编组计划的计算方法。

传统的、以手工方式完成的计算方法主要有绝对计算法和表格计算法等。

绝对计算法实质上是穷举法。该方法的要点是计算方向上所有编组方案的车小时消耗和在各站的改编车数，从中选择车小时消耗少并且适合各站改编能力的编组方案，即经济合理的方案。

绝对计算法的优点是当对所有编组方案计算车小时总消耗后，选择方案比较方便，不仅能选出最优的编组方案，还能选出所有接近最优的编组方案。绝对计算法的缺点是当方向上技术站数较多时，方案数很快上升到天文数字，以至于不可能在规定的时间内完成计算。目前在利用手工计算式，绝对计算法只能计算不超过 5 个技术站的方向列车编组计划。

我国铁路广泛采用的计算方法是表格计算法。表格计算法充分考虑各支直达车流的动态联系，按照一定步骤和方法，寻求方向上最优的编组方案。在有 7 个及以下的铁路方向，运用表格计算法计算列车编组计划，具有计算简便、结果正确的优点。它是目前手工方式中运用得较为普遍的一种计算方法。

随着电子计算技术和运筹学的迅速发展和广泛应用，从 20 世纪 60 年代以来，已提出了许多新的计算列车编组计划的算法。尽管这些算法还存在着这样或那样的问题，但必将在实践中逐步得到发展而且日臻完善。

1. 绝对计算法

传统算法中的绝对计算法，主要通过对每一可能方案的车小时消耗进行计算，最终找出节省车小时最多或消耗车小时最少、又与车站能力相适应的方案作为最优方案。寻求节省车小时最多的编组方案的计算公式为：

$$Nt_{节} = \sum \left(N_{直} \sum t_{节} \right) - \sum T_{集}$$

式中　　$\sum \left(N_{直} \sum t_{节} \right)$——该编组方案所有编入直达（直通）列车到达站的车流在沿途技术站无

改编通过的车小时总节省；

　　$\sum T_{集}$——该编组方案所有编入直达（直通）列车到达站的集结车小时总消耗。

$Nt_{节}$ 有最大值的列车编组方案纯节省车小时最多，为最经济的方案。在实际工作中，车小时消耗最少的方案，并不一定是可以实现的方案，考虑到方案的可行性，往往要选择车小时消耗与之接近而能在各站间合理分配编解调车工作任务的方案作为最佳方案。上例中，为寻求最优方案，应在最经济的 4 个方案中和各站改编能力相适应的前提下选择改编车数最少的编组方案，即为最优方案。

如果 $Nt_{节}$ 最多的编组方案，在沿途技术站改编车数较多，有关车站改编能力不能适应时，

应选择节省车小时次之、改编能力适应的其他方案。总之，最优方案应是既经济有利、又切实可行的编组方案。

2. 分析计算法

随着技术站数量的增加，编组方案数量也将大大增加，绝对计算法的计算工作将会非常繁杂，这时可以采用分析计算法对列车编组方案进行选优。分析计算法又可分为表格分析法、直接计算法等。分析计算法就是按一定的步骤和方法首先建立一个初始方案，然后在此基础上，以某支车流能否满足必要条件、充分条件和绝对条件为依据，对初步建立的各具体编组到达站进行检查和分析，确定该支车流是否应划为单独的直达编组到达站。

必要条件即前述车流划为单独编组到达站的基本条件，为 $N_{直}\sum t_{节} \geq T_{集}$。必要条件表明，单支车流或合并车流在其运行全程无改编通过沿途各技术站所得的车小时节省大于或等于其在直达列车编发站的集结车小时消耗时，划出该编组到达站才是合理的。因此，凡不满足必要条件的单支或合并车流，一般不宜划为单独的编组到达站，以免产生不必要的损失。

充分条件是检查远程车流应否并入其共同运行径路上较短编组到达站的主要条件，可用下式表示：

$$N_{远}\sum t_{节}^{超} \geq T_{集}$$

式中　　$N_{远}$——单支或合并的远程车流的流量；

$\sum t_{节}^{超}$——和共同运行径路上相互衔接的较短编组到达站相比较，远程车流无改编通过各短程列车衔接站所得的车小时节省。

充分条件是一个准则性的对比条件，其具体内容随比较对象的不同而变化。如图 6.7 所示，若较短的直达车流均满足必要条件，则 $N_{远}$ 对第 1 较短编组到达站组的充分条件为：$N_{远}t_{节}^{D} \geq T_{集}$；$N_{远}$ 对第 4 较短编组到达站的充分条件为：$N_{远}(t_{节}^{C}+t_{节}^{D}) \geq T_{集}$；$N_{远}$ 对第 6 较短编组到达站的充分条件为：$N_{远}(t_{节}^{B}+t_{节}^{D}) \geq T_{集}$。如较短的直达车流不满足必要条件，而远程车流满足必要条件，则远程车流划为单独编组到达站时可得净节省为 $N_{远}(\sum t_{节} + \sum t_{节}^{超}) - T_{远集}$。

若远程车流与较短直达车流合并编组时可得净节省为 $(N_{远}+N_{短})\sum t_{节} - T_{短集}$。

因此，如远程车流单独编组有利，必有：

$$N_{远}(\sum t_{节} + \sum t_{节}^{超}) - T_{远集} \geq (N_{远}+N_{短})\sum t_{节} - T_{短集}$$

于是，远程车流划为单独编组到达站的充分条件为：

$$N_{远}(\sum t_{节}^{超} \geq N_{短}\sum t_{节} + (T_{远集} - T_{短集})$$

式中　　$T_{远集}$、$T_{短集}$——远程到达站和较短到达站在列车编成站相应的集结车小时消耗。

绝对条件又称必开条件，表示为：

$$Nt_{节}^{最小} \geq T_{集}$$

式中　　$t_{节}^{最小}$——沿途各技术站的 $t_{节}$ 值中最小的。

单支车流无改编通过其运行途中任何一个技术站所得的车小时节省都能补偿其在编车站的集结车小时消耗时，就称这支车流满足了绝对条件。满足绝对条件的车流可直接列入方向最优编组方案中，同时，满足绝对条件的到达站对小股远程车流有很大的吸收能力，它将有助于简化计算工作。

利用表格分析法计算单组列车编组计划的步骤及方法如下：

（1）按照各支车流的流量大小与各支点站的$t_节$，分别计算出全部的$N_直 t_节$值，并填入计算表的相应格内。

（2）依次检查每一单支车流是否满足绝对条件，并在满足绝对条件车流的每一$N_直 t_节$格内画上"△"标记，表示该支车流永远在该站改编。

（3）继续依次对各单支车流进行检查，凡满足必要条件者在该车流所有$N_直 t_节$格内画上"○"标记，表示该编组到达站具有竞争能力。

（4）对不满足必要条件的单支车流，使其与共同运行径路上已满足绝对条件或必要条件的短程车流合并。当有几种合并方式时，应选择有利方式，并在该支车流合并后无改编通过的相应格内标以"△"或"○"，表示该支车流已并入有关编组到达站。

（5）检查其他剩余车流是否能通过多支车流合并后满足必要条件。若有，则在参与合并的各支车流无改编通过站的格内画上"○"记号，表示经过合并增加了一个新的编组到达站。

至此，就得到了一个直达到达站数最多的编组计划方案，称为"初始方案"。

（6）根据车流分合原理，依次比较通过压缩某些车流直达运行距离或变更某些车流组合方式的得失，逐步寻找节省车小时最多的方案。具体方法有：

① 压缩到站、压缩发站或同时压缩发站及到站，即将不满足充分条件的远程车流在较短到达站的始发或（和）终到站改编。

② 切割，即将不满足充分条件的远程车流在两短程直达到达站的衔接站上改编。

③ 分流，即将多支车流组成的合开到达站撤销，使其中一部分车流单独编组远距直达列车，另一部分车流与较短到达站合并。

④ 移站，即把直达到达站的始发站和终到站同时向左或向右移动一站。

⑤ 调流，在不变更已定列车编组到达站的条件下，调整车流的组合方式以获得较多的车小时节省，或改变远程车流的改编作业地点以平衡各站的作业负担。

每变更一次车流组合方式即可得出一个"过渡方案"。由于这一步所采取的决策与方法将对下一步决策有影响，因此逼近最优方案的路线将是多种多样的，即过渡方案的个数和内容可能有所不同。

（7）最后，将经济上最有利方案的各项指标填记在计算表下半部分有关格内，并与各站的改编能力相核对，如有的车站不能适应时，则应改选车小时消耗与之接近而各站编组数量与改编能力都能满足要求的可行方案。

知识点6 区段列车和摘挂列车编组方案

在计算和选定单组和分组列车编组计划之后，如果区段车流量较小，不必要单开区段列车时，可以考虑将区段车流与摘挂车流合并开行摘挂列车。单开区段列车有利，还是与摘挂列车合并开行有利，应进行必要的计算比较。

在区段车流单独编开区段列车时，就要在技术站多消耗一个 $T_集 = cm$，如果区段车流与区段管内车流合并编开摘挂列车时，虽在技术站少消耗一个 $T_集 = cm$，但区段车流运行速度变慢，同样会损失一定数量的车小时。

当不增加摘挂列车对数时，从车小时消耗来说单独开行区段列车应满足下式要求：

$$cm < N_区(t_摘 - t_区 + t_{摘集})$$

式中　cm——编开区段列车时一昼夜集结车小时消耗；

　　　$N_区$——区段列车车流量；

　　　$t_摘$——摘挂列车在区段内的旅行时间；

　　　$t_区$——区段列车在区段内的旅行时间；

　　　$t_{摘集}$——单开区段列车时摘挂车流的平均集结时间。

当增加摘挂列车对数时，单开区段列车情况下的集结车小时为 $cm + N_摘 t_{摘集}$，运行车小时为 $N_摘 t_{摘集} + N_区 t_区$；不单开区段列车情况下的集结车小时为 $(N_摘 + t_区)t'_{摘集}$，运行车小时为 $(N_摘 + t_区)t_摘$，其中，$N_摘$、$t'_{摘集}$ 分别为摘挂列车的车流和不开区段列车时摘挂车流的平均集结时间。

于是，单独开行区段列车应满足下面的条件：

$$cm + N_摘 t_{摘集} < (N_摘 + t_区)t'_{摘集} + N_摘(t_摘 - t_区)$$

上述仅为是否单开区段列车应进行的简单比较，在选定是否单开区段列车时，还应考虑区段运送物资的品类及相应运输时间要求、区段通过能力的利用程度以及各站的设备和作业条件等因素。

我国铁路在实际工作中经常采用以区段车流为区段管内列车补轴(补至满轴)的做法，以达到不增加区段管内列车行车量却能减少区段列车行车量，从而减少区段内总行车量的目的。

摘挂列车编组计划，主要是确定摘挂列车的开行对数。

知识点7　列车编组计划的最终确定

在装车地直达列车编组计划和技术站列车编组计划编制完了以后，应检查其互相配合情况。装车地直达列车编组计划，应符合技术站列车编组计划中有关列车到达站的车流组织办法、列车编组方法等规定，否则将被提前解体而达不到预期目的。另外，应检查各技术站的改编能力是否适应改编车数的要求，特别是装车地直达列车和技术站编组列车的共同解体站，更应注意审核。对改编能力不适应的技术站，应制定解决办法，如对到达解体列车规定分组选编办法等；若不便解决时，应调整部分列车编组计划。

列车编组计划最终确定后，可绘制列车编组计划图，印制列车编组计划手册，发至有关人员学习和执行。

【任务实施】

根据案例中车流资料等有关数据，假定各区段均可单独编开区段列车和摘挂列车，纳入技术站列车编组计划（见表 2.1.2），请完成甲—丁下行方向列车编组计划，并绘制列车编组计划图。

表 2.1.2　甲—丁下行方向列车编组计划

顺号	发站	到站	编组内容	列车种类	定期车次	附注
1						
2						
3						
……						

参考计划：

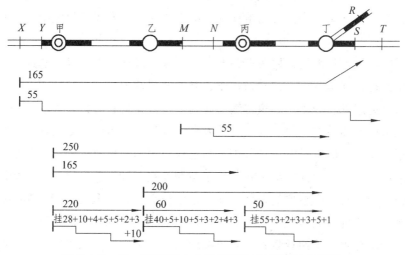

图 2.1.7　甲—丁下行方向最优列车编组计划方案图

典型工作任务 4　列车编组计划的执行

知识点 1　执行货物列车编组计划的有关规定

为安全、迅速地完成货物运输任务，货物列车必须按列车编组计划、列车运行图和《技规》的有关规定进行编组。

列车编组计划是全路的车流组织计划，是车站解编作业合理分工和科学地组织车流的办法。它确定了各站的作业任务和相互关系，编组计划一经确定，必须严格执行，任何车站不得违反列车编组计划编车，否则，必然会打乱站间分工，增加改编作业，带来作业困难，甚至造成枢纽堵塞。

编制编组计划的基本原则是：坚持全局观点，局部服从整体，管内服从跨局；根据货流调查、车流规律和车流径路，以直达运输为主，合理采用多种车流组织方式；努力发展快速运输，适应运输市场需求；统筹安排各编组站任务，减少车辆中转，提高车站作业效率。

编组计划不得经常变更。如因车流或技术设备发生较大变化，必须调整时，要有计划有准备地进行，并及时向有关单位布置。铁路局变更编组计划时，变更内容要报中国铁路总公司备案。

下列人员才有权变更编组计划：中国铁路总公司运输局长有权变更跨局列车编组计划；铁路局主管处长有权变更本局管内编组计划，在征得有关铁路局同意后有权变更跨局区段、摘挂、小运转列车编组计划，变更后应报中国铁路总公司运输局。

各铁路局应经常对职工进行运输纪律的教育，建立和健全监督检查和分析考核制度。各级列车调度人员，应组织站、段严格按编组计划规定编车，认真掌握直达列车和定期列车按时开行和正常运行，发现违反编组计划时，应及时督促车站纠正。车站调度员、车站值班员、调车区长等有关人员，应严格执行编组计划，不得违反。如发现违反编组，应查明原因，立即纠正。

各铁路局应组织主管编组计划及有关人员经常深入现场调查研究，总结分析车流动态、货源货流变化、直达列车开行、技术站作业、能力使用及编组计划执行等情况，不断总结经验，及时提出改进意见。为了正确执行编组计划，各铁路局在每次新编组计划实行前，须制定保证实现编组计划的措施，组织各级有关人员认真学习新编组计划的内容、特点和要求。各技术站根据需要和可能安排好车场分工、固定线路用途、调整劳动组织等准备工作，并将本站的列车编组计划摘录及注意事项张贴在车站调度室及调车区长室等有关场所。技术站对正确执行编组计划负有特别重要的责任。在日常工作中，车站调度员和调车区长应按照列车编组计划的规定，正确编制阶段计划和调车作业计划；调车人员在编组列车的过程中，应考虑所挂车辆是否符合列车编组计划；车号员在编制列车编组顺序表和核对现车时，要检查其中编挂的车辆及编组方法是否符合列车编组计划，发现问题及时汇报。列车调度员应监督车站按编组计划编组列车，如发现违反编组计划，应及时督促车站改正，不得滥发承认违反编组计划的命令。在日常工作中的个别情况下，必须承认违反编组计划时，跨局列车由中国铁路总公司调度、局管内列车由铁路局调度下达书面命令，对违反编组计划的列车，应记录车次、原因、责任者，以便核查。

（1）摘挂列车主要是为中间站服务的，其编组方法应按中间站的要求办理：

① 所挂车辆应以到达中间站的车辆为主，即技术站编开的摘挂列车应首先将到中间站的车辆挂走，不满轴时方可加挂其他车辆，为了中间站调车作业方便，到达中间站的车辆还应挂于列车前部（特殊规定者除外）。

② 需要时，摘挂列车应为中间站挂车留出空余吨数（留轴），留轴后仍有"余轴"时，方可加挂编组计划指定的车流（区段车流或直通车流）。

（2）编组一般货物列车时，车组的编挂位置除单独指定者外，不受车组组号顺序的限制。

临时排送空车时，应单独选编成组（摘挂、小运转列车除外）。按回送单据向指定到站回送的空车（特殊规定者除外），按该到站的重车办理。

（3）车辆应按规定的径路运行。对需要加冰、加油的冷藏车可视作前方加冰、加油的重车办理（特殊指定者除外）。

（4）列车的补轴（包括超轴）除另有规定外，应利用与该列车相同到站的车流补轴，相同车组应连挂在一起。如没有相同到站的车流补轴时，可用符合编组计划规定的最远到站的车组补轴，但补轴车组到站不得超过该列车的到达站。

知识点2 违反货物列车编组计划的有关规定

凡有下列情况之一者（另有规定除外）即为违反编组计划：

（1）直达列车的车流，编入直通、区段、摘挂和小运转列车；直通列车的车流编入区段、摘挂和小运转列车；区段列车的车流编入摘挂和小运转列车。

因为这种把远程车流编入近途列车的做法，势必会造成远程车流在沿途技术站重复改编，延缓货物运送和车辆周转，打乱站间分工。但对于装载超限货物的限速货车，虽属直达、直通、区段车流，也可利用摘挂列车挂运，而不算违反编组计划。

（2）直通、区段、摘挂和小运转列车的车流，编入直达列车；区段、摘挂和小运转列车的车流编入直通列车；摘挂和小运转列车的车流编入区段列车。

这种把近程车流编入远途列车的做法，其后果必然使远途列车在有关技术站提前改编，同样延缓货物的运送和车辆的周转，破坏站间分工。但为加速到达中间站（包括中间站挂出）需要快运的鲜活易腐货物的运送，可优先用直达、直通、区段列车挂运，而不算违反编组计划。如特殊需要，各局可在编组计划中指定车次，利用直达、直通、区段列车甩挂中间站车辆。

（3）未按规定选分车组或未执行指定的编挂顺序（由于执行隔离限制确实难以兼顾时除外），主要有以下几种情况：

① 分组列车和按规定选分车组的单组列车，未选分成组。

② 应按站顺编挂的摘挂列车，未按站顺编挂。

③ 指定连挂位置的车组，未按指定的位置连挂。

发生上述情况，将打乱站间分工，造成有关车站作业困难，延长停留时间，降低运输效率。

（4）未按补轴、超轴规定编组列车。列车在变更重量和长度的车站补轴时，应尽量用与该列车编组内容相同的车流补轴，或者按规定补轴。

如图2.1.8所示，A站编组A—丁的直达列车，编组内容为丁站卸。在甲站补轴时，应尽量用丁站卸的车流补轴，如果无丁站卸的车流，编组计划又规定可用丁站以远的车流补轴时，则可用该车流补轴。如果未用丁站卸或丁以远车流补轴而用其他车流补轴时，则违反了编组计划。如果甲站不编开到达丁站的列车，则应用最远到达站但不远于补轴列车解体站的车流补轴，即用丙到达站车流补轴。

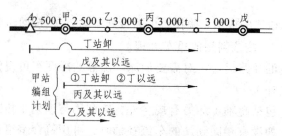

图 2.1.8　补轴示意图

（5）违反车流径路，将车辆编入异方向列车。因为在编组计划中，根据各方向区间通过能力、运输距离、列车重量标准和运行速度等因素，规定了各支车流经济合理的径路。如果车站不按规定的径路编组，将加剧通过能力紧张的状况，增加有关技术站的作业负担，降低运输效率。例如，对有平行径路的车流，未按规定的径路编组或错误地将上行车流编入下行列车等都算违反编组计划。

（6）未达到编组计划规定的基本组重量、长度。

例如，甲—乙区段的列车重量标准为 3 200 t，乙—丙区段为 2 500 t，丙—丁区段为 2 000 t，由于重量标准不统一，在列车编组计划中规定甲—丁的直达列车基本组重量在 2 000 t，甲站用乙站及其以远 700 t、丙站及其以远 500 t 分组补轴，如图 2.1.9 所示。

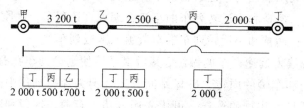

图 2.1.9　按基本组重量编组列车示意图

如果甲站编组甲—丁的直达列车，基本组只编了 1 500 t，未达到规定的基本组重量，势必会造成在乙站补轴或改编。若乙站无车流可补轴时，还有可能拆散这一直达列车，因此算作违反列车编组计划。

（7）始发直达列车不符合编组计划规定的编组方法。如图 2.1.1 所示，A 站到己站及其以远车流应在甲站集结，编入甲—己技术直达列车；到丁站和庚站及其以远的车流应选分乘组，编入到丁站解体的技术直达列车。如果 A—丁始发直达列车里挂有己站及其以远的车流，则不符合编组计划规定的车流到达站；如果把丁站及其以远和庚站及其以远的车流混编在一起，则不符合列车的分组方法。这两种情况都算作违反编组计划。

以上 7 种情况属于违反列车编组计划的编车，在日常工作中，各有关人员均应严格执行编组计划，加大考核力度，对违反列车编组计划的列车，及时作出处理。

【知识与技能拓展】

一、简答题

1. 什么是货物列车编组计划？作用和任务是什么？主要内容是什么？

2. 组织装车地直达列车具备哪些条件？

3. 在日常运输组织工作中为什么必须认真贯彻执行列车编组计划？哪些情况属于违反列车编组计划？有何后果？

4. 选择列车编组计划最有利方案的基本原则是什么？

5. 技术站的一个列车编组方案和方向上的一个列车编组方案的含义有什么不同？编组方案数如何确定？

二、技能题

1. 根据图 2.1.10 所示的车流资料，确定技术站间的上、下行计划车流量。

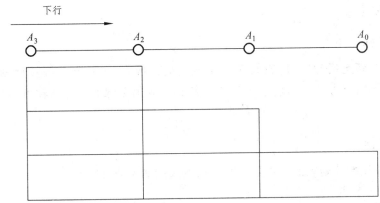

下行 →

	A_3	$A_3—A_2$	A_2	$A_2—A_1$	A_1	$A_1—A_0$	A_0
A_3		36	60	30	40	20	140
$A_3—A_2$	26		10	14	30	20	20
A_2	54	6		24	40	24	140
$A_2—A_1$	22	6	14		10	22	26
A_1	52	28	50	30		26	34
$A_1—A_0$	6	10	10	14	16		20
A_0	134	12	66	18	44	36	

图 2.1.10　车流资料图

2. 根据第一题的资料，按绝对计算法计算下行方向的最优编组方案。

集结时间：$cm_3 = 550$ 车·h，$cm_2 = 550$ 车·h，$cm_1 = 650$ 车·h，无改编通过技术站的节省时间为 $t_1 = 3.0$ h，$t_2 = 2.5$ h。

3. 分析 5 个支点站的 $A_4—A_0$ 直线方向上，$t_3 = 0$ h，$t_2 = 4$ h，$t_1 = 3$ h，如下方案是否为显然不利方案？为什么？

A_4 站：3 + 0，2 + 1

A_3 站：2，1 + 0

A_2 站：0，1

项目二　铁路运输生产技术计划及运输方案

【项目描述】

铁路运输生产技术计划及运输方案是为了更好地完成铁路运输月度运输计划而制定的。通过本项目的学习，熟练掌握技术计划中各个指标的算法，了解运输方案的组成及编制方法，确保月度运输计划的实施。

【教学目标】

1. 知识目标

熟练掌握车辆运用的数量指标，重车车流表的组成及使用，空车调整计划的编制原理，货车工作量及其确定方法，车辆运用的质量指标，运用车保有量，运输方案的组成及编制方法。

2. 能力目标

能正确计算技术计划里面各项指标及运输方案编制方法的掌握。

典型工作任务 1　技术计划认知

知识点 1　技术计划的任务和主要内容

铁路运输生产技术计划是为了完成铁路运输生产月度货物运输计划而制定的月度机车车辆运用计划。技术计划每月编制一次，作为制定运输方案和组织运输日常工作的依据。

机车车辆是铁路运输的活动设备(运输动力和工具)，它是决定铁路运输能力的重要因素，主要由活动设备所决定的输送能力与主要由固定设备所决定的通过能力的综合实现，才能形成铁路的运输能力。在一定的固定设备条件下，铁路所能实现的运输能力将取决于活动设备的类型、数量及其分布，问题反映在两个方面：为完成一定的运输任务，应拥有多少机车车辆；一定类型和数量的机车车辆能完成多少运输任务。前者主要在长远计划及年度计划中研究，而运输生产技术计划则要解决上述两个方面的问题。

为保证货运计划的实现，必须在现有的机车车辆类型和数量的条件下，编制合理的机车车辆的运用指标计划(包括机车车辆的合理分配)，而机车车辆的运用指标又与运输工作量相关联。因此，就运输生产活动而言，机车车辆的运用指标是运输生产活动的主要数量和运用指标。在确定运输工作量及机车车辆合理运用的有关指标时，必然涉及区段通过能力的限制条件，因而正确确定车流径路、合理利用通过能力也是其任务之一。从这个意义上讲，运输生产技术计划也是技术设备的运用计划，是运输生产活动的综合性计划。

技术计划的主要内容包括运输生产的数量指标计划、货车运用指标计划、运用车保有量计划、机车运用指标计划。

运输生产的数量指标计划包括使用车计划和卸空车计划、空车调整计划、分界站货车出入计划、分界站及各区段货物列车列数计划。

货车运用指标计划包括货车工作量、货车周转时间及其构成因素、货车日车公里。

运用车保有量计划包括管内工作车保有量计划、移交重车保有量计划、空车保有量计划等。

机车运用指标计划包括列车平均总重、机车全周转时间、机车日车公里、机车日产量。

知识点 2　技术计划编制的一般程序

技术计划的编制依据主要包括：月度货物运输计划、列车编组计划、列车运行图、铁路区段通过能力、车站改编能力、车站技术作业过程以及国家及上级领导对计划月度运输工作的有关指示等。

计划编制时间安排及一般程序为：

每月 17 日各铁路局以报表的形式向铁路总公司提出次月日均装车计划及去向别使用车建议计划；19 日铁路总公司向各铁路局下达次月日均装车、限制口装车、重点物资装车和去向别使用车计划；22 日各铁路局交换局间移交重车资料；24 日铁路总公司向各铁路局下达各分界站列车列数计划、空车调整计划、总运用车保有量计划和部属现在车保有量计划及有关指标；26 日各铁路局上报铁路总公司货运计划及技术计划有关资料；28 日铁路总公司以文件形式下达月度运输生产经营计划。

在编制技术计划时，还必须研究和参考本月技术计划执行情况，各铁路局必须由专人负责对运输生产计划执行情况逐月进行认真分析，每月 3 日前（遇节假日顺延）将上月计划执行情况书面报告铁路总公司，内容包括：装车数、限制口装车数、煤炭重点用户装车、使用车去向、分界口排空、总运用车、部属现在车等指标，对未完成计划的要分析原因，提出改进措施，不断提高计划的编制质量，编制出切实可行的技术计划。

正确编制和严格执行技术计划，对于经济合理地使用铁路运输设备，加速机车车辆周转，保证完成货物运输任务具有重要的作用。

典型工作任务 2　数量指标计划

知识点 1　使用车计划

使用车计划反映铁路局计划月每日用于装车的车种别空车数及装车去向。车站和路局使用车数为装车数和增加使用车数之和：

$$u_{使} = u_{装} + \Delta u_{使} \quad （车）$$

式中　$u_{使}$——使用车数，车；

　　　$u_{装}$——路局计划月日均装车数，车；

$\Delta u_{使}$ ——增加使用车数，车。

增加使用车数是指不按装车数统计的使用车数，主要包括：中转零担货物超过规定重量的装车、运用重车途中倒装而增加的装车等。

使用车数的绝大部分是装车数，增加使用车数仅占一小部分，因此使用车数指标又是反映装车数量多少的运输生产数量指标。

使用车计划应按去向别和车种别进行编制。其中装车数是根据月度货物运输计划批准的要车计划产生的装车货源数据库生成，增加使用车部分是参照车站实际统计资料确定的。

使用车按去向可分为自装自卸和自装交出两部分，即：

$$u_{使} = u_{自装自卸} + u_{自装交出}（车）$$

式中　$u_{自装自卸}$ ——自装自卸车数，车；

　　　$u_{自装交出}$ ——自装交出车数，车。

根据货运计划批准的要车计划表，按发站、到站和车种汇总，然后计算出每支车流的日均车数，编制车种别和去向别使用车计划，并上报铁路总公司。

铁路总公司对各局的使用车计划汇总后即产生了全路的重车流计划。各局间将自装交出资料进行交换，按到站和经由分界站通知有关的卸车局和通过局，以确定重车车流表的接入卸车和通过车流。

例如，丙局管辖范围如图 2.2.1 所示。丙局列车编组计划见表 2.2.1。丙局去向别、车种别使用车计划表见表 2.2.2。

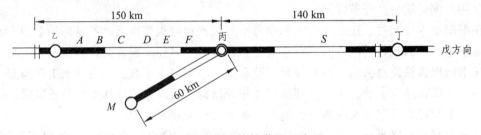

图 2.2.1　丙局管辖范围示意图

表 2.2.1　丙局列车编组计划

发站	到站	编组内容	列车种类	定期车次	附注
E	丁	丁及其以远	始发直达	86001～86003	
S	戊	戊站卸	石油直达	85001	
M	戊	戊及其以远	始发直达	86102～86108	
甲	E	空敞车	空直达	87001～87003	
甲	M	空敞车	空直达	87101～87103	
甲无	戊	空敞车	空直达	87201	
戊	S	空罐车	空直达	87901	
甲	戊	戊及其以远	技术直达		
戊	甲	甲及其以远	技术直达		
各区段均开行区段列车及摘挂列车					

208

表 2.2.2　丙局去向别、车种别使用车计划表

往＼由	本局卸车							自装发出重车			合计
	乙	乙—丙	丙	丙—丁	丙—M	M	计	乙分界站	丁分界站	计	
乙		5 / 5	10 / 10	6 6 / 12			21 6 / 27	15 / 15	20 15 / 40 / 5	35 15 / 55 / 5	56 21 / 82 / 5
乙—丙	5 10（C）/ 15 / 10		8 / 8				8 15 / 33 / 10	10 / 10	100 / 100	10 100 / 110	18 115 / 143 / 10
丙	11 / 11	10 / 10		9 / 35 / 20			30 15 / 65 / 20	10 / 10 / 20	10 / 20	10 / 20	40 25 / 85 / 20
丙—丁	6 / 6	1 4 / 5			10 / 10		1 20 / 21		50 / G50	50 / G50	1 20 / 71 / G50
丙—M		4 / 4		5 / 5			9 / 9		20 / 20	20 / 20	20 / 29
M		5 20 / 15					5 20 / 15	200 / 200	200 / 200	200 / 200	200 / 200 / 15
计	11 11 / 32 / 10	15 14 / 29	16 4 / 35 / 15	14 11 / 25	9 / 9	25 / 45 / 20	65 65 / 175 / 45	35 30 / 390 / 5	20 315 / 455 / G50	55 345 / 630 / G50	120 410 / 630 / G50

注：表中每格左上角为棚车，左下角为平车，右上角为敞车，右下角为罐车或保温车，中间数字为总数，即

P	C
	总数
N	GB

假设：丙局 $U_{装}$ 为 600 车，$\triangle U_{使}$ 为 30 车（其中乙站 10 车，丙站 20 车），则：

$$U_{使} = 600 + 30 = 630（车）$$

使用车计划是确定各区段行车量、分界站货车出入计划和机车车辆运用指标计划的原始资料，应正确查定。

知识点 2　接运重车计划

对铁路局而言，接运重车是指由临局接入到本局卸车和通过本局的重车。目前，全路共分为哈尔滨、沈阳、北京、太原、呼和浩特、郑州、武汉、西安、济南、广州、南宁、成都、昆明、兰州、乌鲁木齐和青藏 18 个路局（公司），因而每一路局都会收到其他 17 个路局的移交本局重车资料。

在编制技术计划时，各局根据邻局卸车和通过的重车流资料（包括到达站名、卸车车种、车数及径路等），编制接运重车去向计划。丙局接运重车去向计划表见表 2.2.3。

铁路局接运重车包括接入自卸和通过重车两部分，即

$$u_{接重} = u_{接卸} + u_{通重}（车）$$

式中　$u_{接重}$——接运重车数，车；

　　　$u_{接卸}$——接入自卸车数，车；

　　　$u_{通重}$——通过重车数，车。

由表 2.2.3 可以查出：

$$u_{接重} = 258 + 800 = 1\ 058（车）$$

表 2.2.3　丙局接运重车去向计划表

去向＼接入	本局卸车							接入交出车			合计
	乙	乙—丙	丙	丙—丁	丙—M	M	计	乙	丁	计	
乙	5　5	7　1　8	150				7　156　163	＼	100　100　200	100　100　200	107　256　363
丁	25　25	20　30　10		5　5	10　10	25　25	50　35　95　10	80　500　600　20	／	80　500　600　20	130　535　695　30
合计	25　5　30	27　1　38　10	150　150	5　5	10　10	25　25	57　191　258　10	80　500　600　20	100　100　200	180　600　600　20	237　791　1 058　30

知识点 3　重车车流表

铁路局的重车车流表根据使用车计划和外局交换的到达及通过重车车流资料编制。

铁路局办理的重车流，就其产生的来源而言，有使用车和接运重车两部分。使用车和接运重车又都有自卸和交出重车两种去向。因此，铁路局办理的重车流分为：

（1）自装自卸车流（管内车流）。

（2）自装交出车流（输出车流）。

（3）接入自卸车流（输入车流）。

（4）接运通过车流（通过车流）。

在重车车流表中，左上部为自装自卸车流，右上部为自装交出车流，左下部为接入自卸车流，右下部为接运通过车流。丙局重车车流表见表 2.2.4。

$$u_{自装自卸} = 175（车）$$

$$u_{自装交出} = 455（车）$$

$$u_{接卸} = 258（车）$$

$$u_{通重} = 800（车）$$

同时，可以查表得：

$$u_{使} = u_{自装自卸} + u_{自装交出} = 175 + 455 = 630（车）$$

$$u_{接重} = u_{接卸} + u_{通重} = 258 + 800 = 1\ 058（车）$$

表 2.2.4　丙局重车车流表

装或接	卸或交	卸空车							交出重车			总计
		乙	乙—丙	丙	丙—丁	丙—M	M	合计	乙分界站	丁分界站	合计	
使用车	乙		5	10	12			27	15	40	55	82
	乙—丙	15	10		8			33	10	100	110	143
	丙	11	10			9	35	65	20		20	85
	丙—丁	6		5			10	21		50	50	71
	丙—M		4		5			9	20		20	29
	M		20					20		200	200	220
	合计	32	29	35	25	9	45	175	65	390	455	630
接运重车	乙分界站	5	8	150				163		200	200	363
	丁分界站	25	30		5	10	25	95	600		600	695
	合计	30	38	150	5	10	25	258	600	200	800	1 058
总　计		62	67	185	30	19	70	433	665	590	1255	1 688

重车车流表反映了铁路局管内各站段一日内自装重车的去向和车种别数量及接入重车的车种别数量，由自装自卸、自装交出、接入自卸和接运通过四部分组成，是编制技术计划的基础。依据重车的去向可以确定管内重车流向，计算各技术站和区段站内中间站的卸空车计划，从而制定空车调整计划，确定空车流向；有了管内各区段重、空车流数量就可以进一步确定各区段列车数和分解站货车出入计划，也就确定了货车和机车运用的各项数量指标和质量指标。可以说，技术计划的编制工作是在重车车流表的基础上实现的。

知识点4　卸空车计划

卸空车计划是组织日常卸车工作、编制空车调整计划和确定管内工作车保有量的重要依据。铁路局各车种的卸空数为卸车数与增加卸空车数之和，即：

$$u_{卸空} = u_{卸} + \Delta u_{卸空} \quad （车）$$

式中　$u_{卸空}$——卸空车数，车；

$u_{卸}$——卸车数，车；

$\Delta u_{卸空}$——增加卸空车数（不按卸车数统计的卸空车数，与增加使用车数相类似，主要因零担货物中转及货物倒装而产生），车。

同样，卸空车数指标既是反映货车运用的数量指标，又是反映卸车任务多少的运输工作数量指标。

保证卸车任务的完成不仅可以加速货物送达，还可以避免重车积压，加速货车周转。重车卸后才可产生空车，因而卸车任务的完成又是完成排空任务和装车任务的重要条件。

卸空车按其来源可分为自装自卸和接入自卸两部分，即：

$$u_{卸空} = u_{自装自卸} + u_{接卸} \quad （车）$$

铁路局的卸空车计划，应按车种别和到站别编制，其中自装自卸部分可根据去向别使用车计划确定，接入自卸部分由外局提供的重车车流资料确定。

丙局车种别卸空车计划表见表 2.2.5。由表 2.2.5 可知丙局卸空车数 433 车，其中自装自卸车数为 175 车，接入自卸车数为 258 车。

表 2.2.5　丙局车种别卸空车计划表

来源 ＼ 卸车数	乙		乙—丙		丙		丙—丁		丙—M		M		计	
路局自装	11 32 10	11	15 29	14	16 35 15	4	14 25	11	9 9		 45 20	25	65 175 45	65
接入卸车	25 30 10	16	27 38	1	150 150	5	 5	10	 10 19	25	 25	25	57 258	191
合计卸车	36 62 10	16	42 67 10	15	16 185 15	154	19 30	11	9 19	10	 70 20	50 55	122 433	256

知识点 5　空车调整计划

每个车站、铁路局每日按车种别的装车数和卸车数一般是不相等的。为了保证不间断地按日均衡地完成装车任务，必须按车种别将卸车数大于装车数的地区所产生的多余空车运送到装车数大于卸车数的地区，这种空车的调配工作称为空车调整。向其他单位（铁路局、车站）移交空车的数量可由下式确定：

$$u_{交空} = u_{接空} + u_{卸空} - u_{使}（车）$$

由于我国铁路货车是全路通用的，没有固定的配属站，且空车走行公里为非生产走行，不产生运输产品，因而空车调整存在着合理化即优化的问题。一般应以空车走行公里最少为主要优化目标。为此，必须遵循一定的调整原则，通过采用空车调整图和科学的优化方法制定空车调整方案。空车调整的主要原则有：

（1）除特殊要求外，必须消灭同种空车在同一径路上的对流。

（2）空车由卸车地至装车地，一般应经由最短径路。

（3）在环状线路上，应根据空车走行公里最少的原则制定空车调整方案。

（4）在保证货物和行车安全的条件下，可采取车种代用，以减少空车走行公里。

此外，在进行空车调整时，还须考虑其他因素的限制，例如：

（1）为保证重点物资、大宗货物的装车需要，往往采取硬性调整措施，指定某些站必须向某站输送一定车种和数量的空车。

（2）当车流的最短径路为通过能力紧张的区段时，车流可经由特定径路输送。

空车调整计划可利用空车调整图编制，铁路总公司根据各铁路局的使用车计划和卸空车计划，计算各局车种别装卸差，并通过编制全路空车调整图来确定各局间分界站车种别空车交接车数。铁路局根据铁路总公司下达的局间分界站空车调整任务编制铁路局空车调整图。

例如，铁路总公司根据丙局车种别使用车与卸空车的差数（见表 2.2.6）确定的乙、丁两个分界站车种别空车出入计划如图 2.2.2 所示。

表 2.2.6　丙局车种别使用车与卸空车余缺计算表

车种	使用车	卸空车	余缺
P	120	122	+2
C	410	256	−154
N	50	55	+5
G	50		−50
B			
计	630	433	−197

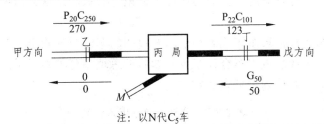

注：以N代C_5车

图 2.2.2　丙局分界站车种别空车出入计划

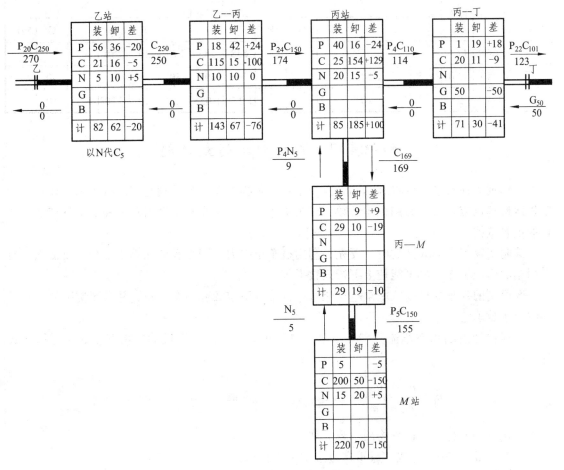

图 2.2.3　丙局空车调整图

丙局依据局管内主要站和区段的车种别使用车计划和车种别空车计划，按照分界站车种别空车出入计划的要求，编制的丙局空车调整图如图 2.2.3 所示。

知识点 6　分界站货车出入计划

分界站交接货车数不仅是反映铁路局运输任务量的指标之一，在日常运输生产中，由于分界站交接车数往往不相等，因此，它又是形成运用车保有量变化的原因。所以为保证均衡地完成运输生产任务，合理分配各方向的通过车流量，有效利用铁路通过能力，必须编制分界站货车出入计划。

分界站交接货车数根据重车车流表和空车调整图的车流资料确定，并分别列出交出、接入重车数和车种别空车数、重空车合计车数，然后汇总填制分界站货车出入计划表。

丙局分界站货车出入计划表见表 2.2.7。

表 2.2.7　分界站货车出入计划

出或入／分界站	交出		空车						接入		空车					
	合计	重车	计	P	C	N	G	B	合计	重车	计	P	C	N	G	B
乙	665	665							633	363	270	20	250			
丁	713	590	123	22	101				745	695	50				50	
局计	1 378	1 255	123	22	101				1 378	1 058	320	20	250		50	

知识点 7　货物列车列数计划

货物列车列数包括分界站别和区段列车数，货物列车列数计划是编制机车运用计划，确定货运机车供应台次、运用机车台数、机车乘务组数、机车平均牵引总重和机车日产量等指标的主要依据。

编制货物列车列数计划时，要充分利用机车牵引力，减少和消除单机走行，要加强车流与列车的组织工作，尽可能使上下行列数平衡。

区段别的列车数根据区段重空车流量、机车牵引定数和列车计长，并参照实际的列车平均编成辆数确定。

区段内通过的重空车流分别编组重、空列车时，通过全区段的货物列车数，可用下式计算：

$$n_{列} = \frac{u_{重流}}{m_{重}} + \frac{u_{空流}}{m_{空}} \quad （列）$$

式中　$n_{列}$——上行或下行货物列车数，列；

$u_{重流}$、$u_{空流}$——上行或下行重车流或空车流，车；

$m_{重}$、$m_{空}$——重、空货物列车编成辆数，车/列。

如果区段内通过的空车流较小，不单独编开空车列车时，则应按照空重混编条件计算货物列车数，即

$$n_{混} = \frac{u_{重流} + u_{空流}}{m_{混}}$$

式中　$n_{混}$——空重混编货物列车数，车；

　　　$m_{混}$——空重混编货物列车数编成辆数，车/列。

各区段上下行重车流量根据重车车流表查定，空车流量根据空车调整图查定。

例如，丙局乙—丙区段下行通过重车流由乙站装车及乙分界口接入至丙、丙—丁分站交出的各支车流组成。从表2.2.4中将以上各支车流查出，一一相加，共计412车（10＋12＋40＋150＋200＝412）。同理可以得出乙—丙区段上行通过重车流为682车。

乙—丙区段通过的空车流，可由丙局空车调整图（见图7.3）查得，下行通过空车流150车，上行通过空车流为零。

假设，乙—丙区段重、空列车编成辆数均为50辆，其通过全区段的货物列车数为：

下行 $n_{列} = \frac{412}{50} + \frac{150}{50} = 8.2 + 3 \approx 12$ （列）

上行 $n_{列} = \frac{682}{50} = 13.6 \approx 14$ （列）

为计算摘挂列车数，也可用上述方法分别查定上、下行摘或挂的重、空车数。

一个方向（上行或下行）摘挂列车的摘车及挂车的车数并不一定相等。在确定摘挂列车所运送的车数时，取其摘车或挂车数中较大值，作为计算标准。

例如，乙—丙区段下行方向摘车数：23（甲至乙—丙间 E 站空敞车100辆，已编入空直达列车，不计在内）；挂车数：18＋24＝42（乙—丙间 E 站装至丁分界站交出的100辆已编入始发直达列车，不计在内）；摘挂车数按42辆计算。

乙—丙区段上行方向摘车数44车，挂车数25车，摘挂车数按44辆计算。

假设乙—丙区段摘挂列车编成辆数为50辆，则：

下行摘挂列车数为：$n_{摘} = \frac{42}{50} \approx 1$ （列）

上行摘挂列车数为：$n_{摘} = \frac{44}{50} \approx 1$ （列）

丙局各区段行车量计算表见表2.2.8。根据计算出来的各区段的货物列车数，即可编制机车运用计划、安排机车乘务组的工作。

在铁路局间的分界站，除了查定接入和交出的重、空车数外，还应进一步确定分界口接入和交出的货物列车列数，作为编制日常工作计划的依据。

例如，丙局分界站货车出入计划见表2.2.8，则各分界站交、接列车数为：

交出列数 $-\frac{665}{50} = 13.3 \approx 14$ （列）

接入列数 $= \frac{633}{50} = 12.7 \approx 13$ （列）

表 2.2.8　丙局区段行车量计算表

行车量 区段	下行										上行									
	车流				至装车站 由装车站始发	列车编成	列数			合计	车流				至装车站 由装车站始发	列车编成	列数			合计
	通过		摘挂				通过	摘挂	至装车站 由装车站始发		通过		摘挂				通过	摘挂	至装车站 由装车站始发	
	重	空	重	空							重	空	重	空						
乙—丙	412	150	−23 +18	+24	空C 100 / 100	50	12	1	2 / 2	15	682		−44 +25			50	14	1		15
丙—丁	540	105	−25 +0	−9 +18	油50	50	13	1	油1	15	690		−5 +21		空G 50	50	14	1	空G	16
丙—M	70	150	−19 +0	−19 +5		50	5	1		6	220	5	−0 +29	−0 +4		50	5	1		6

典型工作任务 3　货车运用指标计划

货车的运用质量表现在载重量、容积的利用程度和周转、输送速度以及检修率三个方面。其主要指标有货车静载重、货车动载重、货车载重力利用率、货车周转时间、货车日车公里及检修车占车辆总数的比重、车辆运用时间占全部车辆时间的比值等。编制技术计划的目的在于根据完成的工作量为各铁路局分配运用车，并不涉及车辆装载和检修，因而在技术计划中，只规定货车周转时间和货车日车公里两项指标。

知识点 1　货车工作量

所有货车运用车每昼夜完成的工作量可以"t·km"或以"车"计算，在运输生产技术指标计划中，以货车周转时间分析货车运用效率时，其工作量以"车"为计算单位。

铁路货车运用工作的基本内容，就是将货车送往货物发送车站装车，然后将重车编入列车按规定径路运行，送至货物到达站卸车，卸后空车再送往装车站，不断循环。每完成一次作业循环，铁路就算完成了一个工作量，该辆货车就算完成了一次周转。这样，货车工作量实质上就是在一定时期内，全路、铁路局运用货车完成的周转次数，在数值上，可以用每昼夜新产生的重车数 u 来表示。

就全路而言，货车工作量是指全路的使用车数，即

$$u = u_{使}（车）$$

而铁路局的货车工作量则应等于使用车数与接运重车数之和，即

$$u = u_{使} + u_{接重} = u_{自装自卸} + u_{自装交出} + u_{接卸} + u_{通重}（车）$$

216

货车工作量亦可从重车消失的角度来计算，其公式为：

$$u = u_{卸空} + u_{交重} \quad （车）$$

丙局使用车数为 630 车，接运重车数为 1 058 车，卸空车数为 433 车，交出重车数为 1 255 车，故货车工作量 u 为：

$$u = 630 + 1058 = 433 + 1255 = 1688 \quad （车）$$

对于运输生产技术计划，两种计算方法所得结果相同，而在日常运输生产活动中，两种计算方法所得结果则往往是不一致的，一般采用每天新产生的重车数来计算工作量，即采用 $u = u_{卸空} + u_{交重}$ 的公式计算货车工作量。

应当指出，铁路总公司的货车工作量，不等于全路各局货车工作量之和。

知识点 2 货车周转时间

货车周转时间是指货车从第一次装车完了时起至下一次装车完了时止所平均消耗的时间。货车周转时间以"d"为单位计算。

一辆货车每完成一次周转，在其周转过程中完成了一个工作量，所以货车周转时间也可定义为货车每完成一个工作量平均消耗的时间。对全路来说，货车的每一次周转都包含了上述作业循环的全过程，而对铁路局而言，货车周转时间则带有假定性质，因此，以货车每完成一个工作量在铁路局管内所平均消耗的时间来表述更为恰当，这个时间包括重车状态和空车状态所消耗的时间。

货车周转时间越短，表示货车的周转越快，就可以用同样数量的货车完成更多的运输任务。

货车周转时间一般采用车辆相关法和时间相关法两种方法计算。

一、车辆相关法

车辆相关法根据运用车数和完成的工作量之间的比例关系来计算货车周转时间。例如，若全路每天装车 10 万辆、货车周转时间为 3 d，那么第一天需要使用 10 万辆货车，第二天必须用另外的 10 万辆货车来装车，第三天再使用 10 万辆货车，到了第四天就可以用第一天装的 10 万辆货车卸后产生的空车来装车了。这样，要保证完成每天 10 万辆的货车的装车量，总共需要 30 万辆货车，即

$$N = u\theta \quad （车）$$

式中　N——运用车数；

　　　θ——货车周转时间。

对全路来说，工作量就是使用车数；对铁路局来说，工作量是使用车数加接运重车数。全路和铁路局货车周转时间分别为：

$$\text{全路} \quad \theta = \frac{N}{u}$$

$$\text{铁路局} \quad \theta = \frac{N}{u_{\text{使}} + u_{\text{接重}}}$$

利用车辆相关法计算货车周转时间，非常简便。全路、铁路局在统计日、旬、月、年实际完成的货车周转时间时，都采用这种计算方法。

在日常统计时为简便起见，公式中的运用车数是采用每一日终了时（18:00）的现有运用车数来计算的，而 18:00 的现有运用车数并不能代表全日的平均运用车数。因此，这样计算的结果不够精确。这种计算方法的另一个缺点是无法按货车周转过程的各项因素进行计算，不能从计算结果上看出运输生产各个环节完成的好坏，不便于分析原因和拟订改进措施。此外，在编制技术计划时，恰是需要先确定货车周转时间，再计算所需要的运用车数，因而在编制技术计划和运输工作定期分析时，均采用时间相关法计算货车周转时间。

二、时间相关法

如图 7.4 所示，货车每完成一次周转消耗的时间，可分为以下三个组成部分：货车在各区段内的旅行时间 $T_{\text{旅}}$、货车在各技术站进行中转作业的停留时间 $T_{\text{中}}$ 和货车在货物装卸站的停留时间 $T_{\text{货}}$。

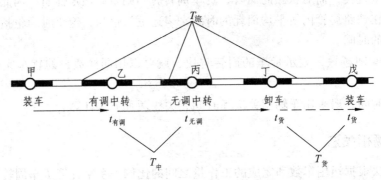

图 2.2.4　货车周转示意图

因此，货车周转时间可以用下式表示：

$$\theta = \frac{1}{24}(T_{\text{旅}} + T_{\text{中}} + T_{\text{货}}) \quad (\text{d})$$

现将以上三项时间分析如下：

$$T_{\text{旅}} = \frac{l}{v_{\text{旅}}} \quad (\text{d})$$

式中　l——货车全周距，即货车在一次周转中平均走行的距离，km，按下式计算：

$$l = \frac{\sum NS}{u} = \frac{\sum NS_重 + \sum NS_空}{u} = l_重 + l_空 = l(1 + \alpha_空) \ (km)$$

其中 $\sum NS$ ——货车总走行公里，车·km；

$\quad\quad l_重$ ——货车重周距，km；

$\quad\quad l_空$ ——货车空周距，km；

$\quad\quad \sum NS_重$ ——重车总走行公里，是指货车在重车状态下总的走行公里数，车·km；

$\quad\quad \sum NS_空$ ——空车总走行公里，是指货车在空车状态下总的走行公里数，车·km；

$\quad\quad \alpha_空$ ——空车走行率，它等于空车总走行公里与重车总走行公里之比，即

$$\alpha_空 = \frac{\sum NS_空}{\sum NS_重}$$

关于重车走行公里的计算，可以采用以下方法：

（1）按实际里程计算。根据重车车流表，按每支车流实际走行公里逐一计算，然后加总求得。此法的优点是结果准确，缺点是计算繁琐，仅适用于运量较小的铁路局。

（2）近似计算。采用近似计算法计算货车走行公里时，对通过区段的车流按区段距离的全程计算；对区段内产生或消失的车流则按区段距离的半程计算。此法比较简单，但不够精确，适用于运量较大及区段内各中间站的货运量较均衡的铁路局。

查定通过全区段或半区段的重车流量，可以采用对逐支车流进行分析的方法，也可以采用透孔法。空车流可以由空车调整图上查得。通过全区段和半区段重空车流确定后，分别乘以全区段或半区段的公里数，从而求出重空车走行公里。

例如，从重车车流表中可以查出丙局乙—丙区段通过全区段的重车流为 412 + 682 = 1 094（车），通过半区段的重车流为 141 + 69 = 210（车）。其他各区段也可以按相同的方法查定。按图 2.2.1 所示区段距离，可以计算出各区段重车走行公里，见表 2.2.9。空车走行公里则是通过空车调整图查出通过全区段和半区段的空车流，分别乘以相应的全区段和半区段的公里数求得，见表 2.2.10。

表 2.2.9　重车走行公里计算表

区段	车辆行程	重车流量（车）	走行距离（km）	重车走行公里（车·km）
乙—丙	全区段	1 094	150	164 100
	半区段	210	75	15 750
丙—丁	全区段	1 230	140	17 220
	半区段	101	70	7 070
丙—M	全区段	290	60	17 400
	半区段	48	30	1 440
合　计				222 980

表 2.2.10　空车走行公里计算表

区 段	车辆行程	重车流量（车）	走行距离（km）	重车走行公里（车·km）
乙—丙	全区段	150	150	22 500
	半区段	124	75	9 300
丙—丁	全区段	105	140	14 700
	半区段	77	70	5 390
丙—M	全区段	155	60	9 300
	半区段	28	30	840
合　计				62 030

由表 2.2.10 可知，$\sum NS_重 = 222\,980$（车·km），$\sum NS_空 = 62\,030$（车·km），$\sum NS = 222\,980 + 62\,030 = 285\,010$（车·km），所以货车全周距为：

$$l = \frac{\sum NS}{u} = \frac{285\,010}{1\,688} = 169 \text{ km}$$

（1）货车在各技术站进行中转作业的停留时间 $T_中$。

此项时间是指货车在一次周转中，在沿途各技术站进行中转作业（包括无调中转及有调中转作业）的平均停留时间。如能找出货车在平均周转一次的过程中平均摊到的中转次数及每次中转平均停留时间（$T_中$），就可以求得此项时间。因此：

$$T_中 = \frac{l}{L_中} t_中 \text{ （d）}$$

式中　$L_中$——货车中转距离（简称中距），是指货车在平均周转一次的过程中所走行的距离，km。

中距是根据货车总走行公里及各技术站中转车总数确定的：

$$L_中 = \frac{\sum NS}{\sum N_中} \text{ （km）}$$

式中　$\sum N_中$——中转车总数。

各技术站中转车数包括中转重车数和中转空车数。中转重车数可通过重车车流表用分析法或透孔法查出。中转空车数可根据空车调整图直接查出。

丙局中转车数见表 2.2.11。

表 2.2.11　丙局中转车数表

技术站	重车	空车	合计
乙	1 008	250	1 258
丙	1 295	154	1 449
合计	2 303	404	2 707

由此可以计算出丙局货车中转距离为：

$$L_{中} = \frac{\sum NS}{\sum N_{中}} = \frac{285\,010}{2\,707} = 105 \text{ (km)}$$

（2）货车在货物装卸站的停留时间 $T_{货}$

此项时间是指货车在平均周转一次的过程中，在装车站和卸车站平均消耗的时间。

$$T_{货} = K_{管}t_{货} \quad (\text{h})$$

式中 $K_{管}$——管内装卸率，是指货车平均周转一次摊到的货物作业次数，可按下式计算：

$$K_{管} = \frac{u_{使} + u_{卸空}}{u}$$

丙局 $K_{管}$ 为：

$$K_{管} = \frac{u_{使} + u_{卸空}}{u} = \frac{(630 + 433)}{1\,688} = 0.63$$

对全路来说，$u = u_{使} = u_{卸空}$，所以：

$$K_{管} = \frac{u_{使} + u_{卸空}}{u} = \frac{2u_{使}}{u} = 2$$

对铁路局来说，$K_{管}$ 变动于 0～2。因为接入自卸的车流在管内没有装车作业，自装交出的车流在管内没有卸车作业，接运通过的车流在管内既没有装车作业也没有卸车作业，只有自装自卸车流在管内才有装和卸两次作业。所以，通过车流比重越大的铁路局，管内装卸率越小。如果铁路局办理的车流全部为通过车流时，则管内装卸率 $K_{管}$ 为 0；全部为自装自卸车流时，则管内装卸率 $K_{管}$ 为 2。

综上所述，货车周转时间的时间相关法计算公式可以用下式表示：

$$\theta = \frac{1}{24}\left(\frac{l}{v_{旅}} + \frac{l}{L_{中}}t_{中} + K_{管}t_{货}\right) \quad (\text{d})$$

例如，已知丙局 $v_{旅} = 30.5 \text{ km/h}$，$t_{中} = 5.0 \text{ h}$，$t_{货} = 9.9 \text{ h}$，将上述有关因素数值代入时间相关法的计算公式，便可确定丙局的货车周转时间：

$$\theta = \frac{1}{24}\left(\frac{l}{v_{旅}} + \frac{l}{L_{中}}t_{中} + K_{管}t_{货}\right) = \frac{1}{24}\times\left(\frac{169}{30} + \frac{169}{105}\times5 + 0.63\times9.9\right) = 0.83 \quad (\text{d})$$

用时间相关法计算货车周转时间，也可将其作业分为四个组成部分，即把第二项的中转作业停留时间分为有调中转停留时间和无调中转停留时间，也可以再将第一项的旅行时间分为区间运行时间和中间站停留时间两部分，则货车周转时间就形成五项因素。货车周转时间的四项式计算公式和五项式计算公式，可以更详细地分析各项作业时间的比重及完成情况。用时间相关法计算货车周转时间，可分别对其各作业环节进行计算、分析，以考核各组成部分的完成情况，找出薄弱环节，提出改进措施。

铁路局的运用车需按管内工作车、移交重车和空车三部分控制和考核，因而，需相应地计算这三种车的周转时间。

管内工作车是指到达铁路局管内卸车的重车，它包括自装自卸和接入自卸两部分。移交重车是指铁路局经各分界站交出的重车，它包括自装交出和接运通过两部分。

管内工作车周转时间是指管内工作车每完成一次周转（完成一个管内工作车工作量）平均消耗的时间。即货车从装车完了或从外局接入重车时起至卸空时止在铁路局管内平均消耗的时间。

移交重车周转时间是指移交重车每完成一次周转（完成一个移交重车工作量）平均消耗的时间，即交给外局的重车从装车完了或从临局接入重车时起至重车移交给临局时止在铁路局管内平均消耗的时间。

空车周转时间是指全路、铁路局每完成一个空车工作量平均消耗的时间。具体来说，即自重车卸车完了或空车由邻局接入时起至装车完了或将空车向邻局交出时止在管内平均消耗的时间。

管内工作车周转时间以及移交重车周转时间、空车周转时间一般是用"时间相关法"来确定，本书不作具体介绍。

三、加速货车周转的途径

货车周转时间是铁路运输组织工作中一项重要的综合性指标，它反映了所有与运输生产有关部门的工作效率。压缩货车周转时间，可以以同样数量的货车完成更多的运输任务。因此，加速货车周转对于铁路运输生产具有重要意义。

从货车周转时间的构成因素来看，缩短全周距、中转车平均停留时间及一次货物作业平均停留时间，减少管内装卸率，提高旅行速度，扩大货车中转距离，都有利于压缩货车周转时间。现分述如下：

1. 缩短全周距

全周距包括重周距及空周距。全周距的大小取决于重车走行公里与空车走行公里的多少。重车走行公里及重周距主要决定于货物发到站间距离，即产销地点的布局。就铁路来说，虽属客观因素，但在编制运输计划时，如能提高计划的质量，减少或消除对流及重复等不合理运输，就能缩减货物平均运程，从而缩短重周距。

空车走行，在客观上是由于卸车地点与新装车地点分散，货流不平衡以及特种车辆空车回送所造成。但如果有预见地合理制定空车调整计划，认真执行方向别均衡排空和装车计划，消除同种空车对流，尽量组织不同车种货车的代用，提高货车双重作业系数，就能缩短空车走行公里、降低空车走行率。

2. 压缩中时

如合理组织开行直达、直通列车，增大无调中转车比重，并广泛采用先进工作方法，提高作业效率，组织快速作业，缩短集结时间，消除各项等待时间等。

3. 压缩停时

除应采取上述缩短货车中时的各种措施外，还应尽量扩大双重作业，压缩待取待送时间，组织快速装卸等。对中间站的零星车流，有条件时，应大力组织不摘车装卸作业。

4. 提高列车旅行速度

如提高列车技术速度，正确组织指挥行车，合理会让，减少列车在中间站的停站次数和每次停站的时间等。

5. 扩大中距

货车平均中转距离与技术站的配置有关，受铁路线上技术站布局的客观影响。但在实际工作中，应避免货车在枢纽内几个技术站上重复中转，并消除某些中间站发生甩中转车挂作业车等不合理组织方法，以减少不应有的中转车数，扩大货车平均中转距离。

6. 减小管内装卸率

管内装卸率越小，货车周转时间越短。管内装卸率的大小决定于铁路局管内重车流的性质，即铁路局的通过重车流比重越大，管内装卸率越小。通过重车流的大小，一般取决于生产力的配置和各地区之间的经济联系。对铁路来说是客观因素。但是，运输生产部门在货流组织工作中，应当加强同各有关部门的联系，尽量组织合理运输，避免重复运输，使管内装卸率不致无故增大。

知识点3 货车日车公里和货车日产量

货车日车公里是指每一运用车每天平均走行的公里数，其计算公式为：

$$S_{车} = \frac{\sum NS}{u} \ (\text{km/d})$$

或
$$S_{车} = \frac{l}{\theta} \ (\text{km/d})$$

对铁路局而言，装卸作业量大的铁路局，货车日车公里往往较低，而通过车流量大的铁路局，货车日车公里则较高。所以，在编制技术计划时，除确定货车周转时间外，还应确定货车日车公里。在日常工作中，除分析货车周转时间完成情况外，还应统计货车日车公里完成情况，以便全面地考核货车运用效率。

货车周转时间及货车日车公里均与全周距指标有关，当全周距变动较大时，货车周转时间和货车日车公里两项指标的反映是不一致的。在运输组织工作中，常常同时用此两项指标来反映货车运用质量。但由于货车周转时间与运用车之间有较简明的关系，因而，常以货车周转时间作为反映货车运用质量的主要指标。

货车日产量 $W_{车}$ 是指每一运用货车在一昼夜内生产的货物吨公里数，它可按下式计算：

$$W_{车} = P_{动}^{运} S_{车} \ (\text{t} \cdot \text{km/d})$$

典型工作任务 4　运用车保有量计划

运用车保有量是指全路、铁路局为完成规定的运输任务，所应保有的运用货车数。在编制技术计划时，铁路总公司根据各铁路局的工作量和货车周转时间，规定各铁路局应保有的运用车标准数。运用车保有量的标准数 N 根据工作量 u 和货车周转时间 θ 确定，即

$$N = u\theta \text{（车）}$$

例如，丙局的工作量为 1 688 车，货车周转时间为 0.83 d，则

$$N = 1\,688 \times 0.83 = 1\,407 \text{（车）}$$

从上式中可以看出，货车周转时间越小，所需要的运用车保有量也就越少。因此，缩短货车周转时间的一切措施，也就是压缩需要运用车数的措施。

全路运用车包括运用重车和运用空车，铁路局的运用车又可以按其到站分为管内工作车、移交重车和空车三种。

为了便于在日常工作中加强对车辆运用的监督以及分析车辆的运用效率，铁路局除确定运用车的总数外，还应分别确定管内工作车、移交重车和空车的保有量。

知识点 1　管内工作车保有量

管内工作车保有量是指铁路局为完成规定的卸车任务应保有的管内工作车数。其计算公式为：

$$N_{管重} = u_{管重}\theta_{管重} \text{（车）}$$

式中　$N_{管重}$ ——管内工作车保有量；

$u_{管重}$ ——管内工作车工作量；

$\theta_{管重}$ ——管内工作车周转时间。

管内工作车工作量是指铁路局一日内所办理的管内工作车的车数。一般是卸完一辆，即算完成了一个管内工作车的工作量。所以，管内工作车工作量就是卸空车数，即 $u_{管重} = u_{卸空}$。

因此，管内工作车保有量的计算公式又可写为：

$$N_{管重} = u_{卸空}\theta_{管重} \text{（车）}$$

知识点 2　移交重车保有量

移交重车保有量是指铁路局为完成交出重车任务应保有的移交重车数。其计算公式为：

$$N_{移交} = u_{移交}\theta_{移交} \text{（车）}$$

式中　$N_{移交}$ ——移交重车保有量；

$u_{移交}$ ——移交重车工作量；

$\theta_{移交}$——移交重车周转时间。

移交重车工作量是指铁路局一日内所办理的交出重车数。交出一辆重车，就算完成了一个移交重车工作量。所以，移交重车工作量可按交出重车数计算，即 $u_{移交}=u_{交重}$。

因此，移交重车保有量又可写为：

$$N_{移交}=u_{交重}\theta_{移交}（车）$$

知识点3 空车保有量

空车保有量是指全路、铁路局为完成规定的运输任务而应保有的运用空货车数。其计算公式为：

$$N_{空}=u_{空}\theta_{空}（车）$$

式中 $N_{空}$——空车保有量；

$u_{空}$——空车工作量；

$\theta_{空}$——空车周转时间。

空车工作量是指全路、铁路局一日内所办理的空货车数。在数值上空车工作量可以用一日内消失或产生的空车数来表示，即

全路 $\quad u_{空}=u_{使}（车）$

或 $\quad u_{空}=u_{卸空}（车）$

铁路局 $\quad u_{空}=u_{使}+u_{交空}（车）$

或 $\quad u_{空}=u_{卸空}+u_{接空}（车）$

在编制技术计划及日常统计工作中，空车工作量一般是按消失的空车数来计算的，即

$$u_{空}=u_{使}+u_{交空}（车）$$

例如，丙局各种运用车工作量为：

$$u_{卸空}=u_{卸空}=433（车）$$

$$u_{移交}=u_{交重}=1\,255（车）$$

$$u_{空}=u_{使}+u_{交空}=630+123=753（车）$$

又假设已知丙局各种运用车的周转时间：

$$\theta_{管重}=0.958\,\text{d}$$

$$\theta_{移交}=0.551\,\text{d}$$

$$\theta_{空}=0.390\,\text{d}$$

则丙局的各种运用车保有量为：

$$N_{管重} = u_{卸空}\theta_{管重} = 433 \times 0.958 = 415 \ （车）$$

$$N_{移交} = u_{交重}\theta_{移交} = 1\,255 \times 0.551 = 692 \ （车）$$

$$N_{空} = u_{空}\theta_{空} = 753 \times 0.390 = 294 \ （车）$$

铁路局运用车保有量为上述三项保有量之和，即

$$N = N_{管重} + N_{移交} + N_{空} \ （车）$$

丙局技术计划部分指标见表 2.2.12。

表 2.2.12　丙局技术计划部分指标

	指标名称	单位	数值		指标名称		单位	数值
1	装车数	车	600	13	中转车平均停留时间		h	5.0
2	使用车数	车	630	14	一次货物作业平均停留时间		h	9.9
3	卸车数	车	408	15	旅行速度		km/h	30.0
4	卸空车数	车	433	16	货车周转时间		d	0.83
5	接运重车	车	1 058	17	管内工作车周转时间		d	0.958
6	工作量	车	1 688	18	移交重车周转时间		d	0.551
7	交出重车	车	1 255	19	空车周转时间		d	0.390
8	接入空车	车	320	20	运用车数	管内工作车	车	415
9	交出空车	车	123			移交重车	车	692
10	全周距	km	169			空车	车	294
11	中转距离	km	105			合计	车	1 401
12	管内装卸率		0.63	21	货车日车公里		km/d	204

典型工作任务 5　机车运用指标计划

机车是铁路运输的基本动力，线路上的列车运行、车站内外的调车作业都要由机车来完成，因此，机车运用计划是铁路运输组织工作的一个重要组成部分。在运输生产计划中，应根据各铁路局的运输工作量，合理分配机车运用台数，规定机车运用指标，以便于考核和分析机车运用成绩，不断提高机车运用效率。

机车运用方式与货车不同。货车在全路范围内通用，机车则配属各机务段，并在固定的区段内牵引列车，或在固定的站段担当调车作业或其他工作。反映机车运用效率的质量指标包括列车平均总重、机车全周转时间、机车日车公里、机车日产量等。

知识点 1　列车平均总重

列车平均总重 $Q_{总}$ 是指全路、铁路局、机务段或一个区段平均每台本务机车牵引列车的总重量，即

$$Q_总 = \frac{\sum QS_总}{\sum nL_本} \quad (\text{t/列})$$

式中　$\sum QS_总$——货运机车总重吨公里，t·km；

　　　$\sum nL_本$——本务机车走行公里数。列·km。

列车平均总重反映了机车牵引力的利用程度，它直接影响到列车数、机车需要台数、机车乘务组需要数及其他有关支出的大小，是衡量机车运用效率的一个重要指标。

知识点 2　机车全周转时间

机车全周转时间 $\theta_全$ 是从时间上反映机车运用效率的指标。机车全周转时间是指机车在一个牵引区段担当一个往返列车牵引作业所消耗的全部时间。具体为机车从第一次作业完了返回基本段经过闸楼时起，至再次作业完了返回基本段经过闸楼时止平均消耗的全部时间。缩短机车全周转时间，可以减少机车需要台数，降低运输成本，提高经济效益。

机车全周转时间的计算方法见项目八的典型工作任务 4。

知识点 3　机车日车公里

机车日车公里 $S_机$ 是指全路、铁路局或机务段平均每台货运机车（不包括补机）一昼夜内走行的公里数。其计算方法见项目八的典型工作任务 4。

机车日车公里反映了货运机车平均每天完成的工作量。提高机车日车公里，可以减少机车需要台数，即可用较少的机车完成规定的运输任务，从而降低运输成本。

知识点 4　机车日产量

机车日产量 $W_机$ 是指全路、铁路局或机务段平均每台货运机车（不包括补机）在一昼夜内产生的总重吨公里数，即：

$$W_机 = \frac{\sum QS_总}{M_货} = \frac{Q_总 S_机}{(1+\beta_辅)} \quad (\text{t·km})$$

$$\beta_辅 = \frac{(\sum MS_双 + \sum MS_单)}{\sum nL_本}$$

式中　$S_机$——机车日车公里；

　　　$\beta_辅$——单机和重联机车走行率。

机车日产量既是反映机车牵引力的利用程度，也是反映机车周转速度、考核机车运用质量的一个综合性指标。机车日产量的高低，不仅取决于机务部门，而且与其他有关部门的工作，特别是运输组织方面工作的好坏有很大关系。必须在加速机车周转、提高机车日车公里

227

的同时，加强运输组织工作，大力提高货物列车总重，降低单机走行率并充分利用单机附挂少量车辆等办法，才能提高机车日产量。

典型工作任务6 运输方案

知识点1 运输方案的作用

列车编组计划和列车运行图都是年度的基础性计划，它们指导着全年运输组织工作中的车流组织和列车运行工作。传统的月编运输生产计划周期太长，但为了体现运输生产计划的指导意义，其编制周期也不可能太短，一般应不少于 10 d。运输生产计划规定了其计划期内铁路运输工作的数量及质量指标要求，然而，铁路究竟如何按照列车编组计划、列车运行图的规定和运输生产计划的要求来组织日常的运输生产活动呢？

在没有运输方案的条件下，是通过编制和执行日常作业计划即日（班）计划来解决的。但是，由于编制日班计划时间短促，很难细致对货运工作、列车工作、机车工作等进行周密安排，以至影响运输效率，甚至影响运输任务的完成。因此，为了提高运输效率，保证完成和超额完成国家运输任务，除了编制运输生产计划外，每月、每旬还要编制运输方案，作为编制日班计划的依据。

运输方案是根据月度货物运输计划所规定的任务，按照列车编组计划及列车运行图的要求，考虑当月（旬）车流和运输能力的实际情况，对货运工作、列车工作和机车工作进行综合安排，即把货流组织、车流挂线、机车交路等结合起来进行统一部署。通过运输方案可以更好地贯彻运输政策，大力组织合理运输和直达运输；进一步加强路内外的协作，把产、供、运、销全过程紧密衔接起来，进行全面安排，更好地适应国民经济发展对铁路运输的需要；找出运输生产中的主要矛盾和薄弱环节，使运能和运量相互协调，全面完成运输任务。运输方案应根据运输生产计划规定的任务，按照列车编组计划、列车运行图的规定，考虑到装卸站的装卸能力和短途运输能力，企业部门的生产规律，根据当月（旬）的具体情况，对月、旬的货运工作、列车工作、机车工作和施工等进行统筹安排。通过运输方案的综合安排，使货流组织与车流组织、车流组织与列车运行、列车运行与机车运用互相紧密结合，使铁路内部和铁路运输与企业生产互相协调、密切配合，挖掘运输潜力，提高运输效率，从而使铁路运输更好地为工农业生产、国防建设和人民生活需要服务，更好地满足国民经济发展对铁路运输的需要。

运输方案的主要作用有：

（1）通过运输方案使运能和运量相互协调，保证运输生产计划的完成，全面完成运输任务。

（2）通过运输方案有效地组织路内外相关部门的紧密协作，提高运输效率和效益。

（3）通过运输方案找出运输生产中的主要矛盾和薄弱环节，预防可能发生的困难。

知识点 2　运输方案的编制原则和依据

运输方案一般包括货运工作方案、列车工作方案和机车工作方案三个基本组成部分。根据具体情况和需要，运输方案还可以包括枢纽工作方案和施工方案等。编制枢纽工作方案的目的在于使区段工作和枢纽工作协调配合；而编制施工及路料运输方案的目的则在于使运输工作与路内有关部门的维修、改建工作配合，尽量减少施工对运输工作的影响，而又使必要的维修、改建工作有顺利进行的条件。编好施工方案的关键则在于运输和工、电有关部门的协作。

编制运输方案时，铁路总公司主要编制跨局方案，铁路局则进行具体安排。根据路局的运输方案各主要装卸站和技术站也应按照本站作业的特点，编制相应的车站方案。编制运输方案必须坚持以下原则：

（1）坚决贯彻、执行党和国家的运输方针和政策，保证完成国家规定的运输任务。

（2）认真落实上级运输方案的安排，局部服从整体，保证上级运输方案的实现。

（3）明确目标，针对运输工作中的主要矛盾和薄弱环节，加强货流和车流组织，安排好列车、机车工作，保证运输工作的总体优化。

（4）坚持全局观念，组织运输过程各个环节的协调配合。

（5）树立营销观念，为广大货主服务，在完成运输任务的同时，提高运输效益。

编制运输方案的主要依据为：

（1）货物运输生产计划、旬计划。

（2）货物列车编组计划、列车运行图和站段技术作业过程。

（3）有关区段通过能力、主要站通过能力及改编能力、装卸能力。

（4）各铁路局间相互交换的重点装车站装车资料。

（5）前一时期运输方案执行情况的分析。

（6）吸引地区主要物资部门的生产、供应、销售情况及其对运输的要求。

（7）铁路与其他交通工具的衔接协作，联合运输的开展情况和短途运输能力等。

知识点 3　货运工作方案

货运工作方案是运输方案的基础，它的主要任务在于全面组织自装车流，梳好货流辫子，最大限度地组织各种直达列车和成组装车，使运输生产计划和列车编组计划紧密结合起来，同时还要摸清到达重车情况，安排好主要站的卸车工作。货运工作方案的质量直接关系到列车工作方案和机车工作方案的质量，正确编制货运工作方案是整个运输方案的关键。

一、货运工作方案的主要内容

（1）始发、阶梯直达列车计划及日历装车安排。

（2）固定车底循环列车、整列出车的短途列车计划及日历装车安排。

（3）成组装车的日历安排。

（4）零星车流的日历装车安排。

（5）主要卸车站的卸车安排。

二、货运工作方案的编制

铁路局在编制装车方案时，应根据列车编组计划的要求，对运输生产计划的货流进行分析，然后按照"先直达、后成组、再零星"的顺序，全面组织自装车流。应当最大限度地组织始发、阶梯直达列车和不通过编组站的短途列车（整列出车），在条件许可的情况下，可以采用固定车底的循环列车。不能组织直达列车时，应组织五辆以上同一到站的成组装车，或按前方编组站编组计划的要求，组织通过编组站的成组装车；不能组织成组装车的零星车流，也应尽可能集中装车。还应大力提倡和组织超编组计划的高质量直达列车。

凡超过编组计划规定，并符合下列条件之一的列车为高质量直达列车：

（1）车船衔接，路、矿、厂、港直出直入，整列装卸的直达列车；

（2）同一卸车地点或按到站货区货位编组的直达列车；

（3）在始发站组织或技术站编组，超过编组计划规定并符合前方一个编组站编组计划的远程直达列车。

超编组计划高质量直达列车的组织形式，要不断创新，不断发展。各铁路局要在编制编组计划之后，拟订组织超编组计划高质量直达列车的规划和具体编组方法，发给有关站段，通过运输方案加以组织实现，以丰富编组计划的内容。

在编制装车方案时，对于组织超过编组计划规定的到达编组站解体的直达列车和通过编组站不进行改编作业的成组装车，其车流必须符合前方编组站编组计划的要求，否则在中途仍需改编，达不到预期的效果。

在编制货运工作方案时，主要应考虑下列问题：

1．调整货源，实现合理运输

调整货源的目的是减少或消灭重复运输、对流运输等不合理运输，为组织装车地直达列车创造条件，其做法主要有以下几种：

（1）对同一发站、不同发货单位的同品名货物，应尽量组织统一发货。例如，某站有三个货主向外发运同样的煤炭，则可组织其统一使用货区、货位、统一调配搬运和装车工具、统一发、装车，一批装车只安排一个去向。这样既可提高装车设备的利用效率，又为组织直达运输创造了条件。

（2）对不同品类、不同去向的货物，要尽量调整到同一车站装运同一品类、同一去向的货物。

（3）对同一区段内多站装车的同类货物，应尽量将同一去向的货源调整到一个或相邻几个车站装车，变分散流为集中流。

（4）调整供销关系，减少经过编组站的改编作业。

2. 划分出车区，统一组织货流

按照货流和车流特点，将某个车站或几个相邻的车站，或一个支线，或一个区段在装车组织工作中联成一个整体，称为一个方案出车区。这样做更便于组织货流和车流，如图 2.2.5 所示。

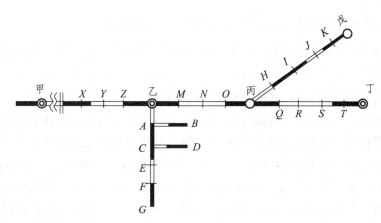

图 2.2.5 乙—G 支线线路示意图

图中所示的乙—G 支线各站中，A 站和 B 站装车量较大，可以单独划为出车区；C、D、E、F、G 各站，只有 C 站和 D 站装车量较多，其余各站装车量都很少，且装车去向基本相同，故将该五站划为一个出车区，这样可以保证该出车区的装车相对稳定。

3. 统一梳流，组织直达运输

所谓梳流，就是对批准的要车计划，按货物的发站或出车区，分别按到站或列车编组计划规定的去向加以分类，理出各支车流的数量，根据车流量的大小和设备条件确定车流组织方法。

自装车流的组织，一般是按"先远后近、先整后零"的顺序进行安排的：

（1）发、到站集中的大宗稳定货流，如煤、矿石、原油、木材、粮食等，可组织"五定"班列，即定点（装车站和卸车站）、定线（运行线）、定车次（班列车次）、定时（货物运到时间）、定价（全程运输价格）的直达快运货物列车。

（2）发站集中、到站分散的大宗稳定货流，可按"先远后近"和"先集中后分散"的顺序进行组织。先组织到达同一区段内几站卸的列车；再组织到达相邻区段几站卸的列车；最后组织到达技术站解体的列车。

（3）一站不能单独组织直达列车的车流，可组织几站合编的阶梯直达列车。

（4）为将出车区内的零星车流组织起来，也可让装车大站"化整为零"与装车小站配合成列，以达到最大限度地把车流组织起来的目的。

例如，Q 站发往甲站及其以远的车流，一旬共计 250 车，装卸能力不受限制，可以自站组织隔日开一列始发直达列车（共 5 列）；邻近的 R 站和 S 站，由于装卸能力的限制每日只能装往甲站及其以远的车流 10 辆和 15 辆，无法组成直达列车。为将 R 站和 S 站的车流组织起来，可让 Q 站隔日单开整列变为每日装 25 辆，与 R、S 两站的装车合开阶梯直达列车。由于将 Q 站的装车化整为零，使 R、S 两站的车流也变成直达车流，因而增加了直达车流量。

（5）实在无法组织成列的零星车流，应按行程远近，尽量组织成组装车。

4. 按照均衡和集中的原则，合理安排旬间日历装车计划

所谓"均衡"，是指对运输整体要求均衡。所谓"集中"，是指对分散的零星货流和车流尽量组织集中发运、集中装车。按照以上原则，首先对全部运量进行旬间平衡，即每旬的运量基本上等于全月运量的 1/3，具体做法是"大户均衡、小户定旬"。

例如，某煤矿全月发往甲站的煤共计 3 000 车，按照大户均衡的办法每旬按 1 000 车安排；建材公司发往甲站的砖全月共计 100 车，储运公司发往甲站的钢材全月共计 100 车，棉麻公司发往甲站的棉花全月共计 100 车，这三个物资单位发往甲站的货物不应再按各旬 1/3 的办法组织，而应按"小户定旬"的办法让其各自集中装车。比如，上旬建材公司装砖，中旬储运公司装钢材，下旬棉麻公司装棉花。这样组织的结果，总运量仍是均衡的。

确定旬间运量之后，便可安排日历装车计划，安排日历装车计划的原则，仍然是在保证全局均衡的前提下局部要相对集中。例如，乙—G 支线的装车安排，表 2.2.13 是该支线的旬间货流（车数），表 2.2.14 则是其日历装车安排。由表中可知，A 站是装车大户，10 d 内共装到丁地区 250 车，装到 M 站 250 车，因而组织每天一列（50 车）；其余小户则组织集中装车，如 B 站装到丁地区的 150 车分 3 d 装完，并指定在 1、5、9 日装车；又如 D、E、F、G 四站装车数都较少，则组织四站配装，并规定同一去向在同一天装车，合开一列；不能组织成列者，则组织成组装车，等等。

表 2.2.13　乙—G 支线旬间货流表

站名\去向	共计	局管内 丁地区				丙—成				乙—丙				乙—甲			小计
		丁	R	S	T	H	I	J	K	M	N	O	丙	X	Y	Z	
A	509	250								250				5		4	509
B	150	100		50													150
C	140	100						25	15								140
D	100	30	20	30	20												100
E	75			45			30										75
F	15			15													15
G	70			25	15	20	10										70
合计	1059	480	70	115	35	20	40	25	15	250				5		4	1059

表 2.2.14　乙—G 支线上旬装车方案

装车站	1	2	3	4	5	6	7	8	9	10	旬计
A	M_{50}	$丁_{50}$	M_{50}	$丁_{50}$	M_{50}	$丁_{50}$	M_{50}	$丁_{50}$	M_{50}	$丁_{50}$	$丁_{250}$ M_{250}
B	$丁_{50}$				$丁_{50}$				$丁_{50}$		$丁_{150}$
C			$丁_{50}$				$丁_{50}$				$丁_{100}$
四合一 D	$丁_{25}$		$丁_{25}$		丙—戊$_{20}$		$丁_{25}$	丙—戊$_{20}$	$丁_{25}$		$丁_{100}$ 丙—戊$_{40}$
四合一 E	$丁_{15}$		$丁_{15}$		丙—戊$_{15}$		丙—戊$_{15}$	$丁_{15}$			$丁_{45}$ 丙—戊$_{30}$
四合一 F							$丁_{15}$				$丁_{15}$
四合一 G	$丁_{10}$		$丁_{10}$		丙—戊$_{15}$		$丁_{10}$	丙—戊$_{15}$	$丁_{10}$		$丁_{40}$ 丙—戊$_{30}$

5. 编制主要卸车站的卸车方案

编制卸车方案，对于保证日常运输工作的正常进行有着重大意义。

到达铁路局管内卸车的车流来源有二：一是铁路局管内的自装自卸车流，二是由外铁路局接入自卸的车流。要编制卸车方案，首先要掌握到达卸车的来源和数量。其中本局自装自卸车流资料已在掌握之中，接入自卸车流资料可通过铁路局、铁路总公司以及与邻局交换资料等手段取得。根据本局的日历装车计划和从邻局接入自卸车流的计划，结合车辆运行时间，便可安排车站别的日历卸车计划，从而可预见掌握主要卸车站到达货物的品类和数量，在了解各主要卸车站卸车工作量变化的情况下，就可以事先有计划地做好卸车组织工作和搬运安排，必要时还可以主动与发站联系，提出切实可行的建议，以免重车积压、货场堵塞。若发现某站的卸车能力不能适应到卸车流时，应调整本局管内的自装自卸车流的日历装车计划。

知识点 4　列车工作方案

列车工作方案是运输方案的核心。货运工作方案中对货物运输的组织，最终要通过列车工作方案来实现。

列车工作方案的主要任务是以最有利的形式把车流组织成列流，指定配送空车和挂运重车的运行线（组流上线），使货运工作方案和列车运行图紧密结合起来。

一、列车工作方案的主要内容

（1）对各种车流进行挂线安排（车流挂线），特别是对定装车地点、定编组内容、定运行线的"三定"列车的安排。

（2）将卸空车流组织成列车流，合理安排定车次、定车种、定辆数的排空列车和配空列车。

（3）选定分号列车运行图和核心列车车次。

二、列车工作方案的编制

1. 选定分号列车运行图

每月在编制列车工作方案时，首先应根据技术计划规定的各个区段的行车量，并考虑日常波动，选定分号运行图或方案运行图。当没有编制分号运行图而需从基本运行图中抽掉列车运行线时，必须考虑以下几个方面：

（1）抽掉的车次为非定期车次。

（2）流线结合。例如到达装车站的空车列车运行线应与装车站始发的重车列车运行线相配合；有车流交换的两个列车运行线在衔接站要互相配合；直达列车从装车站出发和到达卸车站的时间应与企业生产相配合等。

（3）阶段均衡。均衡安排列车运行线包括：到达同一卸车站同一品类货物的列车应均衡到达；同一装车站装运同一品类货物的直达列车应均衡安排出发；编组站的列车尽可能做到改编列车和无调中转列车均衡到发；一天各阶段列车运行要基本均衡等。

（4）保证机车交路经济合理。

（5）符合施工需要的时间要求。

2. 车流挂线

把各种车流分别安排到每条运行线上挂运，简称车流挂线，即根据当月货流和车流特点，将组织好的各种车流，以"定点、定线、定编组内容"的方式固定下来。因此，列车工作方案比列车编组计划和列车运行图更具体，更便于执行，对于提高运输生产质量的作用也更大。车流挂线是编制列车工作方案的重点任务。

车流挂线包括空车挂线、重车挂线以及技术站中转车流挂线等几种形式。

空车是装车的保证。为了实现货运工作方案和满足排空的需要，列车工作方案应对空车流进行合理组织。管内空车流的组织应贯彻"一卸、二排、三装"的原则，根据列车编组计划的规定进行。为了保证排空和组织装运直达列车，保证厂矿重点物资的及时运送，首先应根据技术计划规定的排空任务，考虑接空局的要求，确定在卸车站和空车集结站按车种的整列排空列车数，其次要按照货运工作方案中组织直达列车和短途列车的安排，组织整列配空列数。

（1）车流挂线的条件。车流挂线的基本条件是"稳定"，也就是车流挂线以后，必须保证某支车流固定走某条列车运行线，并保证每天开行。

在实际工作中，某一到达站的列车全月刚好组织成 30 列的情况是不多的，多数为多于 30 列或不足 30 列。因此，对各种列车安排运行线时，可根据车流量的大小，决定单独使用或共用一条运行线。

当某一到站的车流基本上能每天组织一列列车或全月能开 25 列以上时，可固定一条列车运行线单独使用；当某一到站的车流（包括已单独使用列车运行线后剩余的部分车流）不能保证每天开行一列列车或全月开行列数少于 25 列，而这些车流又比较稳定时，可以和有相同径路的其他车流共用一条列车运行线，交叉使用，以保证每天不空线。

（2）车流挂线的协调配合。具体挂线工作是按区段分别进行的，而车流和列车运行却是延续和连贯的。因此，车流挂线应保证区段与区段、区段与技术站之间的协调配合。具体为装车地直达列车运行线与技术站自编列车运行线的协调配合、与技术站的技术作业的协调配合，列车在装车站和卸车站的到发时间与厂矿企业的生产进度、设备能力、作业条件的协调配合，此外，车流挂线要保证全日列车运行线的均衡。

例如，每天由各个方向到同一卸车站、同一品类货物的列车运行线应当均衡安排，以便有时间腾空货位，保证及时卸车；同一装车站每天装运同一品类货物的直达列车，应当均衡安排出发列车运行线，以便保证有足够的时间集结货物；向外局排空列车运行线应当均衡安排；到达编组站的列车也应尽可能做到改编列车和无改编列车均衡安排；一天各阶段列车运行要基本均衡等。

在编制各种直达列车或不通过编组站的短途列车计划时，应当考虑装卸站的装卸能力和仓储设备容量，特别是要为到站和收货单位着想，避免由于组织直达列车，造成卸车、搬运、储存等困难，造成货物运送间隔时间过长，影响生产和消费的需要。在多站、多矿配开直达列车时，各站、各矿的配装辆数要适当，各日、各旬装车要尽量均衡。

（3）车流挂线的方法。车流挂线一般是先安排跨铁路局的空、重直达列车运行线，然后再安排局管内列车运行线。对于路局管内的车流，应首先安排编组站自编列车的运行线，再据此安排配空、出重列车运行线。编组站自编列车运行线的选定，是比较复杂的问题，它决定于各方向到达车流的稳定程度。在有条件的情况下，编组站改编车流也可以做到部分车流挂线。在这种情况下，编组站车流挂线的运行线，一般不应选作装车地直达列车的运行线。

对于装车站的空、重车流挂线，一定要与厂矿企业的生产进度、储装能力相配合。其方法可以先确定配空列车运行线，再根据车站作业过程的需要时间安排出重列车运行线；也可以先确定出重列车运行线，再"反推"确定配空列车运行线。

技术站中转车流的挂线，若本月（或旬）无特别的车流接续计划，应按以往的车流集结规律确定。对中转列车，应在保证满足车站技术作业过程所需时间的前提下，选择紧密衔接的列车运行线。

中间站产生的零星车流，数量虽不大，但组织起来难度较大。

当区段内一昼夜只有一对摘挂列车时，可按日历装车的办法进行组织，例如各中间站单日均装甲站及其以远的车流，双日均装乙站及其以远的车流。摘挂列车实行开口挂车的作业方法，列车到达终点站后即成为技术站需要的车流；当区段内一昼夜开行两对及其以上的摘挂列车时，可按车次固定挂车内容。

由于实行按日历或按车次固定挂车办法，车站按要求组织装车，既压缩了货车在站停留时间，也使每一摘挂列车到达终点站时有了固定的编组内容，因此，实际上中间站的零星车流也挂上了运行线。

车流挂线，可以保证装卸站和编组工作的稳定和均衡，使铁路与厂矿企业协调配合，加速物资运送和机车车辆周转，因此应当通过货流和车流的组织，不断扩大车流挂线的比重。

知识点 5 机车工作方案

机车工作方案是运输方案的重要组成部分，是完成运输任务、实现列车工作方案的保证。机车工作方案的主要任务是根据列车工作方案和机车运用方式，合理安排机车交路，把机车的运用和检修结合起来，保证实现列车工作方案，提高机车质量和运用效率，全面完成运输任务。其主要内容有机车周转图、记号式机车交路图和机车检修计划等。

在机车周转图中，机车交路的部分或全部列车由固定号码的机车担当，这种周转图称为记号式机车交路图。

根据列车工作方案选定的分号运行图或方案运行图，合理安排机车交路，编制机车周转图。当发现某些管内列车运行线选定不合适而对机车运用不利时，应由机务部门与运输部门共同研究解决。

为了保证提供质量良好的机车，在编制机车周转图时，必须考虑机车的检修，在图上定出机车检修入库运行线和检修后牵引的列车运行线。采用记号式机车交路可以保证运用检修工作的稳定，同时也给机车乘务组创造了稳定的工作条件。但选为记号式机车交路的运行线，必须是有稳定车流保证的运行线。

编制记号式机车周转图时，不能使记号机车交路过于紧张，以免列车稍有晚点就打乱记号机车交路。选定记号机车交路运行线时还应考虑检修机车回段运行线，避免记号机车因检修而打乱方案。

知识点6 运输方案的执行、分析与考核

运输方案编制后，必须严肃认真地贯彻执行，严格按运输方案的部署和安排来组织运输生产。在执行过程中，应加强对运输方案的考核和分析，不断提高运输方案的质量和组织水平。车站进行考核分析的主要指标有：

（1）日历装车兑现率和旬装车兑现率。

（2）直达列车及成组装车比重。

（3）装车挂线兑现率。

（4）重车挂线比重。

（5）空车挂线比重。

（6）编组站列车方案兑现率。

（7）小运转列车方案兑现率等。

铁路局除了汇总各站上报的以上指标外，还应专门考核以下指标：

（1）跨局列车方案兑现率。

（2）跨局"三定"列车和车组挂线兑现率等。

【知识与技能拓展】

一、简答题

1. 什么是铁路运输生产技术计划？技术计划包括哪些内容？

2. 卸空车计划的作用是什么？

3. 空车调整的主要原则是什么？

4. 什么是工作量？在技术计划中计算工作量的目的是什么？

5. 何谓运输方案？运输方案的主要作用是什么？

6. 压缩货车周转时间的主要途径有哪些？

二、技能题

1. 设全路10月日均装车36 000车，需要运用车90 000车，那么货车周转时间是多少？如果周转时间缩短了半天，全路可多装多少车？

2. 某月全路日均装车60 000车，货车周转时间2.0天，问完成以上装车任务需要有多少运用车？

第三篇 列车运行及调度指挥

☞ 项目导学

通过列车运行图编制项目学习，使学生初步掌握区间通过能力计算、列车运行图铺画、列车运行指挥方法、高速铁路行车组织的基本方法，培养学生具有组织指挥区段内列车运行的初步能力。

☞ 案例描述

请阅读资料完成编制乙—丙区段列车运行图编制。

1. 乙—丙区段车站位置示意图（区段长 130 km）

图 3.0.1　乙—丙区段车站位置示意图

2. 闭塞方式：单线半自动

3. 乙—丙区各站主要设备情况

到发线数目除 B、I 站为两股外其余均为三股（包括正线）；各站（除 E 站外）均不准同时接车。

4. 机车运用有关规定

（1）机车类型为内燃机车。

（2）货运机车在机务本段（乙站）折返时间为 2.0 h，在折返段（丙站）折返时间为 1.5 h。（客运机车不勾画交路）

（3）摘挂列车实行专用制，单独勾画机车交路。

5. 行车量及固定时间

（1）普通旅客快车 1 对：1011 次乙站 2:30 开，1012 次丙站 6:30 开。

（2）普通旅客慢车 2 对：6011 次乙站 10:00 开，6012 次丙站 13:00 开；6211 次乙站 19:00 开，6212 次丙站 22:00 开。

（3）直达货物列车上行 2 列：85332 次丙站 2:00 开，85334 次丙站 13:30 开。

（4）区段货物列车上行 11 列，下行 13 列，车次由 33101/2 编起。

（5）摘挂列车 1 对，运行方案确定为上开口式，I 站 $t_{作业}$ = 3 h，车次为 40001/2。

6. 扣除系数

$\varepsilon_{客} = 1.3$，$\varepsilon_{摘} = 1.5$。

7. 运行图要素见表3.0.1

表 3.0.1　运行图要素

站名	区间运行时分				车站间隔时间			列车停站时间			
	客车		货列		$\tau_{不}$	$\tau_{会}$	$\tau_{进}$	快客	普客	摘挂	技术作业
	上行	下行	上行	下行							
乙						3	4				
	$6\frac{1}{2}$	$7\frac{2}{1}$	$9\frac{1}{3}$	$10\frac{3}{1}$							
A					4	3	4		3	20	
	$9\frac{1}{2}$	$8\frac{2}{1}$	$12\frac{1}{3}$	$12\frac{3}{1}$							
B					4	3	4		2	30	
	$8\frac{1}{2}$	$9\frac{2}{1}$	$11\frac{1}{3}$	$12\frac{3}{1}$							
C					4	3	4		3	20	
	$10\frac{1}{2}$	$10\frac{2}{1}$	$13\frac{1}{3}$	$14\frac{3}{1}$							
D					4	3	4		3	30	
	$8\frac{1}{2}$	$9\frac{2}{1}$	$11\frac{1}{3}$	$12\frac{3}{1}$							
E					4	3	4	5	8	40	10
	$8\frac{1}{2}$	$8\frac{2}{1}$	$11\frac{1}{3}$	$11\frac{3}{1}$							
F					4	3	4		3	30	
	$9\frac{1}{2}$	$7\frac{2}{1}$	$12\frac{2}{4}$	$10\frac{3}{1}$							
G					4	3	4		3	20	
	$7\frac{1}{2}$	$7\frac{2}{1}$	$10\frac{1}{3}$	$10\frac{3}{1}$							
H					4	3	4		3	30	
	$7\frac{1}{2}$	$8\frac{2}{1}$	$10\frac{1}{3}$	$11\frac{3}{1}$							
I					4	3	4		2	30	
	$8\frac{1}{2}$	$9\frac{2}{1}$	$11\frac{1}{3}$	$12\frac{3}{1}$							
丙											

☞　分析资料

通过阅读资料分析完成案例所需知识储备。

项目一　列车运行图编制

典型工作任务1：列车运行图认知

典型工作任务2：区段通过能力计算

典型工作任务3：列车运行图编制

典型工作任务 4：列车运行图指标计算

项目二　列车运行调度指挥

典型工作任务 1：调度工作认知

典型工作任务 2：车流调整

典型工作任务 3：调度日（班）计划

典型工作任务 4：列车调度指挥

典型工作任务 5：调度工作分析

项目三　分散自律度集中（CTC）系统及高铁行车组织

典型工作任务 1：分散自律式 CTC 认知

典型工作任务 2：高速铁路行车组织

典型工作任务 3：高速铁路调度调整

☞　**知识储备**

项目一　列车运行图编制

【项目描述】

列车运行图一方面是铁路运输企业实现列车安全、正点运行和经济有效地组织铁路运输工作的列车运行生产计划，另一方面它又是铁路运输企业向社会提供运输供应能力的一种有效形式。通过本项目学习，能够深入理解列车运行图基本要素，掌握区间通过能力的计算，并且掌握列车运行图的编制方法及实践过程。

【教学目标】

1. 知识目标

（1）掌握列车运行图概念、作用、格式、分类。

（2）理解列车运行图基本要素。

（3）掌握区间通过能力的计算。

（4）掌握列车运行图的编制方法及实践过程。

2. 能力目标

了解列车运行图，能够编制列车运行图和执行列车运行图。

典型工作任务 1 列车运行图认知

知识点 1 列车运行图含义及其作用

在组织旅客和货物运输的生产过程中，列车运行是一个很复杂的环节，它要利用多种铁路技术设备，要求各个部门、各工种、各项作业之间互相协调配合，才能保证行车安全和提高运输效率。

列车运行图是列车运行的图解，是用以表示列车在铁路区间的运行及在车站的到发或通过时刻的技术文件，是全路组织列车运行的基础，它规定各次列车占用区间的顺序，列车在区间的运行时分，列车在各个车站的到达、出发（通过）时刻，列车的会让、越行，列车的重量和长度标准、机车交路等。

由于列车运行图规定了列车的运行，事实上就规定了与列车运行有关各部门的工作。例如，车站根据列车运行图所规定的列车到达和出发时刻，安排车站的行车工作、调车工作和全站的运输工作计划；机务部门根据运行图的需要，确定每天需要派出的机车台数、派出的时刻，以及安排机车的整备和乘务员的作息计划；工务、电务等部门应按列车运行图的要求组织施工及维修工作等。另一方面列车运行图又是铁路运输企业向社会提供运输服务的一种有效形式，从这个意义上讲，供社会使用的铁路旅客列车时刻表及"五定"货运班列运行计划，实际上就是铁路运输服务能力目录。因此，列车运行图既是行车组织工作的基础，又是联系各部门工作的纽带，也是铁路运营管理工作的综合性计划。

铁路通过能力与列车正点运行及列车运行的流水性密切相关。列车运行生产计划即列车运行图的实现有赖于铁路区段通过能力的保证，特别是当列车运行过程发生波动，即发生偏离于计划的情况时，只有在充分保证通过能力的条件下，才能确保运输生产按计划准时进行，列车才有可能重新恢复正点运行。

一、列车运行图格式

列车运行图是运用坐标原理表示列车运行时间、空间关系的一种图解形式。以垂直线等分横轴表示时间，按每一等份表示的时间不同，运行图分为二分格运行图，十分格运行图和小时格运行图；将纵轴按一定比例用横线加以划分，每一横线表示一个车站的中心线，大站或有技术作业的中间站用粗线表示，小站用细线表示；列车运行线，由于列车速度的不断变化本来是一条不规则的曲线，为简化起见而将其画为斜直线。

以上这种用横、竖、斜三种线分别代表车站、时间和列车运行的图标，就构成了列车运行图的基本框架。在一张既有旅客列车又有货物列车，既有快车又有慢车的运行图上，为了区分不同种类的列车，规定各种列车用不同符号和不同颜色表示。

为了适应使用上的不同需要，运行图在使用上分为三种格式：

（1）二分格运行图，如图 3.1.1 所示，主要在编制新运行图时作草图使用。二分格运行图是我国经典的编制列车运行图的工具，在这种运行图上，小时格和十分格都用粗线，二分格用细线表示。其时分标记，不需要填写时分数字，而是以规定的符号表示。

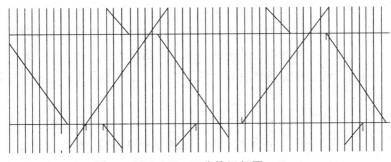

图 3.1.1　二分格运行图

（2）十分格运行图，主要用于调度员绘制实际运行图。在这种运行图上，它的横轴以 10 min 为单位用细竖线加以划分，半小时格用点线、小时格用粗线。列车到发时刻只填写 10 min 以下的数字。

（3）小时格运行图，如图 3.1.2 所示，主要在编制旅客列车方案图和机车周转图时使用。在小时格运行图上，列车到发时刻需将 60 min 以下数字全写出来。

随着列车速度的提高，列车运行图有关时分标准的精度也应相应提高，提速区段 200 km/h 动车组、直达特快旅客列车、特快旅客列车区间通通时分标准应做到以秒为单位，运行图和行车时刻表均精确到秒。

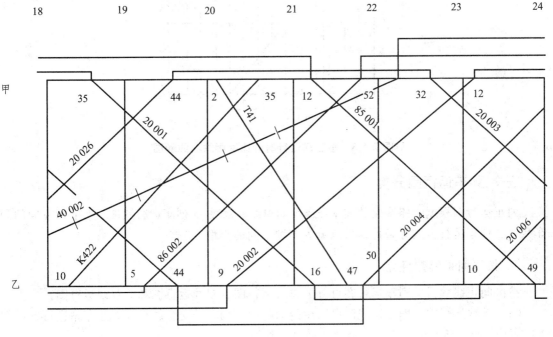

图 3.1.2　小时格运行图

二、站名线的画法

站名线即列车运行图中表示车站中心线的横线，其确定方法有两种：

（1）按区间里程的比率确定，即按整个区段内各车站间实际里程的比率来画横线，每一横线即表示一个车站的中心线。采用这种方法时，运行图上站名线间的距离能明显地反映出站间距离的大小。但由于各区间线路的平面和纵断面情况不一，列车运行速度有所不同，列车在整个区段上的运行线往往是条斜直线，既不整齐，也不容易发现铺画中的错误。所以，一般不采用这种方法。

（2）按区间运行时分比率确定，即按整个区段内下行（或上行）列车在各区间运行时分（当上下行运行时分差别较大时，可加以调整）的比率来画横线。采用这种方法时，可以使列车在整个区段的运行线基本上是一条斜直线，既整齐美观，又便于发现运行时分上的问题，所以多采用此法。如图 3.1.3 所示，甲—乙区段下行方向货物列车运行时分共计 100 min。作图时首先确定技术站甲、乙的位置，然后在代表乙站的横线上向右截取相等于 100 min 的线段，得 F 点。连接甲、F 两点，得一斜直线。最后按照下行货物列车在各区间的运行时分标出各车站的位置，通过这些点，即可画出代表 A、B、C、D 车站的横线。

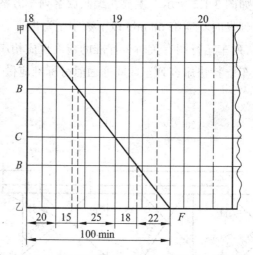

图 3.1.3　按区间运行时分比率画站名线例图

三、列车运行图分类

列车运行图根据铁路线路的技术设备（如单线、双线）、列车运行速度、上下行方向的列车数目、列车运行方式等条件，可以分为多种不同的类型。

1. 按区间正线数目分

按区间正线数目，列车运行图可分为单线运行图、双线运行图和单双线运行图。

（1）单线运行图，即在单线区段采用的运行图。列车的交会越行只能在车站进行，如图 3.1.4 和图 3.1.5 所示。

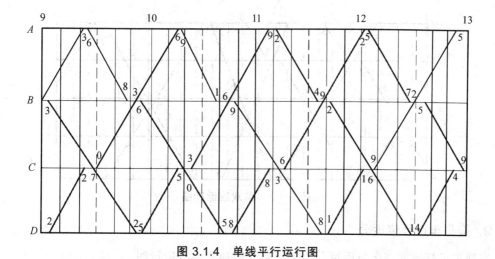

图 3.1.4 单线平行运行图

（2）双线运行图，即在双线区段采用的运行图。列车的交会可以在区间或车站上进行，但列车的越行必须在车站上进行，如图 3.1.6 所示。

（3）单双线运行图。有单线区间也有双线区间的区段称为单双线区段，为单双线区段编制的运行图称为单双线运行图。它兼有单线运行图和双线运行图的特征，如图 3.1.7 所示。

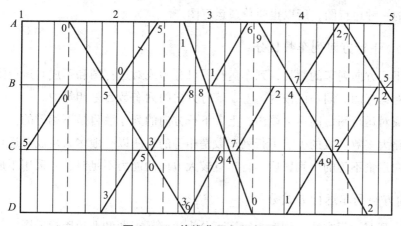

图 3.1.5 单线非平行运行图

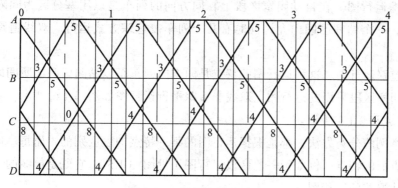

图 3.1.6 双线平行运行图

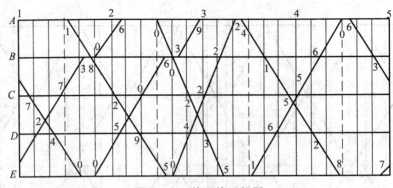

图 3.1.7　单双线运行图

2. 按列车运行速度分

按列车运行速度，运行图可分为平行运行图和非平行运行图。

（1）平行运行图。在运行图上同一区间内，同方向列车的运行速度相同，因而列车运行线相互平行，且区段内无列车越行，如图 3.1.4 和图 3.1.6 所示。

（2）非平行运行图。在运行图上铺有各种不同速度和不同种类的列车，因而部分列车运行线互不平行，在区段内可能产生列车越行，如图 3.1.5 和图 3.1.7 所示。因为这是实际工作中主要采用的一种运行图，所以也叫普通运行图。

3. 按上、下行方向列车数目分

按上、下行方向列车的数目，列车运行图可分为成对运行图和不成对运行图。

（1）成对运行图。同一区段内，上、下行方向的列车数目是相等的。

（2）不成对运行图。同一区段内，上、下行方向的列车数目是不相等的。

我国铁路大多数区段的上、下行列车数是相等的，所以一般多采用成对运行图。只有在上、下行方向运量不等的个别区段，行车量较大方向的能力不足时，才采用不成对运行图。

4. 按同方向列车运行方式分

按同方向列车运行方式，列车运行图可分为追踪运行图和非追踪运行图。

（1）追踪运行图。在自动闭塞区段上，同方向的列车是以闭塞分区为间隔运行，在这种运行图上，一个站间区间内允许同时有几个列车按追踪方式运行。双线追踪运行图如图 3.1.8 所示。

（2）非追踪运行图。这种运行图的特点是同方向列车是以站间区间或所间区间为间隔，即在非自动闭塞区段采用的运行图。双线非追踪平行运行图如图 3.1.6 所示。单线非追踪运行图如图 3.1.4 和 3.1.5 所示。

以上所举例的分类方法，都是根据运行图的某一特点加以区别的。而每一区段列车运行图都具有各方面的特点，例如甲—乙区段运行图（见图 3.1.5），它既是单线的、成对的，又是非平行和非追踪的运行图。

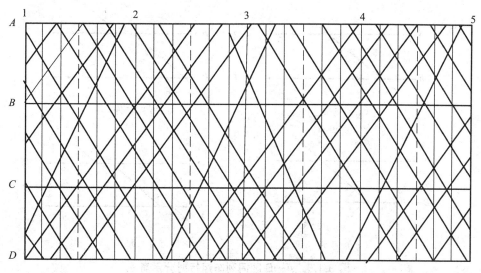

图 3.1.8 双线追踪非平行运行图

知识点 2 列车运行图基本要素

列车运行图虽然分为各种不同的类型，但它们都是由一些基本要素组成。在每次编制运行图之前，必须首先确定组成运行图的各项要素。列车运行图要素包括：列车区间运行时分；列车在中间站的停站时间；车站间隔时间；追踪列车间隔时间；列车在机务本段和折返段所在站的停留时间标准；列车在技术站的技术作业过程及其主要作业时间标准。

一、列车区间运行时分

列车区间运行时分，是指列车在两个相邻车站或线路所之间的运行时间标准。它由机务部门用牵引计算和实际试验相结合的办法确定。

区间运行时分的计算距离以车站中心线或线路所通过信号机之间的距离计算。有的车站当到发场中心线与车站中心线不一致时，则按到发场中心线计算。

区间运行时分应按以下几种情况分别查定：

（1）旅客列车和货物列车要分别查定。

（2）上行方向和下行方向要分别查定。因为线路的平面和纵断面情况不同，上下行列车的重量标准也可能不同，所以应分别查定。

（3）列车在区间两端站停车与不停车分别查定。列车在区间两端站均通过时的区间运行时分称为纯运行时分；由于列车起动或停车而使区间运行时分比纯运行时分延长的时分称为起车或停车附加时分。当区间两端均无技术需要停车时，应按通通、通停、起通、起停四种情况分别查定其区间运行时分，如图 3.1.9 所示。

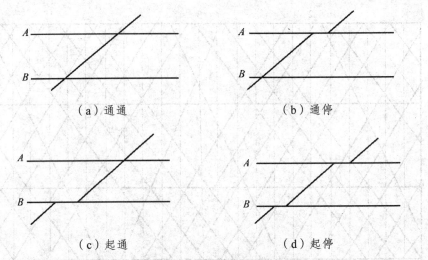

图 3.1.9　*A—B* 区间列车运行时分示意图

设 *A—B* 区间的 $t_{纯}^{上} = 14\,min$、$t_{纯}^{下} = 15\,min$、$t_{起}^{A} = t_{起}^{B} = 3\,min$、$t_{停}^{A} = t_{停}^{B} = 1\,min$，四种情况的区间运行时分见表 3.1.1，其缩写方法见表 3.1.2。

表 3.1.1　*A—B* 区间运行时分

站名	上行				下行			
	通通	通停	起通	起停	通停	通停	起通	起停
A *B*	14	15	17	18	15	16	18	19

表 3.1.2　*A—B* 区间运行时分缩写图

站名	上行	下行
A	1	3
	14	15
B	3	1

二、列车在中间站的停站时间

　　列车在中间站的停站时间，是指列车在中间站办理列车技术作业、客货运作业及列车会让等所需要的最小停留时间标准。

　　列车在中间站的停站时间由下列原因产生：

　　（1）进行必要的技术作业，主要是指在中间站上进行的车辆技术检查、试风、摘挂机车等。

　　（2）客货运作业，主要是指旅客乘降、行包及邮件装卸、车辆摘挂、货物装卸等。

　　（3）列车在中间站的会车和越行。

　　摘挂机车作业在采用补机地段的起点站和终点站上进行。列车在中间站的技术检查和试风，一般在长大下坡道之前的车站上进行。

　　客货运作业停站时间，应根据各种列车的不同需要分别规定。对旅客列车规定旅客乘降、行包和邮件装卸所需要的停站时间；对摘挂列车规定摘挂车辆、取送车及不摘车装卸作业所需要的停站时间。

列车在中间站的各项停留时间标准，由每个车站用分析计算和实际查标相结合的办法分别确定。列车在中间站的各项作业，应尽可能平行进行。在满足需要的情况下应最大限度地压缩列车在中间站的停站时间，以提高列车旅行速度。

三、列车在车站的间隔时间

列车在车站的间隔时间（简称车站间隔时间，下同）是指车站办理两个列车的到达、出发或通过作业所需要的最小间隔时间。在查定车站间隔时间时，应遵守有关规章的规定及车站技术作业时间标准，保证行车安全和最好的利用区间通过能力。

常用的车站间隔时间包括不同时到达间隔时间、会车间隔时间、连发间隔时间、同方向列车不同时发到及不同时到发间隔时间等。车站间隔时间的大小，与车站邻接区间的行车闭塞方法、信号和道岔的操纵方法、车站类型、接近车站的线路平面和纵断面情况、机车类型、列车重量和长度等因素有关。

在编制运行图之前，每个车站都要根据本站的具体条件，查定各种车站间隔时间。

1. 相对方向列车不同时到达间隔时间（$\tau_{\text{不}}$）

相对方向列车不同时到达间隔时间是指在单线区段相对方向列车在车站交会时，自某一方向列车到达车站时起，至对向列车到达或通过该站时止的最小间隔时间，如图 3.1.10 所示。

为了提高货物列车旅行速度，在列车交会时，除上下行列车在同一车站都有作业需要停车外，原则上使交会的两列车中一列通过车站。因此在运行图上较常用一列停车、一列通过的不同时到达间隔时间，如图 3.1.10（b）所示。

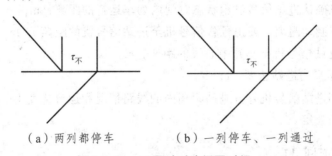

（a）两列都停车　　　　　（b）一列停车、一列通过

图 3.1.10　不同时到达间隔时间

为了保证行车安全，在进站信号机外制动距离内进站方向为超过《技规》规定的下坡道，而接车线末端又无隔开设备的车站，禁止办理相对方向同时接车。凡不能办理相对方向同时接车的车站，由相对方向到达车站的两列车也必须保持必要的不同时到达间隔时间。

不同时到达间隔时间由两部分组成：

（1）办理有关作业的时间 $t_{\text{作业}}$。确认先到列车整列到达并于警冲标内方停妥后，为后到列车办理闭塞（后到列车通过时），准备进路、开放信号机及发车等作业所需时间。

（2）对向列车通过进站距离的时间 $t_{\text{进}}$。当为后到列车开放进站信号时，后到列车的头部应处于进站信号机外，一个制动距离及司机确认信号显示状态的时间内列车所运行的距离 $l_{\text{确}}$

之和的位置，$t_进$为列车通过进站距离 $L_进$ 的运行时间，如图 3.1.11 所示。

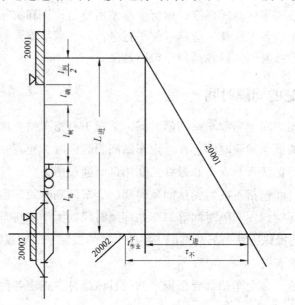

图 3.1.11　进站信号机开放时列车位置示意图

因此，不同时到达间隔时间可用下式计算：

$$\tau_不 = t_{作业}^不 + t_进 = t_{作业}^不 + 0.06\frac{L_进}{v_进} = t_{作业}^不 + 0.06\frac{l_进 + l_制 + l_确 + 0.5l_列}{v_进}\ (\text{min})$$

式中　$l_列$——列车长度，m；

　　　$l_确$——司机确认进站信号显示状态时间内列车运行的距离，m；

　　　$l_制$——列车制动距离（或由预告信号机至进站信号机的距离），m；

　　　$l_进$——由进站信号机至车站中心线的距离，m；

　　　$v_进$——列车平均进站速度，km/h。

由于车站两端进站信号机外方进站距离内的线路情况和运行速度不一定相同，因此，$t_进$ 应视具体情况分别查定。

2. 会车间隔时间（$\tau_会$）

会车间隔时间是指在单线区段的车站上，两列车交会时，自某一方向列车到达或通过车站之时起，至该站向这一区间发出另一对向列车之时止的最小间隔时间。单线区段各站均应查定。会车间隔时间在运行图上的表示形式如图 3.1.12 所示。

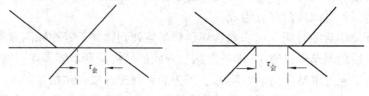

图 3.1.12　会车间隔时间示意图

会车间隔时间全是车站办理各项作业所需要的时间，主要作业包括：确认先到列车的到达或通过的时间，与来车方向的邻站办理闭塞的时间，准备发车进路及开放出站信号机的时间，发车作业时间等。其计算公式为：

$$\tau_会 = t_{作业} \text{（min）}$$

3. 连发间隔时间（$\tau_连$）

连发间隔时间是指自前行列车到达或通过邻接的前方车站之时起，至本站向该区间发出另一同方向列车之时止的最小间隔时间。

根据列车在区间的前后两站停车或通过的不同情况，连发间隔时间可有四种类型，如图3.1.13 所示。

（1）两列车在前后两站都通过，如图3.1.13（a）所示。

（2）前行列车在前方站停车，后行列车在后方站通过，如图3.1.13（b）所示。

（3）前行列车在前方站通过，后行列车在后方站起车，如图3.1.13（c）所示。

（4）前行列车在前方站停车，后行列车在后方站起车，如图3.1.13（d）所示。

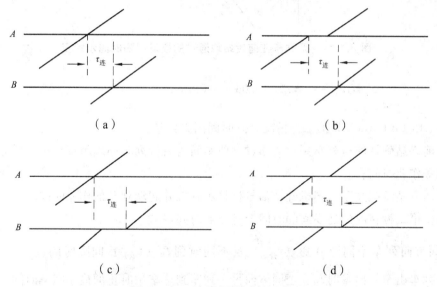

图 3.1.13　连发间隔时间示意图

上述四种类型，可归纳为两种情况，图3.1.13（a）、（b）为第一种情况，其时间因素包括：

（1）前方站确认前行列车到达或通过，两站间为后行列车办理闭塞手续，后方站为后行列车开放通过信号机等作业时间；

（2）后行列车通过进站距离 $L_进$ 的运行时间，如图3.1.14所示。

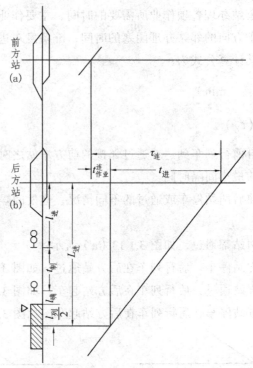

图 3.1.14 两列车在前后站均通过的连发间隔时间示意图

$$\tau_{连} = t^{连}_{作业} + t_{进} = t^{进}_{作业} + 0.06\frac{L_{进}}{v_{进}} \quad (\ \mathrm{min}\ )$$

图 3.1.13（c）、（d）为第二种情况，其时间因素包括：

（1）前方站确认前行列车到达或通过，两站间为后行列车办理闭塞手续，后方站开放出站信号机等作业时间；

（2）后方站组织发车、司机确认信号机显示状态并起动列车的作业时间。

所以，第二种情况的连发间隔时间全是作业时间。

4. 同方向列车不同时开到（$\tau_{开到}$）及不同时到开（$\tau_{到开}$）间隔时间

自一列车由车站出发时起，至同方向另一列车到达车站时止的最小间隔时间，称为同方向列车不同时开到间隔时间，如图 3.1.15（a）所示。自某方向列车到达车站时起，至由该站发出另一列同方向列车时止的最小间隔时间，称为同方向列车不同时到开间隔时间，如图 3.1.15（b）所示。

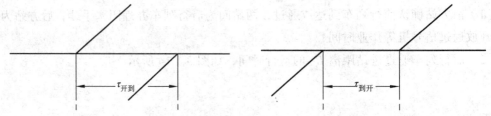

图 3.1.15 同方向列车不同时开到及不同时到开间隔时间示意图

凡禁止同时接发同方向列车的车站，都应查定不同时开到及不同时到开间隔时间。在查定该两项间隔时间时，应遵守下列规定：

（1）在办理列车先发后接时，必须在出发列车全部出清发车进路的最外方道岔，并关闭出站信号机后，方可开放另一端的进站信号机。此时，接入列车的头部应处于进站信号机外方 $L_{制}+l_{确}$ 的地点。所以，不同时开到的间隔时间（见图3.1.16）按下式计算：

$$\tau_{开到}=t_{出}+t_{作业}^{开到}+t_{进}=0.06\frac{l_{出}+0.5l_{列}}{v_{出}}+t_{作业}^{开到}+0.06\frac{l_{进}+0.5l_{列}+l_{制}+l_{确}}{v_{进}}\quad(\text{min})$$

（2）在办理列车先到后开时，必须在接入列车进站停妥，并关闭进站信号机后，方可开放出发列车的有关出站信号机，组织发车。所以，不同时到开的间隔时间是车站办理有关作业的时间之和，即

$$\tau_{到开}=t_{作业}^{到开}$$

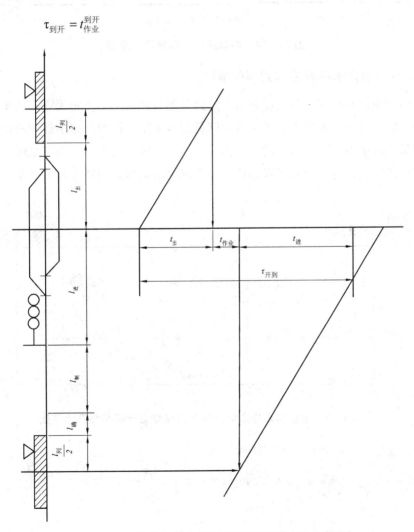

图 3.1.16　同方向列车不同时开到间隔时间示意图

四、追踪列车间隔时间

1. 追踪列车间隔时间的意义

在自动闭塞区段，列车以闭塞分区为间隔运行，称为追踪运行。追踪列车之间的最小间隔时间，称为追踪列车间隔时间。追踪列车间隔时间，取决于同方向列车间隔距离、列车运行速度及信联闭设备类型。

在双线和单线自动闭塞区段均应查定追踪列车间隔时间，如图 3.1.17 所示。

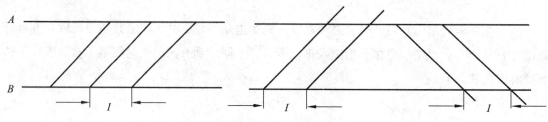

图 3.1.17　追踪列车间隔时间示意图

2. 三显示自动闭塞区段追踪列车间隔时间

两列车间的距离和列车运行速度是列车追踪间隔时间大小的决定因素。列车间的距离应以后行列车不因前行列车未腾空有关分区而降低运行速度，同时，也不能因两列车间距离太远而浪费区间通过能力。在三显示的自动闭塞区段，通常以两列车间隔三个闭塞分区为计算追踪列车间隔的依据，即后行列车在绿灯信号下向绿灯运行，如图 3.1.18 所示。

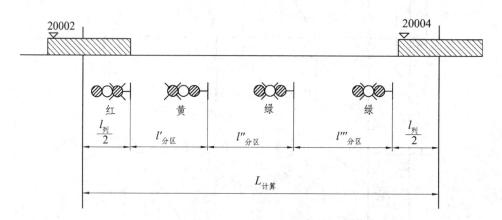

图 3.1.18　追踪列车在绿灯信号下向绿灯运行间隔距离示意图

在这种情况之下，追踪列车的间隔时间为：

$$I_{追}^{绿} = 0.06 \times \frac{l_{列} + l'_{分区} + l''_{分区} + l'''_{分区}}{v_{运}} \quad (\text{min})$$

式中　$l_{列}$——列车的长度，m；

$l'_{分区}$、$l''_{分区}$、$l'''_{分区}$——连续三个闭塞分区长度，m；

$v_{运}$——列车在区间的平均运行速度，km/h。

当列车在长大上坡道运行时，由于运行速度低，追踪列车间隔时间可以按前后列车间隔两个闭塞分区（即在绿灯信号下向黄灯运行）的条件确定，如图 3.1.19 所示。

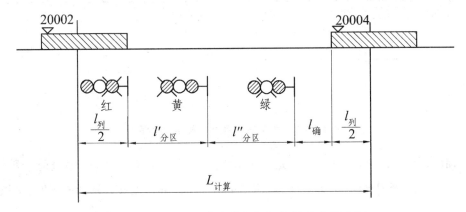

图 3.1.19　追踪列车向黄灯运行间隔距离示意图

这时，追踪列车间隔时间为：

$$I_{追}^{黄} = 0.06 \times \frac{l_{列} + l'_{分区} + l''_{分区}}{v_{运}} + t_{确}$$

式中　$t_{确}$——司机确认信号显示状态的时间，min。

在编制运行图时，除需控制列车在区间的追踪间隔而查定上述区间追踪列车间隔时间外，还应控制列车追踪到达、追踪出发和追踪通过车站的间隔。因此，应分别查定该三项追踪列车间隔时间。

（1）追踪列车到达间隔时间（$I_{到}$）。在自动闭塞区段上，自前一列车到达车站时起，至同方向次一追踪列车到达或通过该站时止的最小间隔时间，称为追踪到达间隔时间，如图 3.1.20 所示。在确定该项时间间隔时，应使后行追踪列车不因车站未准备好接车进路和未及时开放信号机而降低速度。为此，车站开放信号机的时刻，追踪到达列车的头部应处于站外第一接近信号机处，如图 3.1.21 所示。

图 3.1.20　列车追踪到达间隔时间示意图

追踪到达间隔时间为：

$$I_{到} = t_{作业}^{到} + 0.06 \times \frac{0.5 l_{列} + l'_{分区} + l''_{分区} + l_{进}}{v_{到}} \quad （min）$$

式中 $t_{作业}^{到}$——车站准备进路和开放进站信号机的作业时间，min；

$v_{到}$——列车通过 $L_{到}$ 的平均运行速度，km/h。

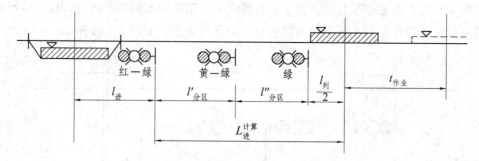

图 3.1.21 列车追踪到达间隔距离示意图

（2）追踪列车出发间隔时间（$I_{发}$）。在自动闭塞区段，自车站发出或通过前一列车时起，至该站再发出同方向次一追踪列车时止的最小间隔时间，称为追踪出发间隔时间，如图 3.1.22 所示。

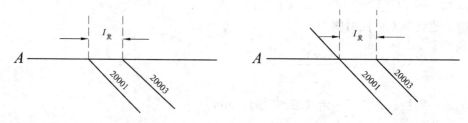

图 3.1.22 列车追踪出发间隔时间示意图

在确定该项时间时，应满足后行列车按绿灯发车的基本条件。为此，应使前行列车腾空两个闭塞分区的情况下，再为后行列车开放出站信号机，如图 3.1.23 所示。

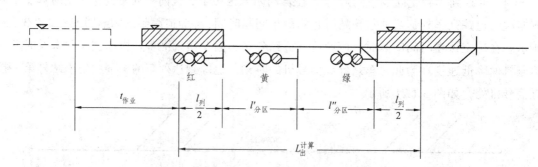

图 3.1.23 列车追踪出发间隔距离示意图

追踪出发间隔时间为：

$$I_{发} = t_{作业}^{发} + 0.06 \times \frac{l_{列} + l_{分区}' + l_{分区}''}{v_{发}} \quad （min）$$

式中 $t_{\text{作业}}^{\text{发}}$——车站开放出站信号机、发车作业及司机确认信号显示状态等项作业时间，min;

$v_{\text{发}}$——前行列车通过 $L_{\text{发}}$ 的平均运行速度，km/h。

准许列车凭出站信号机的黄色灯光发车时，其追踪出发间隔时间为：

$$I_{\text{发}}^{\text{黄}} = t_{\text{作业}}^{\text{发}} + 0.06 \times \frac{l_{\text{列}} + l_{\text{分区}}'}{v_{\text{发}}} \quad (\text{min})$$

（3）列车追踪通过车站的间隔时间（$I_{\text{通}}$）。在自动闭塞区段的车站上，自前行列车通过车站时起，至同方向次一列车再通过该站时止的最小间隔时间，称为追踪通过车站的间隔时间。在确定该项时间时，前后列车的间隔距离应按列车在区间追踪运行的要求办理，即包括车站闭塞分区在内的三个分区的长度。由于列车尾部虽越过出站信号机而未出清最外方道岔时进站信号机仍不能开放，因此，两列车的间隔距离还应加上出站信号机至最外方道岔间的一段长度（$l_{\text{岔}}$），如图 3.1.24 所示。

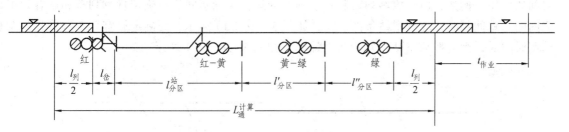

图 3.1.24 列车追踪通过间隔距离示意图

列车追踪通过车站间隔时间为：

$$I_{\text{进}} = t_{\text{作业}}^{\text{通}} + 0.06 \times \frac{l_{\text{分区}}^{\text{站}} + l_{\text{分区}}' + l_{\text{分区}}'' + l_{\text{列}} + l_{\text{岔}}}{v_{\text{通}}} \quad (\text{min})$$

式中 $t_{\text{作业}}^{\text{通}}$——车站为后行列车开放进站信号机的作业时间，min。

$l_{\text{分区}}^{\text{站}}$——车站闭塞分区的长度，即进站信号机至出站信号机间的距离，m。

$v_{\text{通}}$——列车通过车站的平均运行速度，km/h。

按以上办法分区间计算出 $I_{\text{追}}$ 和相邻车站的 $I_{\text{到}}$，$I_{\text{发}}$，和 $I_{\text{通}}$ 后，取其最大值即为该区间的追踪列车间隔时间 I。在开行组合列车或重载列车的区段，也应根据组合列车与普通货物列车前后位置的不同，分别确定 $I_{\text{追}}$，$I_{\text{到}}$，$I_{\text{发}}$ 和 $I_{\text{通}}$。

在编制列车运行图时，为保证列车在区间内的正常运行，应按区段内各区间该方向追踪列车间隔时间的最大值铺画列车运行线。例如，甲—乙区段下行方向各区间追踪列车间隔时间如图 3.1.25 所示，则该区段下行方向应按 $I = 10$ min 铺画运行线。

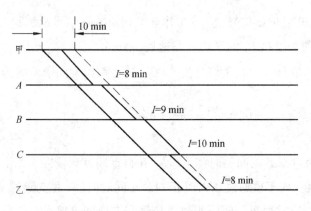

图 3.1.25　A—B 区段列车追踪间隔时间

在单线和双线自动闭塞区段，均应按上、下行方向分别查定追踪列车间隔时间，作为编制列车运行图，计算区间通过能力和列车调度员掌握列车运行的依据。

列车调度员和车站值班员在实际工作中，应根据前后列车的运行情况灵活掌握追踪间隔时间的使用。例如，由于旅客列车和货物列车的运行速度不同，在确定货物列车和旅客列车之间的追踪间隔时，应按到站条件计算，如图 3.1.26（a）所示；而确定旅客列车和货物列车追踪时间时，则应按从车站出发的条件计算，如图 3.1.26（b）所示。

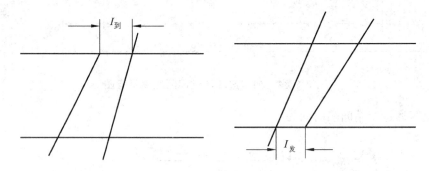

（a）货物列车和旅客列车追踪间隔时间　（b）旅客列车和货物列车追踪间隔时间

图 3.1.26　旅客列车和货物列车追踪间隔示意图

在自动闭塞区段，列车追踪间隔时间的长短，决定了列车密度和运能的大小。从追踪列车间隔时间的计算公式可知，追踪间隔时间与连续三个分区的长度和列车长度之和成正比，与列车运行速度成反比。为缩小追踪间隔时间，应在保证安全的基础上，缩短闭塞分区的长度，提高列车的运行速度。

3. 四显示自动闭塞区段追踪列车间隔时间

随着列车的速度和重量差异加大，为在安全的基础上适应各种列车运行的要求，缩短列车追踪间隔时间，提高通过能力，我国铁路在繁忙干线采用了四显示自动闭塞。

（1）四显示自动闭塞的概念。

一般称通过色灯信号机能显示诸如红（H）、黄（U）、绿黄（LU）和绿（L）四种灯光信号的自动闭塞为四显示自动闭塞。在信号四显示自动闭塞区段，通过信号机为三灯四显示，其信号显示方式如图 3.1.27 所示。列车之后的第一个分区为保护区段，故其后的通过信号机仍显示红色灯光。在黄灯和绿灯信号机之间，增加了一个绿黄灯信号。

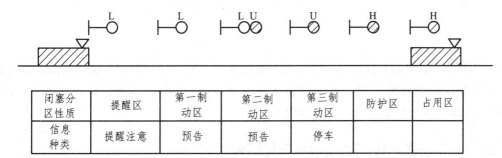

闭塞分区性质	提醒区	第一制动区	第二制动区	第三制动区	防护区	占用区
信息种类	提醒注意	预告	预告	停车		

图 3.1.27 四显示追踪列车间隔示意图

信号机灯光显示的意义如下：

一个绿色灯光——准许列车按规定速度运行，表示前方有四个闭塞分区空闲。

一个绿色灯光和一个黄色灯光——要求司机注意运行，表示前方至少有三个闭塞分区空闲。

一个黄色灯光——要求司机采取制动措施，降速运行，表示前方至少有一个闭塞分区空闲。列车通过黄色灯光信号的最大允许速度按机车信号的数字显示制式的数字而定。

两个黄色灯光——要求列车通过信号机时，将列车运行速度降至 45 km/h 及其以下，表示将通过侧向道岔。

（2）四显示制动闭塞的特点。

在四显示自动闭塞区段，信号的显示同时具有速度控制的含义：即在机车上装有机车信号、速度显示和速度监督设备，机车根据信号显示的信息，以相应的速度运行，如速度超过规定速度时，速度监督设备将迫使列车紧急制动。所以，四显示信号是具有预告功能的速差式信号。我国一直采用的是三显示自动闭塞，各种信号显示没有具体速度要求，对超速没有速度监督作用，是无明显速度级差的信号。四显示与三显示自动闭塞运用功能比较见表 3.1.3 所示。

表 3.1.3 四显示与三显示自动闭塞运用功能比较表

项目	四显示	三显示
地面信号显示	四显示（L、LU、U、H）	三显示（L、U、H）
机车信号系统	自动停车装置，侧线运行机车信号指示	自动停车装置，侧线运行无机车信号指示
制动距离分区数	2 个闭塞分区	1 个闭塞分区
列车追间隔	5 个闭塞分区	3 个闭塞分区
列车运行方向	每线双方向	每线单方向
列车运行凭证	以机车信号为主	以地面信号为主
闭塞分区长度	700～900 m	1 600～2 600 m

（3）四显示自动闭塞区段追踪列车间隔时间。

在四显示自动闭塞区段，列车追踪间隔时间按相邻5个闭塞分区长度计算，其公式如下：

$$I_{追} = 0.06\frac{l_1 + l_2 + l_3 + l_4 + l_5 + l_{列}}{v_{通}}$$

与三显示自动闭塞方式相比，分区数虽增加两个（其中防护区用于保护区间，要求列车停车；提醒区用于提醒司机，列车将进入减速地段），但由于闭塞分区长度较短（600～1 000 m），列车运行速度较高，所以间隔时间并不大。

五、机车在基本段和折返段所在站的停留时间标准

机车在基本段和折返段所在站的停留时间标准，取决于机车的运用方式。铁路机车的运用方式有如下几种：

1. 肩回运转交路

机车担当与基本段相邻区段的列车牵引任务。除了需要进折返段整备外，机车每次返回基本段所在站时，也需要入段作业，如图3.1.28所示。

2. 半循环运转交路

机车担当与基本段相邻两个区段的列车牵引任务。除了需要进折返段整备外，机车第一次返回基本段所在站时不入段，继续牵引列车向前方区段运行，到第二次返回基本段所在站时，才入段进行整备作业，如图3.1.29所示。

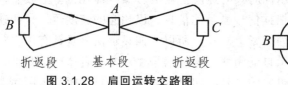

图 3.1.28　肩回运转交路图

图 3.1.29　半循环运转交路图

3. 循环运转交路

机车担当与基本段相邻两个区段的列车牵引任务。除了需要进折返段整备及因中间技术检查需要入基本段外，其余每次返回基本段所在站时，都在车站进行整备作业，如图2.1.30所示。

4. 环形运转交路

机车在一个区段或枢纽内担当两个及两个以上往返的列车牵引任务之后，才入段进行整备作业，机车不需要转向，如图3.1.31所示。这种交路适用于担当市郊列车和小运转列车的牵引任务。

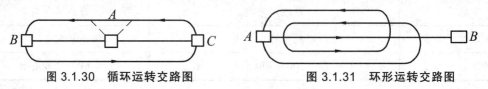

图 3.1.30　循环运转交路图　　　　图 3.1.31　环形运转交路图

机车在机务本段或折返段所在站办理必要作业需要的最小时间，称为机车在机务本段和折返段所在站的停留时间标准。

机车折返停留时间（$T_折$）由以下几项组成：

（1）机车在到达线上的作业时间（$t_到^机$），包括到达试风、摘机车、准备机车入段进路等时间（$t_到^机$）；

（2）机车入段走行时间（$t_入^机$）；

（3）机车在段内整备作业时间（$t_整备$），包括技术作业及乘务员换班时间；

（4）机车出段走行时间（$t_出^机$）；

（5）机车在发车线上的作业时间（$t_发^机$），包括挂机车、出发试风等时间。

上述各项作业时间，可根据计算和查标相结合的方法确定。综合以上各项作业时间，即得机车在折返段所在站的停留时间标准。

10001 次列车机车自到达折返段所在站时起至牵引 10004 次列车出发时止在该站的全部作业及停留时间如图 3.1.32 所示。

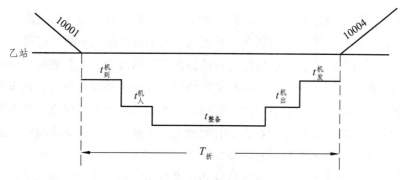

图 3.1.32　列车折返段所在站停留时间

在编制列车运行图之前，机务部门必须对每一牵引区段的机车分别查定其各项作业时间标准及机车在机务本段和折返段所在站的时间标准。

六、列车在技术站的技术作业时间标准

为了保证车站与区段工作的协调和均衡，编制运行图时，还须与车站技术作业过程相配合。因此，还须查定技术站和客货运站技术作业过程的主要作业时间标准。这些时间标准包括：在到发场办理各种列车作业的时间标准，在牵出线或驼峰编组和解体列车的时间标准，旅客列车车底在配属段、折返段所在站的停留时间标准，货物站办理整列或分批装卸作业时间标准等。上述时间标准，可在《站细》中规定。

典型工作任务 2　区段通过能力计算

知识点 1　区段通过能力概述

为了实现运输生产过程，铁路必须具备一定的运输能力。

铁路运输生产设备是形成铁路运输能力的物质基础。根据铁路运输生产的特点，铁路运输生产设备可分为两大类：一类是不能移动的固定设备，是指形成铁路运输通道的基础设施，如铁路区间、车站、机务段等的生产设施和供电、给水等固定设备；另一类是能移动的活动设备，是指实现铁路运输生产（或服务）对象位移所需的运载动力和运载工具，如机车、车辆、动车组等活动设备。

铁路运输能力既取决于固定设备的设置数量和相互配置结构，又取决于活动设备的时空配置，还取决于固定设备与活动设备的相互适配。

铁路运输能力一般采用通过能力和输送能力两种概念。

一、通过能力

取决于固定设备设置条件的铁路运输能力统称为铁路通过能力。通过能力一般按铁路区段或方向确定，它是在设定类型的机车、车辆和一定的行车组织方法的前提下，以固定设备在单位时间内（通常指一昼夜）能放行通过的标准重量的最大列车数或列车对数来表示的。通过能力在一定程度上取决于广大铁路职工的协同动作和铁路固定设备、机车车辆的合理运用。因此，通过能力并不是一成不变的，它随着技术设备和行车组织方法的改善而提高。计算铁路通过能力的目的，就在于能够胸中有数地安排运输生产，保证铁路运输适应国民经济不断发展和人民生活水平不断提高的需要。

铁路区段通过能力是指铁路区段内各种固定设备中，通过能力最薄弱的设备的能力，也称为区段最终通过能力或限制通过能力。

区段通过能力的大小受下列固定设备能力大小的影响：

（1）区间。其通过能力主要取决于区间正线数、区间长度、线路纵断面、机车类型、信号、联锁、闭塞设备的种类。

（2）车站。其通过能力取决于到发线数目、咽喉道岔的布置、驼峰和牵出线数，信号、联锁、闭塞设备的种类。

（3）机务段设备和整备设备。其通过能力取决于内燃或电力机车定修台位及段内整备线。

（4）给水设备。其通过能力主要取决于水源、扬水管道及动力机械设备。

（5）电气化铁路的供电设备。其通过能力取决于牵引变电所和接触网。

根据以上固定设备计算出来的通过能力，可能是各不相同的。其中能力最薄弱的设备限制了整个区段的能力，该能力即为该区段的最终通过能力。

在铁路实际工作中，通常又把通过能力分为三个不同的概念，即设计通过能力、现有通过能力和需要通过能力。预计新线修建以后或现有铁路技术改造以后，铁路区段固定设备所能达到的能力，称为设计通过能力；在现有固定设备、现行的行车组织方法和现有的运输组织水平的条件下，铁路区段可能达到的能力，称为现有通过能力；在一定时期内，为了适应国家建设和人民生活的需要，铁路区段所应具备的能力，称为需要通过能力。

二、输送能力

取决于活动设备的数量和配置的铁路运输能力称为输送能力。输送能力一般按线路或方向分别确定。它是在一定的固定设备、一定的机车车辆类型和一定的行车组织方法的条件下，根据活动设备（机车车辆）数量和职工配备情况，在单位时间内最多能够输送的列车对数、列车数或货物吨数。

输送能力和通过能力这两个术语之间，既有区别，又有联系。通过能力着重于从固定设备方面衡量铁路线路可能通过的列车数，并未考虑活动设备数量和职工配备情况的因素，而通过能力的实现将受这些因素的制约。输送能力则着重于从活动设备和职工配备方面规定该铁路线能够通过的列车数或货物吨数，它需以铁路通过能力为依托并受其限制。这就是说，输送能力一般小于或等于通过能力。通过能力具有地区固定性的特点，不能调拨，其发展一般呈阶跃式增长；而决定输送能力的机车车辆和职工配备是分散、流动的，其数量的增长一般是渐进式的。

在同一线路上，不同方向的以列车数计的区段通过能力可能是相同的，而以货物吨数计的区段通过能力一般不同，重车方向的通过能力大于空车方向，因此，同一线路不同方向的输送能力受货流条件影响，其大小是不同的。

输送能力应与通过能力相互适应。为满足不断增长的运输需求，铁路不仅要强化固定设备，适时修建新线和对既有线进行技术改造来提高通过能力，而且也要相应地添置机车车辆，组织人员培训，并大力加强运输组织工作，充分挖掘现有技术设备的潜力来提高输送能力，从而实现最大的运输能力。

知识点2 区间通过能力及其计算

铁路区间通过能力是指一个区间根据现有固定设备（区间正线数、区间长度、线路纵断面、信号、联锁及闭塞设备等），在一定类型的机车、车辆和行车组织方法的条件下，一昼夜内所能通过的最多列车对数或列数。

在编制列车运行图时，确定了各种列车的行车量以后，应计算区间通过能力，确定区间通过能力的利用程度，以便采取适当的编图措施。

计算区间通过能力时，由于平行运行图中列车运行线的排列具有规律性，所以，先计算平行运行图的区间通过能力，然后在此基础上再计算非平行运行图的区间通过能力。

区间通过能力，一般应计算到小数点后一位。非平行运行图区间通过能力，以对数表示时，不足 0.5 对者舍去，0.5 对以上不足 1 者按 0.5 对计算；以列数表示时，不足 1 列者舍去。

一、平行运行图区间通过能力

1. 运行图周期

在平行运行图上，一个区间内的列车运行线，总是以同样的铺画方式一组一组地反复排列着。这种以同样铺画方式反复排列的一组列车占用区间的总时分，称为运行图周期（$T_周$）。

几种常见的不同类型的列车运行图的周期如图 3.1.33 所示。

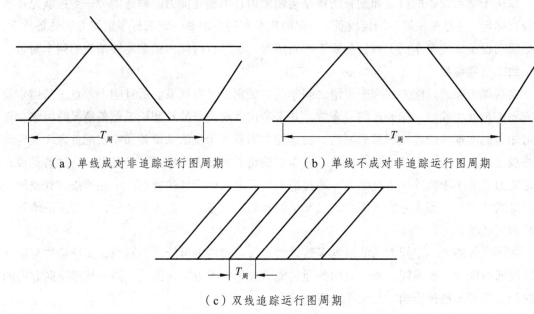

（a）单线成对非追踪运行图周期　　　　（b）单线不成对非追踪运行图周期

（c）双线追踪运行图周期

图 3.1.33　不同类型列车运行图周期示意图

运行图周期是由列车（一个或几个列车）区间纯运行时分之和（$\sum t_纯$），起停车附加时分之和（$\sum \tau_{起停}$）及车站间隔时间之和（$\sum \tau_站$）所组成，即

$$T_周 = \sum t_纯 + \sum t_{起停} + \sum \tau_站 \quad (\text{min})$$

不同类型的运行图周期所包含的上下行列车数可能是不同的。若一个运行图周期内所含的列车对数或列数用 $K_周$ 表示，对于一定类型的平行运行图通过能力，应用直接计算法可按如下公式计算：

$$N_平 = \frac{1440 - T_固}{T_周} K_周 \quad (\text{对或列})$$

式中　$T_固$——进行线路维修、技术改造施工、电力牵引区段接触网维修等作业，以及必要的列车慢行和其他附加时分，须预留的固定占用区间的时间，min。

由以上计算公式可以看出，运行图周期越大，通过能力越小。在整个区段内通过能力最小的区间限制了整个区段的通过能力，称为该区段的限制区间。限制区间的通过能力即为该区段的区间通过能力。

列车在区间运行时间最长的区间称为最大区间。一般情况下，最大区间就是限制区间。但也有区间 $\sum t_纯$ 虽不是最大，但 $\sum \tau_站$ 或 $\sum t_{起停}$ 的数值较大或因技术作业影响造成 $T_周$ 最大而成为限制区间的情况。

在不同类型的运行图里，$T_周$的组成及$K_周$的数值是不同的。因此，必须对不同类型的运行图分别计算其通过能力。

【任务实施】

确定案例中乙—丙区段中的限制区间，并计算限制区间平行运行图区间通过能力。（学生自主完成）

二、限制区间两端站最优放行方案选择

1. 单线成对非追踪平行运行图

在单线区段，通常采用成对非追踪运行图，如图3.1.34（a）所示。单线成对平行运行图周期为：

$$T_周 = t' + t'' + \tau_A + \tau_B + \sum t_{停起} \quad (\text{min})$$

式中　t'、t''——上、下行列车区间纯运行时分，min；

　　　τ_A、τ_B——车站间隔时间，min；

　　　$\sum t_{起停}$——列车起停附加时分，min。

为了使区段通过能力达到最大，应当使限制区间的$T_周$数值尽量缩小。对于一个区间，可以有几种列车开行方法，每一种列车开行方法称为一种列车放行方案。列车放行方案不同，运行图周期可能不同。为提高区段的通过能力，应使限制区间的运行图周期压缩到最小，因此，在限制区间应选择放行列车的最优方案。

单线成对非追踪运行图限制区间两端站放行列车的方案主要有以下四种，如图3.1.34所示。

（1）开入限制区间的两列车都在车站通过，如图3.1.34（a）所示，其运行图周期为：

$$T_周^1 = t' + t'' + \tau_不^A + \tau_不^B + t_停^A + t_停^B \quad (\text{min})$$

（2）开出限制区间的两列车都在车站通过，如图3.1.34（b）所示，其运行图周期为：

$$T_周^2 = t' + t'' + \tau_会^A + \tau_会^B + t_起^A + t_起^B \quad (\text{min})$$

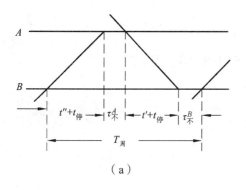

（a）

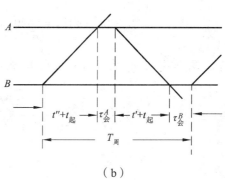

（b）

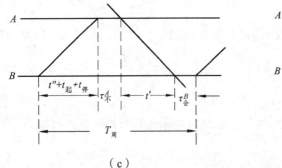
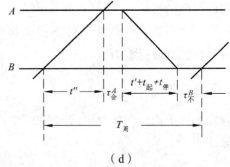

（c）   （d）

图 3.1.34   单线成对非追踪平行运行图限制区间放行列车方案图

（3）下行列车两端车站都通过，如图 3.1.34（c）所示，其运行图周期为：

$$T_{周}^3 = t' + t'' + \tau_{不}^A + \tau_{会}^B + t_{停}^A + t_{起}^B \quad （min）$$

（4）上行列车两端车站都通过，如图 3.1.34（d）所示，其运行图周期为：

$$T_{周}^4 = t' + t'' + \tau_{会}^A + \tau_{不}^B + t_{起}^A + t_{停}^B \quad （min）$$

就同一车站而言，$\tau_{不}$ 和 $\tau_{会}$ 的数值是不同的。至于起停车附加时分，往往 $t_{起}$ 比 $t_{停}$ 稍大。从上述四种铺画方案可以看出，$\sum t_{起停} + \sum \tau_{站}$ 的组成及其总值在不同的方案里是各不相同的。为得到最大的通过能力，在限制区间应选择 $T_{周}$ 最小的方案。

在选择限制区间两端车站放行列车的方案时，应考虑到区间两端车站的具体条件。例如在 A 站下行出站方向有长大上坡道，如果采用下行列车在 A 站停车进入区间的放行方案，如图 3.1.34（b）、（d）所示，就有可能造成下行列车出发起动困难。此时，应选用下行列车通过 A 站，而 $T_{周}$ 又是较小的方案，如图 3.1.34（a）或（c）所示。

2. 单线不成对运行图

在上下行行车量不等的区段，为了适应运量增长的需要，可以采用不成对运行图。

由图 3.1.35 可见，在单线不成对运行图中，若行车量较小方向列车数为 n'，行车量较大方向列车数为 n''，则有：

$$n'T_{周} + (n'' - n')T_{列} = 1\,440$$

若令 $\beta_{不} = \dfrac{n'}{n''}$（$\beta_{不}$ 为不成对系数），则区间通过能力计算公式为：

$$n'' = \frac{1\,440}{T_{周}\beta_{不} + T_{列}(1 - \beta_{不})}$$

$$n' = n''\beta_{不}$$

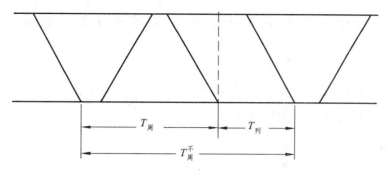

图 3.1.35　单线不成对非追踪运行图周期示意图

单线不成对运行图行车量较大方向的区间通过能力比成对运行图高，并且不成对系数越小，通过能力越大。但是，与采用其他措施相比，采用单线不成对运行图往往要降低旅行速度，需要增添车站配线，并且不成对系数越小，这种不良影响也越显著。因此，只有在需要少量增加通过能力并且上下行行车量不平衡的条件下才采用这个措施。

3. 双线平行运行图

在未装设自动闭塞的双线区段，通常采用连发运行图，如图 3.1.36 所示。双线连发运行图的运行图周期为：

$$T_{周} = t_{运} + \tau_{连}$$

因而，当不考虑 $T_{固}$ 时，区间通过能力分别上下行方向可按下式计算：

$$n = \frac{1\,440}{t_{运} + \tau_{连}}$$

应该指出，由于区间线路断面的关系，上下行方向的限制区间可能不是同一区间。因而，上下行方向区间通过能力不一定相同。

在装设有自动闭塞的双线区段，通常采用追踪运行图，如图 3.1.37 所示。双线追踪运行图的运行图周期 $T_{周}$ 等于追踪列车间隔时间 I，因此每一方向的区间通过能力为：

$$n = \frac{1\,440}{I}$$

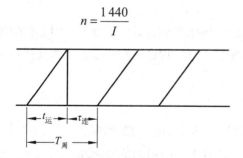

图 3.1.36　双线发运行图周期示意图

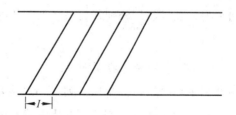

图 3.1.37　双线追踪运行图周期示意图

【任务实施】

完成案例中限制区间最优方案的选择。（学生自主完成）

知识点3 非平行运行图区间通过能力计算

一、非平行运行图区间通过能力

非平行运行图的区间通过能力，是指在旅客列车数量既定的前提下，区间在一昼夜内能够通过的客、货列车总数（对数或列数）。

1．计算方法

（1）图解法。

在运行图上铺画旅客列车运行线后，在其间隔时间内铺画货物列车。在列车运行图上最大限度地能够铺画的客、货列车总数，就是非平行运行图的区间通过能力。

图解法比较准确，但较繁琐，所以只在特殊情况下才采用。

（2）分析计算法。

在非平行运行图中，多数列车是一般货物列车，其运行线（同方向）是互相平行的，旅客列车、快运货物列车、摘挂列车等数量较少，它们的运行线与一般货物列车运行线不平行。因此，在非平行运行图上，多数列车运行线仍具有平行运行图的基本特征。所以，在平行运行图区间通过能力的基础上，扣除旅客列车、快运货物列车等造成的影响后，即可计算出非平行运行图区间通过能力，其计算公式为：

$$N_{非} = N_{货} + n_{客}（对或列）$$

$$N_{货} = N_{平} - [\varepsilon_{客}n_{客} + (\varepsilon_{快}-1)n_{快} + (\varepsilon_{摘}-1)n_{摘}]（对或列）$$

式中　$N_{非}$——非平行运行图货物列车通过能力（包括快运货物列车、摘挂列车），对或列；

$n_{客}$、$n_{快}$、$n_{摘}$——旅客列车、快运货物列车、摘挂列车数（对或列）

$\varepsilon_{客}$、$\varepsilon_{快}$、$\varepsilon_{摘}$——旅客列车、快运货物列车、摘挂列车扣除系数。

2．扣除系数

因铺画一列或一对旅客列车、快运货物列车、摘挂列车，需从平行运行图上扣除的一般货物列车列数或对数，分别称为旅客列车扣除系数、快运货物列车扣除系数和摘挂列车扣除系数。

1）旅客列车扣除系数的确定

旅客列车扣除系数，是用一列或一对旅客列车平均占用区间的时间 $T_{客占}$ 与一列或一对货物列车平均占用区间的时间 $T_{货占}$ 的比值确定的，即在 $T_{客占}$ 时间内能铺画几列或几对一般货物列车。

旅客列车平均占用区间的时间，包括旅客列车直接占用时间（运行时间和车站间隔时间或追踪列车间隔时间）和由于旅客列车的影响而不能利用的额外扣除时间两部分。

$$\varepsilon_{客} = \frac{T_{客占}}{T_{货占}} = \frac{t_{客占} + t_{外扣}}{T_{周}} = \frac{t_{客占}}{T_{周}} + \frac{t_{外扣}}{T_{周}} = \varepsilon_{基} + \varepsilon_{外}$$

式中　$\varepsilon_{基}$——基本扣除系数；

　　　$\varepsilon_{外}$——额外扣除系数。

单线非自动闭塞区间和双线非自动闭塞区间，一列或一对旅客列车和货物列车占用区间的时间，如图 3.1.38 所示。

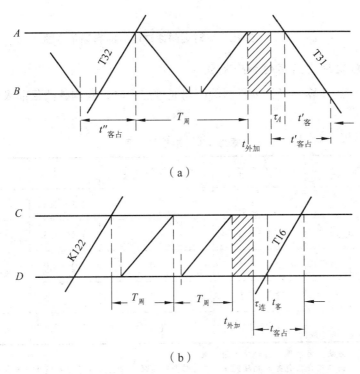

图 3.1.38　旅客列车和货物列车占用区间时间示意图

2）摘挂列车扣除系数的确定

摘挂列车虽属货物列车，区间运行时分与一般货物列车相同，但因其在中间站停站次数多、停车时间长，所以对区间通过能力也会产生一定影响。

摘挂列车扣除系数的大小与下列因素有关：

（1）作业站数越多，扣除系数越大；反之越小。如图 3.1.39（a）所示，列车在中间站每次开车，就要影响一列普通货物列车不能开行。

（2）区间越均等，扣除系数越大；反之越小。如图 3.1.39（a）所示，因区间较均等，影响一般货物列车也较多；如图 3.1.39（b）所示，因区间不均等，摘挂列车则可以利用运行图空隙运行，所以影响其他货物列车较少。

（3）运行图铺满程度越大，影响越大；反之越小。摘挂列车扣除系数不能按一个区间来确定，准确的数值只能在一个区段的运行图铺画完了之后查定。所以，在计算区间通过能力时，不得不利用经验数值。

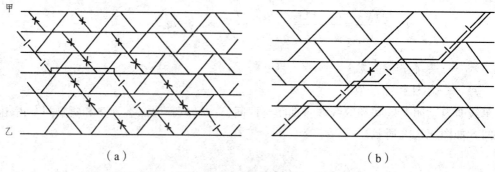

（a）　　　　　　　　　　　　　　（b）

图 3.1.39　摘挂列车对区间通过能力的影响示意图

3）我国铁路现阶段采用的扣除系数

在用分析计算法计算非平行运行图的区间通过能力时，我国铁路目前采用的扣除系数见表 3.1.4。

表 3.1.4　扣除系数表

区间正线	闭塞方法		旅客列车	快运货物列车	摘挂列车	备注
单线	自动		1.0	1.0	1.3 ~ 1.5	
	半自动		1.1 ~ 1.3	1.2	1.3 ~ 1.5	摘挂列车 3 对以上时取相应的低限值
双线	自动	$l = 10$	2.0 ~ 2.3	2.0	2.0 ~ 3.0	
		$l = 8$	2.3 ~ 2.5	2.3	2.5 ~ 3.5	
	半自动		1.3 ~ 1.5	1.4	1.5 ~ 2.0	

注：（1）其他闭塞方法，可参照半自动的扣除系数。
　　（2）快运货物列车及分段作业的摘挂列车，在无作业的区段不考虑扣除系数；摘挂列车在干线的区段内无
　　　　作业时，不考虑扣除系数。

（二）区间通过能力利用率

为掌握区间通过能力利用率，考虑列车运行图铺画方法及采取加强通过能力的措施，应计算区间通过能力利用率（K），其计算公式为：

$$K = \frac{1}{N}[\varepsilon_{客} n_{客} + (\varepsilon_{快货} - 1) n_{快货} + (\varepsilon_{摘} - 1) n_{摘} + n_{货}^{图}]$$

式中　N——平行运行图区间通过能力；

　　　$n_{货}^{图}$——运行图规定的货物列车数。

【任务实施】

完成案例中乙—丙区段非平行运行图区段通过能力计算。（学生自主完成）

典型工作任务3　列车运行图的编制

当客货列车行车量、铁路技术设备以及运输组织方法发生较大变化时，需要修改或重新编制列车运行图。根据我国多年的经验，原则上规定每两年编制一次，在春节运输繁忙期过后开始实行。列车运行图的编制工作，由铁路总公司统一领导。铁路总公司和铁路局分别成立运行图编制委员会和编制工作组，分别负责跨局和局管内的编图工作。

列车运行图的编制，大致可以分为三个阶段，即准备资料阶段，编制阶段和新图实行前的准备工作阶段。

知识点1　列车运行图的编制要求和步骤

一、编图要求

（1）保证列车运行安全；
（2）符合各项技术作业标准；
（3）适应客货运输市场需求；
（4）经济合理地运用机车车辆；
（5）做好列车运行线与客流、车流结合；
（6）充分利用线路通过能力，合理安排施工、维修天窗；
（7）努力实现各站、各区段间列车运行的协调和均衡；
（8）合理安排乘务人员作息时间；
（9）提高铁路应急处置能力。

二、编图资料

（1）各区段客、货列车行车量。
（2）车站间隔时间和追踪列车间隔时间。
（3）各区段通过能力。
（4）客、货列车停车站及停车时间标准。
（5）各技术站主要技术作业时间标准。
（6）客、货列车区间运行时分及起停车附加时分。
（7）各区段货物列车重量及长度标准。
（8）机车在机务本段和折返段所在站的停留时间标准、机车运用方式和乘务工作制度。
（9）各区段线路允许速度、车站过岔速度。
（10）施工计划和慢行地段及其限速标准。
（11）现行列车运行图执行情况分析及改善意见。

三、编图步骤

在列车运行图的编制阶段，通常分三步进行：

1. 编制列车运行方案图

编制列车运行方案图的目的是解决列车运行线的布局衔接问题，尽量使列车运行线均衡排列。合理勾画机车交路，压缩机车运用台数。列车运行方案图，一般用小时格图纸进行编制，只标明列车在主要站（技术站、分界站及较大的客、货运站）的到、发时刻，如图 3.1.40 所示。

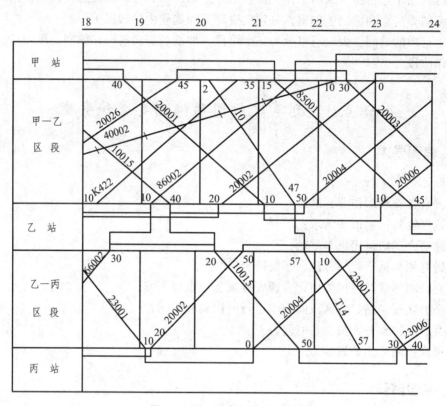

图 3.1.40　列车运行方案图

2. 编制列车运行详图

所谓详图，即详细的列车运行图，它包括列车在所有经过车站的到达、出发或通过时刻。列车运行详图，应根据列车运行方案图进行编制。一般用二分格图进行编制，编完后再描绘在十分格运行图上。

3. 计算列车运行图指标

在检查、确认列车运行图完全满足要求后，还应计算运行图指标，包括列车旅行速度、技术速度及机车日车公里等。

知识点 2　区段管内工作列车运行方案

区段管内工作，是指区段内各中间站到发车流的输送工作。除个别中间站由于装卸量较大可用直达列车输送外，一般中间站的车流主要靠摘挂列车、小运转列车、调度机车等进行输送。所以，区段管内工作列车运行方案，具体解决这些列车的开行列数。

一、区段管内工作列车行车量的确定

区段管内工作列车的开行列数，取决于区段内各中间站的到、发车流量。中间站的到发车流量，包括新编列车运行图实行期间有代表性的日均装车数以及各站到发的空车数。根据以上有关车数，参照以往实际车流的到发情况，即可编制区段管内重、空车流表，见表 3.1.5。根据表 3.1.5 即可编制各中间站上下行摘挂车数表（见表 3.1.6），并绘制区段管内各区间车流变动图，如图 3.1.41 所示。

表 3.1.5 甲—乙区段管内车流表

发＼到	甲	A	B	C	D	E	F	G	乙	计
甲			10		11		4	3		28
A	10						3			13
B	/7	/3							3	3/10
C			3					4	2	9
D	/4					/7				/11
E	12	2		1					5	20
F	3				/4					3/4
G			5		/2				4	9/2
乙		8		3		7		4		15
计	25/11	10/3	13	9	11	7/13	7	11	14	107/27

表 3.1.6 甲—乙区段各中间站摘挂车数表

站名	下行		上行	
	摘车	挂车	摘车	挂车
A	/	3	10/3	10
B	10	3	3	0/10
C	/	6	9	3
D	11	0/7	/	0/4
E	0/7	5	7/6	15
F	7	/	/	3/4
G	7	4	4	5/2
计	35/7	21/7	33/9	36/20

从车流变动图可以看出，由于各中间站的摘挂车数不同，造成各区间的运行车数也不同。按照重、空车辆的平均重量，便可计算出每一区间的运行车流总重量。

列车重量标准，一般是按照区段规定的。实际上，由于各区段的线路坡度不同，一个区间的牵引重量也是不等的，如图 3.1.41 所示，有的区间因坡度较小或是下坡道，机车牵引重量可达到 3 500 t，有的因坡度较大而只能牵引 3 000 t。

有了区间车流总重和区间牵引列车重量标准，即可算出每一区间应开行的摘挂列车数：

$$n_{摘挂} = \frac{U_{摘挂}^{重}q_{总重} + U_{摘挂}^{空}q_{自重}}{Q_{区间}} \quad （列）$$

式中　　$n_{摘挂}$——应开行的摘挂列车数；

$U_{摘挂}^{重}$、$U_{摘挂}^{空}$——由摘挂列车挂运的重车和空车数；

$q_{总重}$——货车平均总重，t；

$q_{自重}$——货车平均自重，t；

$Q_{区间}$——区间牵引重量标准，t。

区间重量标准（t）	3 000	3 000	3 300	3 500	3 000	3 000	3 200	3 300
车流总量	1 904	2 108	1 632	2 040	1 432	1 632	1 156	952
摘挂车数		+3　−10	+3	+6　−11	$+\frac{0}{7}$　$-\frac{0}{7}$	+5　−7	−7	+4

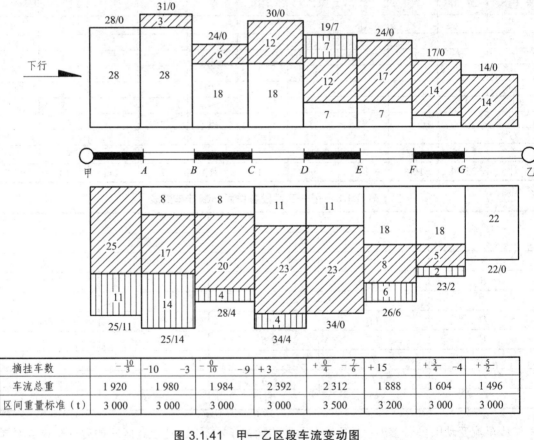

摘挂车数	$-\frac{10}{3}$	−10　−3	$-\frac{0}{10}$　−9	+3	$+\frac{0}{4}$　$-\frac{7}{6}$	+15	$+\frac{3}{4}$　−4	$+\frac{5}{2}$
车流总重	1 920	1 980	1 984	2 392	2 312	1 888	1 604	1 496
区间重量标准（t）	3 000	3 000	3 000	3 000	3 500	3 200	3 000	3 000

图 3.1.41　甲—乙区段车流变动图

如图 3.1.41 所示，甲—乙区段各区间上下行的车流总重均未超过区间牵引重量标准，开行一对摘挂列车即可。

如果计算结果有几个邻近技术站的区间超过区间牵引重量标准时，为了减少摘挂列车开行列数，又能及时输送区段管内车流，可以考虑在这些区间开行区段小运转列车，与摘挂列车配合作业。

二、摘挂列车铺画方案的选择

区段内需要开行一对摘挂列车时，其铺画方案有四种，即"上开口"式、"下开口"式、"交叉"式、"均衡"式，如图 3.1.42 所示。

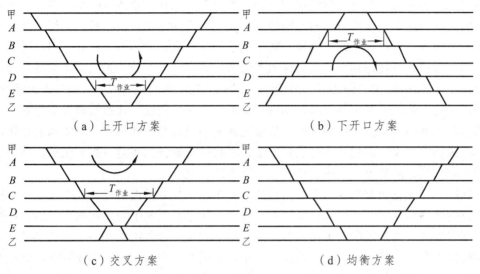

（a）上开口方案　　　　　　　　　（b）下开口方案

（c）交叉方案　　　　　　　　　　（d）均衡方案

图 3.1.42　一对摘挂列车铺画方案

区段内需要开行两对摘挂列车时，其铺画方案很多，常见的几种如图 3.1.43 所示。

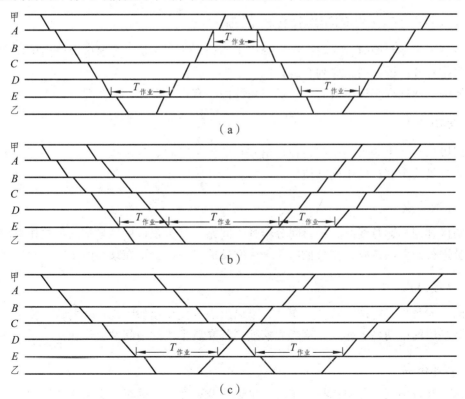

（a）

（b）

（c）

图 3.1.43　两对摘挂列车铺画方案

选择摘挂列车铺画方案的根据是货车在各中间站的停留车小时总消耗最少。而货车停留时间的长短又与货车的来向和去向有关。某方向摘挂列车送到中间站的货车，作业后又可能由同方向的摘挂列车挂走，也可能由相对方向的摘挂列车挂走。前者称为顺向车流，后者称为逆向车流。当区段只开行一对摘挂列车时，顺向车流的在站停留时间是一昼夜，即要等第二天的同一列车挂走，其停留时间与铺画方案无关。逆向车流则由相对方向列车挂走，与铺画方案关系很大。所以，当区段内各中间站到达的车流大部分是由下行摘挂列车送来，作业后又大部分需由上行摘挂列车挂走的逆向车流时，则以"上开口"式的铺画方案消耗的车小时最少，是最优方案。若为相反方向的逆向车流较大时，则应选择"下开口"式的铺画方案。如果两种逆向车流数量基本相等时，则以"交叉"式或"均衡"式的铺画方案为好。

摘挂列车铺画方案中，两列车的开口幅度的大小应满足中间站调车作业和装卸作业时间的需要。为寻求车小时消耗最小的铺画方法，可将一条摘挂列车运行线固定后，移动另一条摘挂列车运行线，从数个方案中选择开口幅度最优方案。

当区段需要开行两对摘挂列车时，若区段内车流大部分是由下行摘挂列车送到，作业后需随上行摘挂列车挂出，或由上行摘挂列车送到，作业后需随下行摘挂列车挂出，可采用图3.1.43（a）方案。如果区段内车流大部分是顺向车流时，可采用图3.1.43（b）方案。此时，同方向摘挂列车的间隔，不少于货物作业时间较长的那个中间站的一次或双重货物作业时间标准，保证完成货物作业后能及时挂走。如果区段内各中间站车流，大部分是由下行摘挂列车送到，作业后需随上行摘挂列车挂走时，可采用图3.1.43（c）方案。

三、区段管内工作列车运行线的铺画

在编制列车运行图时，应根据区段管内工作列车的行车量，参照区段管内工作列车铺画方案，安排各种区段管内工作列车运行线。

具体铺画摘挂列车运行线时，经常采用的做法有：

1. 集中给点

在区段内某几个较大的中间站预留出较长的停留时间。日常执行时，由调度员根据实际作业需要分给几个邻近的中间站使用。

2. 分散给点

铺画摘挂列车运行线时，把时间分给各中间站。日常工作中，当某站甩挂作业较多时，由调度员进行必要的调整，把分散给几个中间站的时间，集中在某站使用。

3. 分段给点

当同方向每天开行两列摘挂列车时，可以组织分段作业如图3.1.44所示。使第一列摘挂列车在前半段的中间站上作业，第二列摘挂列车在后半段的中间站上作业。

4. 交叉给点

当每天开行两列同方向摘挂列车时，可以让两列在不同的车站交叉作业。如第一列下行摘挂列车在A、C、E站作业，第二列下行摘挂列车在B、D站作业。

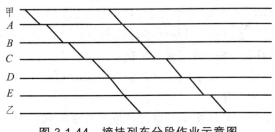

图 3.1.44　摘挂列车分段作业示意图

5. 组织区段小运转列车与摘挂列车配合作业

在区段小运转列车运行区段，摘挂列车可以不安排停车作业时间，以提高其旅行速度，如图 3.1.45 所示。

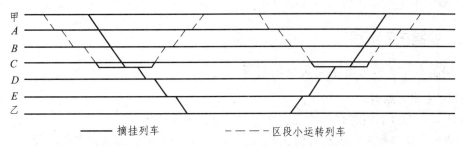

———— 摘挂列车　　　　－ － － － 区段小运转列车

图 3.1.45　区段小运转列车与摘挂列车配合作业示意图

知识点 3　货物列车运行方案图的编制

为保证邻接区段、各相邻路局间列车运行紧密衔接，以及列车运行图与列车编组计划、车站技术作业过程、机车周转图的相互协调，在旅客列车运行图编制以后，货物列车运行图的铺画一般也分两步进行，即先编方案图，然后再根据方案图编制详图。但在运量大、区间通过能力比较紧张的单线区段，由于在编制方案图时很难对限制区间给予准确的安排，所以一般不编方案图，而直接在二分格图上编制详图。

一、编制步骤

（1）根据"五定"班列、直达快运货物列车运行方案、定期直达列车运行方案、重载列车运行方案，铺画"五定"班列、快运货物列车、定期直达列车和重载列车运行线。

（2）根据摘挂列车运行方案，铺画摘挂列车运行线。

（3）铺画其他货物列车运行线。

二、编制方法

（1）货物列车旅行时间的计算。在双线区段，直达、直通、区段列车的旅行时间为区间运行时分（包括起停附加时分）与列车在中间站技术作业站的停站时分之和，若列车在区段被越行时，还应增加待避时间。摘挂列车应另加各中间站规定的停车时间。在单线区段，除摘挂列车外，应考虑会车次数和停车时间，行车量越大，会车次数越多，列车旅行时间应增加得越多。

（2）运行线的排列应尽量均衡。可按列车数量和全日可利用的时间，计算列车间隔时间。以某一直达列车运行线为准，逐一确定列车在技术站的发车时刻。遇有旅客列车运行线时，列车间隔时间可以适当调整，但尽量不在旅客快车之前较短时间内安排货物列车运行线，以减少列车待避次数，提高旅行速度。

（3）区段行车量较少时，可从机车折返站按机车折返时间标准，成对安排货物列车运行线；通过能力较紧张时，可以从限制区间开始铺画，以限制区间的最优列车放行方案为基础，向两边展铺，其中有些列车则需"倒铺"。

（4）所有列车运行线安排完毕后，应勾画机车交路。勾画机车交路，一般按顺序办理，即先到站的机车应先折返。如遇个别折返时间不够标准时间时，应对部分列车的到发时刻进行适当调整，机车固定使用时，应单独勾画。

三、编制注意事项

1. 编制客车运行方案主要解决的问题

（1）方便旅客旅行。

① 应规定适宜的旅客列车始发、终到和通过各主要站的时刻。

② 使各方向各种列车的运行时刻相互衔接，缩短旅客中转换乘的等待时间。

（2）经济合理地使用机车车辆。

（3）保证旅客列车运行与客运站技术作业过程的协调。

（4）为货物列车运行创造良好条件。

实践证明，在客车方案图上应尽可能均衡地铺画旅客列车运行线，不仅有利于车站客运设备的有效利用，有利于保证旅客列车的良好运行秩序，并且有利于货物列车均衡地运行，有利于加速机车车辆周转。

在实际工作中，同时实现上述各项要求往往是困难的，在编制客车方案时，应根据具体情况，权衡利弊，合理安排。

2. 在编制货物列车运行方案图时应注意解决的问题

1）列车运行图与列车编组计划的配合

列车运行图中货物列车运行线的编制应依据列车编组计划。因此，在编制货物列车运行方案图时，应做到：

（1）按照列车编组计划所规定的货物列车种类、发到站和流量（并考虑波动系数），确定各种货物列车的行车量（对数或列数）。

（2）对有稳定车流的定期运行的列车，应在运行图上定固定运行线，尽量优先安排，经过技术站时要求有良好的接续。

（3）对非定期运行的技术直达、直通列车在技术站也应有适当接续的运行线。

（4）与车流产生规律相结合。例如，按厂矿企业生产和装车情况安排始发直达列车的配空出重运行线；按车流集结情况安排自编出发列车运行线等。

2）列车运行图与车站技术作业过程相配合

列车运行图与车站技术作业过程的配合，既可以提高区间通过能力，也可以提高车站的通过能力，有效地利用车站技术设备，保证不间断地接发列车。有时由于客车的影响，造成密集到开的现象，此时，应注意以下问题：

（1）列车的到达和出发的间隔时间，应与车站到发线数目和列车占用时间相适应。

（2）到达解体列车的间隔，应与车站的解体能力相适应。

（3）编组列车的发车间隔，应与车站编组能力相适应。

（4）中转列车在技术站的停留时间应满足车站对该种列车作业的需要。

（5）装车站的空车列车的到达时间与装后重车列车的发车时间，应满足车站调车作业、装车作业及列车技术作业过程等的时间要求。

（6）到达编组站的无调中转列车与到达解体列车应交错到达。在车站调车机车整备、换班时间，最好安排无调中转列车到站作业。

3）列车运行图与机车周转图的配合

列车运行图与机车周转图的配合，最好做到机车不等车列，车列也不等机车。实际上很难做到列列如此，但因节省机车对降低运输成本关系重大，所以在安排列车运行线时，应尽量减少机车在折返站的等待时间。为此，应注意以下几点：

（1）按机车运用方式安排列车运行线。例如，循环运转制机车担当的列车在技术站的停留时间，应不小于机车在到发线的整备作业时间。

（2）相对方向列车到达机车折返站的时间间隔 $I_{到间}$ 等于机车折返时间 $T_{折}$ 与无调中转列车技术作业时间 $t_{停}$ 的差值，如图 3.1.46 所示，即

$$I_{到间} = T_{折} - t_{停} \ （\text{min}）$$

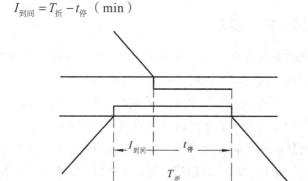

图 3.1.46　相对方向列车配合到达更换机车技术站

（3）按照机车乘务制度安排机车使用，不使乘务员超过规定劳动时间标准。

货物列车运行方案的编制可有下列两种方法：

（1）由方向的一端开始，顺序铺画货物列车运行线；

（2）由方向中间的某一局间分界站向两端延伸铺画。

在个别区段，当通过能力利用率接近饱和时，运行图编制最好就由这一最繁忙的区段开始。

知识点4　列车运行详图的编制

在编制完成货物列车运行方案后，即可着手在二分格运行图上具体铺画各区段的货物列车运行线，即编制列车运行详图。由于方案图只标明了区段两端技术站的到发时刻，无中间站的到发时刻，在编制详图过程中，对方案图所规定的运行线可作适当移动，但应尽可能不改变分界站的到开时刻。

在单线区段，如果通过能力有较大后备，则可优先铺画定期运行的快运货物列车和直达列车。在中间站交会时，应尽量使其他货物列车等会这些列车；在经过技术站时，应保证其紧密接续，以加速这些列车的运行。

对于摘挂列车，应先按区段管内货物列车铺画方案在图上铺画轮廓运行线，然后结合其他货物列车一起铺画。

在铺画详图时，应注意以下问题：

一、保证行车安全和旅客乘降安全

为了保证行车安全和旅客乘降安全，应做到：

（1）列车间隔时间应满足车站间隔时间和追踪列车间隔时间的有关规定。

（2）遵守车站不准同时接发列车的有关规定。

（3）避免在不准停车或停车后起动困难的车站上停车。

（4）列车在车站会车或越行时，同时停在车站的列车数应与该站到发线数目相适应。

（5）尽量避免旅客列车在中间站停车时该站有其他列车通过，以保证旅客乘降的安全。

二、有效地利用区间通过能力

在单线区段，通过能力有效大富余时，为保证机车的良好运用，货物列车运行线可以从机车折返站开始成对地铺画。这时应尽可能使列车到达折返站与由该机车牵引相反方向列车出发的间隔时间，等于机车在折返段所在站的作业时间标准，如图3.1.47所示。

当在运行图上铺画的列车对数达到区间通过能力利用率的80%以上时，为了有效地利用区间通过能力，该区段应从限制区间开始铺画货物列车运行线，即在运行图上铺完旅客列车运行线之后，从限制区间开始铺画规定数量的货物列车运行线，然后再从限制区间分别向其他区间顺序铺画，如图3.1.48所示。

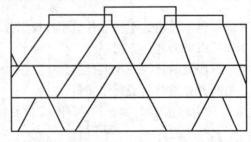

图3.1.47　从机车折返站开始铺画货物列车运行线方法示意图

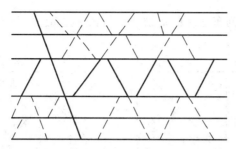

图 3.1.48 从限制区间开始铺画货物列车运行线方法示意图

三、努力提高货物列车旅行速度

提高货物列车旅行速度的关键在于减少列车起停时分和中间站的停车时间，为此，在铺画列车运行线时应尽量做到以下几点：

（1）尽量减少停车次数，即减少起停附加时分。在旅客列车之前铺画的货物列车运行线，尽量使其在途中不待避客车，如不可避免时，则应尽量安排在货物列车技术作业站待避。这样，不但减少了起停车附加时分，还可使技术作业与待避客车平行进行，从而节省时间。

（2）尽量减少列车在中间站的停车时间。其铺画方法主要有：

① 列车的会车或待避,尽量安排在技术设备较先进的车站或相邻区间运行时分最少的车站上进行，如图 3.1.49 所示。

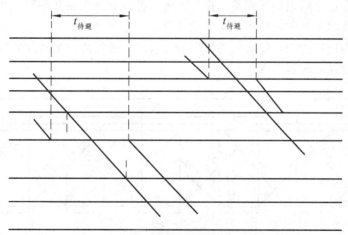

图 3.1.49 列车待避停留时间示意图

② 单线区段，在旅客列车之前的货物列车，避免在中间站又会又让，如图 3.1.50 所示。

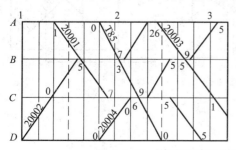
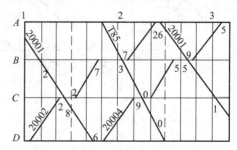

图 3.1.50 旅客列车之前货物列车运行线铺画方法例图

③ 单线区段，在旅客列车之后的货物列车与客车之间，应保持能铺画交会对向列车的间隔，如图 3.1.51 所示。

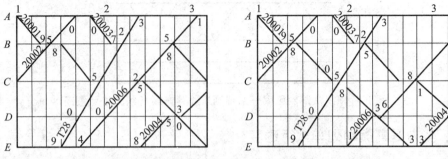

图 3.1.51　旅客列车之后货物列车运行线铺画方法例图

（3）在单双线区段，应首先铺画单线区间的运行线，尽量使列车的交会在双线区间进行。这样，既可减少停车次数，又可减少停车时间。

知识点 5　分号列车运行图的概念

列车运行图分为基本列车运行图（简称基本图）和分号列车运行图（简称分号图）。

基本图是指经过重新编制或调整，正在实施并持续到下次重新编制或调整为止的列车运行图。调整后的基本图又称调整列车运行图（简称调整图），如图 3.1.52（a）所示。

分号图是指为适应短期运输、应对突发事件或施工等需要，短时间实行，实行完毕又恢复到基本图的临时性列车运行图。

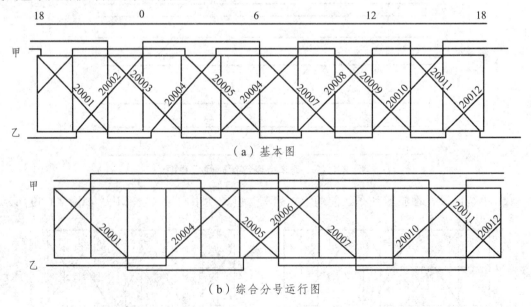

（a）基本图

（b）综合分号运行图

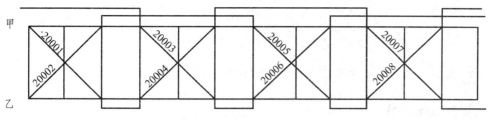

（c）独立分号运行图

图 3.1.52　分号运行图

按照不同的行车量，在基本运行图上用抽减某些运行线的方法形成的分号运行图，称为综合分号运行图，如图 3.1.52（b）所示。这种分号运行图仅变更列车对数，不变更列车车次和时间，便于执行。其缺点是列车运行不够均衡、机车运用不经济等。

在基本运行图之外，根据不同的行车量，重新编制的运行图称为独立分号运行图，如图3.1.52（c）所示。这种分号运行图上的所有运行线、机车交路等都重新安排，其优缺点与综合分号运行图相反。

【任务实施】

完成案例中乙—丙区段列车运行方案图。（学生自主完成）

典型工作任务 4　列车运行图主要指标计算

知识点 1　列车运行图指标计算

在列车运行图编制完毕并经检查无误后，应计算下列主要指标，以考核编图质量：

1. 货物列车平均技术速度（$v_技$）

货物列车平均技术速度，即货物列车在区段中各区间内运行（包括起停车附加时分，不包括各中间站的停留时间），平均每小时走行的公里数。其计算公式为：

$$v_技 = \frac{\sum nL}{\sum nt_运} \ （km/h）$$

式中　$\sum nL$——各种货物列车总走行公里，km；

　　　$\sum nt_运$——各种货物列车运行时分的总和（包括起停附加时分），h。

2. 货物列车平均旅行速度（$v_旅$）

货物列车平均旅行速度，即货物列车在区段内运行（包括在各中间站停留时间在内），平均每小时走行的公里数。其计算公式为：

$$v_{旅} = \frac{\sum nL}{\sum nt_{运} + \sum nt_{停}} \quad (\text{km/h})$$

式中　$\sum nt_{停}$——各种货物列车在各中间站停留时间的总和，h。

3. 速度系数（β）

速度系数即货物列车旅行速度与技术速度的比值。其计算公式为：

$$\beta = \frac{v_{旅}}{v_{技}}$$

4. 机车全周转时间（$\theta_{全}$）

机车全周转时间是机车在一个牵引区段担任一对列车作业所需消耗的全部时间。在采用肩回交路时，机车全周转时间的计算公式为：

$$\theta_{全} = t_{往旅} + t_{返旅} + T_{折} + T_{基} \quad (\text{h})$$

式中　$t_{往旅}$——机车自基本段所在站至折往段所在站的旅行时间，h；

$t_{返旅}$——机车自折返段所在站至基本段所在站的旅行时间，h。

5. 货运机车需要台数（$M_{货}$）

货运机车需要台数是指一个机务段或一个区段、铁路局一昼夜内完成规定的牵引任务所使用的货运机车台数。其计算公式为：

$$M_{需} = K_{需}(n_{货}^{图} + n_{双}) \quad (\text{台})$$

式中　$K_{需}$——机车需要系数，指每担任一对列车牵引任务平均需要的机车台数，其值为：

$$K_{需} = \frac{Q_{全}}{24}$$

$n_{货}^{图}$——运行图规定的各种货物列车对数；

$n_{双}$——双机牵引的列车对数。

一个区段的货运机车需要台数，在编制机车周转图后可以直接查出。其方法是，在机车周转图的任一时刻画一竖线，列车运行线和机车在两段站的折返交路线与该竖线相交的次数，即为机车使用台数。

6. 机车日车公里（$S_{机}$）

机车日车公里是指每台货运机车（不包括补机）在一昼夜内走行的公里数。计算公式如下：

$$S_{机} = \frac{\sum MS_{本} + \sum MS_{重} + \sum MS_{单}}{M_{货}} \quad [\text{km/}(\text{台}\cdot\text{d})]$$

式中 $\sum MS_\text{本}$ ——本务机车走行公里，km；

$\qquad\sum MS_\text{重}$ ——重联机车走行公里，km；

$\qquad\sum MS_\text{单}$ ——单机走行公里，km。

机车日车公里是反映机车流动程度的指标。机车日车公里越大，即平均每台机车每天走行公里越多，则机车所完成的运输任务就越大，反映机车的运用成绩也越好。

以上几项与机车运用有关的指标（包括机车全周转时间、技术速度及机车日车公里等），都可以按包括小运转和不包括小运转分别计算。

知识点 2　列车运行图编制质量的检查

列车运行图全部编完后，必须对列车运行图编制质量进行全面检查。检查的主要内容有：

（1）列车运行图铺画的客货列车数是否符合规定的任务。

（2）列车运行图的铺画是否符合规定的各项时间标准，列车的会让是否合理，在中间站停留会让的列车数是否超过该站现有的到发线数。

（3）摘挂列车的铺画是否满足区段管内货物列车铺画方案的要求。

（4）机车乘务组连续工作时间和机车在自外段所在站的停留时间是否符合规定的时间标准。

（5）在列车运行图上预留的施工"空隙"是否满足施工需要。

（6）局间分界站的列车衔接是否合适，一昼夜内各阶段的列车到发密度是否大体均衡。

知识点 3　实行新运行图前的准备工作

列车运行图编制完毕后，应经铁路总公司批准并规定全路统一实行新图的日期。为保证新运行图能按时正确地实行，必须组织有关员工认真学习新运行图，制定保证实现新运行图的措施，并按时做好实行新运行图前下列各项准备工作：

（1）发布有关实行新运行图及列车编组计划的命令。

（2）印制并颁布列车运行图及列车运行时刻表。

（3）公布新旧旅客列车交替办法及注意事项。

（4）根据新列车运行图的规定，组织各站修订《站细》中有关部分。

（5）及时做好机车、客车底和乘务员的调整工作。

（6）有关局共同召开分界站会议，拟定保证实现新运行图的措施。

【任务实施】

完成案例中乙—丙区段列车运行图主要指标计算。（学生自主完成）

【项目成果】

完成案例中乙—丙区段列车运行图编制，并总结所学技能。（学生自主完成）

【知识与技能拓展】

一、单项选择题

1. 在铁路实际工作中，通常把通过能力区分为三个不同的概念，即现有通过能力、需要通过能力和（　　）。

    A. 设计通过能力　　　　　　　　　　B. 预计通过能力

    C. 预测通过能力　　　　　　　　　　D. 决策通过能力

2. 铁路运输能力包括通过能力和（　　）。

    A. 运送能力　　　　B. 输送能力　　　　C. 改编能力　　　　D. 生产能力

3. 在计算某种运输设备的通过能力时，在作业性质复杂、种类繁多的情况下一般采用（　　）

    A. 图解法　　　　　B. 分析法　　　　　C. 直接计算法　　　　D. 利用率计算法

4. 铁路通过能力的计算单位可以表示为车辆数、货物吨数或（　　）。

    A. 列车速度　　　　　B. 列车对数　　　　C. 机车速度　　　　D. 机车台数

5. 一般情况下，通过能力（　　）。

    A. 大于输送能力　　　　　　　　　　B. 小于输送能力

    C. 大于或等于输送能力　　　　　　　D. 小于或等于输送能力

6. 车站通过能力主要取决于（　　）。

    A. 到发线数量　　　　B. 正线数目　　　　C. 到发线长度　　　　D. 正线长度

7. 铁路运输能力也就是铁路（　　）。

    A. 计算能力　　　　　B. 全部能力　　　　C. 最终能力　　　　D. 生产能力

8. $T_周$最大的区间是（　　）。

    A. 最大区间　　　　B. 困难区间　　　　C. 限制区间　　　　D. 最长区间

9. 连发间隔时间的作业是发生在（　　）。

    A. 同一个车站上　　　　　　　　　　B. 同一区间的两端车站上

    C. 同一个区段上　　　　　　　　　　D. 同一区段的两端车站上

10. 平行运行图可以提供最大的通过能力，但在客货共线的铁路上一般并不采用，而普遍采用的是（　　）。

    A. 平行运行图　　　　　　　　　　　B. 非平行运行图

    C. 连发运行图　　　　　　　　　　　D. 追踪运行图

11. 不同时到达间隔时间的作业是发生在（　　）。

    A. 同一个车站上　　　　　　　　　　B. 同一区间的两端车站上

    C. 同一个区段上　　　　　　　　　　D. 同一区段的两端车站上

12. 列车不停车通过区间两端车站时所需的运行时分称为（　　）。

    A. 起通运行时分　　　　　　　　　　B. 通停运行时分

    C. 起停运行时分　　　　　　　　　　D. 区间纯运行时分

13. 下列哪项措施能提高区间通过能力（　　）。

    A. 区间长度增大　　　　　　　　　　B. 线路坡度增大

    C. 使用大型机械进行线路整修　　　　D. 增加区间正线数目

14. 区间通过能力的计算应开始于（　　）。
    A. 限制区间　　　　　B. 困难区间　　　　　C. 最大区间　　　　　D. 最小区间

15. 在客货运输密度均较大的干线上，宜采用的重载列车模式是（　　）。
    A. 整列式　　　　　　B. 组合式　　　　　　C. 超轴式　　　　　　D. 单元式

16. 发展大型货车的可行办法有两种，或是增加轴数或是（　　）。
    A. 减少轴重　　　　　B. 增加轴重　　　　　C. 增加长度　　　　　D. 增加宽度

17. 为了大幅度缩减同方向列车间隔时间，显著提高区间通过能力，可以组织（　　）。
    A. 列车成队运行　　　　　　B. 列车加速运行
    C. 列车连发运行　　　　　　D. 列车追踪运行

18. 除划一重量标准外，有时还采用区间差别重量标准、区段差别重量标准和（　　）。
    A. 线路重量标准　　　　　　B. 方向重量标准
    C. 区域重量标准　　　　　　D. 平行重量标准

19. 在既有线上提高货物列车重量主要应发展（　　）。
    A. 特种货车　　　　　　　　B. 大型货车
    C. 专用货车　　　　　　　　D. 轻型货车

20. 同时增加列车重量和行车量的措施主要是（　　）。
    A. 实行多机牵引　　　　　　B. 采用内燃和电力牵引
    C. 开行组合列车　　　　　　D. 采用补机推送

21. 提高运行速度可以通过三个方面来达到，即：提高机车牵引工况下的速度、提高最大容许速度和（　　）。
    A. 开行续行列车　　　　　　B. 降低基本阻力
    C. 修建双线　　　　　　　　D. 缩短区间长度

22. 增加行车密度的主要途径在于提高货物列车运行速度、缩小列车间隔时间、缩短区间长度以及（　　）。
    A. 增加区间正线间距　　　　B. 增加站内正线间距
    C. 增加区间正线数目　　　　D. 增加站内正线数目

23. 货物列车牵引重量标准，是按机车在牵引区段内的何种上坡道上以计算速度作等速运行的条件下计算出来的（　　）。
    A. 最陡　　　　B. 最长　　　　C. 最困难　　　　D. 最陡长

24. 单线向双线过渡可有两种方法，一是修建双线插入段，二是分阶段在部分区间（　　）。
    A. 修建分流线　　　　　　　B. 修建过渡线
    C. 修建双线　　　　　　　　D. 修建第三线

25. 当线路平纵断面不改变、货流和车流结构一定时，货物列车牵引重量主要受制于机车类型和（　　）。
    A. 正线数目　　　　　　　　B. 到发线数目
    C. 站线有效长　　　　　　　D. 站线全长

26. 如陡坡地段长而集中，全线牵引重量受此陡坡地段限制，则在此地段宜采用（　　）。
    A. 补机推送　　　　B. 动能闯坡　　　　C. 多机牵引　　　　D. 大功率机车

二、多项选择题

1. 下列属于铁路固定设备的有（   ）。

   A. 燃料　　　　　B. 桥隧　　　C. 信号　　　D. 线路　　　E. 供电设备

2. 下列属于铁路活动设备的有（   ）。

   A. 信号　　　　　B. 车辆　　　C. 机车　　　D. 燃料　　　E. 电力

3. 决定铁路区段通过能力的固定技术设备有（   ）。

   A. 区间　　　　　B. 车站　　　C. 机务段设备　　　　D. 整备设备

   E. 供电设备

4. 下列哪些措施能减少技术作业停站时间对区间通过能力的影响（   ）。

   A. 将技术作业停车站设在一个运行时分最小的区间所相邻的车站

   B. 采用移动周期法

   C. 规定最小的列车技术作业停站时间标准

   D. 将允许同时接车的车站规定为技术作业停车站

   E. 将上下行列车的技术作业停站分别规定在两个车站上

5. 下列不能提高区间通过能力的措施有（   ）。

   A. 增大区间线路曲线半径

   B. 线路坡度增大

   C. 使用大型机械进行线路整修

   D. 增加区间内正线数目

   E. 区间长度增长

6. 下列哪几项是提高货物列车重量的效果（   ）。

   A. 增加以吨数计的铁路通过能力

   B. 降低运输成本

   C. 减少机车使用台数和能源消耗

   D. 缩短区间长度

   E. 减少了开行的货物列车数

7. 在提高铁路通过能力和输送能力的途径中，下列不属于增加行车密度的措施有（   ）。

   A. 延长到发线有效长度及降低限制坡道

   B. 减少扣除系数

   C. 采用内燃牵引和电力牵引

   D. 调整机型，使用大功率机车

   E. 采用大型货车

8. 下列能缩短列车间隔时间的措施有（   ）。

   A. 采用大功率机车

   B. 缩短与邻接车站办理行车联络手续的时间

   C. 组织列车追踪运行

   D. 缩短货物列车追踪间隔时间

   E. 采用电话闭塞

三、名词解释

1. 技术组织措施
2. 划一重量标准
3. 改建措施
4. 动能闯坡

四、简答题

1. 简述列车运行图的意义及其在铁路运输工作中的作用。

2. 简述列车运行图坐标表示方法和车站中心位置的确定方法，以及各种时分格运行图时分的填写方法。

3. 简述列车运行图的分类方法。

4. 列车运行图由哪些基本要素组成？

5. 列车区间运行时分是怎样确定的？

6. 简述机车在基本段和折返段所在站停留时间的含义及其组成时间因素，两项时间有何不同？

7. 何谓车站间隔时间？影响车站间隔时间的主要因素有哪些？

8. 简述 $\tau_{\text{不}}$、$\tau_{\text{会}}$、$\tau_{\text{连}}$、$\tau_{\text{到发}}$、$\tau_{\text{发到}}$ 的含义及查定计算方法，哪些车站应查定这些车站间隔时间？

9. 什么是追踪列车间隔时间？分几种？各如何确定？

10. 如何确定旅客列车和货物列车之间的追踪列车间隔时间？

11. 铁路通过能力和铁路输送能力之间的相互关系是什么？

12. 决定铁路区段通过能力的固定技术设备及其主要因素是什么？

13. 什么是 $\tau_{\text{不}}$？画出示意图。

14. 什么是 $\tau_{\text{会}}$？画出示意图。

15. 铁路区间通过能力的影响因素有哪些？

16. 什么是追踪运行和 $I_{\text{追}}$？画出示意图。

17. 简述列车运行图的编制程序。

18. 编制客车方案主要应解决哪些问题？如何解决这些问题？

19. 为什么要编制货物列车运行方案图？在什么情况下可不编方案图？为什么？

20. 编制货物列车运行方案图要解决哪几方面问题？如何解决这些配合问题？

21. 铺画列车运行图详图时，一般应注意解决哪些问题？如何实现这些要求？

22. 何谓分号运行图？为什么要编制分号运行图？分号运行图有哪几种？各适用于什么条件？

五、综合技能题

1. 画出单线半自动闭塞 d—e 区间的成对非追踪运行图周期，并计算其通过能力。资料如下：区间运行时分，上行（由 e 至 d）18 min，下行 17 min；所有列车都在 d 站停车，列车在 e 站会车时，上行列车通过，下行列车停车；起停车附加时分，$t_{\text{起}} = t_{\text{停}} = 1$ min；车站间隔时间，$\tau_{\text{不}} = 4 \min$，$\tau_{\text{会}} = 2 \min$。

2. 画出单线半自动闭塞 a—b 区间的不成对连发运行图周期，并计算其通过能力。资料如下：下行方向（由 a 至 b）为行车量大的优势方向，不成对系数 $\beta_{\text{不}} = n'/n'' = 2/3$；起停车附加时分，$t_{\text{起}} = 2 \min$，$t_{\text{停}} = 1 \min$；列车区间运行时分，上行 20 min，下行 16 min；列车在车站会车时，下行列车通过 a、b 站不停车；车站间隔时间，$\tau_{\text{不}} = 4 \min$，$\tau_{\text{会}} = 2 \min$，$\tau_{\text{连}} = 4 \min$。

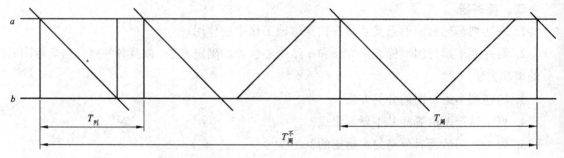

图 3.1.53　a—b 区间不成对连发运行图

项目二　列车运行调度指挥

【项目描述】

铁路运输调度工作是整个铁路运输组织过程中不可缺少的核心组成部分，在培养铁路运输职业技术人才方面起着十分重要的作用。通过本项目的学习，初步掌握铁路运输调度人员所必须具备的基本知识和基本技能，为以后从事调度工作奠定基础。

【教学目标】

1. 知识目标

了解铁路运输各级调度组织机构的设置、基本任务和作业程序，行车指挥自动化的概念、主要设备和功能，熟练掌握车流调整、列车运行调整计划编制和调整的方法，能够编制路局调度日（班）计划及进行调度工作分析。

2. 能力目标

对铁路运输调度工作有一定的认识，并初步具有铁路运输调度的组织、协调、指挥能力。

典型工作任务 1　铁路运输调度工作

知识点 1　组织机构及职责范围

铁路运输调度机构是铁路日常运输组织的指挥中枢，分别代表各级领导组织指挥日常运输工作。它通过编制与执行日常工作计划，对铁路运输有关部门、各工种进行调度指挥，组织客货运输，保证安全高效地完成各项运输工作任务。

一、铁路运输调度的基本任务

（1）认真贯彻执行国家运输政策，完成国家规定的旅客和货物运输任务。

（2）正确编制和执行运输工作日常计划。

（3）根据运输市场的变化，科学合理地组织客流和货流，搞好均衡运输，经济合理地使用机车车辆和其他运输设备，提高运输效率和效益。

（4）在确保安全的基础上，完成和超额完成各项经济指标和技术指标。

（5）坚持"一卸、二排、三装"的运输组织原则，组织按运行图行车，实现编组计划和列车运行图的要求。

二、各级调度组织机构的设置

（一）调度机构的设置

铁路运输调度机构是运输生产的指挥中枢，实行分级管理、集中统一指挥的原则。铁路总公司运输调度部设调度处，铁路局（含集团公司）设调度所，技术站（编组站、区段站）设调度室。

铁路总公司运输调度部、铁路局、技术站调度分别代表总经理、铁路局局长、车站站长，根据分级管理、统一指挥的原则，分别掌管全国铁路、铁路局和车站的日常运输组织指挥工作。

铁路总公司运输调度部调度处设值班处长、调度员；铁路局设值班主任（必要时可设值班副主任）、主任调度员、调度员；技术站设值班站长（值班主任）、车站调度员（设调度室的技术站应设调度室主任、副主任）。

铁路总公司运输调度部调度处值班处长、铁路局值班主任、车站值班站长（值班主任）分别领导一班工作。在组织日常运输工作中，下级调度必须服从上级调度的指挥；铁路总公司、铁路局各工种调度及有关人员分别由值班处长、值班主任统一组织指挥。

铁路局调度统一指挥协调车站和各单位完成班工作任务，车站值班站长（值班主任）统一指挥技术站运输工作，车站调度员统一指挥完成阶段计划任务。

铁路总公司运输调度部、铁路局、车站应根据调度的工作量配置班制，主要调度工种全路统一实行四班制（铁路总公司运输调度部有特殊要求的除外）。

在各级调度机构中，为了便于对运输生产过程进行全面的指挥和监督，按照业务的分工，可设置若干不同职名的调度员分别掌握一定的工作。

（二）铁路局调度所的组织系统

铁路局调度所内，一般设有：货运调度员、计划及列车调度员、行邮、行包列车调度员、"五定"班列调度员、机车调度员、供电调度员、预确报调度员、篷布调度员、军运、特运调度员、客运调度员、施工调度员。

铁路局调度指挥中心的调度组织系统如图 3.2.1 所示。

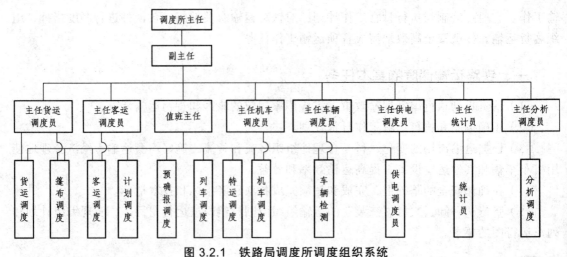

图 3.2.1　铁路局调度所调度组织系统

三、各级调度工作主要职责范围

（一）铁路总公司运输调度部调度处调度主要职责范围

（1）依法对铁路局调度安全指挥进行监督管理和监督检查工作。维护调度纪律，正确发布调度命令，检查各铁路局调度执行铁路总公司调度命令和规章制度的情况，对违令、违章造成不良后果的单位和人员进行通报批评并提出处理意见。

（2）负责全路日常客运、货运和车流组织工作。组织各铁路局有计划、及时地输送旅客，平衡各铁路局货车保有量，经济合理地使用机车车辆，充分利用通过能力及运输设备，挖掘运输潜力，提高运输效率和效益。

（3）编制和下达全路调度轮廓计划和日（班）计划，督促、检查各铁路局按日（班）计划均衡地完成运输生产经营任务。

（4）监督检查各铁路局按列车编组计划编车、按列车运行图行车、按运输生产经营计划组织运输，督促、组织各铁路局按铁路总公司批准的计划均衡地完成铁路局间分界站列车、车辆交接任务，及时处理铁路局间分界站出现的问题，实现铁路局间分界口畅通。

（5）掌握全国重点用户、港口和车站的装卸车，搞好与路外单位的协作。

（6）掌握旅客、军运及重点列车的始发运行情况；处理跨铁路局旅客列车的加开、停运、变更径路、客车甩挂，根据需要临时调拨客车、动车组。

（7）负责审批日常 I 级施工和繁忙干线铁路总公司管理的施工项目日计划，组织各铁路局兑现施工日计划，做好施工期间的分界口车流调整工作。

（8）负责全路抢险救灾物资、人员运输组织工作，跟踪掌握输送情况。

（9）按阶段收取各铁路局调度工作报告，检查日常运输工作完成情况。

（10）掌握铁路总公司备用货车，批准铁路总公司备用货车的备用、解除，检查各铁路局对备用货车的管理情况。

（11）负责全路专用货车的统一调整，军运备品和集装箱的回送，篷布的运用和备用、解除。

（12）检查、通报安全情况，及时收取、掌握铁路交通事故、自然灾害等突发事件信息，启动应急预案。通报信息、组织救援、调整运输。

（13）负责全路日常运输工作完成情况和全路调度安全监督检查情况的分析工作，抓好典型，及时总结、推广调度工作先进经验。

（14）负责《铁路运输调度规则》的修订，检查指导全路调度基础管理和技术培训工作，不断加强和规范调度管理和队伍先进经验。

（15）负责全路调度信息化统一规则，积极采用、推广先进设备和技术，促进调度指挥工作现代化。

（二）铁路局调度主要职责范围

（1）严格执行各项规章、安全管理制度和安全卡控措施，遵守和维护调度纪律，正确发布调度命令，及时处理影响行车安全的有关情况，确保调度指挥安全。

（2）组织铁路局管内各运输生产单位密切配合、协同动作，经济合理地使用机车车辆，充分利用运输能力，挖掘运输潜力，压缩运输成本，提高运输效率和效益，完成运输生产经营任务。

（3）负责编制和下达铁路局调度日（班）计划，并组织各站段落实，提高计划兑现率。

（4）组织调整铁路局管内的货流、车流，按阶段均衡地完成铁路总公司下达的车流调整计划和去向别装车计划，重点掌握排空、重点物资运输。

（5）按铁路总公司批准的计划组织列车在分界站均衡交接，保证机车与列车的紧密衔接，保持与邻局的密切联系，向局做出正确的列车预报，及时协商、解决发生的问题，保证分界站畅通。

（6）负责组织和监控列车运行，重点掌握旅客、专运、军特运、超限超重、挂有装载危险货物车辆的重点列车，监督、检查车站按列车编组计划、列车运行图、运输生产经营计划和重点要求编发列车，实现按图行车。

（7）掌握铁路局管内各站和主要用户、港口装卸车，搞好与路外单位的协作。重点抓好大客户、路企直通、战略装卸车地点的运输组织工作，提高直达列车和成组装车比重，扩展运输能力。

（8）负责铁路局管内抢险救灾物资、人员运输组织工作，跟踪掌握输送情况。

（9）认真执行铁路总公司备用货车的管理制度，严格掌握铁路局管内备用货车的备用、解除。

（10）掌握铁路局管内客车配属、客流变化、旅客列车开行情况，重点掌握动车组、特快旅客列车、国际旅客列车及跨铁路局重点旅客列车的运行情况；组织站段按计划、及时地输送旅客，组织铁路局管内旅客列车的临时加开、停运、迂回运输、编组、车辆甩挂和实施票额调整。

（11）负责铁路局管内专用货车的调整，军运备品和集装箱的回送，篷布的运用和备用、解除。

（12）负责编制、下达施工日计划，发布运行揭示调度命令、施工调度命令。协调组织施工按计划进行，确保施工期间行车安全。

（13）检查、通报各站段安全正点情况，及时收取、上报铁路交通事故、自然灾害等突发事件信息，启动应急预案。通报信息、组织救援、调整运输。负责调动救援列车或向铁路总公司调度请求调动跨铁路局的救援列车。

（14）及时收取、上报调度工作报告。

（15）检查各站段执行调度命令和规章制度的情况；对违令、违章的单位或人员，进行通报批评并提出处理意见。

（16）负责铁路局日常运输工作完成情况及调度安全工作情况分析，抓好典型，及时总结、推广运输生产先进经验。

（17）负责铁路局调度基础管理和技术培训，指导站段调度工作，不断加强和规范调度管理和队伍建设。

（18）负责配合铁路局有关部门实施铁路局调度信息化建设规划，积极采用、推广先进设备和技术，促进调度指挥工作现代化。

（三）车站调度主要职责范围

（1）严格执行各项规章、安全管理制度和安全卡控措施，遵守和维护调度纪律，认真执行上级调度命令和指示，及时处理影响行车安全的有关情况，确保调度指挥安全。

（2）掌握货源、货流、车流，根据铁路局下达的日（班）计划，正确编制和组织实现车站的班计划和阶段计划，保证车站按列车编组计划和列车运行图编发列车，不间断地接发列车。

（3）经济合理地运用车站技术设备和能力，掌握调车机车运用，组织有关部门、单位密切配合，协同动作，按作业计划、技术作业过程和时间标准，完成编组和解体列车的任务，提高调车作业效率，加速机车车辆周转。

（4）及时收集到达列车预确报，掌握车流变化，正确推算现车和指标，按阶段向铁路局调度汇报车流和车站作业情况。

（5）组织旅客、军运、行邮列车、行包列车、"五定"班列、重载和重点货物列车的开行。

（6）主动与厂矿企业联系，及时预报车辆到达情况和取送车作业计划，掌握货位、装卸劳力情况，按计划均衡地完成装车和卸车任务，组织开行路企直通列车。组织新送（厂修）客车、货物作业车、检修车（修竣车）和专用车的取送，缩短待取、待送时间。

（7）发生影响行车的事故时，积极组织救援，减小事故对行车的影响。

（8）正确、及时填画技术作业图表，并运用计算机等先进设备组织指挥运输生产。

（9）认真分析考核车站日常作业计划的兑现情况和日常运输生产完成情况，及时向铁路局和车站领导报告。

知识点2　调度基本工作制度

要不断提高调度指挥水平，更好地完成各项经营指标和技术指标，必须加强调度基础工作，建立各种调度工作制度，强化提高调度人员的综合素质。

一、调度所管理制度

调度所管理制度包括安全、生产、施工、基础、培训管理等基本制度，并将基本管理制度纳入《调度所管理工作细则》，使调度人员日常组织指挥有法可依，有章可循，调度所日常工作须按照管理制度抓好落实。

（1）调度所安全管理基本制度和办法，应包括安委会、安全逐级负责、安全信息管理、安全检查监控、安全考核、安全分析等制度和调度命令，军事运输、专特运、超限超重列车、自轮运转特种设备运行、工程路用列车开行、防止列车错放方向、接触网停送电安全卡控、防止乘务员超劳、试验列车、试运转列车、天气不良行车安全、新图实施、危及行车安全信息处置、应急预案等管理办法。

（2）调度所运输生产基本管理办法，应包括车流调整、日（班）计划编制和实施、3～4小时列车运行调整计划编制和实施、临时旅客列车开行组织、承认车、装卸车、排空、重点物资运输、挖潜提效（旅客列车正点组织、战略装车点和路企直通等直达列车组织、车种代用和杂型车使用管理等）、成本控制（控制违编、欠轴、单机走行、压缩中停时，大点车管理等）及工作联系、生产考核、生产分析等管理办法。

（3）调度所施工组织管理办法，应包括施工组织领导，施工组织管理程序，施工日计划、运行揭示调度命令、施工调度命令的编制、审批、下达，施工期间运输组织、施工监控和施工分析等内容。

（4）调度所教育培训管理制度，应包括调度所人员业务培训、考试、技术比武、竞岗晋级、持证上岗和深入现场等制度。

（5）调度所日常基础管理制度和办法，应包括会议、考勤、值班、作息、请假、卫生（含物品定置管理）、保密、廉政建设、文明生产、安全保卫等所务制度；各工种调度一日工作程序标准；班组管理、文电管理、规章管理、技术资料管理、设备管理、台账管理、班组（岗位）竞赛评比等办法。

二、电话会议制度

为检查、落实当日运输生产情况，布置、审批次日计划，铁路总公司和铁路局每日都要召开电视电话会议。

各铁路局值班主任每日 7:00 前向铁路总公司值班处长汇报第一班运输安全和班计划任务完成情况及保证完成全日计划的措施，铁路总公司值班处长向铁路局值班主任布置第二班重点工作要求。

铁路总公司每日 10:50 召开全路运输生产电视电话会议，由各铁路局主管运输副局长（总调度长）汇报第一班运输安全和生产任务完成情况及保证完成全日运输生产任务的措施，铁路总公司向铁路局提出运输生产任务要求和工作重点。

铁路局每日至少召开一次全局运输生产电视电话会议，由主管生产的副站（段）长汇报全日运输安全及运输经营任务完成情况，铁路局向站段提出运输生产任务的要求和工作重点。

三、交接班和班中会制度

为保持调度工作的连续性，各级调度应建立完善的交接班和班中会制度。

铁路总公司、铁路局交接班和班中会，分别由值班处长、值班主任负责主持，各有关工种调度人员参加。

（1）接班会：传达有关命令、指示和重点事项，以及上一班安全、运输任务完成情况，研究制定本班确保安全、完成运输任务的具体措施。

（2）交班会：各工种调度分别汇报本班安全、运输任务完成情况，分析存在的问题，总结经验教训。

各工种调度的交班内容和待办事项必须清楚、完整，不得遗漏。

（3）班中会：每班至少召开一次，根据日（班）计划执行情况，研究确保完成本班和全日任务的具体措施。

四、报告制度

为保持各级调度间的持续联系，准确地掌握工作进度和不失时机地处理问题，建立以下报告制度。

（1）车站向铁路局：

① 车站在列车到、开或通过后，及时报告车次、时分（具有自动采点设备除外）和列车状态。

② 列车始发站应及时报告列车解编进度、编组内容、列车编组变化情况及出发列车速报（车次、机车型号、司机姓名、现车辆数、牵引总重、换长）；列车在非始发站摘挂作业，作业站要及时报告摘挂列车在站作业、占用股道及作业后的编组变化情况。

③ 机车及股道占用情况、安全情况和必要事项等应随时报告。

④ 车站有关工种人员每 3 h 向铁路局所属工种调度上报各项规定内容。

（2）铁路局向铁路总公司：

① 10:00（22:00）前，铁路局值班主任向铁路总公司调度报告接班后的管内运输情况，预计本班分界站列车交接、排空、机车运用情况，19:00（7:00）前以书面形式向铁路总公司值班处长报告运输安全和生产任务完成情况的综合分析。

② 铁路局各工种调度每 3 h 向铁路总公司所属各工种调度上报各项规定的内容。

③ 安全情况和重要事项，应随时报告。

（3）当上级调度向下级调度和站段了解有关运输情况时，有关人员应及时、认真汇报。

（4）采用微机联网和列车实时跟踪报告时，应实现车站与铁路局、铁路总公司报告信息共享。

五、领导值班制度

为加强全路运输安全生产，铁路局建立运输领导值班制度。

（1）值班人员：铁路局总调度长、运输处长（副处长）、调度所主任和书记。

（2）值班时间：工作日 18:00—次日 8:00、节假日 8:00—次日 8:00。

（3）值班要求：

① 对重点运输任务，按等级认真盯控，确保安全正点、万无一失。

② 对大型施工，严格监控，确保按施工方案实施，对临时发生的问题采取果断措施及时正确处置。

③ 遇恶劣天气，提前预想，对设备运行、运输组织造成影响时，立即启动应急预案，确保运输安全。

④ 遇旅客列车大面积晚点、技术站、分界站严重等线、运输不畅时，要详细了解、掌握情况，采取有效措施，尽快恢复列车运行秩序。

⑤ 发生事故或干线行车设备故障时，亲自组织处理，减少对运输秩序的影响。

六、分界站会议制度

为加强铁路局间的协作，保证分界站畅通，铁路局间分界站会议每年至少召开一次，由两个铁路局轮流主持，必要时由铁路总公司组织，研究改进列车交接工作，制定、修改分界站协议。

七、深入现场制度

为提高调度人员组织指挥水平，加强各级调度之间、调度与站段有关人员的工作联系，各级调度人员每年深入现场应不少于 10 d，熟悉设备、人员情况，交换工作意见，改进工作作风，解决好日常运输生产中存在的问题。

深入现场行前要有计划，返回后要有报告。深入现场的活动方法：可采取添乘机车、列车、召开座谈会、联劳会、同班会、跟班劳动、专题调查研究等多种形式。

调度人员应持机车添（登）乘证添（登）乘机车、列车，并准许在乘务员公寓食宿。

典型工作任务 2　车流调整

知识点 1　车流调整的目的

一、车流调整的目的

为保持全路货车的合理分布及各线车流的相对稳定，车流调整工作必须实行高度集中、统一调整的原则。

铁路总公司调度处、铁路局调度所应指定专人负责车流调整工作，研究掌握货流、车流变化规律及有关技术设备的使用效能，认真推算车流，有预见、有计划地进行车流调整。车流调整是运输调度的一项重要工作内容。从整体意义上讲，运输调度就是车流调度，其任务就是进行车流调整。

车流调整应遵循优先确保大客户、路企直通、战略装卸车点的运输需求原则。限制装车时应减少零散装车点的装车，组织集中装车时，应优先增加大客户、路企直通、战略装卸车点的装车。

车流调整的目的：

（1）保持全路货车的合理分布。

（2）保持各线车流的相对稳定，以便经济合理地使用机车车辆，充分利用线路通过能力。

（3）预防可能发生的困难，保证货物运输任务的完成。

二、车流动态的掌握

为了正确地运用各种车流调整的方法，做好车流调整工作，必须不断地、准确地推算车流，研究和掌握车流动态及其变化规律，加强车流调整的预见性。

掌握车流动态的基本方法是车流推算，它分为远期车流推算和近期车流推算。

1. 远期车流推算

对于几天内到达本铁路局的车流情况，一般由铁路局调度所每天从铁路总公司调度处了解昨日各铁路局装往本局及通过本局的装车数，然后按照各铁路局装车后发往本局所需要的运行期限进行推算。

各铁路局可以根据具体情况，制定远期车流推算表，将了解到的资料逐日登记，就可以预见未来几日内将接入的管内工作车及移交车的变化情况，从而采取必要的调整措施。

2. 近期车流推算

近期车流推算主要是推算当日 18 点各种车流情况。推算方法为：各铁路局调度所计划调度员于第一班（18:01—6:00）工作结束后，根据各分界站出入的实际车数及列车运行计划推算的全日预计出入车数、全日预计装卸车数，推算出 18:00 预计结存的管内工作车、空车和各分界站需要移交的重车数等车流资料，上报铁路总公司。

知识点 2　车流调整的方法

车流调整分为重车调整、空车调整和备用车调整，并通过日（班）计划组织实现。必要时，可下达临时调整计划。

一、重车调整的方法

重车，在全路运用车总数中约占 2/3，数量较大，重车流向又决定了空车的流向，因此，重车调整是整个车流调整工作的重点，是车流调整的重要内容。

重车调整方法有：去向别装车调整、限制装车、停止装车、变更重车输送径路和集中装车。

（一）去向别装车调整

去向别装车调整，就是调整各去向的装车数，增加或减少某一去向的装车数量。它是重车调整的基本方法。

按去向别组织均衡装车是保持各铁路局车流稳定和运输秩序正常的基础。各铁路局、车站必须严格掌握装车去向，进行去向别装车调整时，要执行下列规定：

（1）运输工作不正常，需要减少或增加日装车计划时，应首先调整（减少或增加）自局管内的装车数量；如需减少或增加外局的装车数量时，须经铁路总公司批准。

（2）分界站接入某方向的重车不足或增多时，应首先采取增加或减少自局装往该去向装车数量的方法进行调整。如果重车不足或增多延续时间较长，自局调整又有一定困难时，应将情况及时报铁路总公司，由铁路总公司统一调整。

（二）限制装车或停止装车

限装或停装，就是在一定期限内将某一去向、某一到站的装车数，限制在一定数量之内或者停止装车。

为消除局部重车积压，遇下列情况，应采取限制装车或停止装车措施：

（1）装车数超过区段通过能力和编组站作业能力时；

（2）装车数超过卸车地的卸车能力时；

（3）因自然灾害、事故，线路封闭中断行车时；

（4）因其他原因发生车辆积压或堵塞时。

（三）变更车流输送径路

变更车流输送径路是指为了解决某个方向的区段或车站通过能力与车流量的矛盾，防止车流积压，把车流由正常径路改为由另一径路运送。

正常径路通常是最短的径路，但有些径路虽然运行距离长，也可能成为正常径路。例如：经由山区线路运行，列车重量小，速度低，虽然运行距离短，但是运输成本高，不如走迂回径路经济。此种迂回径路由铁路总公司批准以后，即作为正常径路。

遇自然灾害、事故中断行车或重车严重积压、堵塞时，经铁路总公司批准并发布调度命令，相关铁路局依据铁路总公司调度命令可变更跨铁路局的车流输送径路。

变更车流输送径路，应适应有关区段的通过能力，并指定变更径路的期限、列数、辆数和列车编组计划。

凡经上级调度命令批准，采取限装、停装或变更车流输送径路时，铁路局、车站均不准在限装或停装期间，承认通过及到达限装、停装区段（或车站）的途中换票和变更到站。

（四）集中装车

集车装车，就是有计划地增加某一去向的装车数。在日常工作中，遇有下列情况时可采用集中装车的办法：

（1）某铁路局的管内重车严重不足时；

（2）某方向移交重车严重不足时；

（3）重点用户、港口、国境站急需到达物资或外运物资严重积压时；

（4）急需防洪、抢险、救灾物资时。

集中装车仅在所经区段通过能力和到站卸车能力允许的条件下，方准采用。

二、空车调整的方法

空车调整是为了合理地运用空车，保证装车需要的调整措施。空车调整必须做到缩短空车行程，组织车种代用，消除同车种对流。

各铁路局、车站必须从全局出发，严格遵守排空纪律，按照上级调度批准的车种、辆数均衡地完成排空任务。

空车调整方法有：正常调整、综合调整和紧急调整。

（一）正常调整

各铁路局根据车种别装车、卸车的差数，接空数和实际货车保有量确定排空车数。这种调整方法的最大优点是减少了空车走行公里。但对于指定的空车直达列车，不准中途挪用。

（二）综合调整

货流、车流发生变化或重车流增加时，在不影响接空局重点物资装车需要的前提下，经铁路总公司批准，依据下达的日计划命令可采取以重、空车总数进行综合调整。重、空车数一经铁路总公司批准，各铁路局不得再增加重车代替空车数量。这种调整方法的优点是，除能减少空车走行公里外，对运用车的合理分布大有益处。

（三）紧急调整

为保证特殊紧急运输任务需要所采取的非常措施。以调度命令或日（班）计划中重点事项的形式下达，各铁路局接到紧急空车调整命令后，必须按照规定的时间、车种、辆数完成排空任务。

三、备用车调整的方法

备用货车是为了保证完成临时紧急运输任务的需要，所储备的技术状态良好的部属空货车。

备用货车（以下简称备用车）分为特殊备用车、军用备用车、专用货车备用车和港口、国境站备用车。

特殊备用车是指因运输市场发生结构变化，为调剂车种、满足运输需要，铁路总公司以备用车命令指定的大于本局月计划部分的某种空货车。

特殊备用车、军用备用车和专用货车备用车的备用、解除，必须经铁路总公司以备用车命令批准。港口、国境站备用车的备用、解除，由有关铁路局根据铁路总公司每季批准的计划，按照指定的车站、车种、数量，以铁路局备用车命令批准。非标准轨的货车备用、解除由所在铁路局负责处理。

备用、解除必须符合下列规定：

（1）特殊备用车须备满 48 h，军用备用车、专用货车备用车和港口、国境站备用车须备满 24 h，才能解除备用。因紧急任务需要解除备用车时，须经铁路总公司以调度命令批准，可不受时间限制。

（2）备用车状况需经备用基地检车员检查。

（3）备用车必须停放在铁路局批准的备用车基地内。港口、国境站备用车必须停放在指定的港口、国境站。凡未停放在指定地点的，均不准统计为备用车。备用车在不同基地间不得转移，在同一基地内转移时，须由铁路局以备用车命令批准。

备用车的管理：

（1）铁路局、备用车所在站和基地检车员，均须分别建立备用车登记簿，按备用日期、时分、命令号码、地点、车种、辆数、车号、吨位等内容顺序进行登记。

（2）铁路总公司、铁路局调度分别建立备用车命令簿，单独规定备用车命令号码。

典型工作任务3　调度日（班）计划

知识点1　路局日班计划概述

铁路运输生产是一个动态过程，装车、卸车、解编作业和列车运行等每天都有变化，而铁路运输本身又要求每日的工作任务相对稳定和均衡，以提高运输效率，这就产生了客观情况和主观要求的差距。为解决这个矛盾，就产生了进行各种调整工作的日常计划。

铁路运输工作日常计划包括旬计划、日（班）计划和车站作业计划。一切装车、卸车、编组列车、列车运行以及分界站的交接等运输工作，都以此为依据进行组织，以保证均衡地完成月度运输生产经营计划，实现列车编组计划、列车运行图及运输方案。

调度日（班）计划是在一日（班）的具体条件下，保证完成各项运输任务的具体作业计划。

一、调度日（班）计划的编制原则

（1）认真贯彻国家的运输政策，保证重点运输的原则。

（2）坚持"一卸、二排、三装"的运输组织原则。

（3）严格按列车编组计划编车，按列车运行图行车，按运输方案组织运输，按《站细》组织作业，最大限度地组织直达、成组运输的原则。

（4）经济合理地使用机车车辆和其他运输设备，提高运输效率和效益的原则。

（5）均衡运输的原则。

二、调度日（班）计划的主要内容

调度日（班）计划包括货运工作计划、列车工作计划和机车工作计划，三者是紧密衔接，环环相扣的有机组成部分。

（一）货运工作计划

（1）各站卸车数（到站整列货物要有品名、收货人）。

（2）各站按发货单位、品名、到站别的装车数。

（3）"五定"班列、重点直达列车、集装箱直达列车、企业自备车直达列车和成组装车的列数、组数及辆数。

（4）装卸劳力、机械调配计划。

（5）篷布运用计划。

（二）列车工作计划

（1）列车到、发及运行计划，包括列车车次、发站、到站、发到时分、编组内容、始发列车车辆来源、小运转列车运行计划、机车交路及机车型号。

（2）分界站列车交接计划，包括列车车次、到开时分、各列车中去向别重车数（到相邻铁路局的重车按到站）和车种别空车数。

（3）管内工作车输送计划、各站配空挂运计划和摘挂列车的装卸、甩挂作业计划。

（4）专用货车的使用、调整计划。

（5）施工计划。

（三）机车工作计划

（1）各区段机车周转图。

（2）机车沿线走行公里、机车运用台数和机车日车公里。

（3）机车大、中、辅（小）、临修，回送计划及重点要求。

三、调度日（班）计划的编制依据

（1）铁路总公司下达的轮廓计划。

（2）月度运输生产经营计划、列车编组计划、列车运行图、机车周转图、运输方案、施工计划和站段有关技术作业时间标准。

（3）日请求车（军用应有军运任务通知书，超限货物应提出批准装运电报）和物资部门的要求。

（4）预计当日 18:00 各类运用车数、车站现在车数（重车分去向，其中到本局和邻局管内摘挂车流分到站，待卸车、空车分车种）和机车分布情况。

（5）列车预确报。

（6）分界站协议。

（7）月度施工计划及主管业务处提报的施工计划申请。

（8）设备维修作业计划。

四、调度日（班）计划的编制程序

（一）接收次日轮廓计划

铁路总公司每日应在 9:00 前向铁路局下达次日轮廓计划。轮廓计划是铁路总公司对铁路局编制日间计划提出的控制数字，其内容包括：分界站交接列车数、车种别排空车数、到局别使用车数、通过限制口的装车数和重点要求。

（二）收集编制日计划资料

收集工作每日 9:00 开始，最迟不晚于 14:30 结束。铁路局各工种调度人员向有关站段收集编制日（班）计划资料。

（三）编制日（班）计划

（1）调度所主任负责编制日间总计划，包括全铁路局的卸车数、装车数、各分界站交接重空车数及列数、日计划指标等。

（2）主任货运调度员负责编制详细的货运工作计划，包括各站的装卸车数，直达列车及成组装车等。

（3）计划调度员负责编制详细列车工作计划，包括列车到发及运行计划、分界站列车交接计划和区段管内车流输送计划等。

（4）主任机车调度员负责编制详细的机车工作计划，包括各区段机车周转图、机车运用台数、机车检修工作安排等。

（四）审批与下达

铁路局日计划编完后，经主管副局长批准，于 17:00 前上报铁路总公司，经批准后于 17:30 前以调度命令下达各站段执行。

知识点2　日间总计划的编制方法

日计划是当日 18:00（不含）至次日 18:00（含）的日间运输工作计划。日计划分为两个班计划：当日 18:00（不含）至次日 6:00（含）为第一班计划；次日 6:00（不含）至 18:00（含）为第二班计划。铁路局可根据第一班计划的执行情况和日计划任务，对第二班计划内容进行部分调整。

一、推算运用车保有量

运用车保有量是指全路、铁路局为完成规定的运输任务，所应保有的运用货车数。

现以丙铁路局为例说明日计划的编制方法。铁路局工作日间总计划的编制，由调度所主任负责，利用"铁路局日间总计划表"（见表 3.2.2）进行编制，其具体方法如下：

（一）有关编制资料

（1）丙铁路局管辖范围如图 3.2.2 所示。

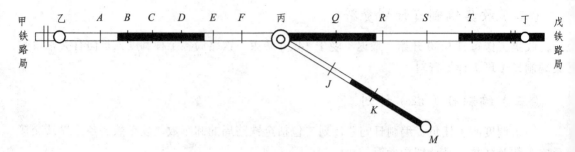

下行 →

图 3.2.2　丙铁路局管辖范围示意图

（2）技术计划规定的有关指标：

① 装车数 747 车，卸车数 550 车。

② 运用车保有量 2 026 车。其中，管内工作车 583 车、移交重车 1 013 车、空车 430 车。

③ 货车周转时间 1.12 d。

④ 各分界站出入重空车数及列数见表 3.2.1。

表 3.2.1　分界站出入表

接交 分界站	接　入		交　出	
	列　数	$\dfrac{重车}{空车}$	列　数	$\dfrac{重车}{空车}$
乙	13	$\dfrac{363(其中自卸163)}{270}$	14	$\dfrac{665(其中自装65)}{0}$
丁	15	$\dfrac{695(其中自卸95)}{50}$	15	$\dfrac{590(其中自装390)}{123}$
合　计	28	1 378	29	1 378

（3）昨日 18:00 运报二、运报三所载运用车实际结存总数为 2 056。其中管内工作车 541 车、移交重车 1 050 车（乙分界站 563 车、丁分界站 487 车）、空车 465 车。

（4）铁路总公司下达的次日轮廓计划：装车 745 车，卸车 600 车。各分界站交接车数见表 9.2 中"次日分界站出入车轮廓计划"栏。

（5）其他资料，如列车编组计划、列车运行图、运输方案等，此处不再一一列出。

（二）当日工作情况

召开日班计划会议，了解当日工作情况和上级主管的重要指示。

（1）值班主任收集当日运输工作的全面情况及各技术站作业情况，并预计全日能完成的交接列数及车数：

乙分界站接入　移交重车　150　管内工作车 163　空车 290　合计　603 车

交出　重　车　665　　　　　　　　　　　　　　合计　665 车

丁分界站接入　移交重车　600　管内工作车 115　空车 50　合计 765 车
　　　　交出　重　车 590　　　　　　　　　　空车 123　合计 713 车
分界站接入　总　计 1 368 车　交出总计 1 378 车　出入差 –10 车

（2）主任货运调度员预计全日货运工作情况和次日批准要车计划情况：

当日预计完成装车：750 车。其中，自装自卸 300 车、自装交出 450 车（乙分界站 65，丁分界站 385）。

预计完成卸车：550 车。

次日批准要车计划：745 车。其中，自装自卸 290 车。

（3）运输方案调度员汇报当日空车运用及运输方案执行情况、存在的问题，提出次日编制计划的要求。

（4）主任机车调度员汇报当日机车运用情况及问题，当日 18:00 货运机车分布情况。

（5）调度指挥中心主任传达铁路总公司领导的重点指示，提出编制次日计划的重点要求。

表 3.2.2　铁路局日间总计划表

预计当日运用车		预计当日管内工作车			预计当日空车			预计次日空车
项目	实际	项目	月计划	实际	项目	月计划	实际	
月计划	2 026	月计划	—	—	月计划	—	—	—
昨日存	2 056	昨日存	583	541	昨日存	430	465	482
出入差	–10	接入计	258	278	接入 乙	270	290	270
转出	0	其中 乙	163	163	丁	50	50	50
转入	0	丁	95	115	交出 乙	0	0	0
结存	2046	自装	292	300	丁	123	123	123
差	+20	卸车	350	550	装车	747	750	745
重点工作		结存	583	569	卸车	550	550	690
1. 空车较多，争取多装；		差		14	转出	0	0	0
2. 丁口移交车保有量不足，应多组织装该口的移交车。					转入	0	0	0
					结存	430	482	543
					差		152	+13

预计当日移交重车							
项目 去向	月计划	作日存	接入 乙	接入 丁	自装交出	当日交出	结存	差
乙	540	563	—	600	65	665	563	+23
丁	473	487	150	—	385	590	432	41
计	1 013	1050	150	600	450	1 250	995	18

次日分界站出入计划						
接或交 分界站	接入			交出		
	列数	总车数 重/空		列数	总车数 重/空	
乙	13	$633\frac{363(其中自卸213)}{270}$		14	$665\frac{665(其中自卸65)}{0}$	
丁	15	$745\frac{695(其中自卸95)}{50}$		15	$724\frac{601(其中自卸440)}{123}$	
计	28	$1378\frac{1058}{320}$		29	$1386\frac{1266}{123}$	

次日分界站出入车轮廓计划						
接或交 分界站	接入			交出		
	列数	总车数 重/空		列数	总车数 重/空	
乙	13	$633\frac{363}{270}$		14	$665\frac{665}{0}$	
丁	15	$740\frac{690}{50}$		15	$710\frac{587}{123}$	
计	28	$1373\frac{1053}{320}$		16	$1375\frac{1252}{123}$	

次日计划指标										
项目	当日运用车	出入差	转出	转入	次日运用车	接运重车	使用车	卸空车	工作量	周转时间
月计划	2 026	—	—	—	2 026	$\frac{1058}{?}$	747	550	1805	1.12
日计划	2 046	11	0	0	2 085	1058	755	609	1813	1.12

（三）预计当日 18:00 运用车保有量

预计当日 18:00 各种运用车保有量，不仅是反映运输情况并据以确定次日调整措施的资料，而且是确定次日计划任务的依据。因此，在编制日计划前首先需要推算（预计）当日 18:00 各种运用车保有量。

1. 运用车保有量总数 $N_{当日}$

$$N_{当日} = N_{昨日} + \Delta u_{出入差}^{当日} + u_{转入}^{当日} - u_{转出}^{当日} （车）$$

式中　　$N_{当日}$——昨日 18:00 运用车保有量实际数；

$\Delta u_{出入差}^{当日}$——当日预计各分界站接入与交出重空车总数之差，用下式计算：

$$\Delta u_{出入差}^{当日} = u_{接入}^{当日} - u_{交出}^{当日}$$

$u_{转入}^{当日}$——当日预计由非运用车转为运用车的货车总数，车；

$u_{转出}^{当日}$——当日预计由运用车转为非运用车的货车总数，车。

丙铁路局　　$\Delta u_{出入差}^{当日} = 1\ 368 - 1\ 378 = -10 （车）$

$$N_{当日} = 2\ 056 - 10 + 0 - 0 = 2\ 046 （车）$$

2. 管内工作车保有量 $N_{管内}^{当日}$

$$N_{管内}^{当日} = N_{管内}^{昨日} + u_{接卸}^{当日} + u_{自装卸}^{当日} - u_{卸}^{当日} （车）$$

式中　　$N_{管内}^{昨日}$——昨日 18:00 管内工作车保有量实际数，车；

$u_{接卸}^{当日}$——预计当日接入自卸的重车总数，车；

$u_{自装卸}^{当日}$——预计当日完成自装自卸的装车数，车；

$u_{卸}^{当日}$——预计当日完成的卸车数，车。

丙铁路局　　$N_{管内}^{当日} = 541 + (163 + 115) + 300 - 550 = 569 （车）$

3. 移交重车保有量 $N_{移交}^{当日}$

$$N_{移交}^{当日} = N_{移交}^{昨日} + u_{自装交}^{当日} + u_{接入通}^{当日} - u_{交量}^{当日} （车）$$

式中　　$N_{移交}^{昨日}$——昨日 18:00 移交重车保有量实际数，车；

$u_{自装交}^{当日}$——预计当日完成自装移交的装车数，车；

$u_{接入通}^{当日}$——预计当日接入的通过重车总数，车；

$u_{交量}^{当日}$——预计当日完成的交出重车数，车。

丙铁路局　　$N_{移交}^{当日} = 1050 + 450 + (150 + 600) - (665 + 590) = 995 （车）$

4. 空车保有量 $N_{空}^{当日}$

$$N_{空}^{当日} = N_{空}^{昨日} + u_{接空}^{当日} + u_{转入}^{当日} + u_{卸}^{当日} - u_{交空}^{当日} - u_{转出}^{当日} - u_{装}^{当日} （车）$$

式中　$N_{空}^{昨日}$——昨日 18:00 空车保有量实际数，车；

　　　$u_{接空}^{当日}$——预计当日接入的空车总数，车；

　　　$u_{交空}^{当日}$——预计当日完成的交出空车数，车；

　　　$u_{装}^{当日}$——预计当日完成的装车数，车。

丙铁路局　$N_{空}^{当日} = 465 + (290 + 50) + 0 + 550 - 123 - 0 - 750 = 482$（车）

推算的当日 18:00 管内工作车、移交重车、空车保有量之和应与推算的 18:00 运用车总数相等，即

$$N_{空}^{当日} = N_{管内}^{当日} + N_{移交}^{当日} + N_{空}^{当日}（车）$$

丙铁路局　$N_{空}^{当日} = 569 + 995 + 482 = 2\,046$（车）

通过验算检查，说明推算正确。

二、确定卸车计划

（一）次日卸车来源

（1）当日 18:00 结存的管内工作车。
（2）次日由各分界站接入的管内卸车。
（3）次日自装的管内工作车。

（二）有效卸车数的确定

在三项卸车来源中，有的可以在次日 18:00 前卸空，称为有效卸车；有的不能卸空，称为无效卸车。三项有效卸车之和，即为次日计划卸车数。有效和无效是根据接入或装完时间、运行距离、卸车能力等各种具体情况确定的。在编制计划时，其有效车数一般按以往规律或按概率法进行计算。

例如，18:00 结存管内工作车有效卸车数：

$$u_{结存}^{有效卸} = N_{管内}^{当日} P_{结存}^{卸}（车）$$

式中　$P_{结存}^{卸}$——18:00 结存管内工作车有效卸车数的概率。

现以丙铁路局为例，确定次日卸车计划。

（1）根据以往规律，18:00 管内工作车中次日有效卸车的概率是 0.65，即有 $569 \times 0.65 \approx$ 370 车可纳入卸车计划。

（2）次日自装管内工作车，根据以往规律第一班装的 125 车作为自装有效卸车数纳入计划。

（3）次日接入管内工作车，按邻局来车计划和运行图规定的时刻，其中有 114 车作为有效卸车数纳入计划。

所以，次日卸车计划 $= 370 + 125 + 114 = 609$ 车。

对其他有效车（如移交有效车等）亦可按此法计算。

（三）次日应卸车数

根据当日 18:00 管内工作车实际车数和月计划规定的管内工作车周转时间，可按下式推算次日应卸车数：

$$u_{应卸} = N_{管内}^{当日} / \theta_{管内}^{计} \text{（车）}$$

式中 $\theta_{管内}^{计}$——月计划规定的管内工作车周转时间。

次日应卸车数是上级考核铁路局完成卸车情况的依据，所以，在确定次日卸车计划时，其数字不应小于应卸车数。但因编制日计划时尚无 18:00 实际管内工作车数，为推算应卸车数，可以借用预计 18:00 管内工作车保有量进行测算，以保证卸车计划不小于应卸车数。

丙铁路局本月的 $\theta_{管内}^{计}$ 为 0.95 d，推算的 $N_{管内}^{当日}$ 为 569 车，则

$$u_{应卸} = 569/0.95 = 599 \text{（车）}$$

计算表明，卸车计划不小于预计应卸车数，可以确定卸车计划即次日预计卸车数（ $u_{卸}^{次日}$ ）为 609 车。

三、确定排空及装车计划

按照"一卸、二排、三装"的运输组织原则，装车计划应在完成排空任务后确定。

（一）排空计划

排空计划要保证完成铁路总公司下达的各分界站排空任务，严格按日（班）计划规定的排空车次、车种、车数组织实现。当排空与装车发生矛盾时，应先排后装。

丙铁路局排空计划，按铁路局下达轮廓计划确定，即经丁分界站排空 123 车，在此基础上再调整本局的装车数。

（二）装车计划

必须在保证排空任务的前提下，由调度指挥中心主任会同货调主任，严格按货运轮廓计划审批各站日要车，确定装车日计划。

为保证每天运输工作的均衡，在确定装车计划前，还需推算一下次日 18:00 空车保有量：

$$N_{空}^{次日} = N_{空}^{当日} + u_{接空}^{次日} + u_{转入}^{次日} + u_{卸}^{次日} - u_{排空}^{次日} - u_{转出}^{次日} - u_{装}^{次日} \text{（车）}$$

式中 $u_{接空}^{次日}$——次日计划接入空车数，车；

$u_{转入}^{次日}$——次日预计由非运用车转为运用车的货车总数，车；

$u_{转出}^{次日}$——次日预计由运用车转为非运用车的货车总数，车；

$u_{排空}^{次日}$——次日预计排空车数，车；

$u_{装}^{次日}$——次日预计装车数，车。

将推算出的 $N_{空}^{次日}$ 与技术计划规定的空车保有量标准相比较，如 $N_{空}^{次日}$ 比标准数少得较多

时，应当减少次日的装车数，使 $N_空^{次日}$ 符合或接近标准，以保证后一日运输工作的均衡，反之，可适当增加装车数。

例如，丙铁路局装车计划首先根据铁路总公司轮廓计划下达的装车数 745 车和其他资料计算次日空车保有量，再以次日空车保有量的多少来确定。

$$N_空^{次日} = 482 + (270 + 50) + 609 + 0 - (0 + 123) - 745 - 0 = 543 （车）$$

推算结果表明，次日空车保有量比技术计划规定的空车保有量标准 430 车多 113 车。因此，可适当增加次日装车数，请示铁路总公司后日装车计划确定为 755 车。

四、确定次日各分界站交出重车数、列车数计划

次日交出重车数和列车数计划，应按分界站别分别确定。

（一）分界站别交出重车数计划

分界站别交出重车数计划，应根据分界站的当日 18:00 预计结存移交车数、次日接入移交车数及次日自装移交车数中的有效移交车数之和确定。

$$u_{交重}^{次日} = N_{移交}^{有效} + u_{接入通}^{有效} + u_{自装交}^{有效} （车）$$

式中　$N_{移交}^{有效}$ ——当日 18:00 结存移交重车中在次日 18:00 前能交出的车数，车；

　　　$u_{接入通}^{有效}$ ——次日接入通过的重车中 18:00 前能交出的车数，车；

　　　$u_{自装交}^{有效}$ ——次日自装移交重车中 18:00 前能交出的车数，车。

对于移交有效车数，应按分界站别，根据列车编组计划、列车运行图、运输方案以及有关作业时间标准逐一查定后确定其车数。在编制日间总计划时，由于时间紧迫，而且有些资料尚不齐备，有效车数一般按以往的车流规律或按概率法计算。

（二）分界站别交出列车数计划

分界站别交出列车数计划，可根据确定的移交重车数，加上排空车数，按照列车编组计划的规定和列车平均编成辆数，即可计算出交出列车数。在确定分界站交出列车数时，应考虑通过能力和机车运用情况。

现根据已知资料确定丙铁路局乙、丁分界站交出重车数及交出列车数计划。

如表 9.2 所示，丙铁路局当日 18:00 结存乙分界站移交重车 563 车中，次日 18:00 前可交出 375 车，纳入计划；自装经乙分界站交出重车，第一班装车 65 车为有效，纳入计划；次日由丁分界站接入经乙分界站交出的重车 600 车中，按计划和运行图规定时刻，有 225 车移交有效，应纳入计划。

所以，次日乙分界站交出重车计划车数为 375 + 65 + 225 = 665 车。

同理，次日经丁分界站交出重车计划车数为 601 车，空车 123 车，合计 724 车。

交出列数为交出总车数除以列车编成辆数，已知乙—丙、丙—丁两区段列车平均编成辆

数均为 50 车，经乙分界站交出总车数为 665 车，交出列数为 14 列；经丁分界站交出总车数为 724 车，交出列数为 15 列；两分界站合计共交出列数 29 列、车数 1389 车。

五、计算日计划指标

日计划指标包括：装车数、卸车数、工作量、货车周转时间等。

计划日的货车周转时间，可用车辆相关法计算。为此，应首先推算次日 18:00 的运用车保有量 $N_{次日}$：

$$N_{次日} = N_{当日} + \Delta u_{出入差}^{次日} + u_{转入}^{次日} - u_{转出}^{次日}（车）$$

式中　$\Delta u_{出入差}^{次日}$——次日各分界站接入与交出重空车总数之差。

$$u_{次日} = u_{使}^{计} + u_{接重}^{计}（车）$$

则　　　$\theta_{次日} = N_{次日} / u_{次日}（d）$

例如，丙铁路局的日计划指标（增加使用车和增加卸空车数均为零）：装车 755 车，卸车 609 车，接重 1 058 车。

$$\Delta u_{出入差}^{次日} = 1\ 378 - 1\ 389 = -11（车）$$

$$N_{次日} = 2\ 046 - 11 + 0 - 0 = 2\ 035（车）$$

$$u_{次日} = 755 + 1\ 058 = 1\ 813（车）$$

$$\theta_{次日} = 2\ 035/1\ 813 = 1.12（d）$$

将以上各项计算与确定的数字分别填写在铁路局的日间总计划表内（见表 3.2.2），就形成了铁路局日间总计划。

知识点 3　列车工作计划的编制

列车工作计划是确定一日内各分界站及各区段上、下行方向开行列车车次、列数、编组内容的计划，主要包括：列车到发及运行计划、分界站列车交接计划、管内工作车输送计划等。各项详细计划均应保证完成日间总计划确定的运输任务，并受日间总计划规定的控制数字约束。

一、列车到发及运行计划

列车到发计划由计划调度员负责与车站副站长共同编制，其编制方法与车站班计划基本相同。主要区别在于：一是使用图表不同；二是编制计划的权限不同；三是详简程度不同。

列车运行计划由计划调度员负责与列车调度员共同编制。具体规定如下：

（一）列车运行线的安排

（1）列车工作计划必须有全日车次和编组内容。

（2）编制列车工作计划必须有可靠资料，禁止编制无车流保证的空头计划。

（3）各区段日计划列数，要按列车运行图做到基本均衡。

（4）列车工作计划要确保排空列车的开行。第一班计划的排空车数必须达到全日计划的45%以上。

（二）分号列车运行图选定

（1）实行分号列车运行图时，选定列车车次、确定日计划列数，应以分号运行图为基础，首先保证核心列车开行，按阶段均衡地安排停运、加开或选用与日计划列车对数相适应的分号运行图。

（2）当分号列车运行图的列车开满后，可开行基本列车运行图的列车车次，增开的列车车次，不应超过图定列数，由相邻两铁路局协商确定，报上级调度批准。

（3）列车运行图中的摘挂列车已开满，剩余车流达到牵引定数70%或满长时，可加开临时定点的摘挂列车。

（4）始发列车计划应按列车运行图规定的时分编制。中转列车可按预计到达时分，在分号列车运行图中选定紧密衔接的适当运行线。

（5）图定车次贯通到底的直达货物列车，在接续的区段站或编组站因晚点不能使用原图定运行线时，在制定日（班）计划时，准许利用图定的直达或直通列车运行线开车，但必须保持原车次不变。

（6）摘挂列车与其他货物列车运行线不得互相串用。

（三）列车编组及技术作业

（1）列车编挂车辆的去向必须符合列车编组计划的规定。对运输方案有特别规定的列车应按方案规定办理。

（2）列车或车流接续时间，应符合车站技术作业过程规定的时间标准。

（3）列车编成辆数应符合该区段牵引重量标准及计长（小运转和摘挂列车除外）。

（4）涉及装车需要的空车和为完成卸车任务的管内工作车输送计划，应满足数量和时间的要求。

对第二班列车工作计划进行调整时，除遵守以上规定外，第一班计划规定的车次有停运车次时，第二班不准加开列车；第一班计划规定的车次已开满，第二班需要加开列车，或第一班虽未开满，第二班需要调整列车车次时，跨铁路局的必须取得邻局同意。

二、分界站列车交接计划

（1）列车运行图规定18:00后由分界站交出的列车，不准作18:00前的交车计划。

（2）分界站当日未交出的晚点列车，必须纳入次日计划。接近18:00的晚点列车，来不及纳入次日计划时，准许18:00后晚点交出。

（3）原则上不准编制跨铁路局的超重、超长列车计划，必须编制时，须征得邻局同意，并经上级调度命令准许。

（4）班计划一经确定，必须维护计划的严肃性，在执行中不准变更列车车次和整列方向别的编组内容，遇有特殊情况必须变更时，要预先征得相邻铁路局同意，并须报请上一级调度批准。

（5）日（班）列车工作计划编制后，相邻铁路局调度指挥中心必须主动将分界站列车交接计划（包括车次、时分、编组内容、机车交路）核对一致后，方准逐级上报上级批准。

（6）涉及分界站交出的列车，应满足日间总计划的交车要求。

三、管内工作车输送计划

管内工作车输送计划也可称为区段管内车流输送计划，主要是指对中间站配送空车和挂运重车及到达中间站卸车的运送安排。对这部分车辆可以整列输送，也可以用摘挂列车或小运转列车输送，具体方式由列车编组计划和运输方案规定。

区段管内车流输送计划的编制，是根据预计各站当日 18:00 结存车数、技术站有关列车出发计划、相邻铁路局有关列车的到达预确报以及各站次日装车计划，按照列车运行图和运输方案的规定，确定各种列车在区段内的甩挂作业计划。

现以乙—丙区段为例说明区段管内车流输送计划的编制方法。

乙—丙区段 18:00—6:00 开行一对摘挂列车 41001/41002，列车在始发站编组内容、各站装车、配空、卸车计划和 18:00 现在车情况如图 3.2.3 所示。根据各站 18:00 现在车、空车需要及装卸完成情况来安排摘挂列车在各站的摘挂重、空车数和到、开及通过时刻。

乙—丙区段管内车流输送计划如图 3.2.3 所示。

装车计划	配空	卸车计划		18:00现在车			
		上到	下到	待卸	待装	空车	待发重车
		4		P6			
丙/10	C2	5	8				
		5	6	E/2			乙/2
F/3			10				P3
乙/5	C3	2	2				B/5
丙/3		10	3				

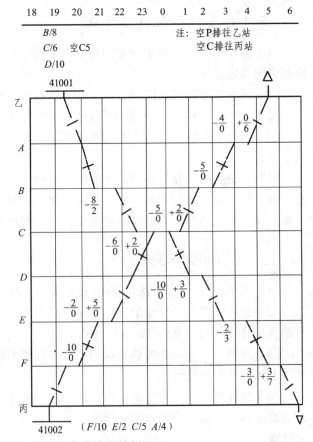

图 3.2.3　乙—丙区段管内车流输送计划

18:00—21:00、6:00—9:00 的列车工作计划，应分别提前在 16:00、4:00 前下达到有关站、段。对车次的考核，仍以正式下达的日（班）计划为依据。对上报计划有调整时，应按上级调度批准的计划，逐级以调度命令更正，并组织实现。

第二班的调整计划，由路局调度值班主任负责，各工种调度人员参加。根据铁路总公司批准的日计划制定，于 4:00 前报铁路总公司，经值班主任同意后，于 4:30 前以调度命令下达至站、段。

典型工作任务 4　列车调度指挥

知识点 1　列车调度员的作业程序

一、列车调度员的主要职责

行车工作必须严格执行单一指挥的原则。列车调度员是一个调度区段行车的统一指挥者，其主要职责是组织、指挥本区段车、机、工、电、辆等部门的有关行车人员，实现列车运行图、列车编组计划和运输方案规定的任务和要求，加速机车车辆周转。以铁路局调度为例（下同），其主要工作有：

（1）积极组织全区段有关人员实现按图行车，遇有列车晚点，及时采取调整措施，使晚点列车恢复正点；及时正确地发布有关行车的命令和指示。

（2）检查各站按列车编组计划编车，按运输方案组织运输的情况。

注意列车到发及区间运行情况，及时处理临时发生的问题，防止行车事故。

（3）组织区段内各站按日（班）计划完成卸车、排空及装车任务和中时、停时、旅速等指标。

为了更好地完成上述工作，列车调度员应熟悉所辖区段内的人（主要行车人员）、车（机车车辆）、天（气候变化）、地（线路、通信信号、站场等技术设备）、图（列车运行图）；熟悉有关规章、制度；在接班前应详细了解情况；在值班过程中应加强与邻台列调、机调、客调等联系；及时制定三、四小时列车运行计划；及时向主要站、段、邻台进行列车到达时刻的预确报；掌握列车运行及车站作业情况；及时、正确地填记列车运行实际图；按规定提供编制日班计划的资料。

二、列车调度员的工作程序

列车调度员在计划调度员的领导下，组织列车按图行车，确保客货列车正点；掌握摘挂列车甩挂作业，按计划配空车和及时将车站待挂车挂出；保证所管辖车站各项运输指标的完成。

铁路局调度指挥中心列车调度员一个班的一般基本作业程序如图 3.2.4 所示。

（1）接班前了解情况[7:00—7:30（19:00—19:30）]。了解重点任务及事项，施工安排、限速区段情况，阅览交班簿，客货列车正晚点情况，开车计划（包括车流来源、机车交路情况）及解除、保留列车计划，编组站、区段站到发线占用情况，分界站列车交接列数、车次、终到站，管内有效卸车，排空任务及第一班完成情况；超限列车情况，各站存车情况、装卸车任务及配空计划；摘挂列车运行作业情况等。

（2）接班会[7:30—8:00（19:30—20:00）]。汇报接班前了解的情况，对完成和兑现有困难的问题，提出自己解决问题的办法和意见，对有关岗位提出配合的要求；听取其他岗位的汇报，与本岗位有关的事项要记录下来；听取值班主任、调度所主任对本班工作布置的重点事项及要求，特别是与本台有关的事项要做好记录。

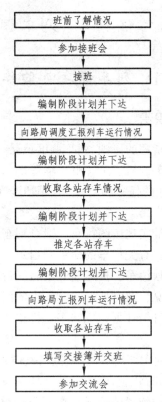

图 3.2.4　列车调度员一个班的一般基本作业程序

（3）交接班[8:00（20:00）]。与下班调度员进行交接，主要包括列车运行情况，特别要注意超限列车（包括限速列车）运行条件及当时运行情况，调度命令的发布及执行情况，摘挂列车甩挂作业情况。

（4）编制三、四小时阶段计划[8:00—8:20（20:00—20:20）]。按规定内容和要求编制：首先了解编组站、区段站接车及机车交路情况（包括计划员三、四小时阶段计划）；然后铺划三、四小时计划线。

（5）下达三、四小时阶段计划[8:30—8:45（20:30—20:45）]。以调度命令形式发布三、四小时阶段计划（按规定执行），布置重点事项及要求。

（6）向铁路总公司汇报列车运行概况[12:00—12:20（0:00—0:20）]。汇报列车运行点（按要求上报），回答上级咨询。

（7）收取各站 12:00（0:00）存车[12:20—12:30（0:20—0:30）]。收取各站存车数（重车分到站，空车分车种），保留列车及存放股道、车数。

（8）编制三、四小时阶段计划并及时下达[12:30—12:50（0:30—0:50）]。内容、要求与上一个三、四小时阶段计划相同。

（9）推定各站 18:00（6:00）站存车[13:00—13:30（1:00—1:30）]。重车分去向，管内工作车按到站，空车分车种；装、卸车完成情况。

（10）向铁路总公司汇报列车运行概况[16:00—16:30（4:00—4:30）]。内容与上一次汇报相同。

（11）编制三、四小时阶段计划并及时下达[16:30—16:50（4:30—4:50）]。与上一个三、四小时阶段计划相同。

（12）向铁路总公司汇报列车运行概况[18:00—18:10（6:00—6:10）]。与上一次汇报内容基本相同，增加过表列车位置。

（13）收取各站 18:00（6:00）存车[18:10—18:20（6:10—6:20）]。内容同[12:00（0:00）]。

（14）写交班簿[19:50—20:00（7:50—8:00）]。其内容包括在途列车情况、重点军用列车、重点旅客列车运行情况、超限列车（包括限速列车）运行条件、重点事项、施工情况、调度命令发布情况、摘挂列车作业情况、乘务人员超劳和可能超劳情况、其他需要交班的事项。

（15）交班[20:00（8:00）]。按交班簿所写内容交班，要求接班者签名认可。

（16）参加交班会[20:00—20:20（8:00—8:20）]。汇报本班工作情况、回答领导提问、反映现场情况等。

（17）正确及时按列车运行图填记标准填写列车运行图；及时填写事故概况；及时逐级报告。

知识点2 列车调度指挥的基本方法

一、列车调度指挥的原则

由于铁路运输工作具有高度集中，各个工作环节紧密联系的特点，所以在铁路运输组织中，必须贯彻安全生产、集中领导、统一指挥、逐级负责的原则。在列车调度指挥方面，要坚持下列原则：

（一）安全生产原则

在列车调度指挥工作中，必须坚持安全生产的原则，正确指挥列车运行。不能发布没有安全保障依据的命令和指示。当得到有关危及行车安全的信息时，要正确、及时、妥善处理。以保证旅客列车的安全为重点，组织列车安全运行。

（二）按图行车原则

列车正点率是铁路运输产品质量的重要技术指标，也是铁路运输组织管理水平的综合反映。只有按图行车，才能保持正常的运输秩序，进而保证列车的正点率。

（三）单一指挥原则

铁路行车工作是一个由互相联系、互相影响的多部门、多单位、各工种所组成的完整系统。在这个系统中，各部门、各单位、各工种间的紧密联系和协调一致，对于保证行车安全和运输效率有着决定性的意义。铁路行车调度是为适应铁路行车特点而设置的铁路行车工作的统一指挥者。在列车运行调整工作中，与行车有关的人员，必须服从所在区段当班列车调度员的集中统一指挥，执行列车调度员的命令、指示，不得违反。其他任何人不得发布与行车有关的命令和指示。

（四）下级调度服从上级调度的原则

在列车运行组织与调整过程中，相邻调度台、相邻铁路局之间应保持紧密联系，以保证列车的正常交接。对出现的问题，双方要主动协商解决，当双方意见不能一致时，应向铁路总公司上报，由铁路总公司解决。一经铁路总公司调度决定，有关人员必须无条件服从。

（五）按等级进行调整的原则

列车调度员要按列车运行图指挥列车运行，当列车不能按列车运行图运行时，除特殊情况外，应按先客后货、先跨局后管内的原则和下列规定的等级顺序进行调整：

（1）最高运行速度为 300～350 km/h 动车组旅客（检测）列车（简称动车组）。

（2）最高运行速度为 200～250 km/h 动车组。

（3）直达特快旅客列车。

（4）特快行邮列车。

（5）特快旅客列车。

（6）快速旅客列车。

（7）快速行邮列车。

（8）普通旅客快车。

（9）普通旅客慢车。

（10）行包列车。

（11）军用列车。

（12）"五定"班列。

（13）快运货物列车。

（14）2 万吨组合重载货物列车。

（15）1 万吨组合重载货物列车。

（16）单元重载货物列车。

（17）直达货物列车。

（18）直通货物列车。

（19）冷藏列车。

（20）自备车列车。

（21）区段货物列车。

（22）摘挂列车。

（23）超限超重货物列车。

（24）小运转列车。

单机、路用列车应根据用途按指定条件运行。开往事故现场救援、抢修、抢救的列车应优先办理。专运和特殊指定的列车，按指定的等级运行。

二、列车调度指挥的基本方法

要保证列车运行秩序，实现按图行车，列车调度员首先要抓列车始发正点，这样不仅可以使该列车按运行线正点运行，而且还避免了对其他列车的干扰。因此，抓好始发列车正点是保证列车运行的基础。反过来，列车运行正点又是保证列车始发正点的主要条件。

（一）组织列车正点出发

1. 组织旅客列车始发正点

在组织列车正点出发的工作中，保证旅客列车始发正点是实现按图行车的首要条件，因为旅客列车等级较高，一旦晚点就会影响整个区段的列车始发或运行。所以列车调度员应该重视旅客列车始发正点的组织工作。

在具体的组织工作中，对于在本区段始发的旅客列车，列车调度员应加强与各方面的联系工作。在开车前 1 h 左右，对客车底的取送情况、机车的整备工作情况、行包及邮件的装卸情况、旅客组织工作情况等进行检查，发现问题应及时采取措施进行处理，保证列车正点开出。

对由邻区段接入的旅客列车，列车调度员要及时向邻台（所）了解列车正、晚点情况，提前做好列车运行调整计划。当遇有旅客列车晚点时，应设法组织快速作业，与客运调度员密切配合，组织列车乘务员双开车门、组织旅客快上快下、行包邮件快装快卸，及时准备好换挂的机车，缩短列车停站时间，保证列车正点发车。

2. 组织货物列车始发正点

为了保证货物列车始发正点，列车调度员要抓好车流和机车这两个环节，重点要做好以下工作：

（1）在编制日（班）计划时，所做出的列车出发计划要切合实际，车站作业时间、车流和机车要有保障，避免计划晚点。

（2）在运行组织上，对编组列车所需车流，组织按时送达，并注意技术站列车的均衡开到，保证车站的正常作业，为按时编组列车创造条件，同时，要注意督促车站按时编组，及时技检。

（3）对始发列车所需的机车，列车调度员应加速放行，保证机车有足够的整备时间，并督促机务段组织机车按时出库。

（4）加强与车站的联系，督促车站按时做好发车的各项准备工作，确保按时发车。

（二）列车运行调整的方法

列车始发正点是保证按图行车的基础，但由于种种原因（如停车待发、停车待接、作业延误、途中运缓等），使列车不一定都能按运行图规定的时刻正点运行，当出现这种情况时，就需要列车调度员对列车运行进行调整，尽可能使晚点列车恢复正点运行。

列车调度员在进行列车运行调整时，所采用的方法一般有：

（1）充分利用线路、机车、车辆的允许速度，组织缩短列车区间运行时分。

为了使晚点列车恢复正点运行，或为了使列车赶到指定地点会车、让车，以及为了赶机车交路、车流接续等，在列车编组情况、机车类型及技术状态、乘务员的思想和技术水平、线路横、纵面情况以及天气状况等条件允许的情况下，经与司机商议，说明运行调整的意图，提出对本次列车赶点的要求，在司机同意配合的情况下，方可组织实施。

例如，在某单线区段，按运行图规定 10001 要在 B 站停会 K168 次，实际工作中因 K168 次晚点 36 min，影响 10001 次的正点运行。列车调度员预先了解到这种情况后，经过周密的计算分析，提前在 A 站通知 10001 次司机并征得同意，要求在 A—B、B—C 两区间"赶点"4 min，至 C 站会 K168 次，如图 3.2.5 所示。

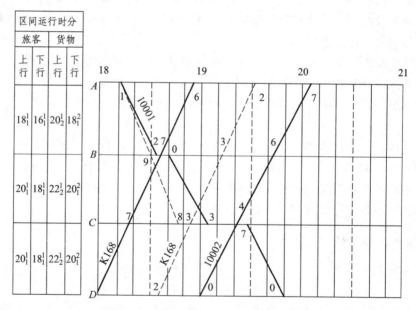

图 3.2.5　组织列车加速运行调整方法

注：图中实线为计划线，虚线为调整线（下同）

（2）选择合理的会让站，加速放行列车。

当有列车发生早点、晚点或停运、加开时，往往有变更会让、越行站的必要，以提高铁路运输质量和运输效率。

① 有列车早点时。

如图 3.2.6 所示，按运行图规定 22001 次在 C 站会 22002 次、让 K225 次，现由于 22001 次在 A 站早开 15 min，此时可将 22001 次与 22002 次的会车地点改在 F 站，这样就不必在 C 站让 K225 次，提前到达终点，而 22004 也能早到 A 站。在双线区段，适当组织列车早开，可以减少待避次数，进而有利于提高列车旅行速度。

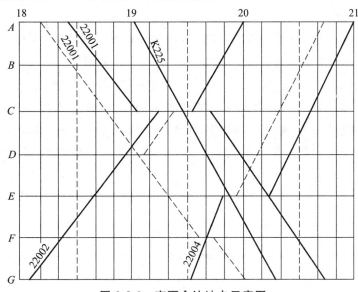

图 3.2.6　变更会让地点示意图

② 有列车晚点时。

如图 3.2.7 所示，11006 次图定在 18:57 到达 C 站停会 11005 次，但因 11005 次列车晚点 40 min，此时可将会车地点由 C 站改为 B 站，这样就保证了 11006 次列车的正点运行。

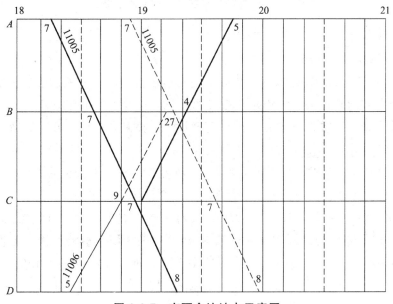

图 3.2.7　变更会让地点示意图

（3）组织列车进行快速、平行作业，缩短列车在站作业时间。

一般来说，列车在运行途中往往要进行一些技术作业。例如，旅客列车在途中要进行旅客上车、行包装卸等客运作业，摘挂列车要进行甩挂等作业。当遇到列车发生晚点或加开、停运需要压缩某列车的停站时间时，列车调度员要事先周密计划部署，与车站和司机提前联系说明情况，取得有关人员的支持，组织快速平行作业，压缩列车在站作业时间，保证列车按计划安全正点运行。

如图 3.2.8 所示，按运行图计划规定 45418 次摘挂列车在 B 站作业并等会 T208 次旅客列车，在 C 站也要进行甩挂作业。现因 T208 次列车晚点，若仍按图定计划在 B 站等会 T208次列车，就会大大延长 45418 次列车在 B 站的停留时间，造成该列车晚点。此时为了保证 45418次列车正点运行，列车调度员应有预见地组织 B 站采取各种措施（如提前准备好待挂车辆，尽可能进行平行作业等）抓紧 45418 次列车的作业，压缩其在 B 站的作业停留时间，提前开到 C 站等会 T208 次。这样既保证了 45418 次在 C 站的正常作业时间，也使其能按图定时间正点到达终点。

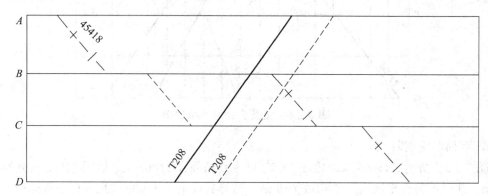

图 3.2.8　缩短列车在站停留时间示意图

（4）组织列车反方向行车成合并运行。

① 在双线区段组织列车反方向行车。

双线列车反方向运行，是列车调度员调整列车运行的一种方法。它是充分运用现有技术设备，提高区间通过能力，组织列车按图行车的有力措施。调整列车运行时，为了避免列车晚点及作业需要，根据不同方向的列车密度，选择有利时机，可组织适当的列车反方向行车。

组织列车反方向行车时，因其属于非正常行车组织办法，不安全的因素较多，因此列车调度员要检查督促车站及有关人员注意行车安全，严格按有关作业程序和要求进行组织。

如图 3.2.9 所示，按运行图规定 42158 次列车要在 C 站待避 2416 次，又要会 25665次，现 25665 次因故停运，同时 42158 次在 B 站的甩挂作业量较大，在此种情况下，列车调度员可组织利用下行线的空闲时间，在保证安全的前提下，组织 42158 次列车在 C—B区间反方向运行，这样就可以保证 42158 次摘挂列车在 B 站有充分的作业时间，并保证其正点运行。

② 组织列车合并运行。

如图 3.2.10 所示，将两个在途列车（包括单机）合并成一条运行线运行，是列车调度员在调整列车运行时，为了缓和区间通过能力和车站到发线使用紧张时采取的一种运行调整方法。一般是对单机、小运转列车或牵引辆数较少而前方又无作业的列车采用此方法。将单机 51008 次与 32326 次列车合并，不但节省了一条运行线，而且还可以增加 32326 次列车的牵引力。

当技术站接车线路紧张时，把编组辆数较少的列车（如摘挂列车、小运转列车等）保留在技术站附近的中间站，与同方向的次一列车合并运行，可以缓和接车线路紧张的矛盾。

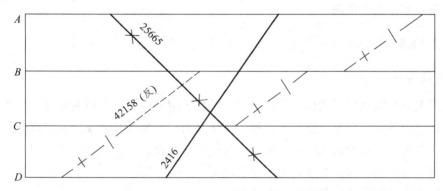

图 3.2.9　组织列车反方向运行示意图

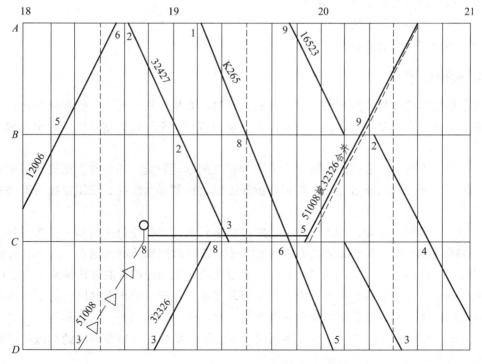

图 3.2.10　组织列车合并运行示意图

三、列车运行调整阶段计划

列车运行调整计划是列车调度员组织列车运行调整的综合部署，也是实现列车运行图、列车编组计划、运输方案和日班计划的具体行动计划。列车运行调整计划按阶段进行编制，通常 3～4 h 为一个阶段。

（一）列车运行调整阶段计划的主要内容

（1）车站列车到发时分和列车会让计划。
（2）列车在中间站作业计划。
（3）区段装卸车和施工计划。
（4）重点列车注意事项。

（二）编制方法

1. 收集资料

列车调度员在编制列车运行调整计划时，需要了解和收集的资料主要有：

（1）区段内各站现在车（空车分车种，重车分去向）情况及到发线占用情况。
（2）邻台（局）及本区段内客、货列车实际运行情况。
（3）摘挂列车编组内容及前方站作业情况。
（4）技术站到发线使用和待发列车情况。
（5）机车整备及机车交路情况。
（6）区间装卸及施工情况。
（7）领导指示及其他情况。

2. 编制计划

列车调度员将收集了解到的情况和资料，经过认真地分析、研究，依据列车运行图、编组计划、运输方案的要求及日班计划的任务，运用各种列车运行调整方法，做出合理、切实可行的计划。

在编制计划时，一般优先铺划旅客列车和重点列车运行线。必要时，优先安排困难区间的列车运行，充分利用通过能力。在运行图表上铺划计划运行线时，采用正铺与倒铺相结合的方法。

如图 3.2.11 所示，42206 次列车计划在 G 站进行摘挂车作业量比较多，什么时间开才能赶到 D 站会 K519 次客车？如果从 G 站开始铺划，往往时间算不准而返工，若采取从 D 站向 G 站倒铺，一次铺出 G 站 19:09 必须开车。采取正铺与倒铺相结合的方法铺划节省了时间。

编计划时，应注意留有余地，为各种必需的作业留足充分的作业时间，必要时，可拟定两个以上的调整方案，以适应情况的突然变化。

在安排列车运行计划时，还应特别注意本区段技术站自编始发列车的车流接续线和机车交路，以保证技术站有良好的工作秩序。

在编制计划时，一般采用"满表铺线，分段编制"的方法。具体做法是：接班后，根据所掌握的情况粗线条地将列车计划线铺划到 18:00（6:00），然后按照 3~4 h 计划阶段编制列车运行调整计划。在"满表铺线"的基础上，执行上一个阶段计划列车运行调整计划的同时，边收集资料，边铺划下一个阶段的列车运行计划。这样一步一步地进行，在列车运行计划执行前 1 h 编制完成。

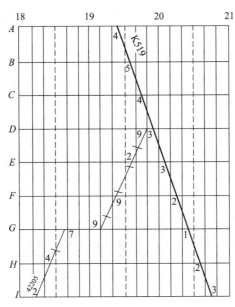

图 3.2.11　倒铺与正铺相结合示意图

3. 下达实施

列车调度员在阶段计划编制完成后，要及时下达给各站段。根据具体情况，可采取集中、分段或个别的方式下达计划。应向基层站、段执行者交代清楚，使其明确计划意图，心中有数。

列车运行调整计划下达后，仅仅是组织计划实现的开始。在执行计划的过程中，列车调度员要随时注意列车运行情况的变化，特别是对关键列车（如在旅客列车前面运行的货物列车，或旅客列车前面运行的旅客慢车等）和重点车站，要及时收点，随时监督列车的运行，以便发现问题，及时采取调整措施，保证列车按计划安全正点运行。

四、列车运行实际图

列车运行实际图，是记载一个调度区段内列车运行实际情况以及列车运行有关事项的图表。

（一）实际图的作用

列车运行实际图的作用主要有以下几个方面：

（1）可以随时掌握调度区段内的列车运行情况、有关车站到发线占用、作业情况及机车交路等。

（2）可以及时发现问题，便于提早考虑采取必要的调整措施。

（3）作为统计列车正晚点、列车技术速度、旅行速度等项指标的主要依据。

（4）它是分析列车运行情况，不断提出改进意见的重要资料。

（二）实际图的绘制方法

列车运行实际图一般采用十分格运行图，有关列车运行线、列车运行整理符号应按规定填绘在规定的表格内，其符号和表示方法见《铁路运输调度工作规则》的规定。

目前可用计算机代替人工铺画列车计划运行图和实际运行图，用鼠标代替铅笔，屏幕代替纸，提供各种图形的画法和表示方法。

根据列车基本运行图和列车工作计划子系统提供的日班计划、阶段调整计划、中间站计划甩挂列车信息以及邻台、邻站的交换信息等资料自动编制列车运行调整阶段计划，计算机模拟人工画计划线，满足铺画计划的要求。同时对人工铺画的计划进行逻辑检查和安全检查（如区间越行、单线区间会车、同时接发车和超限车限会等检查）。计算机也可根据列车运行实际情况，模拟人工铺画列车运行实际图。

1. 列车运行线的表示方法（见表 3.2.3）

表 3.2.3 列车运行线的表示方法

列车种类	表示方法		备注
旅客列车（包括行邮列车、动车组检测车）	红单线	————————	以车次区分
临时旅客列车	红单线加红双杠	—‖—‖—	
回送客车底	红单线加红方框	—□—□—	
行包列车	蓝单线加红圈	—○—○—	
"五定"班列	蓝单线加蓝圈	—○—○—	
快运货物、直达、单元重载货物列车	蓝单线	————————	以车次区分
组合重载货物列车	蓝色断线	----------	2万吨、1万吨组合重载列车以车次区分
直通、自备车、区段、小运转列车	黑单线	————————	以车次区分
冷藏列车	黑单线加红圈	—○—○—	
军用列车	红色断线	----------	
回送军用列车	红色断线加红方框	--□--□--	
超限超重货物列车	黑单线加黑方框	—□—□—	
摘挂列车	黑单线加"+""|"	—+—|—	
路用列车、试运转列车	黑单线加蓝圈	—○—○—	车次区分
单机	黑单线加黑三角	—▷—▷—	
高级专列及先驱列车	红单线加红箭头	—→—→—	
救援和除雪列车	红单线加红"×"	—×—×—	
重型轨道车、轻油动车	黑单线加黑双杠	—‖—‖—	

2. 列车运行整理符号

（1）列车始发、终止、在中间站临时停运及由邻接区段转来或开往邻区段，如图 3.2.12 所示。

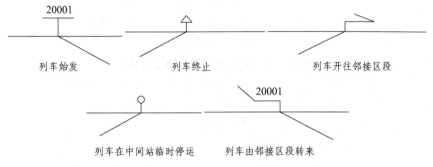

图 3.2.12　列车到发符号

列车到开时分记在钝角内。早点用红圈，晚点用蓝圈记于锐角内，圈内注明早、晚点时分。晚点原因可用略号注明，如因编组晚点可只写"编"字。

（2）列车合并运行时（在列车运行线上注明某次列车被合并），如图 3.2.13 所示。

（3）列车让车时，如图 3.2.14 所示。

（4）列车反方向运行时，在反方向运行区间的运行线上填写车次及（反）字，如图 3.2.15 所示。

（5）列车在区间分部运行时，如图 3.2.16 所示。

（6）补机中途折返时，如图 3.2.17 所示。

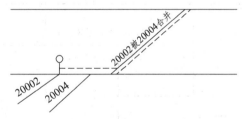

图 3.2.13　列车合并运行表示

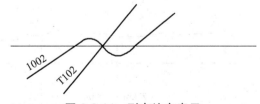

图 3.2.14　列车让车表示

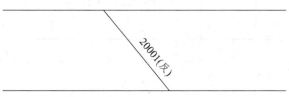

图 3.2.15　列车反方向运行表示

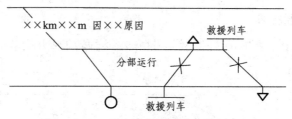

图 3.2.16　列车在区间分部运行表示

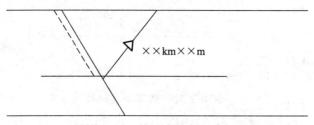

图 3.2.17　补机中途折返表示

（7）线路中断或施工封锁区间时，要在该区间内画一红横线表示。单线区间中断或封锁时，如图 3.2.18（a）所示。

双线区间上、下行线路全部中断或封锁时，表示方法与单线区间相同；有一线中断或封锁时，以在红横线上或下画的蓝断线，表示上行线或下行线中断或封锁，如图 3.2.18（b）所示。

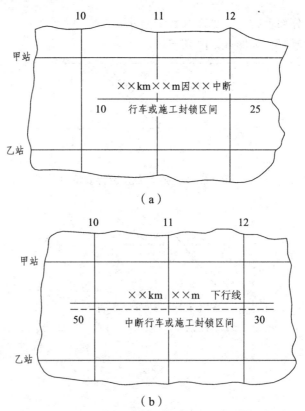

（a）

（b）

图 3.2.18　列车在区间分部运行表示

（8）因施工或其他原因区间需要慢行时，由开始时起至终了时止，用红色笔画断线表示，并标明地点、原因、限制速度（如双线就标明上行线或下行线），如图3.2.19所示。

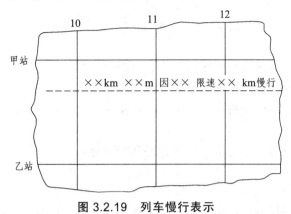

图 3.2.19　列车慢行表示

（9）列车在区间内有装卸作业时，要标明车次、作业地点、装卸货物品名，如图3.2.20所示。

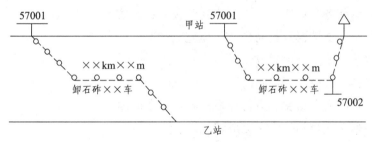

图 3.2.20　列车区间装卸表示

（10）列车在进站信号机外停车时，用红色笔画"△"，并标明停车时分，如图3.2.21所示。

图 3.2.21　机外停车表示

（11）机车交路及机车出入库时间的表示方法：机车在本段交路用蓝色笔，在折返段用黑色笔画实线，并在交路上逐列标明出入库时间，如图3.2.22所示。

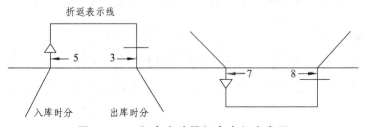

图 3.2.22　机车交路及机车出入库表示

典型工作任务 5　调度工作分析

知识点 1　调度工作分析概述

调度工作分析，是通过对日常运输工作进行综合分析，发现问题，制定改进措施，不断提高调度工作质量，促进运输生产的有效方法。

各级调度必须配备调度分析人员，由具有较强业务水平和实践经验的人员负责本单位的调度分析工作。

调度工作分析可分为日常分析、定期分析和专题分析。

1. 日常分析

日常分析是指铁路局调度所于日（班）工作终了时，对日班计划执行情况的分析。它能及时正确地查明计划完成情况及未完成原因，从而迅速采取措施，解决工作中的问题。其主要内容包括：

（1）运输经营任务（运输收入、运输营业收入、运输成本）完成情况。

（2）装、卸车完成情况及夜间作业均衡完成情况。

（3）各种数量、质量指标完成情况。

（4）行包专列、"五定"班列开行情况。

（5）旅客、货物列车出发、运行和惯性晚点列车原因。

（6）分界站列车交接和排空车完成情况。

（7）运用车分布及车流状况。

（8）直达列车、成组装车完成情况，重点物资运输情况。

（9）列车欠重、超重、乘务员超劳情况。

（10）铁路局间分界口能力利用率情况。

（11）"天窗"（时间、次数）利用率和兑现率的分析。

（12）列车机外停车的原因分析。

（13）调度工作安全情况分析。

2. 定期分析

定期分析是指根据日常运输工作完成情况，收集、积累有关资料，按时做出旬、月分析，并提出改进日常运输组织工作意见和建议，以便及时采取技术组织措施。

3. 专题分析

专题分析，是指针对某一问题、某一项指标进行的专门分析。分析人员要深入实际，调查研究，善于发现问题，及时做出必要的专题分析，并提出改进意见或措施。

知识点2 列车运行情况分析

列车运行情况分析又称为列车运行正晚点分析，主要是对旅客列车和货物列车按图行车情况和日（班）列车工作计划编制质量及执行情况的综合考核，是分析改善运行秩序和运输指挥工作的主要依据。通过分析，查明晚点原因，提出改进意见。

列车正点率是列车按图行车情况分析的主要内容。为分析列车正点率，必须进行列车正晚点统计。

列车正晚点统计，包括货物列车正晚点统计和旅客列车正晚点统计。

一、统计范围

凡以货物列车车次（小运转列车车次除外）及军用列车车次（整列客车组成除外）开行的列车，均按货物列车统计。行包专列单独统计。

二、统计依据

（1）开行列车的车次以列车运行图为准；加开的列车以日（班）计划确定的车次为准。

（2）列车开行时分的确定。

① 按列车运行图运行线开行的列车，根据图定时分统计；

② 临时定点运行的列车，根据日（班）计划规定的时分统计；

③ 因影响行车的技术设备施工、维修，由铁路局以书面文件、电报或在运输方案中公布调整列车运行图中的列车运行时分，根据调整的时分统计。

（3）特殊情况的统计依据。

对有下列情况的列车，以列车发、到前下达的调度命令为准：

① 中转列车临时早点提前利用空闲运行线运行时；

② 停运列车临时恢复运行时；

③ 使用原车次在枢纽内变更始发或到达的编组站时；

④ 在局管内整列重车或空车变更到站时；

⑤ 编组站（区段站）编组的始发列车利用日（班）计划内中转列车空闲运行线提前开行时。

三、列车出发及运行的划分

（1）各站编组始发的列车，中间站恢复运行的停运列车，图定或日（班）计划规定原车次接续在编组站、区段站进行技术作业中转出发的列车，均按出发统计。

（2）列车由出发至运行区段的终到站（包括中间站），按运行统计。

（3）铁路局分界站为中间站时，除本站编组始发列车和停运列车恢复运行外，均不统计出发。对经过分界站的列车按两个运行统计（即由列车出发至分界站为一个运行，由分界站至列车运行区段终到站为另一个运行），分界站所属局由分界站接入时分为运行开始，分界站交出时分为运行终止。

（4）在国境、新线、地方铁路分界站，向国外、新线、地方铁路发出的列车，不统计出发；国外、新线、地方铁路分界站向营业线发出的列车，统计编组始发。

（5）在编组站、区段站图定不进行技术作业的列车、中间站临时更换机车继续运行的列车（因自然灾害、事故而机车不能摘走的停运列车除外），不统计出发和运行。

（6）列车在干支线衔接的中间站，由于变更运行方向而变更车次，根据机车交路图如不更换机车时，按一个运行区段统计；如更换机车则按两个运行区段统计（临时更换机车除外），如图 3.2.23 所示。

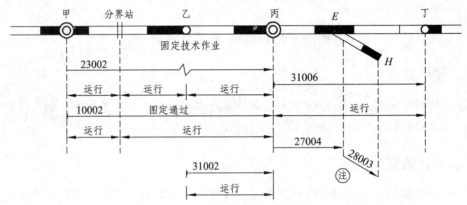

图 3.2.23　货物列车运行统计区段的规定示意图

四、列车出发及运行正点的统计方法

1. 编组始发列车，下列情况按出发正点统计

（1）根据日（班）计划规定的车次，按图定的时分正点或早点不超过 15 min 出发时。如图 3.2.24 所示，原计划 10002 次乙站 19:15 开，若 10002 次乙站 19:00—19:15 出发，该列车统计为出发正点。

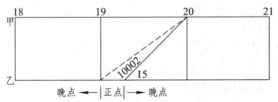

图 3.2.24　列车出发正点示意图

（2）日（班）计划规定以图定运行线到达的中转列车，因临时停运或晚点在执行的日（班）计划内不能到达时，编组站、区段站根据发车前的调度命令，利用该运行线提前开行日（班）计划规定的编组始发车次的列车，正点或早点不超过 15 min 出发时。

除以上情况外，利用该运行线开行的编组始发列车，出发按晚点统计。

2. 中转列车，下列情况按出发正点统计

（1）根据日（班）计划规定按图定接续运行线正点、早点出发或晚点不超过到达运行线图定接续中转时间出发时。到达列车运行线指列车按日（班）计划或调度命令规定所走的运行线。

如图 3.2.25（a）所示，10013 次乙站中转，10013 次按图定接续运行线正点、早点出发，按出发正点统计；如图 3.2.25（b）所示，10013 次晚点 10 min 到达乙站，到达运行线接续中转时间为 60 min，则 10013 次只要从到达时起，在接续中转时间 60 min 及以内出发，统计为正点出发。

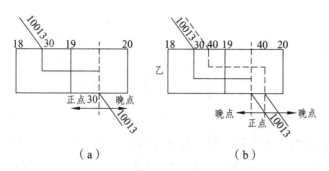

图 3.2.25　中转列车出发正点示意图

（2）直达列车原利用的运行线已终止，按日（班）计划规定以原车次另行接续的运行正点、早点出发或晚点不超过日（班）计划规定接续的中转时间出发时。

（3）中转列车临时早点，根据发车 1 h 前调度命令提前利用空闲运行线正点、早点出发或晚点不超过到达运行线固定接续中转时间出发时。空闲运行线是指基本列车运行图中日（班）计划未使用的运行线或日（班）计划规定使用的运行线又以调度命令利用其他运行线运行或临时停运时。

中转列车临时晚点利用空闲运行线出发时，仍按到达运行线固定接续的中转时间统计正晚点。

3. 列车运行，下列情况按运行正点统计

（1）按列车出发所走运行线的时分正点、早点到达或晚点不超过规定旅行时间到达时。如图 3.2.26 所示，10004 次乙站图定 8:00 出发，到达甲站时间为 11:15，规定旅行时间为：3 h15 min。如 10004 次乙站 9:00 出发，只要在 12:15 及以前到达甲站，该列车统计为运行正点。

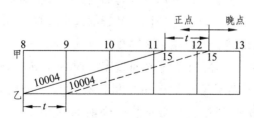

图 3.2.26　列车晚点出发运行正点示意图

（2）分界站为中间站，列车早点超过 15 min 接入，正点、早点到达时。如图 3.2.27 所示，10013 次原定乙局 19:20 接入，22:50 到达乙站，现 10013 次乙局早点 30 min 接入，在 22:50 及以前到达乙站，按运行正点统计。

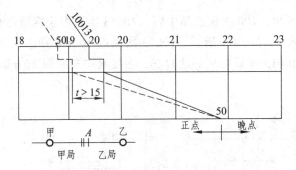

图 3.2.27　列车早点到达示意图

（3）临时定点列车正晚点统计方法为：

按基本列车运行图图定列车开满时，对加开的临时定点列车，根据日（班）计划规定的时分统计正晚点。图定列车实际未开满时加开的临时定点列车，出发按晚点统计，运行按班计划规定的时分统计正晚点。

在统计列车出发正晚点时，基本图开满以编组、区段站实际发出的列车计算；摘挂列车运行线与其他货物列车运行线分开计算；干支线衔接的区段，列车对数分别计算；运行图规定在中间站始发和到达的列车未开满时，而全区段运行的列车已开满，视为列车运行图已开满。

限速列车、有时间限制的军用列车、在区间整列装卸的列车、停运列车恢复运行以及开行运行图以外的阶梯直达列车在作业站间的临时定点，均按日（班）计划规定的时分统计正晚点。

（4）停运列车正晚点统计方法为：

日（班）计划规定开往中间站的停运列车（摘走机车），按日（班）计划规定统计运行正晚点。

列车临时在中间站停运，运行按晚点统计。

中间站停运列车临时恢复运行，根据发车前调度命令指定的空闲运行线或临时定点（到局管内前方第一编组站或区段站的时分）统计正晚点。

（5）除由邻局接入的日（班）计划以外开行的列车，根据所走运行线或开车前调度命令指定的时分统计正晚点外，日（班）计划以外开行的列车或日（班）计划中一条运行线规定两个车次时，出发按晚点统计。运行按第 3 项规定统计。

（6）变更发到站的列车，在局管内整列重车临时变更卸车站或整列空车临时变更配空站（变更后如有剩余车辆不超过该区段单机挂车辆数时可视同整列），以及枢纽内临时变更始发或到达编组站的列车，均根据发、到前的调度命令，有图定时分的按图定时分统计正晚点，变更后的发、到站无图定时分的，出发按有图定时分的第一个车站统计出发正晚点，运行按有图定时分的最终站统计运行正晚点。列车旅行时间按实际发、到站的时分统计。

除上述情况外，临时变更发、到站的列车，出发或运行均按晚点统计。

（7）合并运行列车，根据日（班）计划规定的列车车次分别进行统计。

（8）列车车次应保持到列车编组计划或日（班）计划规定的终到站。中途变更车次（包括变更为小运转车次）时：在编组站（区段站）变更，出发按晚点统计，运行按所走运行线统计；在中间站变更，运行按晚点统计。

（9）根据日（班）计划规定在中间站始发或终到的列车，如使用的运行线列车运行图规定为通过时分，按附加的起停车时分统计正晚点。

4. 行包专列、"五定"班列正晚点统计

凡以行包专列、"五定"班列列车车次（包括货物"五定"班列、集装箱"五定"班列）开行的列车一律按基本运行图图定时分统计列车出发、运行正晚点。

5. 货物列车正晚点报表（运报-6）（见表3.2.4）

表3.2.4　货物列车正晚点报表

局或区段别	出发									运行								
	货物列车总列数	其中正点列数	正点率（%）	其中			行包专列总列数	其中正点列数	正点率（%）	货物列车总列数	其中正点列数	正点率（%）	其中			行包专列总列数	其中正点列数	正点率（%）
				五定班列总列数	其中正点列数	正点率（%）							五定班列总列数	其中正点列数	正点率（%）			
	1	2	3	4	5	6	7	8	9	10	11	12	13	14	15	16	17	18

6. 货物列车正点率的计算

$$货物列车出发正点率（3栏）= \frac{出发正点列数（2栏）}{出发总列数（11栏）} \times 100\%$$

$$货物列车运行正点率（12栏）= \frac{运行正点列数（11栏）}{运行总列数（10栏）} \times 100\%$$

7. 旅客列车正晚点的有关规定统计

旅客列车正晚点统计与货物列车不同，其主要区别为：

（1）旅客列车出发，只在列车始发站考核正晚点和统计出发列数。因旅客列车不准早开，所以没有关于列车早点开车的规定。

（2）旅客列车运行正晚点，不是按区段而是按铁路局管内旅行时间进行考核。

（3）旅客列车运行正点率分为到达正点率、交口正点率和总运行正点率三种。

五、列车正晚点分析

列车正点率高，说明列车按图行车的情况好，列车运行秩序正常。对于晚点列车，必须逐列分析晚点原因，查明责任。某铁路局某月上旬货物列车出发晚点的分析资料见表3.2.5。

由表中不难看出，在所有晚点列车中，由于车务部门责任造成的晚点占50%，由于机务部门的责任造成的晚点占40%。由此可见，列车晚点的责任主要在车务部门和机务部门。再进一步分析，由于车流接续不好，造成列车等轴晚点占28%，由于机车交路问题造成列车晚点占24%，两者合计占列车晚点总数的52%。为找出问题的根源，对等轴晚点还应分析其是日（班）计划编制质量问题，还是邻局或邻区段来车计划不准；对于机车交路问题，也应分析是计划交路时间不足，还是到达列车晚点。若多半是由于日（班）计划编制质量问题，那么，就要在提高计划人员的业务水平上采取措施。

表 3.2.5　铁路局货物列车出发晚点的分析资料

部门	车务责任							机务责任					其他责任								合计
原因	编组	等轴	机交	不当	会让	其他	计	机交	机故	出库	其他	计	车辆	工务	电务	客运	货运	外局	其他	计	合计
晚点列数	1	14		3	5	2	25	12	3		5	20	2	1			2			5	50
%	2	28		6	10	4	50	24	6		10	40	4	2			4			10	100

知识点 3　货车周转时间分析

货车周转时间是衡量货车运用质量的主要指标之一，在较大程度上体现了运输工作组织水平，因而它成了各级运输指挥人员重视的目标。在运输分析工作中，不管是日常分析，还是定期分析，对货车周转时间的分析是必不可少的内容。

一、基本概念

货车周转时间是指货车每完成一次周转（完成一个工作量）平均消耗的时间。其计算方法分为车辆相关法和时间相关法两种。

二、货车周转时间分析

（一）用车辆相关法分析

在日常分析中，由于受时间和资料的限制，多采用车辆相关法分析。分析的方法是以实际完成的货车周转时间（$\theta_{实际}$）与技术计划规定的货车周转时间标准（$\theta_{计划}$）相比较。

由表 3.2.6 所列资料的分析可以看出，某局货车周转时间较计划标准压缩了 0.02 d，总的来说当日运输工作情况是好的。但如果进一步分析即可看出，这一成绩主要是由于注意了空车的运用，空车周转时间显著降低所达到的。而管内工作车的周转时间不但没有压缩，而且比计划还延长了 0.11 d。这说明管内工作车的输送和卸车组织得不好，以至卸车任务没有完成，造成管内重车积压。由此可见工作仍有潜力，下一步工作应对自装管内工作车适当控制，注意加强卸车组织工作。

表 3.2.6　某局货车周转时间分析资料

运用车分类		N			U			θ		
		标准	实际	差	标准	实际	差	标准	实际	差
运用车总数		6 710	6 696	− 14	6 100	6 200	+100	1.10	1.08	− 0.02
其中	空车	1 080	740	− 340	3 600	3 700	+100	0.30	0.20	− 0.10
	管内工作车	3 070	3 156	+86	2 900	2 700	− 200	1.06	1.17	+0.11
	移交重车	2 560	2 800	+240	3 200	3 500	+300	0.80	0.80	0

（二）用时间相关法分析

进行定期分析和专题分析时，一般都采用时间相关法分析。这种分析方法，除查明货车周转时间完成情况外，还可以分析各项因素完成情况对货车周转时间的影响，查明主观努力的程度，从而提出改进措施。

其分析方法是：

（1）以实际完成货车周转时间（$\theta_{实际}$）与计划规定货车周转时间（$\theta_{计划}$）对比。其实际完成货车周转时间（$\theta_{实际}$），是以多项因素实际完成的数值代入时间相关法公式而求得。

例如，丙局某月份货车运用指标计划与完成实际情况见表 3.2.7。

其实际完成的货车周转时间（$\theta_{实际}$）为：

$$\theta_{实际} = \frac{1}{24}\left(\frac{l}{v_{旅}} + \frac{l}{l_{中}}t_{中} + K_{管}t_{货}\right)$$

$$= \frac{1}{24}\left(\frac{230}{35} + \frac{230}{102}\times 5.1 + 0.75\times 11.0\right) = 1.10（d）$$

表 3.2.7　丙局某月份货车运用指标计划与实际完成资料

指标名称	使用车	卸空车	接运重车	工作量	全周距	中转距离	中转时间	一次货物作业时间	旅行速度	管内装卸率	货车周转时间	运用车保有量	货车日车公里
计划	747	550	1 058	1 805	268	102	5.0	9.9	40.5	0.72	1.12	2 026	239
实际	755	609	1 058	1 813	230	102	5.1	11.0	35.0	0.75	1.10	1 994	213

实际完成与计划相对比：

$$\theta_{实际} - \theta_{计划} = 1.10 - 1.12 = − 0.02\ d（缩短 0.02\ d）$$

由上述计算比较，表面观察，该局货车周转时间缩短 0.02 d，似乎工作成绩不错。但如详细分析，则事实并非如此。从表 3.2.7 可以看出，该局中转时间、一次货物作业时间、旅行速度等主观因素都没有完成，其货车周转时间的缩短，主要是由于全周距缩短起了作用。因而应进一步分析各项因素对货车周转时间的影响。

（2）分析各项因素完成情况对货车周转时间的影响，一般采用"单因素法"。即假定除要分析的某一因素外，其他因素都按计划完成，看一看该项因素对货车周转时间影响的数值。

例如，分析由于旅速的实际完成情况对货车周转时间的影响时，是将时间相关法中含有旅速这一因素的 $\left(\dfrac{1}{24} \times \dfrac{l}{v_{旅}}\right)$ 这一项，分别以 l 代入计划值，$v_{旅}$ 代入实际值和 $v_{l旅平均}$ 代入计划值这两者所求结果进行比较。

$$\frac{1}{24} \times \frac{268}{35} - \frac{1}{24} \times \frac{268}{40.5} = 0.319 - 0.276 = +0.043 \text{ d}（延长 0.043 d）$$

按表 3.2.7 资料，列表分析丙局某月份各项因素完成情况对货车周转时间的影响，见表 3.2.8。

表 3.2.8　丙局某月份各项因素完成情况对货车周转时间的影响分析表

分析＼项目	实际（d）	计划（d）	实际与计划比较（d）
由于全周距影响	$\dfrac{1}{24}\left(\dfrac{230}{40.5}+\dfrac{230}{102}\times 5\right)=0.706$	$\dfrac{1}{24}\left(\dfrac{268}{40.5}+\dfrac{268}{102}\times 5\right)=0.823$	$0.706-0.823=-0.117$
由于中时影响	$\dfrac{1}{24}\left(\dfrac{268}{102}\times 5.1\right)=0.558$	$\dfrac{1}{24}\left(\dfrac{268}{102}\times 5\right)=0.547$	$0.558-0.547=+0.011$
由于停时影响	$\dfrac{1}{24}(0.72\times 11)=0.33$	$\dfrac{1}{24}(0.72\times 9.9)=0.297$	$0.33-0.297=+0.033$
由于旅速影响	$\dfrac{1}{24}\times\dfrac{268}{35}=0.319$	$\dfrac{1}{24}\times\dfrac{268}{40.5}=0.276$	$0.319-0.276=+0.043$
由于管内装卸率影响	$\dfrac{1}{24}\times 0.75\times 9.9=0.309$	$\dfrac{1}{24}\times 0.72\times 9.9=0.297$	$0.309-0.297=+0.012$
由于中转距离影响	本月份实际完成与计划同		0
合　计			-0.018

（3）以换算货车周转时间分析。在货车周转时间的各项因素中，中转时间、一次货物作业时间及旅行速度主要取决于主观努力程度，称为主观因素；全周距、中转距离及管内装卸率受客观条件影响较多，称为客观因素。

为了分析货车周转时间完成情况，检查主观上工作做得好坏，还经常以换算货车周转时间来进行分析。

所谓换算货车周转时间，是用三项客观因素的实际数字和三项主观因素的计划数字代入计算公式，求得计算结果，即

$$\theta_{换} = \frac{1}{24}\left(\frac{l_{实}}{v_{中}^{计}} + \frac{l_{实}}{v_{中}^{计}} + t_{中}^{计} + K_{管}^{实} + t_{货}^{计}\right)\text{（d）}$$

例如，丙局货车周转时间各项因素的计划数值见表 3.2.7，则换算货车周转时间（$\theta_{换}$）为：

$$\theta_{换} = \frac{1}{24}\left(\boxed{\frac{230}{40.5}} + \boxed{\frac{230}{102}}\times 5.0 + \boxed{0.75}\times 9.9\right) = 1.02\text{（d）}$$

注：式中带□数字为该项因素的实际完成数值。

以实际完成货车周转时间与换算货车周转时间进行比较：

$$\theta_{实际} - \theta_{换算} = 1.10 - 1.02 = +0.08\ d（延长\ 0.08\ d）$$

从上述分析资料可见，丙局该月份货车周转时间，从表面上观察缩短了 0.02 d，但这主要是由于全周距缩短 38 km，使货车周转时间缩短了 0.117 d 所致，虽然在该月份由于管内装卸率的增大造成周转时间增大了 0.012 d，但总的来说该局应完成货车周转时间约 1.02 d，由于主观努力不够，中、停、旅时均未按计划完成，使货车周转时间比应完成的换算货车周转时间延长了 0.08 d。其中，中时延长 0.01 d，停时延长 0.03 d，旅行时间延长 0.04 d。今后应加强调度组织指挥，抓好车站工作组织，提高货车运用效率。

知识点 4 运用车保有量分析

运用车保有量是指全路、铁路局为完成一定的货车工作量所应保有的运用货车数，是衡量铁路局运输工作的一项重要指标。在定期分析中，需对运用车保有量进行分析。其分析方法是：

一、分析运用车总数

（1）用实际运用车保有量（$N_{实}$）与计划运用车保有量（$N_{计}$）进行比较，以查明占用运用车节省或浪费。其计算式为：

$$\Delta N = N_{实} - N_{计}（车）$$

式中　ΔN——占用运用车多或少。

（2）按实际完成的工作量，计算应该保有的运用车数与实有车数相比较的结果。

$$\Delta N' = N_{实} - u_{实}\,\theta_{计}$$

（3）把上式中的货车周转时间改用换算货车周转时间计算。

$$\Delta N'' = N_{实} - u_{实}\,\theta_{换}$$

以表 3.2.7 为例，计算结果如下：

$$\Delta N = 1\ 994 - 2\ 026 = -32（车）$$

$$\Delta N' = 1\ 994 - 1\ 813 \times 1.12 \approx -37（车）$$

$$\Delta N'' = 1\ 994 - 1\ 813 \times 1.02 = +144.74 \approx +145（车）$$

以上三种计算结果，一种是简单的数字比较，从表面看实际少占用运用车 32 车；另两种是从完成的工作量大小看运用车占用多少。其中按月计划规定的货车周转时间与实际完成的工作量计算，节省运用车 37 车；若按换算周转时间与实际完成的工作量计算，浪费运用车

145 车。但两种计算结果完全相反。从分析运输组织工作水平的观点，应该排除客观因素影响，该铁路局由于主观指标完成得不好而多占用了运用车 145 车。

二、分析各种运用车保有量的大小

分别将管内工作车、移交重车和空车的实际保有量与计划数字相比较并查明原因，采取调整措施。如表 3.2.9 所示，该铁路局实际运用车数减少 32 车，空车与计划持平，管内工作车比计划减少 50 车，说明卸车工作组织较好，唯有移交重车比计划增加了 18 车，说明移交车组织得不好，尤其是丁分界站的移交车流增加了 40 车，积压严重。

表 3.2.9　运用车保有量分析表

项目		标准	实际	差
运用车总数		2 026	1 994	−32
管内工作车数		583	533	−50
空车数		430	430	0
移交重车数		1 013	1 031	+18
其中	乙分界站	540	518	−22
	丁分界站	473	513	+40

根据以上分析，可以提出以下调整措施：

（1）管内工作车保有量不足，将影响铁路局卸车任务的完成，所以下一步应多装管内工作车。

（2）对自装移交车，应限制经丁分界站的移交车的装车，以减少该分界站的交车压力，并注意做好该分界站的交车工作。

【任务实施】

以项目一编制的列车运行图为基础，1011 次晚点 15 min，6212 晚点 10 min，85332 次列车晚点 30 min，33105、33111、33106、33124 次列车分别晚点 45 min，请根据资料进行运行图调整。

【知识与技能拓展】

1. 铁路运输调度的基本任务是什么？

2. 铁路局（集团公司）调度指挥中心的组织系统是如何构成的？

3. 铁路运输调度有哪些基本工作制度？

4. 调度组织机构是如何设置的？

5. 车流调整分为哪几种？

6. 重车调整的主要方法有哪些？

7. 18 点运用车保有量如何推算？

8. 何谓有效车？根据什么确定？

9. 日计划卸车数和应卸车数如何确定？

10. 日装车计划根据什么确定？

11. 分界站次日交车计划（车数、列数）如何确定？

12. 日计划指标如何计算？

13. 管内工作车输送计划如何编制？

14. 列车运行调整计划的主要内容是什么？所依据的资料主要有哪些？

15. 列车运行调整计划是如何编制的？

16. 进行列车运行调整的常用方法有哪些？

17. 调度工作分析的目的是什么？

18. 调度工作分析分为哪三种？主要内容是什么？

19. 货物列车正晚点统计中列车出发和运行如何划分？

20. 货物列车出发和运行正点的统计方法有哪些规定？

21. 货车周转时间分析方法有哪两种，其各自的分析方法是什么？

22. 何谓货车换算周转时间，如何计算？如何运用换算周转时间、单因素分析法分析货车周转时间？

23. 何谓运用车保有量，如何分析？

项目三　分散自律调度集中（CTC）系统及高铁行车组织

CTC 调度集中系统（Centralized Traffic Control，CTC）是综合了通信、信号、运输组织、现代控制、计算机、网络等多学科技术，实现调度中心对某一区段内的信号设备进行集中控制，对列车运行直接指挥和管理的技术装备。分散自律调度集中系统应用智能化分散自律设计原则，以列车运行调整计划控制为中心，解决列车作业与调车作业在时间与空间上的冲突，实现列车和调车作业统一控制。它采用先进的计算机通信技术，通过计算机网络完成调度计划和调度命令下传到各个车站自律机，由车站自律机按照调度计划进行自律执行，并由相应的外围设备采集铁路沿线的各种实时信息再传送到调度集中的中央服务器，实现列车跟踪、监督报警、运行图自动绘制等功能。系统具有一定的智能性，能够自动生成调度计划并依据计划自动选择适当的进路，控制相应的联锁设备动作。

典型工作任务 1　分散自律式 CTC 认知

知识点 1　分散自律式 CTC 特点

一、传统调度集中系统存在的主要问题

（1）智能化程度不高；

（2）交放权频度过多；

（3）车次号技术存在一定的问题；

（4）可靠性水平低；

（5）无线通信手段不能满足要求。

二、新一代分散自律调度集中的特点

（1）新一代调度集中是智能化系统。

它最大限度地将行车人员从繁琐的工作及运输安全生产的压力下解放出来，包括自动列车进路、自动记录列车实时信息等，能够有效地提高调度人员的工作效率，降低调度工作中差错率。

（2）新一代调度集中是分散自律系统。

新一代调度集中系统吸取传统 CTC 的经验和教训，充分考虑我国铁路客货混跑、调车作业多的实际情况，采用"分散自律（Distributed Autonomic System）"的理论，将调车控制纳入到 CTC 功能中来，系统无需切换控制模式即可实现行车作业和调车作业的协调办理，并且能够进行无人值守车站的调车作业，从而将调度集中的优势彻底地发挥出来。

（3）新一代调度集中不仅面向列车作业同时解决沿线车站调车作业问题。

新一代调度集中系统将没有中心控制权和车站控制权之分，只有指令不同来源之分，通过列车运行阶段调整计划进行来自多处指令的自律，科学合理地解决中心控制与车站控制（含调车作业）的矛盾。

（4）新一代调度集中不但适应有人车站，也适应无人车站。

在无线通信系统、车次号校核子系统、无线调度命令传送系统、列车编组顺序电子信息的基础上，增加自动预告系统，可以在中间站实现行车、调车作业控制无人化。

（5）充分体现 TDCS 平台的基础作用。

新一代调度集中在 TDCS 的基础上，实现列车运行计划自动调整、实际运行图自动描绘、调度命令自动下达、事件自动记录，为统计分析提供原始数据，将使行车调度员彻底摆脱"老三件"，调度员的主要精力、主要工作专用于行车计划管理、调整，集中精力确保列车按图运行，安全正点高效运行，提高运输效益。

三、CTC 与 TDCS 的关系

新一代 CTC 本着"以 TDCS 为平台，以 CTC 为核心"的原则来进行开发。CTC 系统包含了 TDCS 的所有功能，如列车运行监视、车次号自动跟踪、到发点自动采集、实际运行图自动生成、阶段计划的自动调整、调度命令的网络下达、车站行车日志自动生成等，在此基础上进一步实现了车站信号设备的集中控制，列车进路的按图排路和调车控制。在软件、硬件设备及网络传输通道上，该系统将最大限度地利用既有 TDCS 系统的资源。因此，CTC 所具备的功能很多是已经在 TDCS 系统上实现的功能。我们所描述的内容，也是综合了以上两个系统的功能。

知识点 2　CTC 在国内铁路的应用

CTC 在国内铁路的应用经历了传统 CTC 和分散自律 CTC 两个阶段。20 世纪 60 年代，我国开始使用传统 CTC，70 年代在陇海线有过较长时间的应用，后停用。2003 年 10 月开通的秦沈客运专线继续采用传统 CTC。青藏线和胶济线使用的是分散自律 CTC。

一、青藏线的应用

青藏铁路穿越高海拔、高寒缺氧的青藏高原，为了实现"高速度、免维护、无人化"的目标，青藏铁路行车指挥采用了新一代 CTC 指挥系统。同时还部署了增强型列车控制系统（ITCS）和 GSM-R。全线分为西宁-哈尔盖、哈尔盖-格尔木、格尔木-拉萨 3 个调度台。西宁—哈尔盖区段全长 176 km，全线为单线计轴自动闭塞，17 个车站中有 10 个无人值守车站；哈尔盖-格尔木区段全长 653 km，33 个车站纳入调度集中；格尔木—拉萨段全线 1 142 km，45 个车站中有 38 个无人值守车站。

以西哈段为例，该段的 CTC 系统在 DMIS 功能的基础上，实现了对电气集中和计算机联锁车站的全覆盖控制以及同机车的无线联系，从而能够依据列车运行计划自动控制车站列车进路、调车进路，以及调度命令、行车凭证及列车预告信息到机车的无线传输。车站接发列车和无人站调车作业的全过程全部由调度所行车台承担。对于有人站，调度中心也可将列车作业和调车作业部分或全部交给车站承担。

但在实际应用中也存在一些问题，例如对于西宁、哈尔盖站由于接发列车、调车作业频繁，并时常有机车出入库，纳入系统自动排列进路，效率较低，不能满足日常生产需要，给现场造成不便。又如小桥站衔接 3 个方向，当 3 个方向同时接车时，系统识别车次，判断方向较慢，不能及时排列出正确进路，容易造成列车在小桥站站内停车，经常需要人工干预，手工排列进路。这说明当车站调车作业较多或列车作业较为复杂时，CTC 集中控制的优势并不能得到很好的发挥。

作为新一代 CTC 的第一个试点，CTC 在青藏线的应用基本上是可行的，几年的良好运行证明了这一点。青藏线特殊的地理环境产生了大量无人站，但是对于列车作业和调车作业的冲突并没有提出较好的解决办法。由于青藏线运量不大，这一问题表现得并不突出。

二、秦沈客运专线的应用

秦沈客运专线全长 404.65 km，为双线电气化铁路，设计行车速度 200 km/h。其中山海关至皇姑屯为新建干线区段，全长 371 km，包括 6 个车站和 22 个区间无人中间站，列车运行指挥采用传统型调度集中系统。新建干线区段为双线双向自动闭塞，区间不设通过信号机，以车载信号为主体信号，同时设置应答器实现车地通信。区段采用列控联锁一体化设备，实现列车的追踪运行。列车运行指挥系统采用集中控制方式，以调度中心遥控为主、车站本地控制为辅的方式按阶段计划自动控制列车进路，指挥列车运行。

一般情况下，列车运行采用调度集中自动控制方式，根据需要，可转为车站控制方式。集中控制条件下，车站的调车工作由列车调度员统一领导。车站控制时，车站值班员负责办理接发列车作业和调车作业。

秦沈客运专线调度集中实现了对列车的远程集中控制，但是 D6 型调度集中设备并不具备分散自律功能，不能实现列车作业控制权和调车作业控制权的分离。实际运行中，客运专线以办理客运业务为主，基本上不存在货物列车的调车作业，因而行车和调车作业的冲突很小，运输组织方式相对单一和固定。参见《铁路通信信号工程技术》，秦沈客运专线引进的是法国 TVM430 系统。

三、胶济线的应用

胶济线连接济南、青岛两大城市，沿线范围内人口稠密、经济发达。全长 384.2 km，为双线电气化铁路，其中即墨—高密、临淄—淄博为四线。全线旅客列车最高设计行车速度为每小时 200 km/h，货物列车最高设计行车速度为 120 km/h。2006 年 9 月，在 TDCS 基础上建设的 CTC 系统投入使用，同时装备了 GSM-R、无线列调系统等先进设备。

胶济线胶济铁路电气化线路沿途共设各类车站 36 个，其中青岛西站为编组站，淄博、东风为区段站，青岛、济南东、济南为客运站，其他均为中间站。胶济线纳入 CTC 控制的车站共计 32 个，划分为三个调度区段：青岛—高密（含）区段，管辖 CTC 控制车站 12 个；高密—淄博区段，管辖 CTC 控制车站 14 个；淄博（含）—济南区段，管辖 CTC 控制车站 6 个。姚哥庄和蔡家庄站为无人站。

胶济线在 CTC 条件下实现了列车作业和调车作业的统一管理。调度中心的列车调度员通过编制列车计划、合理安排股道，实现列车有序合理运行。列车运行信号按计划自动控制，包括 200 km/h 动车组列车在内。大型编组站及区段站也纳入调度集中控制，车站值班员通过编制调车作业计划，实现调车作业的进行。

新一代 CTC 条件下，中心和车站均具备调车计划编制功能。胶济线在协调列车作业和调车作业方面，提出"大型编组站、区段站对列车到发线调整的功能"，使得大型编组站、区段站的车站值班员能够更加合理、高效地安排到发线的运用。同时，在完成股道运用的修正后，通过自律机最终实现大型编组站、区段站的列车信号自动控制，从而实现调度集中指挥的统一性、完整性。

相应地，对调度中心列车调度员、助理调度员及施工调度员的工作内容进行了全新的界定，赋予中心调度员更大、更直接的调度指挥权限，使调度员承担更大的责任。

实际应用中，针对运输组织的复杂性，对 CTC 条件下正常控制模式的操作方式进行了细化，分为中心操作、中心部分操作、车站配合中心操作三种方式：

（1）中心操作方式。调度中心完全控制车站及列车计划和调整、到发线运用、信号开放、调车作业计划的编制和执行，车站（这时的车站即无人站）所有的行车指挥和调车作业全部由调度中心控制。

（2）中心部分操作方式。调度中心负责对列车作业进行控制，制定列车运行和调整计划，安排相关的到发线运用和信号开放；车站负责对调车作业进行控制，制定调车作业计划，办理调车作业（即分散自律方式）。

（3）车站配合中心操作方式。调度中心只负责制定和下达列车计划和调整计划，车站办理列车作业，并负责制定调车作业计划，办理调车作业（这种方式即DMIS下的操作方式）。

作为繁忙干线，胶济线成功应用CTC充分肯定了CTC对中国铁路良好的适应性。针对实际路情所提出的三种操作方式，为合理解决CTC条件下列车作业和调车作业的冲突提供了很好的借鉴。同时也应看到，在实际应用过程中问题也在所难免。例如调车进路自动触发时，需要值班员人工输入调车作业计划，经自律机检验后驱动联锁设备执行，当调车钩数多时，由于人工录入时间较长，且现场作业复杂，会导致所排进路可执行性较差。又如，进路自动触发后，如果调车机车不能及时到位，势必影响调车作业的效率。因此胶济线各车站一般由助理值班员人工办理调车进路，并没有真正实现调车作业的自动化。

知识点3　CTC技术设备

一、CTC对车站、区间、通信和信号设备的基本要求

（1）调度集中对车站实行分散自律控制时，联锁关系仍由车站联锁设备保证。实现各种功能时，应保证既有联锁关系的完整性。

（2）调度集中与车站联锁的接口，应按继电联锁和计算机联锁分类，采用统一标准。接口应不影响车站联锁的安全性。

（3）系统所需现场信联闭设备信息均应从车站联锁设备以及TDCS系统获得。对TDCS系统未包含的信息，由调度集中扩充解决。

（4）实施调度集中的必要条件是车站具备集中联锁（继电联锁和计算机联锁）、区间具备自动闭塞或自动站间闭塞。

（5）调度集中不改变既有联锁场间（含独立车场、独立调车区、无联锁区）的联锁条件。调度集中在排列相关进路时，也必须受这些条件的约束，相应操作通过调度中心或车站车务终端办理。

（6）调度集中应将同一调度区段内、同一联锁控制范围内所有车站（车场、线路所）的信号、联锁、闭塞设备纳入控制范围。单独设立的调车场、编组场控制设备原则上不纳入调度集中控制范围。

（7）调度集中的控制信息依据不同处理阶段分为计划、指令和命令三个层次。计划是指形成指令队列前处理阶段的信息；指令是指车站自律机存储的进路信息；命令是指车站自律机输出的进路操作信息。

（8）一个局原则上设置一个调度中心子系统，一个调度中心子系统可控制若干个调度区段。相邻局系统之间按TDCS方式交换信息包含分属两个调度集中区段的相邻车站、相邻分界口车站。

（9）系统应采用冗余技术、可靠性技术和网络安全技术，车站自律机还应采用故障-安全技术。

（10）系统采用 TDCS 统一时钟标准。

（11）系统网络设备 IP 地址按 TDCS 组网技术要求执行。

（12）为保证网络与信息安全，系统应采取防火墙、入侵监测、病毒防护、身份认证等安全措施。

（13）通信系统是分散自律调度集中正常运用的重要基础，应满足分散自律调度集中对语音、数据通信的功能要求：

① 调度员、司机、车站值班员之间必须具有良好可靠的语音通信；

② 调度命令（含许可证等）、接车进路预告信息、调车作业通知单应可靠传送到机车；

③ 无线通信车载设备具备车次号校核、列车停稳、调车请求、信息回执等信息发送功能。

（14）调度集中区段的专用调车机车应配套无线调车机车信号和监控装置。

（15）为保证调度集中的良好运用，应同步制定调度集中条件下的行车和调车作业管理办法以及设备维护管理办法。

二、CTC 设备构成

CTC 由调度中心子系统、车站子系统和调度中心与车站及车站之间的网络子系统三部分组成。调度中心子系统与车站子系统通过网络子系统相连，使用 TCP/IP 协议通信。

1. 调度中心子系统

由调度中心机房设备和各调度台应用终端组成。调度中心机房设备主要由数据库服务器、CTC 服务器、通信前置服务器、日志服务器、网络通信设备、电源设备、网管工作站、系统维护工作站组成。调度台应用终端主要由行调工作站、计划工作站、助理调度员工作站、综合维修工作站、值班主任工作站组成，根据需要也可以为其他调度台设置相应显示终端。

1）行调工作站

实现控制管辖区段范围内列车位置、指挥列车运行的功能（人工编制和调整列车运行计划、阶段计划下达、调度命令的下达、与相邻区段调度员工作站交换信息）。

2）计划员工作站

主要实现列车日班计划的编制和下达功能。

3）助理调度员工作站

主要实现无人车站的调车作业计划的编制、调整和指挥功能，实现调度中心人工进路操作控制、闭塞办理、非常处理等功能。

4）综合维修工作站

主要用于设备日常维护、天窗、施工以及故障处理方面的登销记手续办理，并具有设置临时限速，区间、股道封锁等功能。

5）值班主任工作站

主要实现行车信息显示、签发调度命令、查询到车运行阶段计划和实际列车运行图的功能。

2. 车站子系统

车站子系统主要设备包括车站自律机、车务终端、综合维修终端、电务维护终端、网络设备、电源设备、防雷设备、联锁系统接口设备和无线系统接口设备等，如图 3.3.1 所示。其硬件配置和标准见表 3.3.1 所示。

表 3.3.1　车站子系统硬件配置和标准

类　别	设备名称	技术标准	使用年限
车务终端	车站值班员机	工控机（1.0 GH$_z$CPU，40 G 硬盘，256 M 内存，声卡，音箱，网卡，含 WIN2000 操作系统）	10 年以上
	车站信号员	研华工控机（1.0 GH$_z$CPU，40 G 硬盘，256 M 内存，声卡，音箱，网卡，含 WIN2000 操作系统）	10 提以上
	值班员显示器	17 英寸液晶显示器	5 年以上
	值班员显示器	24 英寸成 21 英寸液晶显示器（根据车站规模）	5 年以上
	A4 激光打印机	HP1012	5 年以上
采集处理单元	车站自拌机		10 年以上
	自拌机双机热备切换单元		10 年以上
	电源板（POWFR）	逻辑电路供电电压：220 VAC； 逻辑电路工作电流：0.6 A； 输出电压：5、＋12、－12 VDC； 输出电流：5.0、1.0、1.0 A	10 年以上
	开关量采集板（DIB）	逻辑电路供电电压：4.75～5.25 VDC； 逻辑电路工作电流：0.5 A； 采集电路的工作电压：11～28 VAC； 输入电流：12.8～33.0 mA	10 年以上
电源、网络	LPS 电源	山特 2 kV-A	10 年以上
	交换机	DLINK16 口或 Giaco2924	10 年以上
	路由器	Cisco1721 或 Cisco2611	10 年以上
	路由器模块	CiscoWIC-2T	10 年以上

1）车站自律机

车站自律机是新一代分散自律型调度集中系统的车站核心设备，由其完成进路选排、冲突检测、控制输出等核心功能，其主要功能包括：

（1）接受、存储调度中心的列车运行阶段计划和调车作业计划、直接操作指令和车站值班员直接操作指令，并可以自动按计划进行进路排列，经检测无冲突后适时发送给车站联锁系统执行。

（2）实时接收、分析车站信号设备状态表示信息，进行列车车次号跟踪，收集列车运行实际数据，并上传至调度中心；掌握车站联锁系。统对进路命令执行的情况，并根据反馈信息对有关进路进行必要的调整；接收相邻各两站的实际运行图和设备状态信息。

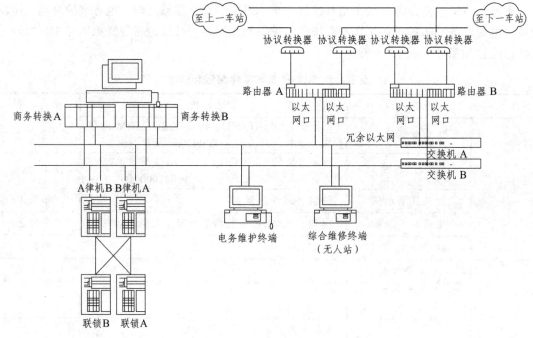

图 3.3.1　车站系统硬件结构图

2）车务终端

车务终端完成列车、调车及其他特殊进路的办理；显示行车信息、无线车次号校核信息、调度命令；以图表形式显示本站及相邻各两站的实际运行图、列车运行阶段计划等内容，同时具备相邻各两站站间透明功能；自动生成本站行车日志，完成调度命令签收。

3）网络子系统

网络子系统是由网络通信设备和传输通道构成双环自愈网络，应采用迂回、环状等方式提高可靠性。

三、CTC 设备工作基本原理

新一代调度集中系统采用了分散自律的理念。

所谓"分散"，指的是设备分散、功能分散、危险分散。新一代调度集中系统不仅做到调度中心与管辖车站之间能互相传送信息，而且邻站间也能互相传送信息。如果车站子系统与调度中心 CTC 服务器通讯中断，车站子系统仍能自动进行列车跟踪，并在一定时间内仍可以自动进行列车进路控制。

所谓"自律"，就是车站自律机把不同来源的控制指令进行协调，即对调度中心下达的列车运行阶段计划、调度中心下达的人工办理列车进路指令、调度中心人工办理调车进路的指令、车站人工办理调车进路指令进行很好的协调，正常情况下没有调度中心与车站控制权的转换，从而圆满地实现系统对联锁设备的控制。

1. 调度集中控制模式

调度集中区段对信号设备的控制模式有分散自律控制模式和非常站控模式两种。

（1）分散自律控制模式，是根据列车运行阶段计划自动控制列车进路，根据调车作业计划自动控制调车进路，并具备人工办理列车、调度进路的功能。

（2）非常站控模式，是当调度集中设备故障、发生危及行车安全的情况，或者设备需要开天窗维修、施工需要时，脱离 CTC 系统控制转为传统的车站控制台（计算机联锁终端）人工控制模式。

在分散自律控制模式下，传统的车站控制台除非常站控按钮和接通光带按钮外，其他按钮的操作均不起作用。在非常站控模式下，调度中心不具备直接控制权，CTC 调度终端和车务终端所有按钮的操作均不起作用。

2. 控制模式的转换

有车站值班员（或应急工作人员）在车站根据调度中心的调度命令进行控制操作，系统自动对控制模式做出记录。非常站控按钮采用带计数器的非自复式铅封按钮。系统正常状态为分散自律控制模式，破封按下为非常站控模式。分散自律控制模式转向非常站控模式不检查任何条件，但向列车调度员报警。非常站控模式转回分散自律控制模式则系统检查以下条件：

（1）分散自律设备正常；

（2）非常站控模式下没有正在执行的按钮操作。

在上述条件满足时，系统应给出"允许转回分散自律控制模式"的表示，方允许转回分散自律控制模式，否则操作无效。调度集中的控制模式状态有明确表示。在非常站控按钮处以及车务终端上设有状态表示灯：红灯为非常站控模式，绿灯为分散自律控制模式，黄灯为允许转回分散自律控制模式。

3. 调度集中的控制方式

为区别调度集中区段调度员和车站值班员不同的操作权限，根据调度集中两种控制模式，对 CTC 系统的操作方式，也可做一些补充规定，例如将分散自律控制模式又分为三种操作：中心完全集中操作方式、中心部分集中操作方式及车站操作方式。

操作方式的转换，由调度员与车站值班员根据需要进行操作。从车站操作方式转换到中心完全集中操作方式或中心部分集中操作方式，由调度员进行方式切换申请，车站同意。从中心完全集中操作方式或中心部分集中操作方式转换到车站操作方式时，由车站进行方式切换申请，列车调度员同意。中心完全集中操作方式与中心部分集中操作方式之间的转换，由调度员根据需要通知车站值班员后直接切换。这种操作方式解决了繁忙区段在 CTC 控制条件下调车作业频繁、需要交换操作权的问题，为繁忙区段调车作业增加灵活、方便的调整空间。

分散自律控制下，车站值班员的操作不能解锁调度员办理的进路或关闭信号，调度员的操作也不能解锁车站值班员办理的进路或关闭信号。

知识点 4　CTC 系统功能

　　分散自律调度集中系统涵盖了 TDCS 的所有功能，在此基础上具备调度集中的控制功能和分散自律控制特点。

　　调度中心系统主要负责编制和调整列车运行计划、列车到发线安排并将计划发送到车站，车站系统将运行计划转换成为进路控制命令，驱动联锁设备执行。车站自律机完成列车计划、调车计划、集中进路控制、车站进路控制等不同控制来源的冲突检查和协调，解决传统调度集中系统中心控制/车站控制频繁切换导致的效率低下问题。

　　调度集中系统功能主要包括行车指挥功能（TDCS 功能）、调度集中控制功能和 CTC 配套系统功能。

　　（1）在 TDCS 基础上，调度集中具备列车运行计划人工、自动调整，实际运行图自动描绘，行车日志自动生成、储存、打印，调度命令传送，车次号校核等功能。

　　（2）在 TDCS 基础上，调度中心具备向车站、机务段调度、乘务室等部门发布调度命令以及经调度命令无线传送系统向司机下达调度命令（含许可证、调车作业通知单等）的功能。

　　（3）依据列车运行调整计划，《技规》《行规》《站细》等规定，以及相关联锁技术条件对列车、调车作业进行分散自律安全控制（含分散自律控制模式下的调度中心、车站人工直接操作）。对违反分散自律安全条件的人工操作，系统能进行安全提示。

　　（4）对于影响正常运用的故障，如信号故障关闭（或灭灯及灯丝断丝）时应具有报警、提示、记录等功能。

　　（5）与调度命令无线传送系统配合具有接车进路信息自动预告功能。

　　（6）进行调车作业时不需要控制权转换。

　　（7）不影响既有的平面调车区集中联锁功能。

　　（8）具有部分非正常条件下接发列车功能以及降级处理措施。

　　（9）具有本站及相邻各两个车站的列车运行调整计划显示功能。

　　（10）具有本站及相邻各两个车站的站间透明功能。

　　（11）具有人工办理试排进路功能，为进路指令的执行做好准备。

　　（12）具有自我诊断、运行日志保存、查询和打印等功能，并逐步实现系统维护智能化。

　　（13）对所有的人工操作具有完整记录、查询、回放和打印功能。

　　（14）实时监控电源状态，停电时应自动保存列车、调车作业等重要信息。

　　（15）在保证网络安全的条件下可与其他系统联网，实现数据资源共享。

知识点 5　CTC 系统的控制

一、控制模式

　　调度集中有分散自律控制模式和非常站控模式两种控制模式。

1. 分散自律控制模式

　　分散自律控制的基本模式是用列车运行调整计划自动控制列车运行进路。同时在分散自律条件下，调度中心具备人工办理列车、调车进路，车站具备人工办理调车进路的功能。

（1）计划控制方式

计划控制状态可由人工激活或禁止。它是指自律机是否收到列车运行计划作为检查进路合理性的依据，并根据计划产生控制进路。计划控制状态是本系统正常的进路控制状态。

（2）人工控制方式

由操作员在操作员台或助理调度员台进行控制，或者由车站值班员在车务终端操作按钮进行控制。人工办理进路时，自律机根据这个计划进行进路的办理和列车计划的冲突检测，如果有冲突，则系统会弹出对话框告警，询问是否强行办理。

2. 非常站控模式

非常站控模式是调度集中设备故障、发生危及行车安全的紧急情况，以及设备天窗修、施工时，脱离系统控制转为车站人工控制的模式。

当分散自律调度集中系统故障或其他紧急情况时，由车站值班员在计算机联锁的操作界面上，进入非常站控，此时计算机联锁不再执行任何CTC的控制指令，由车站值班员操作按钮进行控制。

调度集中的控制模式状态应有明确的表示。系统应保证在分散自律控制模式下，原车站联锁控制台不起作用；在非常站控模式下，分散自律控制模式控制不起作用。

分散自律控制模式与非常站控模式的转换，采用非常站控按钮（正常状态为分散自律控制模式，按下为非常站控模式）在车站进行操作。

（1）分散自律控制模式转向非常站控模式不检查任何条件，但应通过调度员工作站向调度员进行提示报警，并有明显状态表示。

（2）非常站控模式转回分散自律控制模式应检查以下条件：TDCS功能正常；车站自律机收到列车运行调整计划；非常站控模式下没有办理任何按钮操作；没有列车、调车进路。

（3）系统在上述条件满足时，应给出允许恢复表示（语音、音响、显示等），由车站拉出非常站控按钮恢复分散自律控制模式。

调度集中条件下的列车、调车作业均纳入分散自律控制模式。

（1）列车作业以列车运行调整计划自动指挥、控制为基本方式，以调度中心人工控制为辅助方式。

（2）调车作业在行车岗位配有值班人员的车站（简称有人车站，下同），车站人员直接指挥与控制，受列车运行调整计划分散自律约束控制；在无人车站，调度中心助理调度员直接指挥与控制，有条件时也可由系统自动进行控制。

二、列车计划和列车进路控制

分散自律调度集中系统的进路控制，包括列车进路控制和调车进路控制，其中列车进路的控制又分为自动按图排列进路和人工排列进路。

1. 自动按图排列进路

当系统处于自控状态，即自动按图排列进路状态时，自律机能按阶段计划自动排列列车进路。列车在车站的运行计划内容包括：车次号、股道号、车站号、到达时刻、出发时刻、作业时间（最小停站时间）。运行径路包括：始发终止标志、连接关系、列车属性（如是否为电力机车、客货车、是否超限及列车长度等）。

当计划中的接车股道安排不当时，自律机能够给出报警，由人工修改。当接发车存在变更进路时，自律机选基本进路。当接车进路有延续进路时，自律机自动选排延续进路。可人工修改计划中的股道安排。

2. 人工排列进路

人工直接用鼠标点击始端及终端按钮（延续按钮）办理进路，自律机进行联锁逻辑判断和《站细》检测后输出。点击取消进路按钮和始端按钮直接取消进路。

三、调车计划和调车进路控制

调车计划的制订和调车进路的控制纳入到调度集中系统，是分散自律调度集中系统的特点之一。

1. 调车计划的制订

调度中心助理调度员负责编制无人车站的调车作业计划，包括：由本务机车或小运转机车担当的甩挂调车作业；由本务机车或小运转机车担当的取送车作业；无客货运业务中间站的甩挂故障车作业和路用车调车作业。有专用调车机车站的调车计划由车站的站调负责编制，也可由调度中心的助理调度员负责编制，由车站值班员输入分散自律调度集中系统。

调车计划是以调车作业通知单的形式体现的。无人车站的调车作业通知单能发送到机车上，由司机打印后转交（移动）调车组人员；有人车站的调车作业通知单能发送到车务终端，由车站打印后转交调车组人员。由本务机执行的调车作业通知单必须附有站场示意图。

调车进路的选路分为人工完成和智能辅助生成两种方式。人工选路一是在人工编写调车作业通知单后，人工生成该次调车作业所需的进路按钮指令序列，下达至该站的自律机中，以备触发办理；二是由人工在办理调车进路时，根据调车作业通知单，实时选并排列进路。

2. 调车进路的控制

1）调车进路和列车计划的冲突检测

与列车计划可能会有冲突的调车进路包括：穿越正线的调车进路、占用到发线的调车进路、不占用到发线但影响接发车的调车进路。

在车站处于分散自律控制状态时，系统检测调车进路的办理与列车计划的冲突，一旦检测有冲突，弹出对话框报警，并询问是否继续办理。车站直接办理上述有冲突的调车进路时，必须输入预计进路占用时分。如果调车进路没有在预计的时间解锁，则报警。

冲突检测的方法有：

（1）根据《站细》规定，列车到达前若干时间内停止与到发线有关的调车作业。

（2）系统估算（亦可人工输入）切割正线调车作业的进路占用时间，与经过正线列车的计划相比较。

2）调车计划的自动调整

本务机车担当的甩挂作业会随本务机车到站时刻的变化而变化。某一条调车进路开始办理的时刻能够随列车计划的变化而自动调整，并以避让进路的形式体现出来。

3）自动排列调车进路

调车进路可以由自律机自动触发，如本务机车担当的甩挂作业第1钩进路、调车机车掉头进路等。自动触发的条件是：本次调车作业的作业单已发到机车并收到回执；自律计算出的调车时间已到；已收到司机向自律机发送的无线调车进路排列申请信息。

4）人工排列调车进路

人工直接用鼠标点击始端按钮、终端按钮办理列车进路，自律机进行联锁逻辑判断、按《站细》和列车运行计划要求检测后输出。点击取消进路按钮、始端按钮直接取消进路。

四、调度员操作

1. 行调台操作

行车调度员在调度员工作站（行调台）上进行行车指挥。

1）系统的启动

（1）启动窗口。

双击系统图标启动系统，出现启动窗口。

（2）登录系统。

在启动窗口中选择："系统"→"装载系统"，将会出现登录窗口，调度员可以在窗口中，输入调度员名称及登录密码，然后点击"登录"按钮，经过系统验证后登录系统，系统将会读取与本调度台相关的数据，完成一些准备工作，并出现显示这项工作进程的窗口，开始调度工作。

另外，调度员在登录系统之前，可以修改当前的调度时钟进行时钟调整，同时调度员可以设置自己的当班时间。

如果初始化工作出现问题，系统会显示提示信息的窗口。系统完成初始化工作以后，将显示如下主界面：左面是阶段计划运行图，右面显示综合信息窗口。

2）基本图窗口

本窗口主要完成有关基本运行图的一系列管理功能，主要包括显示、打印设置、打印预览、打印等功能。

3）综合信息窗口

综合信息窗口的主要功能有：

（1）详细显示到发列车的到发站名、车次号、到发时间、股道号、方向和状态。

需要打印输出时，可以选择打印菜单或打印按钮进行输出。还可以通过打印预览菜单，浏览打印结果。

（2）显示运行列车的相关统计信息，包括车次号、基本图车次、实际车次、晚点时间、技术速度（不统计停站时间）、平均速度。

每当列车完成全线运营，其统计数据将被自动显示在此窗口内，供浏览及打印输出。需要打印输出时，可以选择打印菜单或打印按钮进行输出。还可以通过打印预览菜单，浏览打印结果。

（3）当自动控制计划发送到自律服务器后，自律服务器将会对进路进行预排。当发现某些进路不能排时，自律服务器将会发送报警信息。行调台收到报警后将会自动弹出"自动控制实时报警显示窗口"。报警显示的内容主要是：接收到报警的时间，哪个车站、哪次列车、进站或出站进路不能实现。

（4）列车信息。

选中"列车信息"，显示车次号、机车号、司机姓名、助理司机姓名、列车长度、列车重量等信息。双击显示项，可以修改或输入列车信息。

在列车信息窗口中，可以编辑、添加、删除相应机车的司机、助理司机的姓名。需要打印输出时，可以选择打印菜单或打印按钮进输出。还可以通过打印预览菜单，浏览打印结果。

（5）调度命令。

选中"调度命令"，显示发送时间、命令号、受令单位、抄送站、调度命令内容、受令人、调度员、复诵人、阅读时间、状态等信息。双击显示项，可以用对话框显示详细信息。

需要打印输出时，将所要打印的调度命令选中为蓝色，选择打印菜单或打印按钮进行输出，或通过打印预览菜单，浏览打印结果。

（6）暂存命令。

调度员可以把未来将要发送的调度命令提前拟好，保存起来。所有临时保存的命令均显示在本窗口。当暂存的命令需要发送时，调度员双击所要发送的命令，即可弹出发送调度命令对话框。调度员在窗口中可以进一步进行调度命令的编辑设置和发送。

不再使用的暂存命令，调度员可以将其选中后按删除键删除。

（7）命令查询。

当对调度命令进行查询时，查询出的符合条件的调度命令，将在此窗口中显示。

可以将查询结果中指定的调度命令按删除键删除。需要打印输出时，可以选择打印菜单或打印按钮进行输出。还可以通过打印预览菜单，浏览打印结果。

（8）施工计划。

车站可以通过车务终端申请施工命令，车站申请的施工信息将显示在本窗口。当调度员双击选中的施工计划时，系统将弹出施工计划对话框。调度员即可进行施工计划的修改、命令的下达等操作。

（9）运统一。

当本系统与 TMIS 结合时，本窗口显示调度员所查询的列车运统一信息。

（10）基本图。

当本系统与 TMIS 结合时，本窗口显示 TIMS 传送的基本图文本信息。

（11）运调 12。

当本系统与 TMIS 结合时，本窗口显示 TIMS 传送的运调 12 文本信息。

（12）施工。

当本系统与 TMIS 结合时，本窗口显示 TIMS 传送的当天施工计划的文本信息。

4）计划调整窗口

在计划调整窗口中，以红线为分界线，左方为实绩图，右方为计划图。运行调整窗口提

350

供各种不同类型操作，可完成计划编制和调整、收点、绘图等各种工作。

（1）设置自控时间。

在 CTC 系统中，计划调整窗口中间部分还有一个白色区域为自动控制计划区。和发送阶段计划一样，调度员可以根据实际情况设定自动控制的时间。

在运行图中红色的时间轴下，有一个粉红色三角"△"，调度员可以用鼠标将其拖动到时间轴以右。此时，运行图中将会显示两个粉红色三角。在两个粉红色三角之间的计划，将被视为自动控制计划下达给自律服务器。此时间范围内的计划线，在各个站的到点处将显示一个紫色小方块。

（2）查看连接状态。

在 CTC 系统中，行调台自动控制计划必须要通过自律服务器下达到车站才能实现。所以，行调台与自律服务器的通信必须正常，才能保证自控计划的实施。行调台与自律服务器的通信状态在运行图窗口下端的状态栏中显示。

状态栏中有两个通信状态：第一个为行调台与 TDCS 的通信状态，第二个为行调台与自律服务器的通信状态。

（3）进路通告。

当车站某次列车的进路已经排好后，自律服务器也会将信息及时发送到行调台。当行调台接收到某次列车在某站的接车或发车进路已经办理好的消息后，运行图中该车次在该站的到点或出发点处将会显示一个粉红色圆圈。原则上该点以前的计划到发点不允许调度员再进行修改。

2. 控制工作站操作

CTC 控制界面是调度集中系统用于控制信号设备的一个子系统。它可以进行按钮信息的分析、形成命令、发送命令及检查命令的执行情况；界面上显示所有的调监信息及部分电务信息。从界面来看，它几乎是车站控制台在调度所的映射，它显示站场平面布置图、按钮布置、道岔位置、轨道占用／锁闭、信号机的状态、各种指示灯光和部分报警信息等，同时增加了车次显示。操作员可以对其进行操作，控制车站信号设备，也可以通过其监视、查看车站信号设备和列车运行情况。但是因为它要检测命令的执行时机，所以它要涵盖部分联锁逻辑。同时它弥补了控制台无法对错误进行报警及不能进行存储控制的不足，方便了与其他系统进行联控，提供了作为其他控制系统的控制环节的接口。

1）界　面

提供给用户的界面从功能及外观上可分为四部分：菜单条／工具条、选站窗、主画面和状态条。另外还有标题条和滚动条。

（1）菜单条/工具条。

系统的菜单条/工具条有以下子项：

退出——退出控制台到操作系统下；

人工/自动控制及存储控制——选择和切换控制方式；

刷新界面——实时显示设备状态；

回退按钮——使本次提交无效；

辅助维护——开启或关闭操作员台取消调车进路功能；

创建用户、删除用户和修改用户——添加、删除和修改具有操作权限的用户；

信号机名称、道岔名称、轨道名称和按钮名称——显示和消隐各元素名称；

铅封按钮、封锁类按钮、闭塞类按钮、区段解锁类按钮——显示和消隐各元素；

道岔操纵/单锁切换按钮——道岔单操模式、道岔单锁模式切换。

（2）选站窗。

系统可对所有站进行控制，本窗口用于选择控制站，被选中的站称之为当前站，其相应的按钮变灰。界面上的显示只对当前站有效，操纵也只对当前站有效。当然，也可用水平滚动条以滚动的方式进行选站。每次滚动一个站，状态条有当前站站名显示。当某一个车站处于遥控状态时，选择窗上相应的按钮窗右边边框出现绿色窗口。

（3）主画面。

主画面是CTC控制的主要场所，其上有各种不同类别的表示灯和按钮，有些按钮兼表示灯。站场图形和表示灯及兼作表示灯的按钮的主要用途是显示电务信息和控制信息，按钮是进行控制操作和输入控制命令用的。鼠标在主画面内成箭头形状，当鼠标运动到按钮位置变为手指形状提示按钮被选中。当按钮被选中且有效时，按钮开始闪动，直到命令形成且被执行，按钮恢复到静止情况。

（4）状态条。

状态条位于显示屏的底部，用于显示一些当前状态和有用的信息。左边显示菜单条／工具条的功能描述，右边显现当前站的站名、通信状态和控制方式。

2）控制方式

为方便使用，系统提供了三种控制方式：人工控制、存储控制和自动控制。可以根据具体情况选择不同的控制方式，但是在任何时候，不同的控制方式只能单独使用，不可混用。

（1）人工控制。

人工控制又称实时控制（Manual-Ctrl），就是人工按照实际情况实时地输入命令并由计算机进行适当的时机检查后即可执行。在此控制方式下，一个命令没有执行完成以前调度员不能输入下一个命令，也就是系统不可存储命令，这时的系统可以看成是车站控制台的简单映射。可以使用菜单条/工具条中的人工控制来选择，使系统进入人工控制方式，不过系统要自动关掉或清除其他控制方式下尚未执行的命令。

（2）存储控制。

存储控制（Keep-Ctrl）方式是在适当的时候将一系列的进路命令预先输入并存储在系统，然后由系统检查命令的执行时机并执行命令。在此方式下系统主要是保证在符合要求的条件下尽快高效执行命令，所以主要用于车流次序预先排定并且运行状态良好的情况下。可以使用菜单条／工具条中的存储控制来选择，使系统进入存储控制方式，不过系统要自动关掉或清除其他控制方式下尚未执行的命令。

（3）自动控制。

自动控制又称计划控制（Auto-Ctrl）方式，是由计划系统将命令发给控制系统，控制系统将命令进行适当的转换以后检查执行时机，再执行命令。自动控制方式下也只能执行进路命令。可以使用菜单条／工具条中的自动控制来选择，使系统进入自动控制方式，不过系统要自动关掉或清除其他控制方式下尚未执行的命令。

3）控制台显示

（1）信号复示器。

进站信号复示器平时为灰色，有信息时其他含义如下：

绿——表示信号开放；

红——信号关闭；

白、红——引导信号开放。

出站兼调车信号复示器：

绿——列车信号开放；

白——调车信号开放；

红——信号关闭。

调车信号复示器：

白——调车信号开放；

灰——调车信号关闭。

（2）进路光带。

平时，站场显示蓝色光带。进路锁闭时，显示绿色光带。

取消进路或解锁进路后，恢复蓝色光带。轨道占用时，显示红光带。车出清后，恢复蓝光带。

试排时，光带上有道岔开向表示。

（3）区间运行方向。

以双向箭头表示，点亮的箭头代表开通方向。

黄箭头——请求闭塞；

绿箭头——同意闭塞；

红箭头——区间占用。

（4）区间轨道区段。

列车占用时，显示红光带。出清后，显示蓝色光带。

（5）CTC 表示灯。

遥控（调度中心控制）表示灯当系统处于遥控时，点绿灯；当系统处于非常站控时，点灰色灯。

特控（车站控制）表示灯当系统处于特控时，点红灯；当系统处于遥控时，点灰色灯。

（6）排列进路灯。

平时，点灰色灯。排列进路时，点红灯。

（7）挤岔报警灯。

平时，点灰色灯。当车站道岔挤岔后，点红灯。此时，应跳出报警窗口给予报警信息，并要求确认。挤岔恢复后，点灰色灯。

（8）信号灯丝断丝报警灯。

分咽喉设置，平时点灰色灯。当灯丝断丝时，点红灯。控制台上弹出相应车站相应咽喉灯丝断丝报警提示窗口，待灯丝断丝恢复时，控制台上弹出相应车站相应咽喉灯丝断丝恢复报警窗口。

（9）断路器报警灯。

平时，点灰色灯。当车站断路器脱扣时，点红灯。

（10）点式设备故障报警灯。

平时，点灰色灯。当点式设备故障时，点红灯。

（11）进路延时解锁灯。

平时，点灰色灯。当进路进行延时解锁时，点红灯。

（12）试排灯。

分咽喉设置。平时显示为灰色。进入试排后，显示红色。退出试排后，显示恢复灰色。

（13）取消表示灯。

分咽喉设置，平时显示为灰色。进入取消状态后，显示红色。退出取消状态后，恢复灰色。

（14）车次窗。

区间车次窗：区间有车时，跳出车次窗。

股道车次窗：股道有车时，跳出车次窗。

（15）股道封锁表示灯。

平时为灰色。当股道封锁时，股道亮暗红（紫）灯。

（16）区间封锁表示灯。

平时为灰色。当区间处于封锁状态时，亮红灯。

（17）区间状态表示灯。

当区间占用时，区间占用表示灯亮红灯，区间空闲表示灯亮灰灯。

当区间空闲时，区间空闲表示灯亮绿灯，区间占用表示灯亮灰灯。

（18）闭塞状态表示灯。

当区间计轴闭塞时，自动灯亮绿灯，人工灯变灰。

当区间半自动闭塞时，人工灯亮黄灯，自动灯变灰。

（19）进路按钮兼表示灯。

平时，列车进路按钮为深绿色按钮。点中始终端按钮后，按钮闪深绿色。命令发到车站自律分机并且执行成功后，按钮为浅绿色。进路办理完毕或取消后，按钮恢复深绿色。

平时，调车按钮为灰色按钮。点中始终端按钮后，按钮闪灰色。命令发到车站自律分机并且执行成功后，按钮为黄色。进路办理完毕或取消后，按钮恢复灰色。

（20）铅封按钮、封锁类按钮、区段解锁类按钮。

平时，显示灰白色圆形。点中后，系统跳出密码框，要求操作员输入密码，密码输入正确后，闪灰白色。命令完成后，按钮点亮成特定颜色，操作完毕后，恢复灰白色。

（21）其他按钮。

如总取消、总定／总反、道岔操纵按钮等自复式按钮。平时显示灰白色圆形。点中后闪灰白色。命令完成后，按钮点亮成特定颜色，操作完毕后，恢复灰白色。

4）操　作

（1）办理进路。

办理列车进路操作：始端按钮+终端按钮+确认。如先按下进路始端列车按钮，接着按下进路终端列车按钮，然后再按执行命令按钮，便可办理接、发车进路。如果需要办理的接、发车进路，系统找不到相应的车次，会弹出对话框，提示人工输入车次进行确认方能办理。如需办理引导接车进路，先将道岔转到相应位置，然后顺序按下引导按钮和执行命令按钮，即可办理引导接车进路。

办理调车进路操作：始端按钮+终端按钮+确认。

办理通过进路操作：通过按钮+终端按钮+确认。如果需办理的通过进路，系统找不到相应的车次，将弹出对话框，提示人工输入车次进行确认，通过进路方能办理。

（2）取消进路。

操作：总取消按钮（人工解锁按钮）+进路始端按钮+确认。如果用人工解锁按钮取消进路，系统将提示输入密码，这时输入一组用户名和密码即可成功执行命令。

（3）办理自动通过。

操作：办理通过或接发车进路，再按下 X/S 自动通过按钮+确认。

取消自动通过进路的操作：取消按钮+X/S 自动通过按钮+确认。

（4）进入试排状态。

操作：按下试排按钮，然后按执行命令按钮，便可进入试排状态，此时办理进路，只转动道岔到相应位置，信号不开放，进路不锁闭。

按下取消试排按钮，然后按下执行命令按钮便可退出试排状态。

（5）延时解锁。

操作：延时解锁按钮+进路端按钮+确认。

（6）单操道岔。

操作：总定（总反）+道岔按钮+确认。

（7）故障区段解锁。

操作：总人解+区段事故按钮+确认。不能解锁遗留的白光带，系统将提示输入密码，这时需要输入两组用户名和密码才可以成功执行命令。

（8）闭塞切换。

操作：停用（使用）+确认。如下行咽喉对邻站计轴出现故障，要求使用半自动闭塞，按下相应咽喉计轴停用按钮——X 停用，然后按下执行命令按钮即可转为半自动闭塞，同时邻站相应咽喉也将自动切换到半自动闭塞状态。如下行咽喉对邻站计轴故障恢复，要求恢复使用计轴闭塞，按下相应咽喉计轴使用按钮——X 使用，然后按下执行命令按钮即可转为计轴闭塞，同时邻站相应咽喉也将自动切换到计轴闭塞状态。系统将提示输入密码，这时需要输入一组用户名和密码才可将命令执行成功。

（9）通道切换。

操作：信道切换（信道恢复）+确认。如下行咽喉对邻站计轴主通道出现故障，要求切换到备用通道，按下相应咽喉通道切换按钮——X 通道切换，然后按下执行命令按钮即可使用备用通道，同时邻站相应咽喉也将自动切换到备用通道。如下行咽喉对邻站计轴主通道恢复，要求恢复使用主通道，按下相应咽喉信道恢复按钮——X 通道恢复，然后按下执行命令即可使用主通道，同时邻站相应咽喉也将自动切换到备用通道。系统将提示输入密码，这时需要输入一组用户名和密码才可将命令执行成功。

（10）计轴复零。

操作：复零+确认。如下行咽喉对邻站计轴出现故障不能复零，影响接发车，需要解除故障，按下相应咽喉计轴复零按钮——X复零，然后按下执行命令即可解除故障，同时邻站相应咽喉也将自动执行计轴复零操作。系统将提示输入密码，这时需要输入一组用户名和密码才可将命令执行成功。

（11）办理闭塞。

操作：计轴闭塞，通过办理发车进路自动办理闭塞，半自动闭塞，请求闭塞——闭塞+确认，同意闭塞——闭塞+确认；闭塞复原——复原+确认；闭塞故障——事故+确认。

（12）股道封锁及取消股道封锁。

操作：股道封锁（取消股道封锁）+确认。如车站Ⅱ道出现故障或者需要维修，不允许往Ⅱ道接车和调车，按下ⅡGFSA，然后按下执行命令按钮，即可封锁股道。待Ⅱ道故障恢复，允许接车或调车后，按下ⅡQGFSA，然后按下执行命令即可解除股道封锁。

（13）区间封锁以及取消区间封锁。

操作：区间封锁（取消区间封锁）+确认，如车站下行咽喉出现故障或天窗点检修，不允许往下行咽喉发车时，按下XQFSA，然后按下执行命令按钮，即可封锁区间。待下行区间恢复或天窗点检修完毕，允许接车后，按下QXQFSA，然后按下执行命令即可解除区间封锁。

（14）道岔单锁以及取消单锁。

操作：单锁+道岔按钮+确认。如车站1号道岔需要清扫，这时点击菜单栏上"道岔操纵/单锁切换按钮"，待主站场图上原X总定、X总反按钮位置切换到X单锁/取消单锁按钮时，先按下X单锁，再按下1号道岔按钮，然后按下执行命令即可将道岔单锁住。1号道岔单锁后，本咽喉的其他道岔都将不能被单独操纵，只有通过办理进路或者试排来带动道岔转动。待1号道岔清扫完毕后，可先按下X取消单锁，再按下1号道岔按钮，然后按下执行命令即可解除1号道岔单锁。再次点击菜单栏上"道岔操纵／单锁切换按钮"，待站场图上原X单锁、X取消单锁按钮切换成X总定、X总反按钮后，即可进行道岔单操操作。

（15）停电恢复。

操作：停电恢复+确认。如车站确实因为停电造成全站所有区段锁闭时，可以按下停电恢复按钮，然后按下执行命令按钮，即可一次解锁整个咽喉的所有区段。然后执行另一咽喉停电恢复操作，即可一次解除另一咽喉所有区段。系统将提示输入密码，这时需要输入两组用户名和密码才可将命令执行成功。

（16）引导总锁闭以及取消引导总锁闭。

操作：引导总锁闭（取消引导总锁闭）+确认。如车站某一接车进路上某一道岔表示不正确或者失去表示，需要按此条进路引导接车时，需要办理引导总锁闭，开放引导信号，这时按下相应咽喉的引导总锁闭按钮，然后按下执行命令按钮即可办理引导总锁闭。待车接近股道以后，可以按下相应咽喉取消引导总锁闭按钮，然后按下执行命令按钮即可解除引导总锁闭。系统将提示输入密码，这时需要输入两组用户名和密码才可将命令执行成功。

（17）非自复引导接车及取消非自复引导接车。

操作：非自复引导+确认。如X进站进路信号机内方第一个区段故障，需要引导接车时，先将接车进路所经道岔转到相应位置，按顺序按下下行非自复引导按钮，执行命令按钮即可办理非自复引导接车进路。待车进入进站信号机内方第二个区段时，系统将自动关闭引导信号。如果车进入内方第二个区段时，引导信号没有自动关闭，可以按下取消下行非自复引导按钮，然后按下执行命令按钮关闭引导信号。系统将提示输入密码，这时需要输入一组用户名和密码才可将命令执行成功。

五、非正常作业

1．非正常作业

1）接车作业

（1）进路锁闭状态下，进站信号机因故不能开放时，系统应能及时报警（语音和文字提示），由调度员人工办理接车进路。

（2）由于轨道区段故障导致进路无法建立，由调度员在判明轨道电路故障条件下，人工开放引导信号。

（3）道岔无表示时，必须现场人工确认并采取相关安全措施，由调度员办理引导总锁闭，开放引导信号；经现场人工确认列车整列到达后，取消引导总锁闭或转为非常站控模式后由车站办理引导接车。

（4）如果进站信号机内方第一个区段故障，由调度员办理引导接车，引导信号应保持开放，列车头部越过故障区段后自动关闭引导信号。

（5）进路正常情况下，系统在列车整列进入股道后，在分散自律控制模式下人工实施引导进路解锁。区段故障情况下，经调度员和司机确认列车整列到达后，调度员人工实施引导进路解锁。

2）发车作业

发车进路因故无法排列时，系统应自动报警，由调度员人工办理非正常发车作业。

2．非正常解锁

（1）由于轨道电路故障导致进路中的轨道区段不能正常解锁接车进路：调度员和司机确认列车整列到达或通过后，调度员人工解锁遗留接车进路。

发车进路：调度员和司机确认列车整列出站后，调度员人工解锁遗留发车进路。

调车进路：原则上由办理调车进路的人员，负责人工解锁该调车进路的遗留进路。调度中心、车站均应具备在分散自律控制模式下的调车进路人工解锁手段。

（2）轨道电路停电恢复时，在人工确认机车停稳后，由调度员（或车站值班员）按压轨道电路停电恢复按钮分咽喉一次解锁。

3．非正常办理

（1）当区间为自动站间闭塞且区间故障不能正常复原时，需调度员人工确认区间空闲后，人工办理事故复原操作。

（2）当自动站间闭塞区间检查设备为计轴设备，出现轴数不符且计轴设备处于区间占用状态，或者计轴设备检修及停电复原时，需调度员人工确认区间空闲后，人工办理计轴复零操作。

（3）在自动站间闭塞区段的区间空闲检查设备故障停用时，调度员通过列车运行调整计划以及实际运行图，并与司机无线通信联系，人工确认列车整列到达、区间空闲后，人工办理闭塞行车。

4. 系统故障降级处理措施

（1）当车站自律机与中心子系统网络通信中断后（以下简称通信中断），系统应立即自动报警。

（2）对于双线自动闭塞区段无人车站，在通信中断时且未转为非常站控模式前，调度员不得改变该站来车方向列车运行调整计划设定的车序，由车站自律机按原已收到的列车运行调整计划和列车实际运行情况继续自动执行；列车运行调整计划执行完毕后，通信仍未恢复正常时系统应将该站设置为自动通过状态。

（3）对于自动站间闭塞区段无人车站，在自动站间闭塞正常工作情况下，通信中断时且未转为非常站控模式前，调度员不得改变该站来车方向列车运行调整计划设定的车序，由车站自律机按原已收到的列车运行调整计划和列车实际运行情况继续自动执行，直到列车运行调整计划执行完毕。

（4）对于有人车站，在通信中断后可参照上述条款执行，也可及时转为非常站控模式组织接发列车。

典型工作任务 2　高速铁路行车组织

高速铁路技术是当今世界铁路的一项重大技术成就，它集中反映了一个国家铁路牵引动力、线路结构、高速运行控制、高速运输组织和经营管理等方面的技术进步，也体现了一个国家的科技和工业水平。高速铁路在经济发达、人口密集地区的经济效益和社会效益尤为突出。

高速是一个相对的概念，也是不断发展变化的。1970 年 5 月，日本 71 法令规定"列车在主要区间以 200 km/h 以上速度运行"为高速铁路，1985 年 5 月联合国欧经会规定"客运专线 300 km/h，客货混线 250 km/h"为高速铁路，国际铁路联盟（UIC）规定"新线 250 km/h以上，既有线改造 200 km/h 以上的铁路称为高速铁路"。

目前，世界上把不同速度的铁路划分为几个档次：时速在 100～120 km 时，称为常速铁路；时速在 120～160 km 时，称为中速铁路；时速在 160～200 km 时，称为准高速铁路或快速铁路；时速在 200～400 km 时，称为高速铁路；时速在 400 km 以上时，称为特高速铁路。

知识点 1　高速铁路车站

我国高速铁路的运营模式目前尚未完全确定，高速线上既要开行高速列车，又可能要开行中速列车，高中速列车可在高速铁路和既有线间跨线运行。因此，我国高速铁路车站主要分为以下四类：

1. 越行站

越行站的主要作业即中速列车待避高速列车越行，也可能办理高等级高速列车越行低等级高速列车作业，但不办理客运业务。

2. 有客运作业中间站

有客运作业中间站一般位于高速铁路中间，不办理列车始发终到作业。

高速铁路上设置的中间站主要进行下列作业：

（1）高、中速列车的停站或不停站通过。

（2）中速列车或低等级高速列车待避高等级高速列车。

（3）办理高、中速列车的客运业务，如售票、旅客乘降、行包业务（中速列车上线条件下）等。

（4）在枢纽站及始发终到站存车线不足条件下，可能有少量的高速列车的夜间停留。

3. 枢纽站

枢纽站一般位于铁路枢纽或省会、直辖市，有大量的列车始发和终到作业，但不办理动车组的日检等技术作业，如南京站。

高速铁路枢纽站主要作业有：

（1）办理大量停站高、中速列车到发作业。

（2）办理少量高、中速列车通过作业。

（3）办理为数较多的高速列车始发终到作业。

（4）少量的动车组合并或分解作业。

4. 始发、终到站

始发、终到站位于高速铁路起终点，有大量列车始发终到作业和动车组的技术作业，需考虑大量旅客换乘作业，如北京南站。

高速铁路始发、终到站主要作业有：

（1）办理高速列车的客运业务和旅客中转换乘作业。

（2）办理高速列车的技术作业，如列车接发、动车组出入段取送、技术检查等。

（3）办理高速列车车底的整备作业，如车底的清洗、检修、整备等。

（4）动车组合并或少量的分解作业。

对于车站类型划分方法另一种观点是划分为三类，即将中间站和枢纽站合称为中间站，或在此基础上增加通过站的划分种类。

此外，对于石太线等客货混跑的高速铁路车站还可能办理少量货运作业，其作业与既有线相似。

根据与既有线车站的关系，车站的类型还可以划分为新建高速站、与既有线紧靠或并列设置的高速站、高架于既有线车站之上的高速站、利用既有线的高速站等类型。考虑的因素主要是方便换乘和充分利用既有线能力。我国由于土地资源较为紧张，既有站附近地域拆迁费用较大，故较多地采用了新建高速站的模式。

知识点 2 高速铁路车站作业

高速铁路车站作业具有以下特点：

1. 车站作业单一，只办理客运作业，不办理货运业务

高速铁路运营初期，能力上会存在一定富余，但由于技术上的原因一般不开行货物列车。日本、法国等多数国家高速铁路均不开行货物列车，德国虽存有两条客货混跑高速线，但仍以客车为多，货车主要在夜间运行，车站办理的作业主要是通过作业。我国高速铁路大部分也设定为不办理货运，即使如石太等客货混跑线的车站也基本不办理货运作业。

2. 在运行途中高速车站不办理行包、邮政托运业务，列车停站时间短

我国普通客车多挂有行李车和邮政车。列车到达较大车站时，要进行邮件和行包的装卸作业，车站站台上沿站台的纵横向均须设置行邮拖车的走行通道，列车作业繁忙的大站通常需设横越股道、站台的地下通道，交叉干扰多，作业时间长，往往成为列车到发作业的主要限制因素。高速列车牵引重量小、列车定员少、运输成本高，在高速列车上挂运邮车和行包车不经济，还会因装卸行包而延长旅客列车的停站时间，不符合高速铁路追求最短旅行时间的目的。同时，增加行邮业务还需增建相应的行邮通道，以保证运营安全，这也会增加高速车站的投资建设费用。因此，高速铁路车站一般不办理行包和邮件的装卸作业。国外的高速动车也均不办理行邮作业，解决行包的办法：一是设置较宽敞的行李架；二是开行单列的行包邮政列车。我国高速铁路基本与既有线平行，行包运输问题可以考虑由既有线完成，故高速列车可不办理行邮业务。

3. 高速车站作业必须突出"以人为本、安全第一"的思想

高速铁路车站是一个大量人流集散的场所，其设计要以方便旅客使用为宗旨，从"管理为本"向"以人为本"的思想转变，在设计中提供多层次的出入通道引导旅客顺畅地进出站，做到快速集散客流、尽量减少旅客步行距离、减少滞留时间和安全方便。不停站的高速列车通过车站的速度按设计要求应与区间相同，停站的列车进入咽喉区的速度也将达到 80 km/h。随着列车运行速度的提高，在其通过或进站停车时产生强大的气压（列车风）。为了防止"列车风"危及人员安全，在车站内要通过合理布设车站的各项设备来保证旅客人身安全、员工作业安全、列车运行安全、调车作业安全等，如采取站台加宽、安全线后移等措施。同时，注意车站的防火、防灾设施的合理布置。

4. 高速车站的客运和行车组织工作要适应高效率快速作业要求

高速列车停站作业时间很短，列车停站时间最短 1 min，立即折返的列车停站时间从国外经验看为 15～25 min，必须提高车站客运和行车组织工作水平，适应高速列车高效、快速的作业要求。

知识点 3 高速铁路客运站技术作业组织

一、技术作业内容

普通客运站技术作业包括客运站车场及线路的专门化、车站作业计划的编制、动车组相

关技术作业、接发列车等。按照高速铁路调度系统的功能设置，在基本计划中，车站车场及线路固定使用办法已基本确定，旅客列车到发股道由专门的车站到发作业计划具体规定，列车运行秩序混乱时也由调度中心的列调按其编制的调整计划进行调整，一般情况下不需要客运站做什么工作。我国高速铁路的行车指挥将全面采用分散自律式调度集中设备，客运站接发列车作业也主要由调度中心完成，车站仅在特定条件下暂时接管该作业的指挥任务。动车组的调车工作也可以由调度中心完成。故一般情况下，高速车站的技术作业相当简单，仅包括 CTC 条件下的接发列车和调车作业组织及动车组的相关技术作业两项。国外高速铁路车站技术作业普遍较为简单，德国铁路甚至在所有中间站不设行车人员，日本铁路也仅设一名值班员负责旅客和列车间的联系工作。

二、技术作业时间标准

与车站技术作业相关的作业时间标准与具体车站的布局形式、车站设备等相关，可以实际查定获得。作业时分分为两类：一类是车站技术作业时分，另一类是动车组在站停留时分。车站技术作业时分与车站平面布局和列车速度有关，计算时线路长度根据设计图确定，列车走行速度根据线路道岔和曲线确定，转线作业一般牵出不超过 40 km/h、推送不超过 20 km/h。旅客列车在站停留时间按列车类别确定。《京沪高速铁路设计暂行规定》中给出了一部分时间参数：始发（动车组）旅客列车 7 min、终到列车 6 min、立折列车 18 min。

列车在站停留时间主要考虑旅客乘降作业过程，包括旅客上下车时间、打扫卫生时间、尽端站旅客坐椅转向等。这些时间与运营方式有密切关系，甚至车厢结构对其也有显著影响。

旅客下车时间主要考虑车厢内旅客人数与每位旅客经过车门需要的时间，高峰时段按列车满员考虑，每车厢乘员 75 ~ 85 人，若每人经过车门时间为 3 s，则旅客下车占用时间 3.75 ~ 4.25 min，考虑两端门同时下车，占用时间为 1.9 ~ 2.3 min。在方案计算中，最小可取 3 min，城际列车可相应减少 1 min。

由于旅客上车后要寻找座位，走行通道不畅引起时间延滞，旅客上车时间通常比下车要占用更多的时间，一般按比下车多 1 min 取值，在方案计算中，最小可取 3 ~ 4 min，城际列车可相应减少 1 min。

日本东北新干线最短折返停留时间 8 min，一般立折取 12 ~ 15 min，入段折返停留 4 min。根据这些指标，旅客下车需要 3 ~ 4 min，上车需要 4 ~ 5 min，还需考虑清扫卫生及坐椅转向时间（一般为 4 min）。

建议我国高速铁路列车在站最短停留时间按以下数据取值：300 ~ 350 km/h 旅客列车 12 min（下车 3 min，上车 5 min，其他 4 min）；200 ~ 250 km/h 旅客列车 14 min（下车 4 min，上车 6 min，其他 4 min）；城际列车 6 min（下车 2 min，上车 2 min，其他 2 min）；入段停留 4 min（下车 3 min，其他 1 min）；停站（大站）通过 5 min（下车 2 min，上车 2 min，其他 1 min）。中间站停站时间按上下车旅客数量确定，一般取 1 ~ 3 min。

知识点 4 高速铁路车站接发列车作业组织

接发列车工作是车站工作组织的重要内容，也是保证列车按运行图安全正点运行、保障铁路畅通的关键环节。由于接发列车工作涉及的人员多，作业环节复杂，任何疏忽或差错都可能造成列车晚点或行车事故，其影响会波及其他列车或车站，甚至影响运输全局。因此，接发列车是全局性的工作，局部必须服从整体。要求有关人员必须严格执行作业程序和操作方法，贯彻落实规章制度，严格按作业标准作业，确保安全、迅速、准确、不间断地接发列车，严格按图行车。

分散自律调度集中区段，有关行车工作由该区段列车调度员直接指挥。

一、分散自律控制模式下车站接发列车作业组织

1. 车站接发列车工作组织的日常要求

调度集中控制范围内的车站接发列车，以列车运行调整计划自动控制为基本方式，以调度员人工控制为辅助方式。分散自律调度集中系统以日班计划为依据，人工和自动调整列车运行计划，经列车调度员批准后适时下达到车站自律机执行。车站自律机依据列车调度员下达的列车运行调整计划自动生成列车进路指令，通过合法性、时效性、完整性和无冲突性的检查后转变为命令，适时下传给车站联锁设备执行。车站自律机因故无法排列基本进路时，系统自动报警，调度台可以对某一次列车进路进行人工干预，列车调度员应指示助理调度员通过控制工作站排列接发列车进路，但须受分散自律安全条件控制。

对于有特殊运行要求的列车由列车调度员依照相关管理规定特别设置，并产生相应的列车运行调整计划。

2. 车站接发列车作业程序

动车组设司机、随车机械师、旅客乘务组，不设运转车长。动车组发车前，检查确认进路道岔位置正确、影响进路的调车作业已经停止后，方可开放出（进）站信号机，交付行车凭证。列车长确认旅客上下完毕后，通知司机关闭车门；动车组到站停稳后，司机开启车门。按钮不在司机操作台上的，由司机通知随车机械师关闭、开启车门。

动车组司机在确认出站（进路）信号机显示或占用行车凭证正确，车门已关闭时，方可启动列车。出站信号机开放或占用区间信号凭证已交付后，如需取消发车进路，车站值班员应确认列车尚未启动，通知司机，收回行车凭证后，再取消发车进路。

接发动车组时，车站助理值班员应站在规定地点接送列车。

动车组通过车站时，车站须提前停止通过进路上的作业和对列车运行安全有影响的作业。车站仅限于在规定的股道及进路上接发动车组，遇动车组接发不能在基本进路办理时，须经调度所值班主任准许并发布调度命令。

二、非常站控模式下接发列车作业组织

1. 非常站控模式下的行车组织基本要求

调度集中区段应保持在分散自律控制模式下，由调度中心对区段内的信号设备进行集中控制，对列车运行直接指挥和管理。但遇到下列情况，应立即由分散自律控制模式转换为非常站控模式：

（1）调度集中设备故障。

（2）发生危及行车安全的情况。

（3）设备天窗维修、施工需要转为非常站控的情况。

（4）必须转为非常站控的特殊情况。

在非常站控模式下，车站的行车工作由车站值班员统一指挥，划分车场的车站，各车场的行车工作由该车场值班员统一指挥；无人站行车指挥工作由应急行车人员担任，但必须执行列车调度员命令。

遇危及行车安全等紧急情况需转换为非常站控模式时，车站值班员应立即按下非常站控按钮将车站控制模式转为非常站控，同时报告列车调度员，列车调度员发布控制模式转换的调度命令，无人站还应通知应急行车人员迅速赶往车站。

使用非常站控按钮应按规定登记《行车设备检查登记簿》。

2. 非常站控模式下的接发列车作业

（1）非常站控模式下的车站与分散自律控制模式下的相邻两站间办理接发列车作业时，由车站值班员与邻站办理预告闭塞手续。

邻站调度集中系统根据列车运行调整计划自动向非调度集中车站和非常站控车站发送预告请求，车站值班员同意接车时，调度集中系统自动排列该次列车的发车进路，开放出站信号；不同意接车时，调度集中系统严禁排列该次列车的发车进路和开放出站信号，并向调度员报警，调度员与车站值班员电话联系确认。

（2）非常站控车站与分散自律控制模式下的车站已办妥列车预告手续，需要取消预告时，必须与调度员联系，取得调度员的同意后，方可取消预告。调度员对非常站控车站已办妥的列车预告需要取消时，必须通过电话与非常站控车站值班员联系，取得车站值班员的同意后，方可取消预告，并按照列车运行调整计划向车站重新下达阶段计划。

（3）在不得已情况下列车必须退行时，列车司机应使用列车无线调度电话将情况及时向列车调度员报告并取得同意后，方准组织列车退行。列车调度员接到列车退行的报告后，应将列车退行情况提前告知该站车站值班员注意列车运行，并根据车站线路占用情况，开放进站信号机或按引导办法将列车接入站内。转入非常站控模式后，车站值班员接到列车退行报告时，按有关规定办理。

三、无人车站行车作业组织

在 CTC 控制区段，基于无线通信系统、车次号校核子系统、无线调度命令传送系统、列车编组顺序电子信息，可以在没有客运业务的高速铁路中间站实现行车、调车作业控制无人化。

列车调度员可以通过控制工作站远程操纵无人车站的所有控制按钮，但严禁无人车站值守的车站值班员在分散自律控制模式下操作车务终端的任何控制按钮。调度员需对调度集中控制的道岔实行单独锁闭或解除单锁时，应及时通知助理调度员办理。

无人车站原则上不得转为非常站控模式，但站段要针对无人车站制定非常站控模式下的应急预案，组织相对固定的应急行车人员。当无人车站有计划必须转为非常站控模式时，列车调度员应提前通知应急行车人员前往无人站，待应急行车人员到岗后，发布调度命令，由值守的车站值班员进行模式转换的控制操作。遇紧急情况，由无人站值守的车站值班员进行模式转换的控制操作，同时通知应急行车人员迅速赶往车站。

知识点 5　高速铁路车站调车作业组织

一、高速铁路车站调车作业内容

高速铁路车站调车包括旅客列车投入或终止运营列车的出入段、列车车底转线、列车分解和合并、特殊情况调车作业等。

（1）在始发终到站和枢纽站，除少量站折列车外，车底在非运营期间可能停留于客运中心、客技站等地点。投入或终止运营时需往返于这些地点与车站到发线间，需要进行出入段的调车作业。由于高速铁路动车组运用一般采取套跑的形式，该调车作业一般按照动车组运用计划投入或终止运营时进行。

（2）动车组按动车组运用计划，在不同线路间套跑时，需要按照车站到发线运用计划在不同的车场间进行转线作业。

（3）客运专线上旅客列车编组可以为单列动车组，也可以为两列重联，列车的分解和编组一般需要利用专门的牵出线进行。

（4）动车组出现故障时，需要有其他动车或专设的调机完成牵出作业。

为保证各种作业安全和提高效率，一般需要注意以下几点：

（1）动车组调车一般需要设置专用的进出站线路和牵出线，尽量避免与到发列车进出站进路产生交叉干扰。必要时可采用立交的线路布置形式。

（2）动车组的调车作业需要严格按照 CTC 设备调车作业的规定进行。正常条件下严格禁止车站单独下达调车命令。

（3）除特殊情况外，动车组在站内的调车严格按照动车组运用计划和调度所下达的日常调整计划及调车计划进行。

（4）特殊情况时，需要建立完善的联系制度保证调车的安全。

（5）CTC 条件下，调车作业对设备的依赖性较高，要确保设备的正常运转，在设备发生故障条件下要及时报警。

二、CTC 条件下调车作业组织

高速铁路调车全部采用 CTC 设备，国外大多采用中心控制操作模式，暂时可参考 CTC 设备的调车作业相关规定进行。

1. 组织原则

调度集中控制范围内的调车作业均应纳入分散自律安全条件控制。分散自律安全条件控制分为人工直接操作与计划自动执行两种方式。人工直接操作方式的调车进路采用一钩（一条进路）一办；计划自动执行方式是系统根据调车作业计划自动办理调车进路。CTC 车站调车作业的组织原则有如下几点：

（1）调车作业计划是保证实现阶段计划的调车具体行动计划。调度中心或车站值班员应根据列车运行调整计划、列车编组信息、站存车信息及线路运用等情况，提前编制调车作业计划。

（2）调车领导人编制完调车作业计划后，通过调度命令无线传送系统下达到相关作业动车。调车组及司机通过车务终端或调度命令无线传送系统获得调车作业通知单。

（3）计划自动执行方式下进行的调车作业，严禁变更调车作业计划。因故需要变更调车作业计划时，必须通知调车指挥人停止调车作业后，听取调车指挥人调车作业情况的汇报，重新编制调车作业计划。

（4）为保证调车作业不干扰列车运行调整计划的执行，分散自律控制模式下的调车作业，在办理与列车运行调整计划相关的调车进路时，均应人工输入钩作业预计时分，否则不能办理。在办理与列车运行调整计划无关的调车进路时，可不输入钩作业预计时分。

（5）计划自动执行方式下进行调车作业，在具备 GSM-R 条件下，司机在作业中应根据调车指挥人的指挥，在每一钩作业动车前，通过无线通信设备向调度集中系统发出调车请求，待调车信号开放后，方准动车。未装设调度命令无线传送系统或系统故障时，必须转为人工直接操作方式办理调车作业，调车指挥人和机车司机按规定与有关人员执行调车联控用语。

2. 作业组织办法

调车作业计划是保证实现阶段计划的调车具体行动计划。调车作业计划的编制由列车调度员或车站值班员根据调整计划提前进行编制。

编制完调车作业计划后，下达到相关车站的自律机，并通过调度命令无线传送系统下达到相关作业动车组。司机通过车务终端或调度命令无线传送系统获得调车作业通知单。

编制完调车作业计划后，应与调车指挥人亲自交接；在具备 GSM-R 条件下，可通过该系统直接下达到相关作业机车。

在 CTC 控制区域内调车作业，原则上不得变更调车作业计划，确需变更作业计划时，必须停止调车作业，由调车领导人重新修改调车作业计划，进行重新传送（交接），调车指挥人向所有参加作业的人员传达清楚后开始调车作业。

3. 调车作业工作方法

车站调车操作方式或车站操作方式下，车站值班员应依据调车计划以及现场调车作业情况，在车务终端输入调车作业计划或直接排列调车进路。排列调车进路时，须在按压进路按钮后输入调车钩作业预计时分（非 CTC 控制范围除外），由车站自律机自动判别是否排列进路。

中心操作方式下，由助理调度员提前编制调车作业计划下达车站自律机执行。调车指挥人于每一钩作业动车前，必须使用列车无线调度通信设备向助理调度员要道，无法与助理调度员直接通讯时，通过应急行车人员向助理调度员要道。助理调度员（车站值班员、应急行车人员）与司机间要加强联控。

分散自律控制下调车作业时，助理调度员遇不能向车务终端传送下达调车作业计划以及不能使用列车无线调度通信设备传达布置调车作业计划时，须转入非常站控模式。此时车站值班员应根据调车计划以及现场调车作业情况，在车务终端输入调车作业计划或直接排列调车进路。排列调车进路时须在按压进路按钮后输入作业预计时分，由车站自律机自动判别是否排列进路。

知识点6　动车组运用计划

根据高速铁路动车组运用与整备、维修一体化的思想，高速铁路动车组的运用方案主要有以下三种：

一、固定运行区段的使用方案（简称固定使用方案）

这种方案与既有铁路客车车底的运用方案一致，高速动车组只在固定的区段内往返运行。固定方案又分为站间固定周转方式和两区段套跑周转方式。

固定使用方案的优点如下：

（1）各动车组在固定的区段内运行，有利于动车组的管理。

（2）可根据客流变化采用不同车辆的编组方案。

（3）动车组的运用组织比较简单。

但这种方式不利于高速动车组的检修，主要表现在：

（1）在动车组检修期间需要有一定数量的备用车组来替代，如果备用车组由各区段分别配备，则全线总备用车组数量较大且利用率不高。

（2）由于高速动车组的维修技术复杂，设备昂贵，只能集中配置，动车组的维修作业需集中在维修中心进行，对与维修中心不邻接的区段，需要检修的动车组必须专程送检，事后又需专程回送。

二、不固定运行区段的使用方案（简称不固定使用方案）

不固定使用方案是在假定各动车组无差别的前提下，不固定各动车组的运行区段，根据需要和可能在任何高速区段之间运行。该方案以全线为系统，统筹考虑动车组的使用与维修来安排动车组的运用。

动车组交路安排的基本原则是满足动车组在变更车次（担任新的运输服务）时可能需要的转线（改变运行方向）、整备作业等接续时间的要求。

与固定使用方案相比，在不固定使用方案下，动车组在使用过程中可以根据其运行状态，对必须进行维修作业的预先在适当时间安排一条终点到达维修中心的运行线，从而保证其及时维修，因而能比较灵活地解决运行与维修的配合问题。

此外，由于动车组有多种运行线可供选择，就有可能提高动车组的使用效率，减少动车组的使用数量。在高速铁路运营初期，动车组数量相对不足的情况下，不固定使用将是动车组比较合理的使用方案。

但该方案由于动车组接续安排比较周密，出现较大的随机干扰时，所受的影响也大；由于假定各动车组之间无差别，动车组的编成也就不能根据不同区段的客流特点加以改变，因而也可能造成输送能力的虚糜和浪费。

三、半固定运行区段的使用方案（简称半固定使用方案）

半固定运行区段的使用方案是一些动车组采用固定使用方案，而其余动车组采用不固定使用方案。它是介于固定使用方案和不固定使用方案之间的一种方案。

对我国京沪高速铁路动车组运用方案的研究表明，当动车组运用和整备、维修计划统一编制时，按不同时期的需要能力确定高速列车的行车量，采用固定使用方案所需的动车组数量，要比不固定使用方案多 31.7%～60.7%。而采用京津区段、沪宁区段各固定一组动车组，其他动车组不固定区段运行的半固定使用方案，其所需数量也略多于不固定使用方案。

典型工作任务 3　高速铁路调度调整

高速铁路拥有现代化的技术设备及管理手段，列车运行稳定性较好，但实际运输生产中难免受到诸如恶劣天气、自然灾害、事故、设备故障等各种随机因素的影响或干扰。列车运行调整就是指在列车的运行过程中，由于某种因素或突发事件的干扰使得列车运行的实际状态偏离预定值，需要通过对列车运行计划重新编制，尽快恢复列车的有序运行。列车运行调整是铁路行车调度指挥工作的基础和核心。

中速列车上高速线运行及高速列车下既有线运行均为高速铁路运输组织经常采用的方法，本书的结论是基于这样组织方式的。

知识点 1　高速铁路列车晚点类型

列车运行过程中的各种干扰对列车运行最直接的影响是导致列车晚点，根据列车晚点程度，可将晚点分为为两类：

1. 不可恢复的晚点

由于恶劣天气、大的自然灾害（如地震、洪涝、泥石流等）、事故或者其他人为因素（如恐怖袭击等）导致线路遭到破坏而造成的列车晚点或停运，列车不能在短时间内恢复到正常运行状态，称为不可恢复的晚点。

2. 可恢复的晚点

列车晚点程度比较轻微，可通过调度调整减少晚点时间甚至恢复列车的正点运行，这种情况称为可恢复的晚点。

不可恢复晚点和可恢复晚点的调整目的和方法不同。不可恢复晚点情况下调整的目的主要是尽快恢复线路通行、尽快放行列车输送积压的旅客；可恢复晚点情况下，根据晚点原因又可分为自身晚点与连带晚点两种形式。自身晚点指因列车自身原因或其他直接作用于列车的随机因素造成的列车晚点；连带晚点指列车本身能正点运行，但由于受其他列车晚点影响而导致的列车晚点。自身晚点或连带晚点造成列车到达终点站的晚点称为终到晚点。

知识点2 高速铁路列车运行调整基本原则及措施

一定的调整原则和可能采取的调整措施是进行列车运行调整的基础。为了获得最好的调整效果，需要根据不同的运营环境设置相应的调整原则和措施。

一、高速铁路列车运行调整基本原则

1．基本工作原则

（1）应在严格遵循高速铁路各项行车规章制度的前提下进行，并确保高速行车安全。

（2）应从全线出发，以整体综合效益最佳为目标。

（3）指挥应与相邻衔接的既有线的调度指挥统筹考虑，以保证协调作业。

（4）尽最大努力确保列车按运行图行车，提高列车正点率，并尽可能把列车晚点带来的影响调整到最小。

（5）通过运行调整，应适当保证列车的旅行速度，特别是跨线中速列车在高速线内的旅行速度应不低于既有快速路网特快列车速度。

2．基本技术原则

对于进行运行调整具体操作时，针对不同的情况可以选择不同的技术原则。

1）与晚点时间有关的调整原则

（1）对于相同等级列车一般有以下几个可选原则：

原则一：正点列车绝对优先，晚点列车后行。

原则二：所有相同等级列车按最早可能出发时间排序出发。

原则三：部分有特殊要求的列车优先，其他列车按原则二处理。

（2）对于不同等级列车一般有以下几个可选原则：

原则一：低等级列车不得引起高等级列车连带晚点。

原则二：高等级列车必要时可接受低等级列车一定时间的连带晚点。

原则三：部分高等级列车可接受低等级列车一定时间的连带晚点，其他列车绝对优先。

（3）与列车运行自身约束传播有关的调整原则：

总原则是低等级列车不得越行高等级列车，可选原则有：

原则一：同等级列车之间不越行。

原则二：同等级列车之间可越行。

二、高速铁路列车运行调整基本措施

参考普通双线和国外高速铁路运营经验，运行调整常用基本措施较多，主要有：

（1）变更列车到发时刻。此方法是使用频率最高的方法之一。一般列车晚点时采用此方法，但在有旅客上下车作业的车站只能推迟发车时刻。

（2）变更列车到发顺序。此种方法也较为常用。为保证高等级列车的正点率，晚点列车往往需在某一车站避让后续正点列车，此时需变更到发顺序。采用这种方法往往伴随着列车到发时刻的变更。

（3）变更列车标准运行时间。此方法包括列车在特定区间可能的加速运行（赶点）和减速运行调整；当运行区间由于环境或其他原因不适合高速运行时，将对列车进行限速。此时，该区间的标准运行时间应当变更。

（4）增开列车。在线路通过能力富余且有可运用动车组时可考虑采用此方法。

（5）取消停站或取消列车。此方法对旅客影响较大，只有在大的自然灾害或其他不可抗力影响下才有可能采用。

（6）中速列车下线运行。在高速线能力紧张时可采用此方法。

（7）反向行车。双线区段某一方向线路施工时可采用此方法，但组织难度较大。

（8）组织高速列车利用渡线在区间越行中速列车。在线路等条件满足时可采用此方法，但组织难度较大。

（9）变更到发线使用。当列车晚点或由于其他原因没有准时发车时，往往会占用后续列车的到发线，此时需采用此方法。

（10）变更动车组交路。当动车组担当车次 A 晚点时，可能无法担当动车组交路计划所安排的下一次列车 B，此时可通过变更其他动车组的交路计划来完成车次 B 的运行任务，本动车组的交路计划同时改变。

（11）运用备用动车组。当发生类似（10）中所提到的情况时，还可以使用备用动车组来完成车次 B 的运行任务。

（12）调拨运用空闲动车组。此方法同样可以解决（10）中的问题，但需解决空车运行线的问题，在通过能力紧张的区段组织难度较大。

（13）变更列车接续时间。当动车组实际接续时间不满足标准接续时间，但可通过加紧工作组织缩短作业时间时，可采用此方法。

参考文献

[1] 中华人民共和国铁道部. 铁路技术管理规程[M]. 北京：中国铁道出版社，2014.

[2] 中华人民共和国铁道部. 铁路运输调度规则[M]. 北京：中国铁道出版社，2007.

[3] 中华人民共和国铁道部. 接发列车作业标准（TB/T1500.1-2009、TB/T1500.2-2009、TB/T1500.3-2009、TB/T1500.4-2009、TB/T1500.5-2009、TB/T1500.6-2009、TB/T1500.7-2009、TB/T1500.8-2009）[M]. 北京，中国铁道出版社，2009.

[4] 中华人民共和国铁道部. 铁路调车作业标准（GB/T7178.1～7178.10-2006）. 北京：中国铁道出版社，2007.

[5] 中华人民共和国铁道部. 铁路货车统计规则[M]. 北京：中国铁道出版社，2003.

[6] 胡德臣，方晨. 技规导读[M]. 北京：中国铁道出版社，2000.

[7] 赵矿英，冯俊杰. 铁路行车组织与管理[M]. 北京，中国铁道出版社，2002.

[8] 余达. 铁路运输调度工作[M]. 北京：中国铁道出版社，2002.

[9] 杨浩，何世伟. 铁路运输组织学[M]（2版）. 北京：中国铁道出版社，2006.

[10] 胡思继. 铁路行车组织[M]. 北京：中国铁道出版社，2003.

[11] 杨介平. 铁路运输能力的计算与利用[M]. 北京：中国铁道出版社，2001.